Hélène CHUQUET
Université de Poitiers

Michel PAILLARD
Université de Poitiers

Approche linguistique des problèmes de traduction anglais ↔ français

Edition révisée

1989

OPHRYS

REMERCIEMENTS

Nous tenons d'abord à souligner l'importance de notre dette envers J. Guillemin-Flescher, de l'Université de Paris VII, dont les travaux théoriques ont largement inspiré notre démarche, qui a accepté de nous voir prendre le risque du compromis pédagogique et nous a témoigné sa confiance.

Notre reconnaissance va également à C. et J. Bouscaren, de l'Université de Paris VII, qui nous ont fait bénéficier de leur expérience, et nous ont prodigué conseils et encouragements.

Que soient encore remerciés

J. Tournier, de l'Université de Besançon, qui a bien voulu relire la partie concernant la lexicologie;

nos collègues de l'Université de Poitiers :

B.T. Hughes, P. et J. Wass, pour leur relecture critique de nos traductions du français vers l'anglais;

P. Clinquart, qui a attiré notre attention sur plusieurs textes particulièrement riches retenus dans notre corpus;

J. L. Duchet, co-auteur de plusieurs documents grammaticaux, qui nous a apporté des exemples et des suggestions avisées en plusieurs points du manuscrit;

J. Chuquet, pour sa contribution sur le plan théorique et son soutien dans l'organisation matérielle.

A l'origine même du projet, nos étudiants d'anglais de l'Université de Poitiers se sont vu infliger certaines de ces pages et ont contribué par leurs réactions à bon nombre de mises au point.

ISSN 13 : 978-2-7080-0570-9

Éditions Ophrys, 5 avenue de la République, 75011 Paris
www.ophrys.fr

PRÉFACE

La complexité de l'activité de traduction n'est plus à démontrer. Les écrits théoriques touchant à ce domaine le font apparaître par leur diversité même. Mais cette complexité sera plus marquée encore lorsque l'objectif visé est lié à la pédagogie et à l'acquisition d'une langue seconde. La différence entre traduction en tant qu'activité à part entière, et traduction en tant que moyen pédagogique dans l'appropriation d'une langue étrangère mérite ici d'être soulignée. Dans un cas le traducteur travaille presque systématiquement vers sa propre langue, et la maîtrise de celle-ci constitue une condition préalable à l'activité de traduction, dans l'autre la traduction se fait souvent dans les deux sens et est soumise à un objectif précis : l'acquisition ou le perfectionnement selon les niveaux, de la langue étrangère. Si quelque part les deux activités se rejoignent, elles ne peuvent néanmoins pas se confondre; sur le plan pragmatique la première optique peut généralement faire l'économie des considérations grammaticales, la deuxième ne le peut pas. D'où la structure de cet ouvrage qui englobe l'activité de traduction à tous ses niveaux.

Soucieux de ne pas dissocier la traduction de l'activité langagière dans sa réalité, les auteurs soulignent l'authenticité des exemples et la nécessité de replacer ceux-ci dans leur contexte. Les catégories grammaticales : temps, aspect, modalité, détermination sont envisagées dans leur inter-relation; les tableaux d'exemples permettent une mise en évidence des régularités; l'insertion dans le choix de textes proposés fait apparaître au contraire l'importance du contexte, des valeurs dérivées à partir d'une valeur fondamentale dans des contextes langagiers naturels. Ces textes mettent également en lumière la problématique qui est au cœur de toute activité de traduction, c'est-à-dire les choix qui restent à faire face à la spécificité d'un texte. Trop souvent la généralisation des tendances est interprétée comme une systématisation absolue. Les auteurs montrent bien qu'il n'en est rien, la spécificité d'un texte échappe nécessairement à la généralisation et les choix qui se situent à ce niveau ne peuvent se résoudre que localement.

Soulignons enfin que l'objectif des auteurs n'est pas uniquement pragmatique; l'activité de traduction est envisagée dans le cadre d'une réflexion théorique qui permet d'intégrer la traduction dans une perspective linguistique plus large. Comme l'indiquent Hélène Chuquet et Michel Paillard, leur ouvrage concerne en ceci tous ceux qui s'intéressent à la comparaison de deux langues et aux opérations énonciatives qui sous-tendent les réalisations syntaxiques. La théorie n'est cependant jamais dissociée de la pratique. C'est l'articulation entre les deux qui permet de cerner les régularités différentielles. Car, si la distorsion que peut

3

entraîner la traduction est un danger constant, ce danger est du même ordre quelle que soit la langue envisagée et quel que soit le sens dans lequel on traduit. Les phénomènes soulignés ici sont en revanche radicalement différents d'une langue à l'autre : ils ne relèvent pas de la distorsion mais à la fois des systèmes linguistiques et des repérages qui sont en jeu dans toute activité de langage.

Jacqueline GUILLEMIN-FLESCHER
Professeur à l'Université de Paris VII

Introduction
générale

Le présent ouvrage, destiné d'abord aux étudiants anglicistes à partir du premier cycle d'études supérieures, s'adresse également aux enseignants de traduction et à quiconque s'intéresse aux rapports entre l'anglais et le français. Conçu comme un manuel, il pourra servir aussi bien de support à un cours qu'au travail individuel.

L'expérience des enseignements de grammaire anglaise, de linguistique et de traduction nous a fait éprouver le besoin d'un manuel qui intègre les observations de la stylistique comparée et les concepts linguistiques les plus susceptibles d'éclairer la pratique intuitive de la traduction. Précisons d'emblée qu'il ne s'agit pas d'énoncer des règles de traduction mais d'apporter des éléments permettant d'analyser les contrastes entre les deux langues.

La Première partie s'ouvre sur le réexamen des procédés de traduction décrits par J.P. Vinay et J. Darbelnet dans la *Stylistique comparée du français et de l'anglais*[1] et fait apparaître le lien étroit entre l'utilisation de ces procédés et les différences de fonctionnement des deux langues sur le plan grammatical et syntaxique. Ces différences sont analysées dans les cinq chapitres consacrés au domaine grammatical, dans le cadre général de la linguistique des opérations énonciatives élaborée par A. Culioli et en faisant appel à certains concepts clés apportés par J. Guillemin-Flescher dans la *Syntaxe comparée du français et de l'anglais*[2]. Les deux derniers chapitres introduisent certaines notions lexicologiques indispensables à l'analyse des décalages réguliers entre les deux langues. Il est évident que nous portons l'entière responsabilité de la présentation qui est faite des notions théoriques empruntées aux différents auteurs cités.

Cette première partie fait ressortir la nécessité de concepts théoriques d'un niveau de généralité suffisant pour rendre compte des différences de stratégie d'une langue à l'autre en s'appuyant sur de nombreux exemples authentiques. La plupart sont tirés des textes figurant dans la Seconde partie où l'on pourra les retrouver dans leur contexte large.

(1) Paris, Didier, 1958.
(2) Ophrys, 1981.

C'est en effet sur des exemples authentiques, à l'échelle d'unités textuelles que la réflexion sur la traduction et l'analyse contrastive s'engagent et s'affinent. Tel est le sens de la Seconde partie de ce livre qui est, dans la démarche, initiale. Elle offre une sélection de trente textes bilingues commentés. Bien que le travail sur des extraits soit nécessairement réducteur par rapport à la traduction « en dimensions réelles », chaque passage correspond à un type de discours, présente une spécificité qu'il convient d'identifier avant de commencer à traduire. Ces textes, tous contemporains mais d'origine et de longueur variées, illustrent la mise en œuvre des concepts introduits dans la Première partie. La forme des commentaires varie en fonction des textes proposés. Si certains passages offrant un échantillonnage des différents problèmes de traduction sont commentés de façon linéaire, la plupart font l'objet d'un commentaire synthétique organisé autour d'un ou deux problèmes prédominants.

Nous ne saurions trop insister sur le fait que les deux parties sont organiquement liées, et qu'une utilisation efficace de cet ouvrage suppose un constant va-et-vient : les textes traduits et commentés nourrissent les analyses de la Première partie qui en retour éclairent les traductions proposées et en élargissent la portée.

Faut-il préciser qu'un ouvrage de cette taille ne peut prétendre à une analyse exhaustive de tous les problèmes posés par la confrontation de l'anglais et du français. Nous estimerons avoir atteint notre objectif s'il permet au lecteur de prendre conscience des différents points auxquels il convient d'être attentif, d'anticiper les types de solutions possibles et de poursuivre la recherche à l'aide des références données.

PREMIÈRE PARTIE

Concepts linguistiques pour l'analyse de la traduction

A. Les procédés de traduction

INTRODUCTION

L'expression « procédés de traduction » est empruntée à la *Stylistique comparée du français et de l'anglais* de J.P. Vinay et J. Darbelnet. Les auteurs de cet ouvrage établissent une classification des « procédés techniques auxquels se ramène la démarche du traducteur », et examinent ensuite l'application de ces procédés aux trois grands domaines de leur étude : *lexique* (« étude des notions »); *agencement* (« constitution des énoncés ») et *message* (« ensemble des significations de l'énoncé, reposant essentiellement sur une réalité extra-linguistique, la situation [et faisant] entrer en ligne de compte les réactions psychologiques du sujet parlant et celles de son interlocuteur » [1].

Les procédés de traduction définis par Vinay et Darbelnet sont au nombre de sept, qu'ils résument sous forme de tableau [2] :

	FRANÇAIS		ANGLAIS
1. Emprunt	*bulldozer*		*fuselage*
2. Calque	*Lutétia Palace*		*Governor General*
3. Traduction littérale	*Quelle heure est-il ?*	: :	*What time is it ?*
4. Transposition	*Depuis la revalorisation du bois*	: :	*As timber becomes more valuable*
5. Modulation	*Complet*	: :	*No vacancies*
6. Equivalence	*Comme un chien dans un jeu de quilles*	: :	*Like a bull in a china shop*
7. Adaptation	*En un clin d'œil*	: :	*Before you could say Jack Robinson*

---

(1) J.P. Vinay & J. Darbelnet (1958), *Stylistique comparée du français et de l'anglais*, Paris, Didier, pp. 46, 93 et 159.
(2) *Op. cit.*, p. 55. Nous proposons une version simplifiée de ce tableau, ne retenant qu'un exemple pour chaque procédé.

Si la notion de procédé de traduction est effectivement d'une grande utilité lorsque l'on aborde les problèmes de traduction, il convient néanmoins d'en restreindre la portée, pour deux raisons :

— un grand nombre de ces procédés renvoient à une problématique grammaticale ou lexicale beaucoup plus générale;
— la classification même des procédés de traduction présente une certaine hétérogénéité : l'emprunt et le calque sont rarement des procédés de traduction à proprement parler, mais se trouvent généralement intégrés au lexique; l'équivalence n'est pas autre chose qu'une modulation lexicalisée, bien illustrée notamment dans la correspondance entre les proverbes d'une langue à l'autre; quant à l'adaptation, il paraît difficile de l'isoler en tant que procédé de traduction, dans la mesure où elle fait entrer en jeu des facteurs socio-culturels et subjectifs autant que linguistiques.

Nous réserverons donc le terme de procédés de traduction aux deux procédés décrits par Vinay et Darbelnet qui occupent une position centrale dans toute démarche de traduction : la *transposition* (changement de catégorie syntaxique) et la *modulation* (changement de point de vue). Les problèmes posés par ces deux procédés sont d'ordre différent. Si le procédé de transposition est relativement facile à analyser (à l'exception de certains cas de transposition localisée — voir plus loin, 1.1.1.), il n'est en revanche pas toujours mis en œuvre spontanément. Quant aux modulations, si certaines d'entre elles sont relativement familières (modulations métaphoriques dans les proverbes, par exemple), d'autres le sont beaucoup moins (inversion du point de vue, déplacements métonymiques) car leur analyse fait appel à divers concepts de sémantique grammaticale et lexicale.

Chapitre 1

LES TRANSPOSITIONS

La transposition est un procédé qui consiste à remplacer une catégorie grammaticale (traditionnellement appelée partie du discours) par une autre, sans changer le sens de l'énoncé.

La transposition peut se trouver à l'intérieur d'une langue :

— français : *Je le lui dirai dès qu'il arrivera* (syntagme verbal)
  dès son arrivée (syntagme nominal)
— anglais : *He may be there already* (auxiliaire modal)
  Perhaps he's there already (adverbe modal)

La possibilité de transposer est souvent liée à des différences de registre et de niveau de langue. Ainsi dans le premier exemple ci-dessus, *dès son arrivée* est plus soutenu que *dès qu'il arrivera*. De même en anglais, on pourra noter la différence entre :

He was pronounced dead on arrival

caractéristique d'un type de prose administratif, et :

He was unconscious when he arrived at the hospital

qui sera préféré dans la langue courante [1].

L'emploi de la transposition dans le passage d'une langue à l'autre est très fréquent et présente des formes variées.

1.1. Les différents cas de transposition

1.1.1. Illustration générale du procédé

On trouve des transpositions portant sur la plupart des catégories grammaticales : verbe, nom, adjectif, adverbe et préposition. Nous proposons

---

[1] Pour d'autres exemples de cet emploi de la transposition à l'intérieur d'une langue, voir M. Ballard (1980) *La traduction de l'anglais. Théorie et pratique. Exercices de morphosyntaxe*, Presses Universitaires de Lille, p. 67.

ci-dessous quelques exemples illustratifs des cas de figure les plus fréquents [2].

NOM	: :	VERBE
Priorité à droite	: :	*Give way*
For sale	: :	*A vendre*
L'appareillage eut lieu à l'aube	: :	*They set sail at dawn*
Is this your first visit ?	: :	*C'est la première fois que vous venez ?*

ADJECTIF	: :	NOM
medical students	: :	*des étudiants en médecine*
le premier ministre britannique	: :	*Britain's Prime Minister*
attempted murder	: :	*tentative de meurtre*
his suspicion had no foundation	: :	*ses soupçons n'étaient pas fondés*

ADJECTIF	: :	VERBE
people are suspicious	: :	*les gens se méfient*
disponible avec notice de montage	: :	*comes with full mounting instructions*

ADJECTIF	: :	ADVERBE
an occasional shirt for Garp (T.1)	: :	*de temps en temps une chemise...*
ce dernier, agacé, répliqua...	: :	*replied huffily that... (T.2)*

ADVERBE	: :	VERBE
I still think that...	: :	*Je persiste à penser que...*
He merely nodded	: :	*Il se contenta de hocher la tête*
Dans le temps, il y avait un café à cet endroit	: :	*There used to be a pub here*
Est-ce que par hasard vous savez... ?	: :	*Do you happen to know...?*

PRÉPOSITION	: :	VERBE
she hurried into church	: :	*elle se dépêcha d'entrer à l'église*
I went down the wide stairs, through the rooms to the bar.	: :	*Je descendis l'escalier et je traversai les pièces pour arriver jusqu'au bar.*

ADVERBE	: :	PROPOSITION
She plainly preferred to...	: :	*Il était évident qu'elle préférait...*
Russia predictably did not like...	: :	*Il était à prévoir que l'URSS...*
Kindly address your remarks to me	: :	*Vous êtes prié de vous adresser directement à moi*

---

(2) Pour d'autres exemples, voir J.P. Vinay et J. Darbelnet (1958), pp. 97 à 104, et M. Ballard (1980), ainsi que les textes traduits et commentés dans la seconde partie du présent ouvrage.

Un cas, fréquent, qui est plus délicat à analyser que les exemples ci-dessus est celui où la transposition porte sur l'un des termes d'un syntagme qui, globalement, ne change pas de nature. Ce type de transposition, que nous qualifierons de localisée (ou locale) est souvent lié à un choix de traduction contraignant pour des raisons syntaxiques ou lexicales. Ainsi dans :

*I said it **as a joke*** : : *J'ai dit ça **pour plaisanter***

on a affaire globalement à deux syntagmes adverbiaux [3] bien que l'on ait une transposition locale de nom à verbe. Ou encore dans :

*Certains **parlent** d'élections antici- : : **There is talk** of an early election*
pées (T.17)

il s'agit globalement de deux syntagmes verbaux à l'intérieur desquels le sémantisme est réparti sur des catégories grammaticales différentes. L'extrait suivant, tiré d'une publicité bilingue pour la SNCF, offre des exemples plus complexes de transpositions localisées :

*Peut-être souhaitez-vous **améliorer*** : : *Perhaps you would prefer to **travel more***
*votre **confort** ?* *comfortably.*

[...] Pour votre confort, efforcez-vous : : *[...] To be sure of obtaining a couchette*
*d'acheter en temps utile **vos réserva-*** *you are advised **to book** well in advance.*
tions « couchettes »

Dans ce passage la traduction s'organise autour des transpositions locales :

améliorer	(verbe)	: :	*more*	(adverbe)
confort	(nom)	: :	*comfortably*	(adverbe)
réservations	(nom)	: :	*book*	(verbe)

tout en gardant l'équivalence globale entre deux syntagmes verbaux de part et d'autre (nominalisés comme compléments des prédicats). La transposition sur *confort* illustre le phénomène très fréquent des transpositions « en chaîne », l'une appelant l'autre de façon contraignante (le point de départ étant ici le choix de *confort* : : *comfortably*); quant au passage de *acheter vos réservations* à *book,* il relève de différences de fonctionnement sur le plan lexical (formation du verbe *book* par conversion en anglais). Nous allons revenir plus en détail sur ces points (voir plus loin, 1.2.1. et 1.3.2.).

1.1.2. Cas particuliers de transposition

1.1.2.1. *Le « chassé-croisé »*

On appelle chassé-croisé une double transposition où l'on a à la fois changement de catégorie grammaticale et permutation syntaxique des éléments sur lesquels est réparti le sémantisme. Ce procédé se rencontre surtout dans la traduction des verbes anglais suivis d'une préposition ou d'une

---

(3) Nous appelons syntagme adverbial tout syntagme à fonction adverbiale dans la phrase. Il s'agit souvent, comme ici, de syntagmes prépositionnels, mais ce n'est pas toujours le cas.

particule adverbiale, notamment les *phrasal verbs*. Le cas le plus fréquent est celui des verbes décrivant un déplacement, où l'on trouve le schéma suivant :

ANGLAIS		FRANÇAIS
Verbe : qualification	: :	Verbe : direction du déplacement
Particule adverbiale : direction du déplacement		Syntagme adverbial : qualification

Par exemple :

He **hurried** (*on*) (T.2)   : :   *Aussi* (*reprit-il sa route*) *sans perdre de temps*

the young woman **is walking briskly** (*away*)   : :   *la jeune femme* (*s'éloigne*) *d'un pas court et rapide* (T.29)

he **groped** his way (*across*) the room   : :   *il* (*traversa*) *la pièce* *à tâtons*

the crowd **backed** (*away*)   : :   *la foule* (*s'écarta*) *à reculons*

Mais l'emploi du chassé-croisé correspond aussi aux relations très variées susceptibles d'être exprimées par les *phrasal verbs* anglais, comme par exemple :

...les retient de (*rendre*) **les coups** (T.20)   : :   *prevents them from* **hitting**(*back*)

Don't worry, it'll **wash** (*out*)   : :   *...çà* (*partira*) *au lavage*

Il est également utilisé dans la traduction des structures de type résultatif, comme :

he **flung** the door (*open*)   : :   *il* (*ouvrit*) *la porte* **brutalement**

he **worked** himself (*to death*)   : :   *il* (*s'est tué*) *à la tâche*

On notera enfin que le chassé-croisé se réalise souvent de façon incomplète, notamment dans le cas des verbes de mouvement, le mode de déplacement restant implicite en français :

then he **walked out** of the office   : :   *puis il* **est sorti** *du bureau*

we **drove out** of the city   : :   *nous* **sommes sortis** *de la ville*

... to **cycle on** through the dark (T.8)   : :   *de* **poursuivre ma route** *toute la nuit* [4]

1.1.2.2. L'« étoffement »

Nous réservons le terme d'étoffement au type de transposition qui consiste à introduire un syntagme nominal ou verbal pour traduire une préposition, un pronom ou un adverbe interrogatif, bien que l'on trouve parfois ce terme employé dans des acceptions plus larges.

L'étoffement est à distinguer de la dilution [5], qui n'est pas un procédé de traduction mais une simple équivalence lexicale entre un élément simple

---

(4) Pour d'autres exemples et une présentation plus détaillée du chassé-croisé, voir J.P. Vinay et J. Darbelnet (1958), pp. 105 à 107 et M. Ballard (1980), pp. 151 à 153.

(5) J.P. Vinay et J. Darbelnet (1958), p. 183.

et un élément composé. La formation des prépositions dans les deux langues conduit à de nombreux cas de dilution, par exemple :

PRÉPOSITION	: :	LOCUTION PRÉPOSITIONNELLE
across the track (T.5)	: :	**de l'autre côté du** chemin
beyond the orchard (T.5)	: :	**au-delà du** verger
direct flights **to** New-Delhi	: :	des vols **à destination de** New-Delhi
there was a hole **for** a window	: :	un trou **en guise de** fenêtre

et, plus rarement, dans le sens français → anglais :

dès le XIIe siècle...	: :	**as early as** the 12th century...
en 1950 encore...	: :	**as late as** 1950...

La traduction de la préposition *off* dans les deux exemples qui suivent montre clairement la différence :

*The wreck was found **off** Land's End.*	: :	*On a retrouvé l'épave **au large de** Land's End.*
(préposition simple)		(dilution : locution préposition-nelle)

mais :

***Off** the motorway, new problems arise for the motorist.*	: :	***Lorsqu'il quitte** l'autoroute, l'automobiliste doit faire face...*
(préposition)		(étoffement : introduction d'un syntagme verbal subordonné)

L'étoffement est souvent contraignant dans le passage de l'anglais au français, en particulier pour rendre de façon satisfaisante les constructions prépositionnelles, d'une grande souplesse d'emploi en anglais :

*I picked up a magazine from the stack **on** the table* (T. 7)	: :	*Je pris un magazine dans la pile **qui se trouvait** sur la table*
*Mrs Rice said **to** no one in particular* (T. 3)	: :	*dit Mme Rice, **ne s'adressant à** personne en particulier*
*The dot magnified slowly **into** its mate* (T. 4)	: :	*Le point grossit peu à peu **pour prendre la forme** de sa compagne*

Inversement, en passant du français à l'anglais, on aura souvent recours au procédé inverse de l'étoffement (appelé « dépouillement » par Vinay et Darbelnet) :

*Jon sentit l'étrange regard **qui l'entourait.***	: :	*Jon felt the strange gaze **all around him.***

(J.M.G. Le Clézio, *Mondo et autres histoires*)

On constate avec une certaine régularité l'étoffement des pronoms dans le passage de l'anglais au français, par exemple :

*I needed an umbrella, preferably a collapsible **one*** (T. 12)	: :	*Il me fallait un parapluie, de préférence **un modèle** pliant.*
It was, perhaps, the only experience in my adult life which truly	: :	*C'est peut-être la seule expérience de ma vie d'adulte qui m'ait vraiment*

scared me, while at the same time it was impossible to find any reason for it.

(André Brink, *Rumours of Rain*)

To achieve this... (T. 4)	: :	*Pour atteindre cet objectif...*
Perhaps the most serious long-term significance of the Handsworth rioting is the sense of fatalism which has greeted it and the attempts to explain it. This was, of course, a feature of the responses to the 1981 urban riots, too.	: :	*Il se peut qu'à long terme la consé-quence la plus grave des émeutes de Handsworth, ce soit le fatalisme avec lequel le public a reçu à la fois la nouvelle des émeutes et les tentatives d'explication. Il est indéniable que ce sentiment était déjà présent dans les réactions aux émeutes de 1981.*

(*New Society*, 20 September 1985)

L'étoffement est également contraignant dans certains cas de subordination, notamment lorsqu'il s'agit d'introduire des propositions interrogatives indirectes. Lorsqu'un verbe à construction prépositionnelle introduit en anglais une interrogative indirecte on étoffera, selon les cas, la préposition :

The problem of how he could pass the hours	: :	*le problème de savoir comment occu-per ces heures*

ou l'adverbe interrogatif :

she muses on why she can't endure...	: :	*elle réfléchit aux raisons pour lesquel-les elle ne peut supporter...*

(D. Lessing, *The Grass is Singing*)

L'étoffement n'est cependant pas le seul procédé utilisé pour résoudre ce type de problème, comme l'illustrent les deux exemples qui suivent :

I could feel how deeply he had committed himself	: :	*Je ressentais la profondeur de son engagement*

Double transposition :

adverbe	: :	nom
syntagme verbal	: :	syntagme nominal

et suppression de la subordination en français.

Another unknown is how the videodiscs will fare in competi-tion with videotape recorders.	: :	*Autre inconnue : comment le vidéo-disque soutiendra-t-il la concurrence avec le magnétoscope ?*

Transformation de la ponctuation, modulation sur le statut assertif et changement dans l'agencement syntaxique.

Nous débordons ici du cadre de la transposition en tant que procédé de traduction au sens strict, et nous serons amenés à revenir sur ce type de problème lors de l'examen des différences entre l'anglais et le français sur le plan grammatical et syntaxique.

1.1.2.3. *Présence ou absence d'un syntagme verbal*

Nous avons vu que l'étoffement des prépositions pouvait s'effectuer par l'introduction d'un syntagme verbal. Plus généralement, la présence d'un syntagme verbal dans une langue face à son absence dans l'autre relève de la transposition. C'est à ce titre que nous en proposons quelques exemples ci-dessous, mais ce phénomène sera étudié plus en détail dans le chapitre consacré à l'agencement syntaxique (voir plus loin, 6.1.), car l'introduction d'un syntagme verbal est déclenchée par des facteurs d'ordre syntaxique et liée aux différences de fonctionnement entre les deux langues.

ABSENCE DE SYNTAGME VERBAL	: :	PRÉSENCE DE SYNTAGME VERBAL
Tout petit, ça le sortait de sa condition de gamin.	: :	*When he was a kid, it gave him the status of a grown-up*[6].

(*Le Monde-Dimanche*, 2 décembre 1979)

Espagnole, Teresa Berganza a constamment affirmé son amour pour sa patrie.	: :	*Teresa Berganza is Spanish and has always expressed her love for her country loud and clear.*

(Programme des Rencontres musicales de Poitiers, 16 janvier 1985)

Alors une explosion secoue les vitres... Les hommes en bleu de travail bloquent la circulation. Déjà des sirènes de police, des appels d'ambulances.	: :	*... Already one could hear police sirens and ambulance bells.*

(M. Halter, *La vie incertaine de Marco Mahler*)

1.2. Les répercussions de la transposition

1.2.1. Transpositions « en chaîne »

Il est relativement rare de trouver une transposition isolée, dans la mesure où le choix de transposer sur un élément de l'énoncé déclenche souvent une sorte de réaction en chaîne qui rend contraignante la transposition sur un (ou plusieurs) autre(s) élément(s) de l'énoncé.

Nous retiendrons tout d'abord trois cas particulièrement fréquents à l'échelle du syntagme :

a) Dans le cas du chassé-croisé complet examiné plus haut, c'est la transposition contraignante sur la particule adverbiale ou la préposition qui entraîne nécessairement la traduction du verbe par autre chose :

he raced over the house (T.1)	: :	*il faisait le tour de la maison à toute vitesse*
		(syntagme à fonction adverbiale)

---

(6) Exemple emprunté à M. Charlot *et al.* (1982), *Pratique du thème anglais*, pp. 184-185.

| The Président **read** out the message. | : : | Le président donna **lecture** du message. (nom) |
| The Volunteer army doesn't mean that you can just **volunteer** out. *(Newsweek,* 16 July 1984) | : : | ... cela ne signifie pas que l'on puisse en partir **quand on en a envie.** (proposition subordonnée) |

b) La qualification d'un adjectif par un adverbe en -*ly* donne souvent lieu à une double transposition, le suffixe adverbial -*ment* étant beaucoup moins productif en français. On trouve ainsi le schéma :

Adverbe + Adjectif   : :   Nom + Adjectif

remarkably white (skin) (T. 7)	: :	*(teint) d'une blancheur frappante*
basically mistrustful	: :	*un fond de défiance* (T. 20)
critically ill	: :	*dans un état grave*

c) Certains substantifs anglais (prédicats nominalisés, substantifs formés par dérivation ou par conversion) correspondent nécessairement à un verbe en français, contrainte qui implique une seconde transposition :

Adjectif + Nom   : :   Verbe + Syntagme adverbial

the courteous dismissal (T. 7)	: :	*d'être congédié de façon aussi courtoise*
was a smart dresser (T. 1)	: :	*s'habillait avec élégance*
make an early start	: :	*partir de bonne heure*

Il faut noter que dans de nombreux exemples de ce type on a affaire à des transpositions localisées, la nature globale du syntagme restant la même (voir plus haut, 1.1.1.). Ainsi l'on a correspondance entre *make a start* et *partir,* deux syntagmes verbaux, celui de l'anglais étant construit autour d'un nom formé par conversion, ce qui entraîne les deux transpositions locales.

A l'échelle de la phrase, on trouvera des séquences ou des imbrications de plusieurs transpositions découlant d'un choix lexical initial. En voici quelques exemples à titre d'illustration; nous renvoyons le lecteur à la seconde partie de cet ouvrage pour un commentaire plus détaillé de certains cas.

there was always a certain haste to the neatness of it (T. 1)	: :	*elle donnait toujours l'impression d'avoir été rangée précipitamment*
Nom *(haste)*	: :	Adverbe *(précipitamment)*
Nom *(neatness)*	: :	Verbe *(avoir été rangée)*
Adjectif modal *(certain)*	: :	Syntagme verbal *(donnait l'impression)*
he met opponents with lordly charm (T. 15)	: :	*Face à ses interlocuteurs, il a su faire preuve de hauteur et de persuasion*

18

Syntagme verbal *(he met)*	: : Syntagme prépositionnel *(face à...)*
Préposition *(with)*	: : Syntagme verbal *(faire preuve de)*
Adjectif *(lordly)*	: : Nom *(hauteur)*

European Ferries a montré un intérêt concret pour l'achat de six appareils. (*Le Monde*, 16-17 décembre 1979)	: : *European Ferries have made it clear that they are definitely interested in purchasing six of these craft*[7].
Verbe *(a montré)*	: : Adjectif à l'intérieur d'un syntagme verbal *(clear)*
Nom *(intérêt)*	: : Syntagme verbal subordonné *(that they are interested)*
Adjectif *(concret)*	: : Adverbe *(definitely)*
Nom *(l'achat)*	: : Verbe *(purchasing)*

C'était une petite femme qui parlait peu, s'effaçait toujours, ne faisait point de bruit. (G. de Maupassant)	: : *She was a quiet unobtrusive little woman of few words*[7].
Trois syntagmes verbaux	: : Deux adjectifs et un syntagme prépositionnel
s'effaçait	: : *unobtrusive*
ne faisait	: : *quiet*
parlait peu	: : *of few words*

Nous n'avons traité ici que des cas illustrant le procédé de transposition. On trouvera dans le chapitre suivant des exemples plus complexes associant transpositions et modulations (voir notamment 2.4.).

1.2.2. Nominalisation et niveau de langue

La transposition de type Nom : : Verbe peut avoir une incidence sur le niveau de langue dans la mesure où, à l'intérieur même de l'anglais ou du français, une construction nominale apparaît comme plus soutenue que la construction verbale exprimant la même relation. A l'intérieur d'une même langue, le choix d'une tournure nominale ou verbale est souvent effectué en fonction du registre adopté, par exemple :

Il attendait la parution du livre/que le livre paraisse

He insisted on immediate payment/on being paid immediately[8].

Dans le passage d'une langue à l'autre, il est rare que le choix d'une transposition Nom : : Verbe soit fondé exclusivement sur des critères stylistiques. En général, le changement de niveau de langue provoqué par la

---

(7) Exemples empruntés à M. Charlot *et al.* (1982), pp. 156-157 et 76-77.

(8) Exemples empruntés à M. Ballard (1980), p. 67.

transposition est une conséquence indirecte de contraintes d'ordre lexical ou grammatical, ou de choix dictés par le schéma de fonctionnement dominant de chaque langue.

Ainsi l'on remarquera que l'anglais a tendance à exprimer sur le plan verbal les relations de subordination temporelle, alors que le français a souvent recours à la nominalisation[9] :

*date limite **de vente***	: : ***sell-by** date*
*avant **la date** fixée par Chrysler pour **la fermeture*** (T. 27)	: : *before Chrysler **was due to close** the plant*
*trois semaines avant **la rentrée** des classes*	: : *three weeks before school **started***
*Le dimanche 9 août, veille de **leur retour** à Sèvres...*	: : *On Sunday August 9th, the day before **they went back** to Sèvres...*
(B. Poirot-Delpech, *L'Eté 36)*	
*Les négociations avec un groupe ne seront entreprises que **sur acceptation** de sa revendication.*	: : *Negotiations with a group will occur only **if and when** their claim **has been accepted.***

(Brochure bilingue du gouvernement canadien)

La tendance de l'anglais à actualiser[10] les procès et à les insérer dans une chronologie donne souvent lieu à l'emploi d'un syntagme verbal face à un syntagme nominal en français. On pourra constater la différence provoquée sur le plan du niveau de langue dans le texte T. 30 (lignes 3 à 5), et aussi dans l'exemple suivant :

*le décalage entre **le discours** des socialistes et la réalité de **l'action** gouvernementale* (T. 22)	: : *the gap between what the Socialists **are saying** and the reality of what the government **is doing***

Inversement, les structures de complémentation de l'anglais offrent une plus grande souplesse que celles du français. Le fait que de nombreux substantifs anglais (souvent des dérivés de verbes) puissent entrer dans le même schéma de complémentation que les verbes qui leur sont associés donne lieu à un degré plus élevé de nominalisation qu'en français, notamment dans la prose journalistique ou technique. On trouvera des exemples de ce phénomène avec les constructions prépositionnelles :

***Examination of** the sticker showed it was made in Taiwan.* (T. 12)	: : *On s'aperçoit **en examinant** l'étiquette qu'il est fabriqué à Taiwan.*

et avec les complétives en *that :*

***Denial that** the frontier expe-*	: : *On ne peut **nier que** l'influence de la*

---

(9) On trouvera d'autres exemples de ce type de transposition dans le texte T.21 dans la seconde partie de cet ouvrage.

(10) Voir plus loin, chapitres 4 et 6.

rience has exerted a continuing influence down to the present is impossible.	*« Frontière » continue de se faire sentir de nos jours.*

(R.A. Billington)[11]

On pourra remarquer que cette souplesse permet à l'anglais des jeux sur le niveau de langue qui devront être rendus différemment en français (sur le plan lexical ou grammatical). L'énoncé suivant relève de toute évidence d'un choix de niveau de langue soutenu :

His realisation, at last, of what she was planning, stunned his responses.

(D. Lessing, *The Grass is Singing)*

puisque le recours à une subordonnée temporelle et à une structure de complémentation verbale aurait été également possible :

When at last he realised what she was planning...

Le français n'a à sa disposition que cette seconde structure de complémentation :

Lorsqu'enfin il se rendit compte de ce qu'elle préparait, il fut incapable de réagir.

et, dans ce cas précis, seul le choix de la forme verbale (passé simple ou passé composé) permet de faire varier le niveau de langue.

Les quelques exemples que nous venons de citer illustrent la complexité des rapports entre le niveau de langue et certains cas de transposition, et font entrevoir la nécessité de retourner en amont du procédé de traduction afin d'examiner les principaux facteurs qui déclenchent son emploi.

1.3. De la solution du problème à ses causes : transposition, syntaxe et lexicologie comparées

Si la transposition peut être analysée dans un premier temps comme une solution pratique à certains problèmes de traduction, il ne s'agit pas uniquement d'un procédé à appliquer mécaniquement dans le passage d'une langue à l'autre, mais d'une manifestation en surface de différences plus profondes entre l'anglais et le français. Les différents cas de transposition que nous venons de présenter sont à rattacher aux problèmes plus généraux qui seront abordés dans la suite de cet ouvrage. Aussi donnons-nous dès maintenant, en conclusion du présent chapitre, une première indication des rapprochements qui s'imposent.

---

(11) Exemple emprunté à A. Castagna *et al.* (1971) *Versions anglaises*, Hachette Université, p. 70.

1.3.1. Fonctionnement grammatical et syntaxique

La présence ou l'absence d'un syntagme verbal, ainsi que certains cas de transposition au niveau du syntagme, sont liés aux tendances grammaticales et syntaxiques dominantes des deux langues, notamment sur le plan de l'aspect (voir 4.6) et de la modalité (voir 5.3.) :

Plus de radio ni de télévision (T.17)	: :	*Radio and television **have fallen** silent.*
− S.V.		+ S.V., + aspect
*des journalistes **en panne** de titres* (T.20)	: :	*journalists **scratching around** for headlines*
Transposition : syntagme adverbial à noyau nominal	: :	Verbe, + aspect
Pas moyen d'en tirer un mot.	: :	*I can't get a word out of him.*
− S.V.		+ S.V., + modalité
*Pelouse **interdite**.*	: :	***Keep off** the grass.*
Tranposition : participe passé d'aspect accompli	: :	Verbe à l'impératif, modalité injonctive

L'introduction d'un syntagme verbal correspond aussi à certaines contraintes sur le plan de l'agencement syntaxique (voir chapitre 6) :

A trente-cinq ans, *il fait les marchés depuis vingt ans.*	: :	***He is now thirty-five*** *and has been doing the markets for the last twenty years*[12].
(Le Monde Dimanche, 2 décembre 1979)		
Syntagme adverbial juxtaposé et antéposé		+ S.V., + coordination
Sylvia, fillette très raisonnable, n'osait avouer... (R. Ikor)	: :	*Sylvia, **who was** a very sensible little girl, did not dare to admit...*[12]
Syntagme nominal juxtaposé		+ S.V., + subordination relative

Le procédé de l'étoffement est lui aussi lié à l'agencement syntaxique en termes d'intégration[13] ou non à la proposition principale :

*le profond silence **qui régnait** autour de lui* (J. Green)	: :	*the deep silence **around** him*[12]
Etoffement : subordination sous forme de proposition relative		Intégration du syntagme prépositionnel à la principale

---

(12) Exemples empruntés à M. Charlot *et al.* (1982), pp. 184-185, 54-55 et 43-44.

(13) Terme emprunté à J. Guillemin-Flescher (1981), *Syntaxe comparée du français et de l'anglais,* Ophrys. Voir plus loin, 6.3.

he would whisk it out of the house and into the trash (T.1)	: :	*il s'empressait de la sortir de la maison et de la mettre à la poubelle*
Coordination de deux syntagmes prépositionnels intégrés à la principale		Etoffement par la coordination de deux verbes entrant dans un schéma de subordination

Ce procédé constitue également l'une des solutions possibles aux problèmes posés par la différence entre l'anglais et le français dans le domaine des constructions verbales et de la transitivité (voir chapitre 7) :

He spent the last of his money on presents for his friends.	: :	*Il dépensa ce qui lui restait d'argent pour acheter des cadeaux à ses amis.*
Construction prépositionnelle		Etoffement de la préposition par un verbe subordonné
She muses on why she can't...	: :	*Elle réfléchit aux raisons pour lesquelles...*
Subordonnée interrogative indirecte introduite par un verbe à construction prépositionnelle		Etoffement de l'adverbe interrogatif par un nom permettant la subordination

Ce domaine des constructions et de la complémentation, qui se situe à la charnière entre syntaxe et sémantique, fait d'ailleurs appel, souvent de façon contraignante, à toute la gamme des transpositions. Nous avons vu plus haut (cf. 1.2.2) que les substantifs anglais suivis d'une construction prépositionnelle étaient régulièrement transposés sur le plan verbal en français. Il en va de même pour certains adjectifs à construction prépositionnelle :

Regardless of consequences, he set off alone.	: :	*Sans se soucier des conséquences, il partit seul.*
Transposition : adjectif	: :	verbe

D'autre part, les constructions dites causatives (voir 7.1.3.) donnent typiquement lieu à des transpositions, notamment à des chassés-croisés :

He kicked the door shut.	: :	*Il ferma la porte d'un coup de pied.*
Verbe	: :	Syntagme adverbial
Adjectif	: :	Verbe

De nombreux cas de transposition sont en particulier liés à la construction *faire* + infinitif :

s'il veut se faire servir (T.21)	: :	*if you want service*
Transposition : Verbe	: :	Nom
Voulez-vous que je vous fasse visiter ?	: :	*Would you like me to show you round ?*
Equivalence lexicalisée entre la construction *faire visiter* et le verbe composé *show round*		

*His work took him **round** the country and **into** and **out of** a large variety of walks of life.*	: : *Son travail lui **fit sillonner** le pays et **connaître** une grande diversité de catégories sociales.*

(S. Marcus, Introduction à D. Hammett, *The Continental Op*)

Transposition : syntagmes prépositionnels coordonnés	: : deux verbes à l'infinitif subordonnés à *faire*

Enfin, certains verbes très courants du français et de l'anglais entrent dans des schémas de complémentation pour ainsi dire figés, lexicalisés, dont la traduction met en œuvre des transpositions locales qui laissent inchangée la nature du syntagme verbal, par exemple :

*He **knows his mind.***	: : *Il sait **ce qu'il veut.***
*Let's **go for a swim** !*	: : *Si on allait **se baigner** ?*

1.3.2. Fonctionnement lexical

Le rendement différent des processus de formation lexicale dans les deux langues (voir plus loin, chapitre 8) rend souvent nécessaire le recours à la transposition. Dans la mesure où il s'agit ici d'arriver à une équivalence sur le plan lexical, on trouvera notamment des transpositions locales à l'intérieur d'un syntagme de même nature. C'est par exemple le cas dans la traduction de verbes anglais formés par conversion à partir d'un nom :

***to price** some early Christmas presents* (T.12)	: : ***regarder les prix** pour les cadeaux de Noël*
to campaign	: : ***faire campagne***

La composition lexicale par juxtaposition, beaucoup plus fréquente en anglais qu'en français, est un facteur particulièrement contraignant dans l'emploi des différents cas de transposition étudiés, impliquant souvent l'introduction d'un syntagme verbal en français. En voici quelques exemples :

it is a convenient home task	: : *on peut aisément le faire à la maison*

(*UNESCO Handbook for Science Teaching*)

Transpositions multiples :

adjectif *(convenient)*	: : adverbe *(aisément)*
nom *(home)*	: : syntagme adverbial *(à la maison)*
nom *(task)*	: : verbe *(faire)*

*Many people **are very weight-conscious***	: : *Il y a beaucoup de gens qui **surveillent leur ligne***

(British Rail, *Travellers' Fare*)

L'adjectif composé donne lieu à une transposition locale *(conscious* : : *surveillent)* à l'intérieur de ce qui reste globalement un syntagme verbal.

comme si j'avais été frappé par la foudre (T.28)	: : *thunderstruck*

Transposition : proposition entière : : adjectif composé

La traduction des verbes composés de l'anglais (ou *phrasal verbs*, voir 8.3.) met typiquement en œuvre le procédé du chassé-croisé, complet ou incomplet :

*'We'll **fight on**' say striking mi-* : : *Nous **poursuivrons la lutte**...*
ners' leaders.
(*The Guardian*, August 19, 1984)

*He **climbed down** from the tree.* : : *Il **descendit** de l'arbre.*

Ces verbes composés font souvent l'objet d'un processus de conversion en nom, qui appelle lui aussi une transposition dans le passage au français :

*This is **the breakthrough**...* (T.15) : : *La situation **est débloquée***

Transposition :   nom   : :   verbe

La formation lexicale peut enfin s'effectuer par affixation. Chaque langue possède des affixes (préfixes ou suffixes) particulièrement productifs qui rendent nécessaire, une fois de plus, le recours à la transposition. Les différents cas de figure sont illustrés au chapitre 8 (voir 8.2.2.); nous ne citerons que deux exemples ici :

unassuming   : :   *sans prétention*

*des secrets mal **partageables*** : : *secrets that are hard to share*
(T.20)

Ce rapide aperçu des différents facteurs de déclenchement de la transposition aura, nous l'espérons, convaincu le lecteur de la nécessité pratique d'explorer les possibilités de transposition pour traduire une notion donnée et de l'intérêt théorique de rattacher ce procédé à la syntaxe comparée des deux langues.

Chapitre 2

LES MODULATIONS

La modulation se définit, de façon très générale, comme un changement de point de vue. Celui-ci intervient au niveau du mot, de l'expression ou de l'énoncé pris globalement; il relève du lexique et/ou de la grammaire. Les quelques exemples qui suivent permettent d'apercevoir la diversité du phénomène :

instant coffee	: : *café soluble*
sous l'uniforme (T. 28)	: : *as a soldier*
Full texts of the Camp David Summit Agreements	: : *Le texte officiel des accords de Camp David*
a wide range of educational activities	: : *tout un éventail d'activités pédagogiques*
the clubs have to carry the can	: : *les clubs doivent payer les pots cassés*
his attendance record was not very good	: : *il avait été fréquemment absent*
Rome — où il ne s'était pas rendu depuis plus de cinq ans ... (T. 25)	: : *his first visit there in almost five years*

La modulation ne s'accompagne pas nécessairement d'une transposition mais les deux procédés se trouvent souvent associés, comme dans les deux derniers exemples ci-dessus.

2.1. Les modulations métaphoriques

2.1.1. Les décalages métaphoriques

On trouvera la métaphore définie en 9.2.1. comme déplacement de sens par similarité, ou comparaison implicite. S'il arrive que les deux langues exploitent exactement la même image, sans qu'il y ait donc de modulation :

There's no smoke without fire	: : *Il n'y a pas de fumée sans feu*
make both ends meet	: : *joindre les deux bouts*
Their eyes were riveted on him	: : *Ils avaient les yeux rivés sur lui*

le recours à des métaphores différentes d'une langue à l'autre est l'un des problèmes de traduction les plus connus. Entre métaphores relevant du même domaine, la modulation peut être limitée :

you're making a mountain out of a molehill	: :	*tu te fais une montagne d'un rien*

(A. Brink, *A Dry White Season*)

they expected those details to be ironed out (T. 15)	: :	*ils estimaient que ces difficultés de détail seraient aplanies*

avec, éventuellement, une précision plus grande dans la langue d'arrivée :

au bord du gouffre (T. 27)	: :	*teetering on the brink of disaster*
Tout geste individuel se perd dans l'énormité de ce scandale, de ce meurtre	: :	*Any individual gesture is but a drop in this revolting and murderous ocean*

(J.M.G. Le Clézio in *Le Monde*, 26 avril 1985).

Appartenant à la même catégorie des métaphores proches dans les deux langues, les trois exemples suivants impliquent en outre d'autres modulations qui seront examinées plus loin :

sujets épineux (T. 25)	: :	*prickly topics*
cause	: :	conséquence
un travail de défrichage très utile	: :	*a lot of useful spadework*
résultat	: :	moyen
travail au noir	: :	*moonlighting*

inversion (partielle) du point de vue, la clandestinité s'accommodant d'un minimum de lumière du côté de l'anglais.

Dans la correspondance :

le sort de Trim semble scellé (T. 27)	: :	*the writing was on the wall for Detroit Trim*

la métaphore-cliché du français est traduite par une métaphore relevant du même domaine historico-politique mais qui comporte en outre une allusion culturelle à la Bible (cf. T. 27, commentaire).

Le décalage métaphorique est souvent plus marqué :

avoir du pain sur la planche	: :	*have a lot on one's hands*
la base (d'un syndicat, etc.)	: :	*the grass roots*
les journalistes en panne de titres (T. 20)	: :	*journalists scratching around for headlines*
les restaurants abordables ne courent pas les rues	: :	*cheap restaurants are thin on the ground*
les lendemains ne chantaient pas (T. 25)	: :	*prospects were not necessarily brighter*

La modulation peut aller jusqu'à l'inversion de l'image :

cela a tout fichu par terre	: :	*it messed everything up*

27

he began without any beating : : *il entra tout de suite dans le vif du*
about the bush (T. 2)   *sujet*

2.1.2. Présence/absence d'image

L'appréciation peut parfois varier sur la question de savoir si tel mot ou expression est perçu comme nettement métaphorique mais certaines différences de degré sont indiscutables :

+ métaphorique	– métaphorique
it rings a bell	: : *cela me dit quelque chose*
a Cabinet reshuffle	: : *un remaniement ministériel*
I'm sure you'll appreciate that we can't leave a stone unturned in trying to clean up the townships (A. Brink, *A Dry White Season*).	: : *Vous comprenez bien que nous ne pouvons rien laisser au hasard si nous voulons mettre de l'ordre dans les townships*

Présence de métaphore	Absence totale de métaphore
de fil en aiguille	: : *one thing leading to another*
le coup de foudre	: : *love at first sight*
underground newspapers	: : *journaux clandestins*
The British Foreign Secretary shrugged off the insults (T. 15)	: : *le ministre des affaires étrangères britannique a ignoré les affronts*

L'anglais a la réputation souvent justifiée d'être fortement métaphorique. Cette tendance se trouve notamment favorisée par le jeu sur les prépositions et particules adverbiales, le processus de conversion (cf. 8.2.3), les deux facteurs étant conjugués dans les *phrasal verbs* (cf. 8.3.) comme en dernier lieu ci-dessus. Mais il faut par ailleurs compter, du point de vue stylistique, avec les inévitables pertes qui interviennent ici ou là entre langue de départ et langue d'arrivée. Plus la métaphore est marquée ou élaborée plus le risque est grand d'aboutir à une perte et une explicitation dans la langue d'arrivée :

une médecine de cheval (T. 17)	: : *drastic measures*
le doigt sur le pouls de l'opinion (T. 27)	: : *which constantly monitor public opinion*
maisons sourdes et aveugles (T. 19)	: : *impenetrable houses with blank windows*
la société américaine, aussi prompte à s'admirer qu'à se flageller (T. 27)	: : *American society, as narcissistic as it is masochistic*

Dans ce dernier exemple, la traduction anglaise illustre un autre procédé stylistique qui joue ici un rôle de compensation : le parallélisme prosodique évoqué dans la section suivante.

2.1.3. Métaphore et parallélisme prosodique

Ces deux procédés sont à rapprocher pour la double raison que le parallélisme prosodique [1] joue souvent un rôle de renforcement ou de substitut de la métaphore dans la traduction et qu'ils fonctionnent l'un et l'autre, sur deux plans différents, selon le principe d'évocation par similarité. La correspondance est particulièrement manifeste dans la traduction des proverbes et expressions :

+ métaphore	+ parallélisme prosodique et/ou grammatical
Il faut hurler avec les loups	: : *Do in Rome as the Romans do*
One bird in the hand is worth two in the bush	: : *Un tiens vaut mieux que deux tu l'auras*
dead as a doornail	: : *mort et bien mort*
ups and downs and wrangling	: : *péripéties et palabres* (T. 27)

Au-delà des expressions les plus solidement fixées par l'usage, le parallélisme prosodique est exploité de façon plus systématique en anglais, venant ou non à l'appui d'une métaphore :

Lucy fussed and fretted and changed her mind several times and finally asked for an omelette (M. Atwood, *The Edible Woman*)	: : *Lucy eut le plus grand mal à se décider, changea d'avis plusieurs fois et finalement commanda une omelette*
une fête dont on trouve encore les traces (*Le Monde,* 16 avril 1985)	: : *a celebration whose flotsam and jetsam are still around*
des photos de leurs proches (T. 20)	: : *snaps of their nearest and dearest*
l'usure des choses (T. 20)	: : *the wear and tear of things*

Ce facteur prosodique, associé ici au recours privilégié à la coordination (cf. 6.3.2.), joue un rôle considérable en anglais depuis la langue la plus courante *(bed and breakfast, pay and display)* jusqu'à la rhétorique du discours en public *(it has been the government's constant care...)* ou aux titres d'articles où il fait partie des règles du genre. Ainsi, par exemple, les dix chapitres d'un ouvrage de linguistique publié en collection de poche [2] ont tous un titre reposant sur une allitération : *1 Setting the Scene; 2 Working with Words; 3 Dealing with Definitions,* etc. — procédé qui ne pourrait être exploité de façon aussi systématique en français sous peine de lourdeur stylistique.

---

(1) Prosodie : Caractères quantitatifs (durée) et mélodiques des sons en tant qu'ils interviennent dans la poésie *(Dictionnaire Petit Robert).*

(2) J. Lyons (1981), *Language, Meaning and Context,* Fontana.

2.2. Les modulations métonymiques·

On trouvera la métonymie définie en 9.2.2. comme déplacement de sens par contiguïté : partie pour une autre, contenu/contenant, cause/conséquence, etc.

2.2.1. Changement de point de vue spatio-temporel

Il s'agit du type de modulation qui correspond le plus littéralement à la définition comme changement de point de vue. Celui-ci peut être spatial :

outside the town hall	: : *devant la mairie*
an up-and-over garage door	: : *une porte de garage basculante*
oven-to-tableware	: : *porcelaine à feu*

temporel :

a quarterly magazine	: : *un magazine trimestriel*
every other week	: : *une semaine sur deux*

ou impliquer un passage du spatial au temporel ou inversement :

le moment où...	: : *the time when...*
appelait les gares les unes après les autres (T. 30)	: : *rang up the various stations along the line*

La modulation spatiale peut être géographique :

the Channel Islands	: : *les îles anglo-normandes*
the West Bank	: : *la Cisjordanie*

Elle recoupe parfois d'autres modulations telles que cause/conséquence, moyen/résultat :

when you find yourself out of your depth (T. 8)	: : *ayant perdu pied*
I pulled an ashtray over beside me (T. 7)	: : *après m'être mis un cendrier à portée de main*

Un cas particulier important, généralement traité en grammaire, est l'expression de ces relations spatio-temporelles par les prépositions :

en 1970	: : { *in 1970* { *by 1970*
au guichet de la gare	: : { *(be) at the station ticket office* { *(buy a reservation) from the station* { *ticket office*

La préposition *de* peut correspondre en anglais à tout un éventail de prépositions dont on trouvera un échantillon en 3.3.2.

2.2.2. Autres déplacements par contiguïté

Relèvent de façon centrale de la métonymie les modulations de type
— partie pour une autre :

the keyhole	: : *le trou de la serrure*
the church cat (T. 2)	: : *le chat du pasteur*
Language and Mind (N. Chomsky)	: : *Le langage et la pensée*
"To the trains"	: : *« Accès aux quais »* (+ transposition)
when the screen went dark (T. 13)	: : *après la dernière image* (+ transposition)
up to her eyes in debt	: : *endettée jusqu'au cou*

(modulation métonymique entre deux expressions métaphoriques)

— partie pour le tout :

word processor	: : *traitement de texte*
la chaussée (T. 29)	: : *the street*
he has not done much work for the stage	: : *il a peu travaillé pour le théâtre*
in his final days	: : *à la fin de sa vie*
Days of Hope	: : *L'Espoir* (A. Malraux) (T. 30)

— moyen/résultat :

life jacket	: : *gilet de sauvetage*
fard à paupières	: : *eye shadow*
pressure cooker	: : *cocotte minute*

— cause/conséquence :

« Arrêt demandé »	: : *"Bus stopping"*

(+ modulation aspectuelle, cf. 4.6.1.)

When a Stranger Calls	: : *Terreur sur la ligne*

(+ transposition : syntagme : : syntagme nominal)
verbal

un immeuble de quatre étages : : *a four-storey walk-up* (US English)
sans ascenseur
(+ modulation : inversion du point de vue)

On trouvera également dans les commentaires des textes de la Deuxième partie de nombreux exemples de modulations sur les différentes fonctions qui entourent un processus :

— processus → instrument du processus :

cycling (T. 11)	: : *la bicyclette*

— processus → agent du processus :

société de consommation : : *consumer society*

— résultat du processus → agent du processus :

les ouvriers du livre (T. 17) : : *the printers' union*

avec, dans ce dernier cas, une deuxième modulation métonymique : *ouvriers* : : *union.*

Un article paru dans *New Society* [3] examine des modulations qui interviennent entre anglais britannique et américain (auxquels nous ajouterons le français) :

Anglais britannique	Anglais américain	Français
rubber	*eraser*	*gomme*
flannel	*wash cloth*	*gant de toilette*
coil	*I U D*	*stérilet*
	(intra-uterine device)	
return ticket	*round-trip ticket*	*billet aller-retour*
ground floor	*first floor*	*rez-de-chaussée*

Là où l'anglais britannique s'attache à la matière dont est fait l'objet, l'américain considère sa fonction; là où l'Anglais se représente l'espace par rapport à l'individu *(return ticket)* ou à la nature *(ground floor)* l'Américain se le représente géométriquement. Le propos de l'article est de déceler dans la désignation d'objets familiers des différences de vision du monde :

"Americans are conscious of living in a continent recently built up from scratch. They have become used to thinking of the end-products of endeavour which surround them, rather than the individual ways to those end-products".

L'analyse est convaincante et menée avec un humour tout anglo-saxon mais on se gardera de généralisations hâtives sur la psychologie des peuples.

2.2.3. L'inversion du point de vue

L'inversion du point de vue et la variante grammaticale de celle-ci qu'est la négation du contraire (cf. 2.3.1.) tiennent une place au moins aussi importante que les modulations métaphoriques dans la pratique de la traduction, bien qu'elles soient moins familières et moins spontanément mises en œuvre :

Lost Property Office : : *Bureau des objets trouvés*

He said his life had been : : *Il disait avoir reçu des menaces de*
threatened (T. 7) *mort*

(+ transposition verbe : : nom)

---

(3) "Caught in a Web of Words" by David Bodanis, *New Society,* 10 May 1984.

work to rule	: :	*grève du zèle*
(double inversion)		
a grass court is faster	: :	*le jeu est plus rapide sur gazon*

(Dictionnaire *Robert & Collins)*

(terme de départ différent; déplacement métonymique entre le lieu du processus et le processus lui-même)

it does 15 miles to the gallon	: :	*elle consomme 20 litres aux cent*

changement de point de vue sur le processus que l'on privilégie (parcourir/consommer) et inversion de l'ordre des facteurs (distance/quantité).

Avec ces derniers exemples, l'inversion du point de vue s'accompagne d'une inversion syntaxique que l'on retrouve avec toutes sortes de modulations de nature nettement grammaticale telles que la passivation :

des barrages de grévistes blo-	: :	*the American base at Keflavik has*
quent les issues de la base améri-		*been cordoned off by strikers*
caine de Keflavik (T. 17)		

les différences de construction verbale (cf. 7.1.2) :

elle y tenait	: :	*it meant a lot to her*

et, plus généralement, le choix dans l'agencement syntaxique d'un terme de départ animé ou inanimé (cf. 6.2.).

2.3. Les modulations grammaticales

2.3.1. Modulation et grammaire

On ne peut donc pas maintenir, sinon pour la commodité de l'exposé, de séparation stricte entre procédés de traduction et grammaire, entre la modulation d'abord introduite sous l'angle lexical et stylistique et les différences de stratégie dans le choix des opérations grammaticales. A la limite, tout décalage grammatical entre les deux langues est une modulation, un changement de point de vue plus systématique et contraignant dans ce cas. On trouvera aux chapitres 3 et 4 des exemples de modulation sur les opérations de détermination (cf. 3.2.2.; 3.2.4.) et sur le repérage aspectuel (cf. 4.6.; 4.1.3.) qui reviennent à maintes reprises dans les commentaires de la Seconde partie. On observera également des modulations faisant passer d'un domaine grammatical à un autre, par exemple de la modalité à l'aspect :

*Keeping pets **can** be a nuisance*	: :	*Ça complique **parfois** la vie d'avoir des animaux*

ou de la détermination à la modalité :

that foul plant...	: :	*cette horreur...*
*it had **some** disease* (T. 1)		(*elle **devait** avoir une maladie*
		(*je **ne sais pas** trop ce qu'elle avait*

Nous accorderons ici une place particulière aux modulations touchant au statut assertif (cf. 5.1.), qui est le premier choix modal inhérent à tout énoncé : assertif (affirmatif ou négatif), interrogatif ou injonctif (ordres à l'impératif, instructions, etc.).

2.3.2. La négation du contraire

Cette modulation, très fréquente, qui concerne l'orientation générale de l'énoncé, est la plupart du temps associée à d'autres procédés de traduction :

No vacancies : : *Complet*
(+ transposition)

le voyageur ne tarde pas à perce- : : *the traveller soon discovers...*
voir... (T. 21) (+ transposition)

his attention span had become : : *il n'était plus capable de soutenir son*
short *attention très longtemps*
(Newsweek, November 22, 1982) (+ transposition multiple)

So he hurried on (T. 2) : : *Aussi reprit-il sa route sans perdre de temps*
(chassé-croisé)

Oh, she's all right (T. 9) : : *Oh, je ne m'inquiète pas pour elle !*
(terme de départ différent)

La négation du contraire peut aboutir à une double négation explicite :

People do like to buy British : : *Ce n'est pas que les gens ne veuillent*
(T. 12) *pas acheter anglais...*

ou au contraire se dissimuler sous forme lexicale :

liberté des prix (T. 17) : : *price controls were lifted*

Buying British isn't just difficult : : *à moins d'être un consommateur*
for the casual shopper (T. 12) *averti*

(cf. T. 12, commentaire sur les (= *si l'on n'est pas*)
définitions négatives de *casual*)

Le jeu de la négation et des autres modalités aboutit parfois à des équivalences qui peuvent laisser perplexe :

it would be difficult to over- : : *on ne saurait sous-estimer...*
estimate...

Le problème provient d'un changement de modalité : l'anglais est paraphrasable comme *on ne risque pas/on ne peut pas,* le français comme *on ne doit pas,* le possible et le nécessaire se définissant d'un point de vue logique l'un par rapport à l'autre à l'aide de la négation : nécessaire = pas possible de ne pas. On retrouve ce jeu entre modalité du plus ou moins certain et négation avec des expressions courantes comme *you can't miss it (vous ne pouvez pas vous tromper/on ne voit que cela,* etc.).

2.3.3. Autres changements de statut modal

On rencontrera divers cas de figure dont les exemples qui suivent constituent un échantillon représentatif.

Have a cup of tea. (T.3)	: :	*Veux-tu une tasse de thé ?*
injonction	: :	interrogation
How Why When Where	: :	*400 questions 400 réponses à tout*
(Grisewood & Dempey, London, 1982)		(Editions des Deux Coqs d'Or, Paris, 1984)
Enoncé interrogatif tronqué	: :	Enoncé assertif tronqué
Transposition : adverbes interrogatifs	: :	Syntagme nominal
Cycling can be a hazardous pursuit (T. 11)	: :	*La bicyclette n'est pas toujours sans danger*
Assertion positive modalisée	: :	Assertion négative (négation du contraire)
Transposition et modulation : Auxiliaire de modalité	: :	Adverbe aspectuel

Dans le domaine de l'injonction, l'anglais tend à privilégier l'impératif et le français la référence à la notion sous forme d'infinitif :

Fill the pan with water immediately after using	: :	*Aussitôt après utilisation, remplir le récipient d'eau*

ou sous forme nominale, ce qui implique une transposition :

Keep off the grass	: :	*Pelouse interdite*
Take a Break in the Rush (News Cigarettes)	: :	*La détente dans l'action*

D'une façon générale, le français privilégie l'assertion face, par exemple, à l'injonction :

L'histoire de l'usine Trim est un de ces récits (T. 27)	: :	*Take the case of the Detroit Trim plant*

ou à l'hypothèse :

If you'd like to get in trim but are put off by... (T. 11)	: :	*Vous avez envie de retrouver la forme mais...*

Nous renvoyons au chapitre 5 (notamment 5.1. et 5.3.2.) pour une représentation d'ensemble du jeu possible sur les différents ordres de modalités.

2.4. Les associations complexes de transpositions et de modulations et les phénomènes de déplacement

Nous avons noté à maintes reprises au fil de ces deux chapitres qu'un procédé de traduction en déclenche bien souvent un ou plusieurs autres. Le jeu combiné des transpositions et surtout des modulations aboutit assez rapidement à des réseaux de correspondances complexes. La difficulté peut commencer avec des séquences de deux termes :

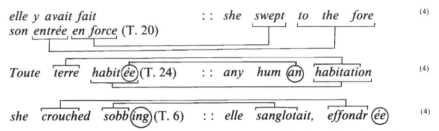

Le choix d'un terme-pivot différent dans la traduction d'un énoncé peut déclencher une réaction en chaîne dont le résultat est un réseau de correspondances manifestement complexe :

● *I had been to the city a couple* : : *Je connaissais déjà la ville pour y être*
   of times, so there was nothing   *allé une ou deux fois; l'idée d'y*
   very unfamiliar or frightening   *retourner ne me faisait donc pas peur.*
   in the idea of it. (T. 8)

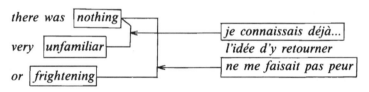

● *une inflation honnie, mais qui,* : : *inflation which, though hated, is*
   avec le temps, évoque aux   *looked back on by wage-earners as a*
   salariés l'époque de la prospé-   *sign of prosperity.*
   rité. (T. 17)

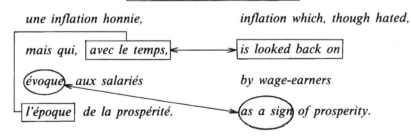

---

(4) On retrouvera ces exemples accompagnés de l'analyse des correspondances indiquées dans les commentaires des textes concernés.

36

- *but you could never trust these people NOT to keep to timetable.* (T. 6) : : *mais comment se fier à ces gens : ils ne sont même pas réguliers dans leur inexactitude.*

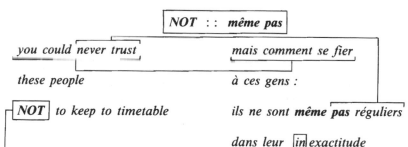

Comme le fait apparaître l'entrecroisement de certaines correspondances, celles-ci ne sont pas toujours biunivoques. Elles peuvent de surcroît refléter le déplacement d'une notion d'une partie de l'énoncé à une autre. Ceci se produit notamment dans des notices ou autres documents bilingues où la traduction, lorsqu'elle est de bonne qualité, n'hésite pas à s'écarter de l'original tout en livrant l'essentiel du message.

Pour votre confort, efforcez-vous de préparer vos voyages de nuit en achetant en temps utile vos réservations « couchettes » aux guichets des gares et agences de voyages. : : *To be sure of obtaining a couchette you are advised to book well in advance. This can be done from station ticket offices and travel agencies.*

(Fiche bilingue SNCF)

(a) *pour votre confort* *to be sure of obtaining a couchette* ———

(b) *efforcez-vous* *you are advised*

(c) *préparer vos voyages de nuit* *to book well in advance*

(d) *en temps utile* ———

(e) *réservations*

 couchettes ———

Une partie de ce document bilingue a été citée en 1.1.1. au point de vue des transpositions. On a en (a) et en (c) une correspondance globale entre des syntagmes de même nature, mais dans les deux cas avec une modulation de type résultat/moyen. En (a), cette modulation est liée au déplacement de *couchette* qui n'apparaît qu'en fin de phrase en français. Autres déplacements : si *book* est, comme *préparer,* le noyau du syntagme verbal, il correspond sémantiquement à *réservations,* tandis que la notion de *préparer* est rendue (sous forme adverbiale) par *in advance.*

Nous terminerons sur un exemple présentant un réseau serré de modulations et de déplacements liés à la redistribution des métaphores (largement lexicalisées de part et d'autre).

Trop souvent des décisions bu-reaucratiques ont abouti à la construction d'équipements lourds mais inadaptés, qu'il s'agisse d'outils culturels ou d'in-frastructures routières sacca-geant le tissu urbain.	: :	*Too often bureaucratic decisions have resulted in the launching of ambitious but ill-adapted schemes, such as mammoth buildings for the arts or giant urban motorways ignoring the environment.*

(Actes du Colloque *Urbanisme et Société en Grande-Bretagne,* Université de Clermond-Ferrand, 1984).

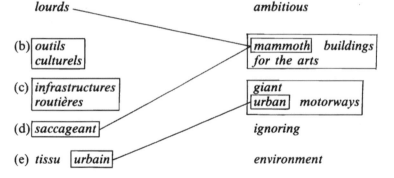

Seul (a) présente une correspondance terme à terme (avec double modulation métonymique de *équipements* à *schemes,* et de *lourds* à *ambitious*). En (b) la métaphore cliché est perdue ainsi qu'en (e) où *urbain* ainsi libéré se déplace, au sens à la fois métonymique et syntaxique, du tout *(tissu urbain)* vers la partie *(urban motorways).* Si le correspondant syntaxique de *saccageant* est non métaphorique *(ignoring)* la notion de démesure est concentrée en anglais sur *mammoth* qui traduit à la fois la lourdeur et l'image du saccage provoqué.

Tableau 1. — Les procédés de traduction en 30 titres de films.

TRANSPOSITIONS

Ten Days' Wonder	: :	*La Décade prodigieuse*
How the West Was Won	: :	*La Conquête de l'Ouest*
The Rising of the Moon	: :	*Quand la lune se lèvera*
One Flew over the Cuckoo's Nest	: :	*Vol au-dessus d'un nid de coucou*

MODULATIONS

Métaphore

Moonlighting	: :	*Travail au noir*
The World in His Arms	: :	*Le Monde lui appartient*
The King of Comedy	: :	*La Valse des pantins*
The Gods Must Be Crazy	: :	*Les Dieux sont tombés sur la tête*

Métonymie

Saskatchewan	: :	*La Brigade héroïque*
Northern Pursuit	: :	*Du sang sur la neige*
Rear Window	: :	*Fenêtre sur cour*
Swamp Water	: :	*L'Etang tragique*
The Covered Wagon	: :	*Caravane vers l'Ouest*
Lawless Street	: :	*Ville sans loi*
The Hanging Tree	: :	*La Colline des potences*
Pursued	: :	*La Vallée de la peur*
When a Stranger Calls	: :	*Terreur sur la ligne*
While the City Sleeps	: :	*La cinquième victime*

Agent ou instrument/processus

Stagecoach	: :	*La Chevauchée fantastique*
Mutiny on the Bounty	: :	*Les Révoltés du Bounty*
The Sleeping Car Murders	: :	*Compartiment Tueurs*

Inversion du point de vue

The Searchers	: :	*La Prisonnière du désert*
Missing	: :	*Avis de recherche*
The Fastest Gun Alive	: :	*La première balle tue*
Rough Treatment	: :	*Sans anesthésie*

Changement de statut assertif

Pack Up Your Troubles	: :	*Les Sans souci*
Helpmates	: :	*Aidez-nous*
Thicker Than Water	: :	*Qui dit mieux ?*
All That Jazz	: :	*Que le spectacle commence*
To Have and Have Not	: :	*Le Port de l'angoisse*

B. Domaine grammatical

INTRODUCTION

L'étude des procédés de traduction dans les deux premiers chapitres nous a amenés à mentionner divers points d'ordre grammatical et syntaxique qui leur sont étroitement liés. Les cinq chapitres qui suivent ont pour objectif d'examiner les différences de fonctionnement entre l'anglais et le français sur le plan grammatical et syntaxique. Il s'agit plus précisément de relier la diversité des formes grammaticales observables aux opérations énonciatives[1] qui les sous-tendent, étant entendu qu'à un marqueur grammatical peuvent correspondre plusieurs opérations et vice versa. Si les analyses amorcées ici d'un point de vue contrastif restent à approfondir de part et d'autre, la confrontation de deux langues rend plus évidemment nécessaires des concepts d'un niveau de généralité suffisant pour rendre compte de la diversité des phénomènes.

Notre étude portera sur les domaines où l'on observe les divergences les plus manifestes entre l'anglais et le français : en premier lieu, la détermination du groupe nominal et les temps et aspects. Nous examinerons ensuite les différents choix à l'œuvre dans l'expression de la modalité et l'incidence syntaxique de la modalisation de l'énoncé. Ceci nous amènera à présenter les principaux points de contraste concernant l'agencement syntaxique, mis en lumière dans l'ouvrage de J. Guillemin-Flescher, *Syntaxe comparée du français et de l'anglais*[2]. Nous terminerons cette étude des problèmes grammaticaux par l'examen de certains décalages entre les deux langues sur le plan des constructions verbales qui sont souvent source de difficulté en traduction.

---

(1) Nous empruntons dans cette partie un certain nombre de concepts à la théorie des opérations énonciatives élaborée par A. Culioli. Pour une présentation succincte de cette théorie, voir C. Fuchs & P. Le Goffic (1975) *Initiation aux problèmes des linguistiques contemporaines,* Hachette Université, chapitre 13. On en trouvera une description plus détaillée dans J. Bouscaren & J. Chuquet (1987), *Grammaire et textes anglais : guide pour l'analyse linguistique,* Ophrys (partie Glossaire) et dans les articles de A. Culioli lui-même, notamment : « Sur quelques contradictions en linguistique » in : *Communications,* n° 20, 1973 et « Rôle des représentations métalinguistiques en syntaxe », *Congrès de Tokyo,* 1982, Paris VII-D.R.L., Collection ERA 642.

(2) Ophrys, 1981.

Chapitre 3

DÉTERMINATION ET GROUPE NOMINAL

Le problème de la détermination du groupe nominal constitue un domaine d'étude si vaste qu'il ne peut être question de le traiter de façon exhaustive dans le cadre d'un chapitre. Pour une étude détaillée de la détermination en anglais, nous renvoyons le lecteur aux ouvrages de grammaire figurant dans notre bibliographie, notamment à M.L. & G. Groussier & P. Chantefort[1], chapitre 9, pour l'analyse des différentes opérations et à H. Adamczewski & C. Delmas[2], chapitres 8 et 9, ainsi qu'à A.J. Thomson & A.V. Martinet[3], chapitres 1, 2 et 4, comme sources d'exemples de différents emplois des outils de détermination.

Dans l'optique contrastive qui est la nôtre, nous concentrerons notre attention sur certains points qui posent des problèmes de traduction particuliers, après avoir effectué un bref rappel des principales opérations de détermination.

3.1. Définitions

3.1.1. Principales opérations de détermination des substantifs[4]

Les trois opérations de base ne peuvent s'effectuer que dans un certain ordre.

1) *Renvoi à la notion*

Il s'agit d'un simple choix lexical, d'un renvoi au concept signifié par le substantif à un niveau purement qualitatif, sans référence à aucune situation

---

(1) *Grammaire anglaise : thèmes contruits,* Hachette Université, 1973.
(2) *Grammaire linguistique de l'anglais,* Armand Colin, 1982.
(3) *A Practical English Grammar,* Third Edition, Oxford University Press, 1980.
(4) Les définitions qui suivent sont basées sur A. Culioli (1975), « Note sur détermination et quantification : définition des opérations d'extraction et de fléchage », *PITFALL,* n° 4, D.R.L., Paris VII.

particulière. Il n'y a aucune quantification ou identification d'éléments spécifiques.

Exemples : *I like tea*   :: *J'aime le thé*

         Snakes are dangerous   :: *Les serpents sont dangereux*

Pour le second exemple, on parlera de renvoi à la classe.

2) *Extraction*

Opération complexe qui consiste à repérer une notion par rapport à une situation particulière, pour ensuite en distinguer qualitativement un ou plusieurs éléments ou une certaine quantité, et enfin leur attribuer une détermination quantitative. Selon le cas, on pourra avoir une extraction unique :

There's an elephant in my garden,

ou multiple :

I can see children playing outside,

ou un prélèvement :

I've spilt coffee all over my dress;

la détermination quantitative pourra être explicite, comme dans :

There are twenty cars in the queue

Would you like some coffee ?

ou implicite (voir exemples précédents). Le rôle de l'extraction sera toujours d'introduire de nouveaux éléments dans le discours.

3) *Fléchage*

Il s'agit d'une opération d'identification d'un objet déjà extrait, c'est-à-dire d'une reprise d'une première détermination. L'opération de fléchage joue un double rôle : reprise d'un élément déjà connu (ou supposé connu) et présentation de cet élément comme étant distingué par contraste de tous les autres éléments de sa classe. La reprise d'un élément par fléchage pourra être justifiée

- par la situation (fléchage situationnel étroit ou large) :
  Passe-moi le sel, s'il te plaît
  (l'élément se trouve dans la situation d'énonciation)
  Le président a déclaré hier que...
  (l'élément est connu de tous les énonciateurs)

- par le contexte (fléchage contextuel) :
  A man and a woman were sitting on a bench; suddenly the man got up and left.
  The car I bought last month has broken down.
  Il y avait une voiture devant la porte; cette voiture me paraissait louche.

A ces trois opérations de base viennent s'en ajouter deux qui complètent les possibilités de détermination dont disposent les énonciateurs :

- le *parcours,* qui consiste à passer en revue tous les éléments d'une classe sans en distinguer aucun. L'opération de parcours est étroitement liée aux statuts assertifs, notamment à l'interrogation :

  Have you seen any good films lately ?

  où l'on demande à l'autre d'effectuer les opérations d'extraction, de quantification ou de fléchage, ainsi qu'aux modalités de type « 2 »[5] :

  Any doctor will tell you that smoking is bad for your health.

- la *quantification* objective (numération) ou subjective (*un peu, beaucoup,* etc.), qui vient le plus souvent renforcer la détermination au niveau de l'opération d'extraction ou de prélèvement.

3.1.2. Différents types de fonctionnement des substantifs

Avant de pouvoir comparer la mise en œuvre en anglais et en français des opérations de détermination définies ci-dessus, il est indispensable d'examiner la notion de « fonctionnement » des substantifs. En effet, la catégorie du nombre (singulier et pluriel) ne permet pas d'expliquer l'emploi différent des déterminants dans les deux langues. On va donc être amené à définir des comportements ou fonctionnements des noms selon qu'ils sont compatibles avec un verbe au singulier, au pluriel ou les deux, et ensuite à voir quels sont les déterminants qui sont compatibles avec l'un ou plusieurs de ces fonctionnements. Il faut toujours se rappeler qu'il s'agit de types de fonctionnement et non pas de catégories étanches.

On distinguera ainsi deux grands types de fonctionnement des noms :

1) Fonctionnement *discontinu,* appelé aussi dénombrable, ou *countable* ([C] dans certains dictionnaires) — ex. : *table.* On peut effectuer une opération d'extraction unique *(a table)* et une opération de dénombrement *(one table, three tables, a large number of tables...).*

2) Fonctionnement *continu,* appelé aussi indénombrable, *uncountable* ([U] dans certains dictionnaires), *mass.* Il faut souligner que ce type de fonctionnement concerne aussi bien l'abstrait (ex. : *courage, love, literature*) que le concret (ex. : *beer, butter, spaghetti*). Ces termes ne peuvent pas faire l'objet des opérations d'extraction et de dénombrement, sauf recatégorisation[6] exceptionnelle qui reste possible dans l'une et l'autre langue. Cette possibilité existe symétriquement dans le domaine concret : *trois bières* :: *three beers,* au

---

(5) Voir chapitre 5 pour la définition des différents types de modalités.

(6) Cette recatégorisation est souvent exploitée à des fins littéraires, et peut mettre en jeu des choix énonciatifs délibérés. Voir Bouscaren J. *et al.* (1984), « Quelques réflexions sur l'article zéro », in *Cahiers de recherche en grammaire anglaise,* tome II, Ophrys, pp. 120-121.

sens de trois bouteilles/verres ou éventuellement de trois variétés de bière. Il n'en va pas toujours de même pour les notions abstraites :

Il montra un courage exception- : : *He showed Ø unusual courage.*
nel

Il montra un courage qui surprit : : *He showed a courage that surprised*
tout le monde *everyone.*

Si les exemples ci-dessus ont un fonctionnement dominant en continu, de nombreux substantifs ont couramment le double fonctionnement dans les deux langues :

I had chicken for lunch. : : *du poulet* (continu)

The farmer killed three chickens. : : *trois poulets* (discontinu)

The house is made of stone. : : *en pierre* (continu)

He picked up a stone. : : *une pierre* (discontinu)

Un grand nombre de substantifs en anglais sont uniquement compatibles avec le fonctionnement en continu. Ceci a les implications suivantes :
1) de manière évidente, le dénombrement et donc le pluriel sont exclus :

Les renseignements qu'il m'a : : *The information he gave me was*
donnés étaient faux. *wrong.*

2) l'opposition unique/multiple étant non pertinente dans le fonctionnement en continu, ces termes n'appellent généralement pas d'autres déterminants que les *mass nouns* du domaine concret :

de l'argent et $\begin{cases} \textit{des conseils} \\ \textit{un conseil} \end{cases}$: : *some money and some advice*

3) si un dénombrement explicite est nécessaire, on aura recours, selon le cas, soit à un dénombreur (*the only piece of advice he gave me was...; the second item of news on the radio this morning...*) soit à un changement lexical dans le passage du français à l'anglais.

Exemples :   *antique furniture* : : *des meubles anciens*

mais *un meuble* : : *a piece of furniture, a table...*

un meuble ancien : : *an antique*

casual wear : : *les vêtements sport*

mais *un vêtement* : : *a garment, a jacket...*

Dans quelques cas, c'est en français que prévaut le fonctionnement en continu, par exemple :

le parquet : : *floorboards*

mais *a floorboard* : : *une lame de parquet*

Il est donc indispensable de connaître les principaux substantifs qui n'obéissent pas au même type de fonctionnement en anglais et en français (voir Tableau 2).

Tableau 2. — Quelques exemples..

NOM CONTINU	FRANÇAIS	PASSAGE AU DÉNOMBRABLE
* *care* * *damage* * *hair* *progress* *transport* * *trouble*	*les soins* *les dégâts* *les cheveux* *les progrès* *le(s) transport(s)* *les ennuis*	On ne peut pas dénombrer mais on peut qualifier
advice *evidence* *furniture* *information* *luggage* *news*	*les conseils* *les preuves* *les meubles* *les renseignements* *les bagages* *les nouvelles*	On ne dénombre que s'il est absolument nécessaire de renvoyer à un élément unique ("a piece of..."). On peut quantifier ou qualifier
bread *dust* *laughter* *lightning* *overtime*	*le pain* *la poussière* *le(s) rire(s)* *les éclairs* *les heures supplémentaires*	Dénombreurs spécifiques pour renvoyer à l'unité
* *business* * *fiction* *furniture* *homework* * *labour* *leisure* *luggage* *produce* *sportswear* * *work*	*les affaires* *les œuvres romanesques* *les meubles* *les devoirs* *les travailleurs* *les loisirs* *les bagages* *les produits* *les vêtements de sport* *le travail*	Passage au dénombrable par changement lexical (correspondant parfois en français à un changement lexical pour le passage à l'unité)

Les substantifs marqués d'un * peuvent fonctionner comme discontinus dans un ou plusieurs de leurs sens

(ex. : *the complete works of...*
: : *les œuvres complètes de...*).

La consultation du dictionnaire est donc indispensable. Les exemples et traductions donnés dans ce tableau ne concernent que le fonctionnement continu de ces noms.

. de l'opposition continu/discontinu.

EXEMPLES

FRANÇAIS	ANGLAIS
Les soins médicaux sont gratuits ici.	*Medical care is free here.*
L'incendie a causé beaucoup de dégâts.	*A lot of damage was done by the fire.*
Ses cheveux sont toujours ébouriffés.	*Her hair is always tousled.*
Il a fait de grands progrès.	*He has made great progress.*
Les transports en commun sont économiques.	*Public transport is cheap.*
Tu as une voiture pour rentrer ?	*Have you got transport ?*
Il s'attire toujours des ennuis.	*He's always getting into trouble.*
Donne-moi un conseil !	*Give me some advice !*
Il me faut une preuve.	*I need evidence.*
Les meubles scandinaves coûtent cher.	*Scandinavian furniture is expensive.*
Je voudrais un renseignement.	*I'd like some information.*
Ne prenez pas trop de bagages !	*Don't take too much luggage !*
C'est une bonne nouvelle !	*That's good news !*
Un pain complet, s'il-vous-plaît.	*A wholemeal loaf, please.*
J'ai une poussière dans l'œil.	*There's a speck of dust in my eye.*
Il partit d'un grand rire.	*He let out a peal of laughter.*
Il est parti comme un éclair.	*He left like a flash (of lightning).*
Il fait une/2 heure(s) supplémentaire(s).	*He does an hour's/two hours' overtime.*
Conclure une affaire	*To strike a deal / a bargain*
Un roman de Dickens	*A novel by Dickens*
J'ai acheté un meuble pour mon bureau.	*I've bought a desk/a bookcase...for my study.*
J'ai un devoir à terminer.	*I've got a paper/an essay to finish.*
Un ouvrier, un travailleur	*A worker*
Un jour de congé	*A day off*
Une valise, un sac...	*A suitcase, a bag ...*
C'est un produit de qualité.	*It's a high quality product.*
J'emporte toujours un vêtement de sport	*I always take a tracksuit/a sports outfit...*
Il a trouvé un travail intéressant.	*He has found an interesting job.*

On pourra noter, dans certains des exemples proposés, le lien entre la différence de fonctionnement sur le plan de la détermination et le recours aux procédés de transposition et de modulation — notamment de type métonymique (voir en particulier la troisième section du tableau).

47

Tableau 3. — Opérations de détermination et articles.

OPÉRATION	DISCONTINU		CONTINU	
	Anglais	Français	Anglais	Français
1. Renvoi à la notion				
a) renvoi à la classe	*Ø cats are mammals*	*Les chats sont des mammifères*	. . .	. . .
b) renvoi à la masse	. . .	. . .	*Ø butter is expensive*	*Le beurre coûte cher*
2. Extraction				
a) extraction unique	*There's a cat on the window-ledge*	*Il y a un chat sur le rebord de la fenêtre*	. . .	. . .
b) prélèvement	. . .	. . .	*There's Ø butter in the fridge*	*Il y a du beurre au frigo*
b') prélèvement + quantification	. . .	. . .	*I bought some butter but there isn't enough*	*J'ai acheté du beurre mais il n'y en a pas assez*
c) extraction multiple	*There are Ø cats in our garden*	*Il y a des chats dans notre jardin*	. . .	. . .
c') extraction multiple + quantification	*I can see some cats out there*	*Je vois des chats là-bas dehors*	. . .	. . .
3. Fléchage situationnel	*I can hear the cat trying to get in*	*J'entends le chat qui essaie d'entrer*	*Pass me the butter please*	*Passe-moi le beurre s'il te plaît*
ou contextuel	*The cats that come into our garden make a terrible row*	*Les chats qui viennent dans notre jardin font un raffût terrible*	*The butter I bought yesterday was cheap*	*Le beurre que j'ai acheté hier ne coûtait pas cher*

3.2. L'emploi des déterminants en anglais et en français

Les deux langues disposent d'outils semblables (articles, déictiques, quantifieurs) pour marquer les opérations de détermination qu'elles effectuent, mais les choix d'utilisation de tel outil pour telle opération ne sont pas nécessairement les mêmes. C'est surtout dans le domaine de l'emploi des articles que les différences sont sensibles.

3.2.1. Représentations schématiques des contrastes

Si l'on considère les trois opérations fondamentales de détermination et les deux grands types de fonctionnement des noms, on obtient le Tableau contrastif 3.

L'examen de ce tableau permet de constater que s'il y a des correspondances entre l'emploi des déterminants en anglais et en français pour ce qui est de l'extraction et du fléchage, il n'en va pas de même pour les autres opérations. Les marqueurs *some / Ø / the* et *du(des) / le(les)* ne recouvrent pas les mêmes opérations. On peut essayer de schématiser le décalage entre les deux langues :

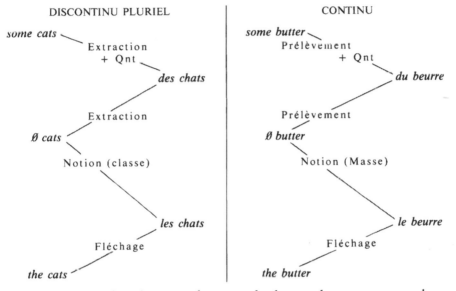

Nous allons examiner à travers des exemples les cas de non correspondance qui posent le plus souvent des problèmes de traduction [7].

---

(7) Nous n'avons pas fait figurer dans le tableau deux cas de renvoi indirect à la notion qui ne s'appliquent que dans le domaine du discontinu et ne posent pas de problème de traduction particulier. On les trouvera exclusivement dans des énoncés de type générique hors situation. Il s'agit d'une part de l'utilisation de l'extraction unique envisagée comme représentante de la classe :

a dog will never bite its master : : *un chien ne mordra jamais son maître*

d'autre part de l'emploi du fléchage d'une notion préalablement extraite d'une classe de notions pour la contraster à d'autres notions de la même classe :

the dog is a mammal : : *le chien est un mammifère*

Il faut noter que ce dernier emploi est plus rare en anglais, et ne se trouve que dans un discours de type scientifique, définitoire. Le renvoi au générique se fera le plus souvent par le renvoi à la classe :

La femme *dans l'Algérie du XXᵉ siècle* : : **Women** *in 20th century Algeria.*

3.2.2. Article défini et article zéro.

a) Dans les cas où il s'agit sans ambiguïté d'un renvoi à la notion, on trouvera en anglais *Ø* (zéro) là où le français emploiera *le / la / les*.

Cycling is one of the best forms of exercice there is (T.11)	: :	*La bicyclette est l'un des meilleurs moyens de faire de l'exercice*
an understated emotion that never lapses into sentimentality (T.13)	: :	*une émotion retenue qui ne verse jamais dans le sentimentalisme*
A good white farmer promised freedom to his slave (T.5)	: :	*Un bon fermier blanc avait promis la liberté à son esclave*
la nuit venue (T.18)	: :	*when night fell*
L'inflation progressait (T.17)	: :	*Inflation was soaring*
Je déteste les souvenirs (T.23)	: :	*I hate memories*

On trouvera notamment *Ø* devant les prédicats nominalisés ou gérondifs (ex. : *housekeeping*), les substantifs dérivés par affixation (ex. : *freedom*) ou par conversion (ex. : *casual wear*), et de façon générale devant des noms renvoyant à des procès (processus ou états) qui sont le plus souvent envisagés sous l'aspect qualitatif.

b) Un cas particulier d'opposition entre *Ø* en anglais et *le / la* en français concerne un certain nombre d'expressions très courantes où le substantif n'est pas considéré comme renvoyant à un élément identifiable, mais à une classe d'éléments partageant une certaine propriété. L'anglais choisit de renvoyer à la notion, d'un point de vue qualitatif qui se rapproche du nom propre, tandis que le français passe par le fléchage [8].

Exemples :

to go to hospital	: :	*aller à l'hôpital*
to have breakfast	: :	*prendre le petit déjeuner*
as I cycled into Main Street (T.8)	: :	*en débouchant dans la Grand Rue*
Dr Jones	: :	*le docteur Durand*

(On trouvera des listes de ces expressions dans les différentes grammaires).

c) Dans les cas évidents de fléchage, définis soit par la situation, soit par le contexte, on aura équivalence partielle entre l'anglais et le français, avec *le / la / les* et *the*.

The British proposals represented a truly responsible effort (T.14)	: :	*Les propositions britanniques constituaient une tentative véritablement responsable*

(reprise de *Britain's proposals*, qui figure dans la première phrase du paragraphe — fléchage contextuel)

---

(8) Sur l'opposition *Ø / the* dans ce type d'expressions, voir en particulier C. Fuchs & A.M. Léonard (1980) « Eléments pour une étude comparée du déterminant zéro en anglais et en français », in *Opérations de détermination : théorie et description*, Vol. I, D.R.L., Paris VII, pp. 30 à 43.

*I saw that all **the shops** were shuttered... I stood for ten minutes outside **the post-office**... **The city** was only twenty miles away... It would be fun to cycle through **the sleeping towns and villages** (T.8)*	*J'ai vu que tous **les magasins** étaient fermés... Je suis resté planté devant **la poste**... **La ville** n'était qu'à trente kilomètres... Ce serait amusant de traverser **les villes et les villages endormis***

(fléchage situationnel, tous ces éléments appartenant à l'espace connu de l'énonciateur et défini par lui)

*Il s'étaient liés d'une vague sympathie avec **les chercheurs** (T.18)*	*They had struck up a kind of friendship with **the academics** who worked there*

(fléchage situationnel en français, explicité de façon contextuelle en anglais)

*On a vu des gardiens de la paix défiler dans **les rues**...*	*Policemen demonstrated in **the streets**...*
*Tous **les établissements** scolaires sont fermés...*	*All **the schools** have been closed...*
***La floraison** des radios libres... **les manifestations** de rues...* (T.17)	***The** flourishing pirate **radio stations**... the unusual street **demonstrations**...*

(fléchage situationnel)

d) Il faut noter qu'il n'y a pas équivalence dans tous les cas entre *le / les* et *the*, même lorsqu'il s'agit de fléchage. En effet, lorsqu'il y a simplement reprise d'un terme (ou d'une situation) qui a préalablement été défini, sans mise en contraste par rapport à un autre terme, l'article *the*, opérateur à la fois de fléchage et d'anaphore, correspondra au démonstratif *ce / ces*, comme dans les exemples suivants :

*Miss Friel picked up a piece of toast, buttered it, then rebuttered it... Mrs Henry Rice ignored **the** butter waste (T.3)*	(...) *Mme Henry Rice fit semblant de ne pas voir **ce** gaspillage de beurre*
*A farmer promised land to his slave if he would perform some very difficult chores. When the slave completed **the** work (T.5)*	(...) *Lorsque l'esclave eut terminé **ce** travail*
*Both sides agreed on the major outlines of a cease-fire... After **the** tentative accord (T.15)*	(...) *Après **cet** accord provisoire*

A l'inverse, un *ce / ces* anaphorique se traduira souvent par *the* en anglais, de façon contraignante lorsque le démonstratif français précède les éléments qui le justifient (relative, ou proposition indépendante venant expliciter le terme), c'est-à-dire dans des cas de fléchage contextuel à droite :

*Les heurts ... étant la conséquence de **cette** seule question : le concierge a-t-il le droit ... (T.17)*	*The clashes ... were simply caused by **the** following question : ...*

le capot ... qui surmonte ... le siège unique masque complètement le client assis sur celui-ci; à moins que ce siège qui demeure invisible ne soit vide (T.29)	*(...)* :: *unless of course, since the seat itself cannot be seen, it is in fact empty*
encore marqués au coin de cet idéalisme révolutionnaire que l'on prête volontiers aux Français (T.26)	:: *typical of the revolutionary idealism with which the French are credited*
Le terme a peut-être été inventé par un Yougoslave, mais c'est Berlinguer qui avait nourri ce concept (T.25)	:: *The tag may have been coined by a Yugoslav, but it was Berlinguer who breathed life and meaning into the concept*

e) Dans de nombreux cas, il est difficile de déterminer si *les* en français recouvre un renvoi à la classe ou un fléchage. En l'effet, le français met d'emblée toute classe en contraste au sein de l'univers, choix qui est souligné par l'emploi de l'article défini [9]. Ainsi *les Américains* peut *a priori* se traduire soit par *Americans* (renvoi à la classe, prise en compte purement des propriétés qualitatives), soit par *the Americans* (groupe mis en contraste au sein d'un système élargi).

Lors du passage du français à l'anglais, il faudra évaluer la présence — et l'importance — de facteurs incitant à effectuer un contraste pour justifier le fléchage par *the*. En effet, sauf dans les cas où l'opposition d'un groupe d'éléments par rapport au reste d'un système est essentielle, l'anglais aura tendance à mettre en valeur le renvoi qualitatif à une classe. Voici quelques exemples à titre d'illustration :

Les fonctionnaires et employés municipaux sont en grève... Les négociations entre le ministère des finances et les salariés du secteur public se poursuivent... Les douaniers ont cessé de traiter les biens importés. (T. 17)	:: *State employees and municipal workers came out on strike... Talks are still going on between the Finance Minister and the state-paid employees... Customs officers are no longer processing imported goods.*

(seule la reprise de *the state-paid employees* justifie un fléchage, qui est contextuel par anaphore; tous les autres groupes nominaux de cet extrait sont envisagés de façon essentiellement qualitative)

Just a nigger joke. The kind white folk tell when the mill closes down... The kind coloured folk tell on themselves when the rain doesn't come... Which accounted for the fact that white people lived on the rich valley floor..., and the blacks populated the hills above it..., every day they could literally look down on the white folks. (T. 5)

(Tous les éléments soulignés seront traduits par *les blancs* ou *les noirs,* ce qui gomme la différence entre le renvoi à la classe dans un premier temps en anglais, et la reprise sous forme de contraste ensuite).

---

(9) Voir J. Boulle (1978), « Sur les opérations de détermination de noms ».

Les adjectifs nominalisés en anglais *(the rich, the poor...)* entrent dans le cadre du fléchage d'un groupe par contraste; en effet, ils ne peuvent être soumis qu'à cette seule opération, puisqu'ils renvoient par définition à un ensemble déterminé d'éléments qui se définit par opposition au reste du système.

On pourra trouver quelques cas en français, en particulier dans la prose journalistique, de renvoi à la classe de façon qualitative par l'intermédiaire de l'article zéro, par exemple :

*Les heurts qui ont opposé **étu-diants** de droite et de gauche* (T. 17)	: :	*The clashes between right-wing and left-wing **students***

f) Nous terminerons cette section par un rappel de deux cas d'emploi de l'article zéro en français qui donnent lieu à des traductions différentes en anglais. Le premier cas concerne les appositions à un nom ayant déjà subi une opération de détermination : le français effectue une apposition purement qualitative (sorte de reprise de la notion), alors que l'anglais effectue une seconde opération de détermination. Exemples :

*Les fonctionaires, **catégorie sociale** la plus touchée* (T. 17)	: :	*The state employees, as they are **the** social **group** most affected* (reprise du fléchage)
*Today the talk is of institutionalized racism, **a notion** which is so elastic and elusive...* (New Society, 20/09/1985)	: :	*Aujourd'hui on parle de racisme institutionnalisé, **notion** si floue et si difficile à cerner...*
*Monsieur Durand, **avocat***	: :	*Mr Smith, **a lawyer***

(on a en anglais extraction d'un élément qui est ensuite identifié au terme déjà déterminé)

Le second cas concerne l'attribution d'une propriété à un terme déjà déterminé : là encore, le français prédique une propriété notionnelle du substantif qui se trouve qualifié, comme par un adjectif, tandis que l'anglais établit une identité entre les deux noms en tant qu'éléments extraits de deux classes différentes :

*Il est **médecin**.*	: :	*He is **a doctor**.*
*Il passait pour **ancien professeur** de philosophie* (T. 18)	: :	*He was said to have been **a philosophy teacher***
*Comme **peintre**, il ne vaut rien.*	: :	*He isn't any good as **a painter**[10]*

---

(10) Ce dernier énoncé pourrait aussi se traduire par : *He is no painter*, où le jugement qualitatif aboutit au refus de considérer la qualité (ou notion) *peintre* comme applicable à cet individu.

3.2.3. Traductions de *du/des* : qualitatif vs. quantitatif

Nous avons vu quelques exemples des problèmes posés par la non-symétrie :

$$les\begin{cases}\text{Ø Ns}\\\text{the Ns}\end{cases}\bigg/le\begin{cases}\text{Ø N}\\\text{the N}\end{cases}\text{(cf. schéma en 3.2.1.).}$$

Il nous faut aussi examiner les conséquences de la dissymétrie :

$$des\begin{cases}\text{some NS}\\\text{Ø Ns}\end{cases}\bigg/du\begin{cases}\text{some N}\\\text{Ø N.}\end{cases}$$

On peut avancer que *some* représente la forme marquée par rapport à *Ø*; l'emploi de *some* doit par conséquent être justifié par des facteurs précis que l'on trouvera dans le contexte, dans la situation et dans la position de l'énonciateur. La valeur de *Ø* étant fondamentalement le renvoi à la notion ou à la classe telle qu'elle est définie par ses propriétés intrinsèques, les critères d'emploi de *some* vont être les suivants :

• nécessité d'apporter une détermination supplémentaire de type quantitatif ou qualitatif.

Exemples :

(Anxious parent to child:)
"Did you have enough to eat ?"
"Yes, I had some chicken, and some cheese, and a big piece of cake".

(C'est la quantité qui compte, alors que dans :
"They gave us chicken every day at the canteen this week"
il y a renvoi à la notion de *chicken* par opposition à tout ce qui n'est pas *chicken*... et que l'on aurait bien aimé manger).

I felt some shame for what I had done.

(On restreint qualitativement la notion de *shame*, ce qui se traduira souvent en français par *un(e) certain(e)X, un certain degré de X*, et s'oppose au renvoi à la notion).

• nécessité d'identifier pour le coénonciateur le ou les éléments désignés comme appartenant à un domaine ou à une sous-classe déjà déterminés.

Exemple :

I've brought some friends home to dinner. I hope you don't mind.
par opposition à :
It's nice to have friends around[11].

Comme pour la traduction de *les* (voir plus haut, 3.2.2.,e), il faudra évaluer les facteurs susceptibles de justifier l'emploi de *some,* et en l'absence de toute intention claire de quantification, qualification ou identification, on

---

(11) Pour d'autres exemples et une analyse plus détaillée, voir J. Bouscaren *et al.,* (1984), pp. 126 à 134.

sera amené à traduire *des/du* par Ø. Voici quelques exemples tirés de nos textes :

*On vit alors **des choses** étranges :* *des autobus prendre la poudre d'escampette..., **des chauffeurs** accompagner..., **des gardiens de la paix** défiler* (T. 17)	*One began to see **strange happenings** : buses played truant..., public transport drivers were seen..., **policemen** demonstrated*

(Il s'agit, sans autre forme de détermination, d'éléments parmi d'autres qui ont la propriété d'être *autobus, chauffeur*, etc.)

*Il faut pour cela **du courage**... **de la patience**... **de l'entêtement**... **de la vigueur*** (T. 28)	*All that takes **courage**... **patience**... **stubbornness**... **force** of character*

(La valeur de renvoi à la notion est clairement mise en évidence par la reprise de ces quatre termes en conclusion du passage :
La rigueur, l'entêtement, la patience, le courage, c'étaient bien les grandes qualités..., où l'on retrouve en anglais Ø).

*"Maybe **some bacon and eggs** ?" Mrs Henry Rice said...* *"Two eggs, Mama, four rashers of bacon. And Mary might fry **some** bread to go with it".* (T. 3)	*— Tu veux peut-être **des** œufs au bacon, dit Mᵐᵉ Rice* *— Deux œufs, Maman, et quatre tranches de bacon. Et Mary pourrait griller **du** pain pour aller avec.*

(Dans cet échange, il s'agit très explicitement de quantité (cf. *two, four...*). Un peu plus loin, on trouve la réflexion :
Ham and eggs for him. Nothing for me, her brother.
où ce n'est plus de quantité qu'il s'agit, mais de l'objet *ham and eggs* en tant que tel, par opposition à *nothing*. La distinction est gommée en français : *Des œufs au jambon pour lui, et rien pour moi...*)

*A farmer promised land to his slave if he would perform **some** very difficult chores* (T. 5)	*(...)* *si ce dernier acceptait d'effectuer **certaines** corvées très pénibles*

(Il s'agit ici de qualifier les *chores* déjà déterminées comme appartenant à une sous-classe. Il paraît nécessaire de marquer ce degré de détermination en français par un déterminant qui s'oriente vers la qualification implicite au lieu d'effectuer simplement une extraction multiple mais indéterminée dans la classe par *des*)[12].

---

(12) Pour une analyse détaillée de la différence entre *some* quantitatif et *some* qualitatif, voir A.M. Léonard (1980) « A propos de quelques indéfinis en anglais », in : *Opérations de détermination : théorie et description*, Vol. I, D.R.L., Paris VII, pp. 99 à 154. On trouvera la même opposition quantitatif / qualitatif en comparant les énoncés suivants :

— *Is this an open party ? Can anyone come ?* (= *n'importe qui*, qualitatif)
— *Can anyone get here early tomorrow ?* (= *quelqu'un*, quantitatif, au moins une personne)

Voir M. Strickland (1982) « A propos de ANY et la valeur « n'importe lequel » en anglais », in *BULAG*, n° 9, Besançon, pp. 17 à 48.

L'examen d'un plus grand nombre d'exemples permettrait sans doute d'arriver à la conclusion que le schéma

$$du/des \diagdown \begin{array}{l} \text{some} \\ \text{Ø} \end{array}$$

pose en fait moins de problèmes pour la traduction que le schéma

$$les \diagdown \begin{array}{l} \text{Ø Ns} \\ \text{the Ns.} \end{array}$$

En l'effet, l'équivalence *du/des* : : *some* paraît relativement restreinte à certains types de situations et de contextes, notamment :
— prédication d'existence — ex. : *There are some nice clothes in that shop.*
— situations d'interlocution de type offres, suggestions — ex. : *Would you like some books to read while you are in hospital ?*
— domaine sémantique du quantifiable « par excellence » — ex. : *bread, butter....*

Dans la majorité des cas, on trouvera soit une équivalence *du/des* : : *Ø*, soit une traduction de *some* par une autre catégorie de déterminants en français.

3.2.4. Quelques exemples de différences de choix dans les opérations de détermination

a) Opérations différentes pour réaliser la même valeur

Dans les exemples qui suivent, on voit que l'objectif visé de généralisation est atteint par des moyens différents. Dans les deux premiers cas, cette différence est en partie due au sémantisme et au type de fonctionnement des substantifs déterminés :

*leur propriétaires déchiffraient **un** dossier* (T. 18)	: :	*their owners were poring over **documents***
Extraction qualitative d'un spécimen de la classe		Extraction multiple qualitative pouvant renvoyer à la classe
***Eye drops** should be for personal use only.* (Notice de médicament)	: :	***Tout collyre** est à usage strictement personnel.*
Généralisation par renvoi à tous les éléments de la classe		Parcours ne s'arrêtant sur aucun élément, d'où généralisation

Même lorsque les substantifs ont un sens et un fonctionnement identique dans les deux langues, on trouve de nombreux cas de décalage entre les degrés de détermination :

*keep pointed away from **all persons** present* (T. 10)	: :	*ne jamais diriger vers **une personne** présente*
*when diluting **acids*** (T. 10)	: :	*pour diluer **un acide***
Généralisation par renvoi à la classe ou à la sous-classe		Extraction d'un élément pris comme représentant de la classe

On trouve ce même phénomène en sens inverse dans :

> *The only thing you could be sure* : : *Les seuls articles fabriqués à coup sûr*
> *of buying British was **a hat***. *en Angleterre sont **les chapeaux**.*
> (T. 12)

b) Repérage par rapport à un élément origine

Ce point est lié au précédent en ce sens qu'il s'agit encore une fois du contraste entre générique et particulier, se traduisant cette fois-ci par l'opposition entre *le/la/les* ou *Ø* en français et l'emploi d'un adjectif possessif en anglais.

> ***your** heart and lungs feel the* : : *excellent pour **le** cœur et **les** poumons*
> *benefit.* (T. 11)
>
> (*your* a valeur générique, mais (générique)
> il y a quand même repérage par
> rapport à un animé, quoique
> fictif)
>
> ***his** back was turned toward me* : : *il me tournait **le** dos*
> *he straightened **his** shoulders* *il redressa **le** buste*
> (T. 7)
>
> Repérage des propriétés (par- Propriété notionnelle non repérée
> ties du corps) par rapport à leur
> origine
>
> *Le lieutenant le contemple un* : : *The lieutenant stared at Johnson a*
> *instant sans rien dire, promenant* *while longer without saying a word,*
> *le faisceau de sa lampe sur **le*** *playing the beam of **his** torch on **his***
> ***front**, **le** nez, **les** yeux.* *forehead, eyes and nose.*
> (A. Robbe-Grillet, *La Maison de rendez-vous*, 1965)
>
> *eux se cognaient pour de bon,* : : *they fought in earnest, clenching **their***
> ***dents** serrées, **visages** en sueur* *teeth, with sweat pouring down **their***
> (T. 23) *faces*

Simple apposition de la propriété sans aucun repérage (à rapprocher des cas d'apposition cités en 3.2.2,f)

Le repérage par rapport à l'origine de la propriété passe souvent en français par l'emploi d'une forme verbale pronominale, la propriété elle-même étant présentée comme un renvoi à la notion. En voici un exemple :

> *The hawk roused **its** feathers,* : : *Le faucon s'ébouriffa **les** plumes puis*
> *then crossed **its** wings over **its*** *se croisa **les** ailes sur **le** dos.*
> *back.* (T. 4)

L'opposition qui apparaît dans tous ces exemples manifeste une grande régularité lors du passage d'une langue à l'autre, et illustre la tendance qu'a l'anglais à particulariser[13].

---

(13) Voir J. Guillemin-Flescher (1981), *Syntaxe comparée du français et de l'anglais*, Ophrys, chapitre 4.

3.3. Repérage d'un nom par rapport à un autre nom

Les problèmes de traduction examinés dans cette partie concernent plus particulièrement le passage du français à l'anglais, et en premier lieu les difficultés rencontrées pour choisir entre les nombreuses traductions possibles de la préposition *de*.

3.3.1. N's N, N(-)N et N *of* N vs. *de*

La mise en relation de deux éléments nominaux peut se faire de trois façons en anglais. L'un des éléments va servir de déterminant ou repère, et l'autre sera déterminé ou repéré, localisé par rapport au repère. Nous désignerons le repère par A et le repéré par B. Le choix de l'une ou l'autre de ces constructions est délicat, dans la mesure où il n'est pas toujours contraignant et dépend souvent de facteurs qui ne sont pas strictement grammaticaux. Les remarques qui suivent sont par conséquent à compléter au contact des textes, par l'utilisation des dictionnaires et en consultant les grammaires [14].

Deux orientations sont possibles en anglais : A → B ou B ← *of* — A, alors qu'une seule existe en français : B ← *(de)* — A.

a) *A's B* ou *génitif*

On situe un élément B par rapport à un repère A. La relation d'appartenance n'est qu'un cas particulier de cette construction, lorsque le repère est un animé humain (ou un élément plus ou moins assimilé) et le repéré un objet ou une propriété susceptible d'« appartenir » à ce repère.

Exemples : *a friend's house*
the miners' children
yesterday's Guardian

Remarque importante : le groupe A + *'s* est un déterminant qui effectue l'opération de fléchage sur B; par conséquent tout autre déterminant (article, déictique...) précédant l'ensemble A *'s* B porte sur l'élément repère A. On aura donc :

— *She wanted to give lessons to the miners' children*

fléchage du groupe *miners*

— *She wanted to give lessons to a miner's children*

extraction d'un élément
du groupe *miners*

---

(14) Voir notamment sur ce point : H. Adamczewski et C. Delmas (1982), chapitre 8, pp. 227 à 236; A. Thomson et A. Martinet (1980), pp. 12-14; S. Berland-Delépine (1971), *La grammaire anglaise de l'étudiant,* Ophrys, chapitre 31, section 5, pp. 248 à 251.

Cependant la construction A *'s* B a aussi un emploi générique, dans lequel elle construit à partir de la relation de repérage une nouvelle notion constituée des deux éléments. Dans ce cas, l'élément A n'aura plus qu'une valeur de représentant de la classe à fonction qualitative, et le déterminant portera sur l'ensemble du groupe A *'s* B.

Exemples : *a butcher's knife (un couteau de boucher)*

the men's department (le rayon hommes)

Il y a extraction ou fléchage de l'élément composé constitué par la relation que marque *'s*.

Du fait de l'ordre différent de la relation en français, la différence entre les deux emplois de A *'s* B se manifestera dans la détermination de l'élément repère A.

Exemple :

— *I borrowed a friend's suitcase* : : *j'ai emprunté* **la** *valise* **d'un** *ami*

| extraction de A | fléchage de B |
| + fléchage de B | + extraction de A |

mais

— *a man's voice answered* : : **une** *voix* **d'homme** *répondit*

| extraction de A *'s* B, | extraction de B |
| A renvoyant à la notion | qualifié par la notion A |

b) *A(-)B* ou *nom composé*

Lorsque la relation entre A et B est suffisamment étroite, la marque *'s* de constitution de la relation disparaît et on arrive à la formation d'un nom composé, où le repère A est transformé en pseudo-adjectif qualifiant le repéré B. Il y a fabrication d'un nouvel élément lexical renvoyant à une sous-classe.

Exemples : (1) *birthday party*

(2) *tooth-brush*

(3) *bedroom*

On constate que l'orthographe reflète le passage d'une simple juxtaposition (1) à une composition déjà stabilisée (2) pour aboutir à la fusion en une nouvelle unité lexicale (3).

L'opération de composition a une grande productivité en anglais[15], la difficulté en traduction étant de savoir quelles sont les conditions nécessaires à la création de tels groupes. On ne peut que donner quelques indications, ce domaine relevant essentiellement de la pratique de la langue :

— on aura tendance à préférer N*'s* N à N-N si le repère (A) est animé humain : *a peace agreement* mais *a gentlemen's agreement*

_____

(15) Voir l'étude détaillée de ce processus de formation lexicale au chapitre 8.

— la composition suppose que le repère (A) soit envisagé comme notion, sous l'aspect purement qualitatif :

the current government policy is to... (= _official policy_)

mais : _the government's policy met with opposition_

— la composition sera fréquente dans les cas de relations métonymiques (partie — tout, contenant — contenu, matière — objet, cause — effet, moyen — résultat, etc.; voir 2.2.2. et 9.2.2.) où le repère (A) est non animé. Exemples : _table leg, coffee table, felt hat, hill climbs...._

L'étude de R. Huart sur les « agrégats nominaux » de type $N(-)N$ [16] montre clairement, à travers l'examen de nombreux exemples et l'analyse de certaines erreurs récurrentes dans le domaine de la composition nominale, en quoi le critère fondamental de choix de la structure $N(-)N$ est l'existence d'une mise en relation de deux termes au niveau notionnel, qui réfère à des classes sans passer par l'individualisation des membres.

c) B _of_ A

Cette troisième construction, à la différence des précédentes, accorde la priorité à l'élément repéré (B); les deux éléments ont leur détermination propre, sont envisagés indépendamment l'un de l'autre comme entrant dans un certain type de relation au lieu d'être envisagés globalement comme le résultat d'une relation préexistante. On peut en effet comparer :

— _with little showing of_ [_the town_] _but the spire of the church and the ruined tower of the abbey_ (T. 8)

où le narrateur voit se détacher chaque élément en tant que tel, et fait simplement état des rapports de partie à tout, à la version modifiée suivante :

— _both the church spire and the abbey tower were in poor condition_

où les éléments repérés _(spire_ et _tower)_ ne sont envisagés qu'en tant que parties constituantes des éléments repères..

Parmi les différents types de relations présentés ci-dessus en a) et b), le seul cas où B _of_ A soit exclu est la relation de possession au sens strict, lorsque le terme repère est à la fois animé et déterminé (nom propre ou fléchage) et que le terme repéré n'est défini que par rapport au repère :

John's book

the man's hat

President Reagan's decision

Dans tous les autres cas on va devoir opérer un choix qui sera plus ou moins contraignant, en fonction de deux critères principaux : type de détermination et environnement syntaxique. Voici quelques exemples de problèmes caractéristiques :

---

(16) R. Huart, _La composition nominale en anglais. Opérations de repérage et accentuation,_ Thèse de troisième cycle, D.R.L.-Paris VII, juin 1984 (à paraître).

- Orientation de la relation exprimée par *de*[17] :

  Les critiques du président Rea- : : *President Reagan's criticism...*
  gan à l'égard du régime polonais   *(= President Reagan criticizes)*

  Les critiques du président Rea- : : *Criticism of President Reagan...*
  gan se font de plus en fréquentes   *(= President Reagan is criticized)*

- Actualisation d'une relation de type métonymique (voir b) par opposition à l'aspect notionnel du nom composé :

  a cup of coffee vs. *a coffee-cup.*

  On notera la traduction fréquente du *de* générique par *of* lorsque d'une part le repère n'est pas animé humain, d'autre part il n'est pas possible de créer par composition une nouvelle notion susceptible d'avoir un référent stable, hors situation.

  Exemple :

  un bruit de chaise   : : *a scraping of chairs*
                                       the scraping of a chair

  et non pas *a chair scraping,* qui reviendrait à créer un nouveau substantif désignant la sous-classe des *bruits de chaise*[18]. En revanche, dans le texte T. 18, on a traduit *un laveur de voitures* par *a car washer,* créant à partir d'un spécimen de *"a man who spent all his time washing cars"* une nouvelle catégorie professionnelle. On voit donc que dans ce domaine la frontière est assez floue : à partir de quel degré le caractère étroit de la relation peut-il justifier la création d'un nom composé ?

- Facteurs syntaxiques :

  ▪ La succession de plusieurs repérages par *de* entraînera une combinaison des différents types de repérage en anglais :

  le pouvoir d'achat des salariés   : : *the purchasing power of wage-earners*
                                                ou
                            the wage-earners' purchasing power

  selon que *les salariés* est interprété comme renvoi à la classe ou comme fléchage.

  members of Nkomo's ZAPU : : *les membres du parti ZAPU de*
  party   *M. Nkomo*

  Le choix en anglais nécessite une analyse des opérations de détermination s'appliquant à chacun des éléments de la séquence. C'est dans les cas où aucun des éléments n'est soumis au fléchage que l'on pourra trouver en anglais des groupes nominaux composés de type récursif, comme :

  University level summer courses : : *des cours d'été de niveau universi-*
                                                   taire[19].

---

(17) Voir J. Guillemin-Flescher (1981), pp. 167-168.
(18) Pour une analyse plus détaillée, voir le commentaire du texte T.19.
(19) Exemple emprunté à H. Adamczewski et C. Delmas (1982), p. 228.

Dans ce cas, le passage au français exigera l'analyse et l'explicitation des relations entre les différents termes (pour d'autres exemples, voir plus loin, 8.2.1.).

■ Si le terme repère (A) fait l'objet d'une qualification (par un syntagme adjectival ou une proposition relative par exemple), les contraintes d'agencement syntaxique exigeront l'emploi de B *of* A qui seul permet d'isoler l'élément A de la relation afin qu'il puisse servir de support unique à la qualification[20].

Exemple :

*Chaque année les cheveux **des chercheurs penchés** sur d'interminables thèses blanchissaient un peu plus* (T. 18)	: : *Every year brought a few more white hairs to the heads **of the professors bent** over interminable theses*

3.3.2. Autres traductions de la préposition *de*

La préposition *de* recouvre un large éventail de relations, et il faudra toujours analyser sa valeur avant d'effectuer une traduction. Il y aura souvent en anglais explicitation, désambiguïsation de la relation exprimée par *de*.

a) Relation spatio-temporelle de provenance, d'origine :

*Ils ont poussé en silence la porte **de** la rue et sont entrés dans la cour.*	: : *Silently they pushed open the door **from** the street...*
(A. Gerber, *Une sorte de bleu*)	
*les coups de téléphone **des** provinces* (T. 30)	: : *the reports phoned **in from** the provinces*
*dans mon souvenir **de** gosse*[21] (M. Cerf)	: : *as I remember him **from** my childhood*

b) Localisation spatiale :

*l'endettement le plus fort **du** monde après Israël* (T. 17)	: : *the second highest **in** the world*
*le central téléphonique **de** la gare du Nord* (T. 30)	: : *the Central Exchange **at** the Northern Railway Terminus*
*les personnages **de** ce roman*	: : *the characters **in** this novel*

---

(20) On retrouve ce phénomène dans les problèmes posés par la traduction de *dont* (voir plus loin, 3.3.3.).

(21) Exemple emprunté à M. Charlot *et al.* (1982) *Pratique du thème anglais*, A. Colin, pp. 30-31.

c) Description des parties constitutives, des dimensions :

Ils sont passés devant le panneau des boîtes à lettres (A. Gerber, *op. cit.*)	:: *They walked past the panel **with the** letter boxes*
*une longue avenue **de** platanes* (J. Green) [22]	:: *a long avenue **lined with** plane trees*
*une soucoupe volante **d'**un diamètre de 65 mètres* [22] (*Le Monde*, 16-17 décembre 1979)	:: *a flying saucer **with a** diameter of 65 metres*

d) Relation « producteur-produit » :

*Je viens de lire un roman **de** Doris Lessing.*	:: *I've just read a novel **by** Doris Lessing.*
*toutes les Vénus **des** peintres italiens qu'on voit dans les musées* (F. Maspéro, *Le Sourire du Chat*)	:: *all the Venuses **painted by** Italian masters...*

e) Relation de cause à effet :

*la ségrégation **de** la peau* (T. 23)	:: *segregation **by** skin colour*
*elle était muette **d'**étonnement*	:: *she was speechless **with** surprise*

Ces quelques exemples sont loin de constituer une liste exhaustive des relations possibles, et donnent simplement un aperçu du travail d'analyse auquel il faut se livrer lorsque l'on se trouve en présence d'un *de* à traduire.

3.3.3. Quelques remarques sur la traduction de *dont*

Le problème de *dont* sera examiné dans le chapitre 6 (cf. 6.3.1.3.) sur les phénomènes d'agencement syntaxique. Nous ne signalons ici que les problèmes posés dans le domaine strict de la détermination.

a) Différences de fonctionnement entre *dont* et *whose*.

— *Dont* est un relateur (comme *de*) mettant en rapport deux éléments qui ont chacun leur propre détermination, alors que *whose* (comme N's) est un déterminant; d'où la différence de comportement dans les propositions relatives, à rapprocher de la différence entre le génitif et la construction avec *de* :

la couverture de ce livre est rouge	:: *this book's cover is red*
je cherche un livre dont la couverture est rouge	:: *I'm looking for a book whose cover is red*

---

(22) Exemples empruntés à M. Charlot *et al.* (1982), pp. 42-43 et 156-157.

— *Dont* repère toute la relative par rapport à l'antécédent, ce qui permet à la relative de « prendre un nouveau départ » en tant qu'énoncé quasi-autonome. La seule chose qu'indique *dont,* c'est que l'on va dire quelque chose à propos de l'antécédent. *Whose,* au contraire, repère uniquement le nom qu'il détermine par rapport à l'antécédent, et la relative constitue une qualification de cet antécédent. Ainsi dans l'énoncé : *Cet homme, dont j'imaginais mal qu'il ait pu mentir...,* la traduction de *dont* par *whose* est impossible.

— Puisque *dont* repère toute la relative, il sert à repérer toutes les notions contenues dans celle-ci; *whose,* en revanche, ne repère qu'un des noms contenus dans la relative, et par conséquent les autres notions doivent avoir leur propre repérage, ce qui explique la différence entre :

la petite fille dont les larmes racontent l'histoire

et *the little girl whose tears tell her story* [23]

b) La traduction de *dont* par *whose* sera limitée aux cas relevant strictement du génitif (cf. 3.3.1. a) où l'élément repère A de la construction A'*s* B est l'antécédent d'un élément repéré unique B dans la relative. On aura souvent recours à une modification de l'agencement syntaxique afin de passer d'une relative « autonome » introduite par *dont* à une relative qualificative de l'antécédent introduite par *whose* avec choix d'un élément repéré. Voici deux exemples de ce procédé :

des gens dont le moins qu'on :: *people whose productivity does not*
puisse dire c'est que leur produc-   *seem very high, to say the least*
tivité ne paraît pas très élevé
(T.21)

(choix de *productivity* comme élément repéré et postposition du commentaire)

les tracts... dont seule une traduc- :: *handbills... whose origin could only be*
tion minutieuse permet de devi-   *guessed at by carefully translating*
ner l'origine (T.20)   *them*

(choix de *origin* comme élément repéré, transformation passive, actualisation par transposition : nom :: syntagme verbal et reprise de l'antécédent par un pronom)

On peut constater dans ce dernier exemple que la traduction de *dont* par *whose* dépasse largement le cadre de la détermination du nom au sens strict.

c) La traduction de *dont* par *of which* plutôt que *whose* ne dépend pas du statut animé ou non animé de l'antécédent (cf. exemples d'antécédents non animés + *whose* ci-dessus). On la rencontre essentiellement dans les cas où

---

(23) Exemples et explications empruntés à P. Cotte (1984) « Esquisse d'une grammaire comparée de *dont* et de *whose* », in : *Contrastivité en linguistique anglaise,* CIEREC, Travaux XLIII, Saint-Etienne, pp. 72 à 76. Nous renvoyons le lecteur à cet article pour une étude plus approfondie.

le sens de *dont* est *parmi lesquels* et où l'élément repéré par *dont* est affecté d'une quantification, par exemple :

> *J'ai acheté des tas de livres sur ce* : : *I bought lots of books on the matter,*
> *sujet, **dont deux** seulement sont* *only **two of which** are of any interest.*
> *intéressants.*

(étant donné que *which* « représente » l'élément repère A, on est obligé de le « décaler » dans la relative du fait de l'orientation de la construction : B *of* A.)

d) Cas les plus fréquents : *dont* ne donne pas lieu à une traduction par *whose* ou *of which*. Comme pour *de*, on va analyser la valeur exacte de la relation exprimée par *dont* et choisir une traduction qui explicite cette relation. Il s'agira le plus souvent :

— soit de propositions relatives à construction prépositionnelle :

> *le livre dont je t'ai parlé* : : *the book I told you about*

— soit d'un syntagme prépositionnel comportant l'élément repéré qui est lui-même repris et qualifié par une relative en *that* :

> *un seau d'eau noirâtre **dont les*** : : *a bucket of blackish water **full of grit***
> ***graviers** rayaient les carrosseries* ***that** scratched the paintwork*
> (T.18)

3.4. Quelques problèmes posés par la traduction des pronoms

En supposant connu le système des pronoms personnels dans les deux langues, nous ferons simplement quelques remarques sur trois cas de contraste entre l'anglais et le français

3.4.1. Différences sur le plan du genre et du nombre

a) Le genre

La distinction entre *he, she* et *it* en anglais repose sur des critères extra-linguistiques : sexe masculin ou féminin des humains, « neutralité » des objets et des concepts, avec une zone intermédiaire d'animés non humains, d'objets et même de concepts susceptibles d'être « personnifiés » et de se voir attribuer un « sexe » (par exemple : *dog, cat, horse; ship, car; Britain, France; peace, freedom*)[24]. En français la distinction *il, elle* se fonde sur des critères strictement grammaticaux (qui se trouvent coïncider pour les animés humains avec la réalité extra-linguistique).

---

(24) L'anglais peut d'ailleurs jouer sur cette zone intermédiaire, comme dans l'énoncé suivant : *"Ondine picked up a screaming lobster and threw **him** into a pot of boiling water. She held **it** down with a wooden ladle to make **it** die faster..."* (T. Morrison, *Tar Baby*). Le *lobster* passe de *him* à *it* au moment où il est plongé dans l'eau bouillante et devient inanimé; en français, le homard reste *il*, vivant ou mort.

Cette différence crée parfois des risques d'ambiguïté dans le passage d'une langue à l'autre, ambiguïté qu'il sera nécessaire de lever en ayant recours à une répétition du substantif ou à une reprise par synonyme plutôt qu'à une reprise par pronom. Voici deux exemples :

● Dans le passage tiré de *Kes* de Barry Hines sont décrits simultanément les mouvements et attitudes de Billy, un garçon *(he - il)* et d'un faucon *(it - il)*. Le même pronom renvoyant en français à deux référents différents, il faut veiller à ne pas créer d'ambiguïtés. Ainsi dans la phrase :

*Billy hadn't moved a muscle before **it** was slipping back...* (T.4)

nous avons traduit *it* par *l'oiseau* pour éviter une apparence de renvoi syntaxique au sujet animé de la phrase, même si dans ce cas, étant donné le verbe utilisé, il n'y a pas de risque de confusion au niveau sémantique.

● Dans la dernière phrase de l'article : *Une si jolie petite France,* on trouve :

*Une employée... lui dira... que de toute façon la personne compétente est en congé et qu'il veuille bien repasser après **son** retour* (T.21)

La personne est en français de genre grammatical féminin, sans qu'aucune indication soit donnée sur son sexe. Il n'est pas possible de garder cette indétermination en anglais si l'on reprend par un pronom singulier. On peut envisager trois solutions :

— choix d'un sexe déterminé → *when **she*** (ou ***he***) *gets back*
— reprise du substantif → *when **that person** gets back*
— alignement de *person* sur le fonctionnement de certains pronoms indéfinis de type *everybody, anybody* → *when **they** get back* (ce dernier choix, critiqué, gagne du terrain en anglais contemporain).

Ce dernier exemple montre que le problème du genre se retrouve aussi dans l'emploi des adjectifs possessifs, puisque l'anglais apporte des indications sur le possesseur (masculin, féminin ou neutre) alors que le français précise le genre grammatical de l'objet possédé. Dans le passage suivant, les attributs respectifs du patron et de sa secrétaire sont clairement marqués par les adjectifs possessifs *his* et *her* :

*"I'm sure it's what everybody's been wanting," she said in **her** deep voice. She had gauged rightly, **his** moment of uncertainty had gone, **her** faithful bark had guided him at the crucial moment.*

(A. Wilson, *Realpolitik*)

Une traduction littérale en français aboutirait à une confusion totale car on aurait : *sa voix grave, son hésitation, son aboiement.* On peut proposer la traduction suivante :

— *Je suis convaincue que c'est bien cela que nous désirions tous, dit-elle de **sa** voix grave. Elle avait vu juste : il s'était remis de **son** hésitation passagère, car en aboyant comme un chien fidèle, **elle** l'avait guidé au moment crucial.*

On trouve un exemple frappant des risques d'erreur causés par le fonctionnement des possessifs dans la traduction de l'article : *Un message sauvé d'une Occupation* :

Je ne crois pas qu'avec Signoret « un grand écrivain nous soit né », du moins au sens d'orfèvre en mots chargeant sa prose de sens. (T.20)

Même si *écrivain* et *orfèvre* sont interprétés par défaut comme masculins, cela n'a pas d'incidence sur le renvoi de *sa prose* à Simone Signoret. La traduction anglaise, elle, a repéré *prose* par rapport à *écrivain* et *orfèvre* en perdant de vue l'écrivain féminin dont il est question dans l'article :

*I don't think "a great writer has been born" with Signoret, at least not in the sense of a wordsmith investing **his** prose with meaning.*

b) Le nombre

Celui-ci pose moins de problèmes, sauf dans deux cas :

● Lorsqu'un substantif fonctionnant en discontinu et utilisé au pluriel en français est traduit par un nom fonctionnant en continu en anglais, il ne faut pas perdre de vue la différence lors de la reprise par pronom :

*J'ai acheté des meubles pour mon nouvel appartement, mais je n'ai pas pu **les** faire passer par la porte.*	: : *I bought some furniture for my new flat but I couldn't get **it** through the door.*

● Certains noms dits collectifs en anglais (ex. : *police, government, committee*, etc) sont généralement suivis d'un verbe au pluriel et repris par le pronom *they*, alors qu'en français ces noms sont considérés comme singuliers et repris par le pronom singulier correspondant à leur genre grammatical. Par ailleurs, les pronoms indéfinis *everyone* et *everybody*, quoique suivis d'un verbe au singulier, sont généralement repris par le pronom *they*, ce qui pose parfois des problèmes lors de certains emplois génériques de *chacun* — voir à ce sujet l'analyse détaillée du début de l'article : *Une si jolie petite France* (T.21).

3.4.2. Traductions de *on* et emploi générique des pronoms en anglais

On trouvera des exemples des différentes traductions de *on* dans les textes commentés dans la deuxième partie de cet ouvrage, en particulier : textes T.18, T.19, T.20 et T.28.

La très grande fréquence du pronom *on* en français correspond en anglais à une gamme assez étendue de procédés pour renvoyer au générique. Ce sont à la fois les contraintes contextuelles et les intentions de l'énonciateur qui permettront de choisir entre ces différents procédés, que nous présentons sous forme de tableau pour plus de clarté [25] (pour des exemples en contexte et une analyse plus détaillée de certains problèmes, se reporter aux textes commentés).

---

(25) Le tableau 4 s'inspire, avec quelques modifications, des conclusions tirées par P. Pouzout (Mémoire de Maîtrise, Poitiers, 1981) de son étude de la traduction par *on* dans le sens anglais → français. Nous n'avons retenu que ce qui paraissait essentiel pour le passage du français à l'anglais.

Tableau 4. — Traductio

PROCÉDÉ	DEGRÉ DE DÉTERMINATION	FORMES	FRÉQUEN
Transformations syntaxiques	INDÉTERMINATION MAXIMALE	a — *Passivation*	+ +
	ON désigne l'appartenance à la classe « animé » et à la sous-classe « humain », donc : n'importe quel être humain ou un/des être(s) humain(s) non précisé(s).	b — *Prédication d'existence*	+
		c — *Verbes d'« apparence »*	+
		d — *Repérage par rapport à un animé agent*	+
Traduction par un substantif ou un pronom	DÉTERMINATION PARTIELLE		
	Exclusion implicite de l'énonciateur	e — *People*	+
		f — *Some people Someone*	–
	Inclusion éventuelle de l'énonciateur	g — *One*	–
	Inclusion de l'énonciateur	h — *We*	– (sauf langue o
	Enonciateur présenté comme exclu, coénonciateur pris comme représentant de la classe des animés humains.	i — *You*	+ +
	Exclusion de l'énonciateur	j — *They*	–

EXEMPLES	COMPATIBILITÉS DANS L'ÉNONCÉ
— *On m'attend* : : *I am expected*	—Très largement utilisé, la seule contrainte étant celle de l'indétermination maximale.
— *une atmosphère qu'on qualifierait d'intellectuelle* : : *that would be called intellectual*	
— *On dit qu'il...* : : *He is said to...*	Emploi fréquent avec les prédicats
— *On lui a dit de venir* . . *He was told to come*	à trois places *(tell, show, ask ...)*
— *On frappa à la porte* } *There was a* *On entendit frapper* } : : *knock at the door*	— Verbes de perception (*on vit, on entendit...*)
— *On dirait qu'il va pleuvoir* : : *It looks as if it's going to rain*	— Cas contraignant de *on dirait/ on aurait dit*
— *On dirait qu'il comprend* : : *He seems to understand*	
— *On m'a dit que...* : : *I've heard that*	— Thématisation du repère animé humain
— *On t'a téléphoné en ton absence* : : *You had a phone call while you were out*	
— *On pratique beaucoup le ski en Norvège* : : *People go skiing a lot in Norway*	— Contexte spatio-temporel excluant l'énonciateur (ex. : *au moyen âge, on...*)
— *On prétend que...* : : *Some people claim that...*	— *ON* désigne un groupe délimité ou un individu, mais dont l'identité n'est pas spécifiée.
— *On se demande comment ils font* : : *One wonders how they manage*	— Généralités, principes, définitions; associé au notionel, au désactualisé, à l'itératif. Se trouve combiné aux modalités radicales (conseils de portée générale). *ONE* ne peut pas avoir de référent spécifique.
— *On s'excuse quand on est en retard* : : *One should apologize for being late*	
— *On peut y aller* : : *We can go now*	— Cas où *ON = NOUS* (langue familière)
— *Si on veut se faire servir, il faut...* : : *If you want service...*	— Remarques générales, explications, conseils, modes d'emploi...
— *On m'a demandé mes papiers* : : *They asked to see my papers*	— Renvoi comme s'il était déterminé à un groupe dont l'énonciateur s'exclut (les autorités, habitants d'un pays...). Reprise d'un *ON* traduit par *people*.
— *On ne dit pas l'hôpital, on dit l'asile* : : *People don't say..., they say...*	

69

Il faut noter que les différentes traductions de *on* ne s'excluent pas mutuellement. Pour ne prendre que les exemples du tableau, on peut citer les correspondances suivantes, selon le choix de l'énonciateur :

on frappa → *there was a knock / someone knocked / I heard a knock*

qu'on qualifierait... → *that would be called / that you might call / that (some) people would call*

on pratique le ski... → *people go skiing / they go skiing*

ou même : *You go skiing a lot in Norway, don't you ?* si l'interlocuteur se trouve être un nordique et donc appartenir à la classe définie par *on*

Le français dispose bien sûr d'autres moyens que *on* pour faire référence à l'indétermination de l'agent, mais en règle générale ceux-ci ne présentent pas de grandes difficultés de traduction. On pourra noter que le *vous* générique se rencontre parallèlement à *on,* mais moins fréquemment :

Quand vous pensez que... ! — Quand on pense que... !

Plus rarement on trouvera un *il* générique dont la traduction pourra se faire selon les cas par *you* ou par *they* (voir commentaire du début du texte T.21). Enfin on trouvera des énoncés dans lesquels pronom Ø + construction infinitive en français auront pour équivalent : emploi générique de pronom + forme verbale finie en anglais :

Comment exprimer l'impression : : *How can **one** express...* *que vous fait la vue d'un person-nage...*

(R. Queneau, *Exercices de style*)

(à noter que la construction infinitive en anglais entraînerait aussi le pronom Ø : *How to express...*)

*unless **your** idea of casual wear* : : *à moins de compter les duffle coats* *was a duffle coat* (T.12)   *dans les vêtements sport*

3.4.3. Le pronom *one*

Nous avons vu figurer *one* parmi les différentes traductions possibles de *on.* Mais ce pronom est beaucoup plus fréquent dans d'autres emplois, dont certains posent problème pour le passage en français. La fonction de *one* est essentiellement de se substituer à un nom déjà cité, à condition que ce nom entre dans un fonctionnement discontinu (au singulier ou au pluriel). Lorsque la reprise subit l'opération de fléchage (contextuel : *the one* + relative ou situationnel : *this / that one*), *one* sera traduit par *celui / celle (-ci/ -là).* Mais on rencontrera aussi *one* dans des appositions qui précisent la qualification d'un nom par l'extraction d'une ou de plusieurs sous-catégories sous la forme : *a* adjectif *one.*

Dans la langue parlée, l'article *un* + adjectif pourra suffire :

*I need an umbrella, **a** big **one** or* : : *Il me faut un parapluie, **un** grand ou* *a small **one**, I don't mind.*   ***un** petit, ça m'est égal.*

Mais à l'écrit on aura souvent recours à une reprise du substantif (ou a un autre nom entrant en relation métonymique avec lui), comme dans l'exemple suivant :

I needed an umbrella, preferably : : *Il me fallait un parapluie, de préfé-*
a collapsible one. (T.12) *rence **un modèle** pliant.*

3.5. Les quantifieurs

Pour une description du fonctionnement des quantifieurs en anglais nous renvoyons aux grammaires déjà citées, et en particulier à H. Adamczewski et C. Delmas (1982), chapitre 9, qui offre de nombreux exemples et une étude détaillée de la question. Du point de vue contrastif, une fois connus les outils de quantification disponibles dans les deux langues, il s'agira surtout de tenir compte des facteurs suivants :

— Quel est le type de fonctionnement (continu ou discontinu) du substantif qualifié ?
— Quel est le degré de détermination de ce substantif avant quantification ?

En effet, la quantification (qu'elle soit objective, par attribution d'une mesure numérique, ou subjective, par évaluation d'un ordre de grandeur) intervient toujours après l'opération de renvoi à la notion : elle peut être liée à l'opération d'extraction / prélèvement dont elle renforce la détermination, et dans certains cas elle a lieu après l'opération de fléchage. L'essentiel est donc d'avoir correctement analysé les opérations mises en œuvre pour choisir l'expression de quantification qui convient.
Exemple :

	Renvoi à la classe	Fléchage
Totalisation	*All students should be able to get grants*	*All the students live on campus in this university*
Quasi totalité	*Most students take summer jobs to supplement their grants*	*Most of the students I met were very hard-working*

Le Tableau 5 résume de façon très schématique les principales valeurs des quantifieurs et leurs compatibilités avec les différents types de fonctionnement des noms. Il est bien sûr à compléter par l'étude d'exemples en contexte.

Remarques sur le Tableau 5 :

● Le choix entre *all* et *every* dépend de la façon dont on envisage la totalisation (parcours totalisant des différents éléments ou vue globale de l'ensemble de la classe ou du groupe). Dans les cas d'emploi de *every* après fléchage, il faudra généralement que le fléchage soit explicité dans l'énoncé :

*Every student **in the room** was listening carefully.*

Every sera souvent renforcé par *single* pour marquer le passage en revue des unités.

Tableau 5. — Tableau contrastif des principaux quantifieurs.

FRANÇAIS		ANGLAIS	
1. Quantification associée aux opérations d'extraction / prélèvement portant sur			
Discontinu	Continu	Discontinu	Continu
un certain nombre *d'étudiants,* *des étudiants*	*une certaine quantité* *de beurre,* *du beurre*	*students*	*some* *butter*
plusieurs étudiants		*several students*	
quelques étudiants	*un peu de beurre*	*a few students*	*a little butter*
d'étudiants	*(très) peu* *de beurre*	*(very) few* *students*	*(very) little* *butter*
d'étudiants	*(trop) peu* *de beurre*	*(too) few* *students*	*(too) little* *butter*
d'étudiants	*trop* *de beurre*	*too many* *students*	*too much* *butter*
d'étudiants	*pas beaucoup* *de beurre*	*not many* *students*	*not much* *butter*
d'étudiants	*beaucoup* *de beurre*	*students* *lots of students* *many students*	*a lot of* *butter* *lots of butter*
d'étudiants	*pas assez* *de beurre*	*students*	*not enough* *butter*
d'étudiants	*presque pas* *de beurre*	*students*	*hardly any* *butter*
d'étudiants	*pas* *de beurre*	*students*	*no* *butter*

2. Totalisation	portant sur une classe d'éléments	portant sur des éléments fléchés
la plupart des étudiants	*most students*	*most of the students*
tous les étudiants	*all students*	*all the students*
	every student (parcours des éléments d'une classe)	
les deux étudiants (et pas seulement un)		*both students*

72

● Nous n'avons pas inclus dans le tableau le quantifieur *whole* dont l'emploi dépend beaucoup de sémantisme du substantif (élément discontinu susceptible de former un tout).

Comparer : *He's eaten all the bread*   (*bread* = continu)
à : *He's eaten the whole loaf*   (*loaf* = unité discontinue bien délimitée)

On rencontrera l'opposition *whole* — *all* avec des substantifs désignant des périodes délimitées :

I spent all (the) week in bed
I spent the/a whole week in bed

● Dans le domaine de l'évaluation de la quantité, l'anglais préférera le plus souvent :

— *not much / not many* à *little / few*
— *not enough* à *too little / too few*

ce qui peut parfois entraîner l'emploi du procédé de modulation par négation du contraire lors de la traduction.

Ce survol de certains problèmes de traduction posés par la détermination du groupe nominal a permis de constater que le choix des déterminants en anglais et en français dépend de plusieurs facteurs :

— opérations de détermination du nom et fonctionnement des substantifs

mais aussi

— opérations de détermination portant sur d'autres éléments de l'énoncé, notamment sur les verbes;
— phénomènes d'agencement syntaxique.

L'étude de la détermination du nom ne peut donc pas s'envisager sans référence aux problèmes qui vont être abordés dans les chapitres qui suivent.

BIBLIOGRAPHIE

● *Grammaires*

ADAMCZEWSKI H. et DELMAS C. (1982) *Grammaire linguistique de l'anglais*, Paris, Armand Colin, chapitres 8 et 9.

BERLAND-DELEPINE S. (1971) *La Grammaire anglaise de l'étudiant*, Ophrys, chapitres 31 à 35.

GROUSSIER M.L. et G. et CHANTEFORT P. (1973) *Grammaire anglaise : thèmes construits*, Collection Hachette Université, chapitre 9.

MARTINET A.V. et THOMSON A.J. (1980) *A Practical English Grammar*, Third Edition, Oxford University Press, chapitres 1, 2 et 4.

● *Ouvrages théoriques et articles*

BOUSCAREN J. *et al.* (1984) « Quelques réflexions sur l'article zéro » in *Cahiers de recherche en grammaire anglaise,* tome II, Ophrys, pp. 113 à 149.

COTTE P. (1984) « Esquisse d'une grammaire comparée de *dont* et de *whose* », in : *Contrastivité en linguistique anglaise,* CIEREC Travaux XLIII, Saint-Etienne, pp. 69 à 83.

CULIOLI A. (1975) « Note sur détermination et quantification : définition des opérations d'extraction et de fléchage » in : *Projet interdisciplinaire de traitement formel et automatique des langues et du langage (PITFALL)* nᵒ 4, Paris VII, Département de Recherches Linguistiques.

FUCHS C. et LEONARD A.M. (1980) « Eléments pour une étude comparée du déterminant zéro en anglais et en français » in : *Opérations de détermination : théorie et description,* Vol. I, Paris VII, Département de Recherches Linguistiques, pp. 1 à 48.

HUART R. (1984) *La Composition nominale en anglais. Opérations de repérage et accentuation,* Thèse, Paris VII, Département de Recherches Linguistiques.

LEONARD A.M. (1980) « A propos de quelques indéfinis en anglais » in : *Opérations de détermination : théorie et description,* Vol. I, Paris VII, Département de Recherches Linguistiques, pp. 99 à 154.

Chapitre 4

TEMPS ET ASPECTS

La plupart des difficultés rencontrées en traduction dans le domaine des temps et des aspects sont liées à l'existence d'un double décalage entre l'anglais et le français : d'une part, une forme verbale dans une langue peut correspondre à deux types de repérage différents et à deux formes distinctes dans l'autre langue (par exemple : passé composé en français → present perfect ou prétérit en anglais), et les réseaux de correspondances sont parfois complexes; d'autre part, le fait que certaines formes verbales de l'anglais et du français (par exemple le prétérit et le passé simple) ont une valeur comparable dans un certain nombre de contextes ne doit pas faire oublier qu'elles s'inscrivent dans deux systèmes linguistiques différents dont il conviendra de tenir compte.

L'étude des temps et des aspects ne se limite pas aux seules formes verbales. Les marqueurs adverbiaux jouent un rôle primordial et ne se correspondent pas toujours d'une langue à l'autre. Par ailleurs, les différences temporelles et aspectuelles sont à relier aux autres domaines étudiés : détermination, modalité et agencement syntaxique.

Les notions présentées dans ce chapitre sont complexes et souvent difficiles à illustrer par des exemples isolés. Il importe donc de les confronter à l'examen de textes français et anglais. Les textes suivants, figurant dans la Deuxième partie de cet ouvrage, peuvent être utilement consultés pour approfondir l'analyse des problèmes de temps et d'aspect :

— dans le sens anglais → français, textes 1, 5, 8 et 12;
— dans le sens français → anglais, textes 17, 19, 22, 23, 26, 28.

4.1. Généralités

4.1.1. La notion de temps et la distinction "time"/"tense"

Il faut bien distinguer les deux concepts que recouvre le seul mot « temps » en français :

— d'une part le temps « extra-linguistique » mesuré par l'énonciateur par rapport au moment de l'énonciation (TIME en anglais) en termes de révolu (domaine du certain), d'avenir (domaine du non certain) et d'actuel (la définition de ce dernier se renouvelant avec chaque production de discours) [1] ;

— d'autre part le temps grammatical (TENSE) qui renvoie aux marques morphologiques des verbes dans une langue donnée.

On a en anglais deux temps ("tenses") : présent et passé, contre trois en français : présent, passé et futur.

Les rapports entre "time" et "tense" sont complexes. Les deux peuvent coïncider, comme dans les exemples suivants :

— present time — present tense
Regarde, il neige !
The kettle is boiling ! Where's the tea ?

— past time — past tense
Beethoven composa ses dernières symphonies alors qu'il était déjà sourd.
Did I leave my wallet at your flat last night ?

mais il peut également y avoir non-coïncidence :

— present tense ne renvoyant pas à de l'actuel
Hier matin, je sors de chez moi et qu'est-ce que je vois ?...
Demain je pars de bonne heure.
He's leaving next week.
He comes from a very rich family.

— past tense ne renvoyant pas à du révolu
J'étais venu vous dire qu'il est temps de partir.
Si j'avais su, je vous aurais téléphoné.
If he worked hard enough, he'd probably pass his exams.

Les manifestations du décalage entre "time" et "tense" ne sont pas nécessairement les mêmes en anglais et en français.

4.1.2. La notion d'aspect

La définition de l'aspect doit se faire à deux niveaux.

---

(1) Voir E. Benveniste (1974), « L'Appareil formel de l'énonciation », in *Problèmes de linguistique générale,* tome II, Gallimard, pp. 83-84.

a) Aspect lexical et types de procès

Tout verbe renvoie à un procès [2]. On distingue deux catégories de procès :

— **état** : un procès qui n'est pas envisagé par rapport à un déroulement et auquel on ne peut pas assigner de bornes [3] — exemples : *être, avoir, contenir, appartenir à...*

— **processus** : un procès auquel est associée l'idée d'un début, d'un déroulement et d'une fin — exemples : *peindre, briser, vieillir, écrire...*

Le mode de déroulement du procès peut faire partie du sens du verbe lui-même : on parlera alors d'aspect lexical. Exemples :

> *tenir* est duratif; *prendre* est ponctuel
>
> *dormir* est duratif; *s'endormir* est ponctuel et inchoatif
>
> *sit* est duratif; *sit down* est ponctuel
>
> *eat* est duratif; *eat up* est terminatif/résultatif

b) Aspect grammatical

L'aspect peut être exprimé par des moyens d'ordre grammatical, qui varient d'une langue à l'autre.

> Par exemple en anglais : forme simple / forme en *be + -ing*
>
> prétérit / present perfect
>
> en français : passé simple / imparfait

L'aspect grammatical marque la façon dont est envisagé le procès par l'énonciateur. Un même procès peut être présenté de façons différentes :

— procès envisagé dans son déroulement

She is singing very well tonight.

— procès envisagé globalement, dans son ensemble

She sang at the concert last night.

— procès envisagé comme accompli et repéré par rapport au moment de l'énonciation

I'm sure she has sung that song before.

c) Lien entre aspect lexical et aspect grammatical

Il est évident que le choix de l'aspect grammatical doit être compatible avec l'aspect lexical du verbe. Ainsi un verbe de processus duratif sera plus apte à être envisagé dans son déroulement qu'un verbe de processus ponctuel

---

(2) Procès : « ce que désigne un syntagme verbal » (J. Guillemin-Flescher, 1981, p. 494); « représentation linguistique particulière d'un événement extra-linguistique » (C. Fuchs et A.M. Léonard, 1979, *Vers une théorie des aspects. Les systèmes du français et de l'anglais,* Mouton, p. 318).

(3) Borne : terme symbolisant le stade de déroulement d'un processus. Borne de gauche = début, borne de droite = stade atteint. La borne de droite peut être fermée (terme atteint) ou ouverte. Lorsqu'on envisage un procès en tant que propriété ou état, les bornes ne sont pas prises en considération. Voir J. Guillemin-Flescher (1981), p. 414.

et inchoatif (pour reprendre les exemples cités en a). On aura aussi des différences aspectuelles sur le plan grammatical entre verbes d'état et verbes de processus. Mais il faut souligner que, comme dans le domaine continu/discontinu de la détermination (cf. 3.1.2.), il ne s'agit pas de catégories étanches. Un même verbe de surface peut se trouver construit dans un fonctionnement de type état ou de type processus, selon les données situationnelles ou contextuelles et selon les propriétés des différents termes associés au verbe. A preuve l'exemple suivant, fréquemment cité :

			fonctionne comme
John is stupid	: :	*Jean est idiot*	ETAT
John is being stupid	: :	*Jean fait l'idiot*	PROCESSUS

d) Autres facteurs liés à l'aspect

● Dans la mesure où le choix de l'aspect par l'énonciateur dépend en grande partie du type de procès qu'il envisage, il faut aussi prendre en compte les propriétés des éléments qui sont mis en relation par le verbe, propriétés qui permettent de savoir quel est le type de procès désigné. Il est particulièrement important d'examiner les propriétés du C_0 [4] du procès : est-il animé ou non animé, déterminé ou indéterminé, susceptible ou non de remplir la fonction d'agent ? Ces facteurs vont servir de critère pour choisir, dans certains cas, entre état et processus [5].

● L'aspect grammatical ou lexical n'est qu'une marque parmi d'autres dans l'énoncé de la façon dont l'énonciateur envisage le procès. Il faudra aussi tenir compte des adverbes et des compléments dont la fonction peut être soit de venir préciser l'aspect verbal :

*He **has finished** his work **already***

soit d'apporter une valeur aspectuelle à l'énoncé, le verbe ne permettant pas de trancher :

| *He played hockey **last Sunday*** | occurrence unique |
| *He played hockey **every Sunday** last year* | itération |

Que ce soit dans le domaine du temps ou dans celui de l'aspect, il faut veiller à distinguer les valeurs appartenant à la forme verbale elle-même de celles exprimées par d'autres éléments de l'énoncé.

4.1.3. Incidences sur la traduction

Les différences entre le français et l'anglais sont particulièrement importantes dans les domaines suivants :

---

(4) L'appellation de Complément de rang zéro (C_0) est préférable à celle de sujet car elle renvoie de façon « neutre » au terme de départ de la relation, qu'il soit agent du procès (ex. : ***John** opened the door)* ou non (ex. : ***John** was given a book; **It** is raining.*). Voir plus loin, 6.2.1.

(5) Pour plus de détails sur ce sujet, voir C. Fuchs et A.M. Léonard (1979), chapitre 5.

a) Extension différente de certains temps

Il n'y a pas correspondance univoque entre l'emploi des temps ("tenses") dans les deux langues.

Exemples :

FRANÇAIS — ANGLAIS

Présent → présent (forme simple) / présent *(be + -ing)* / prétérit / present perfect *(have -en)* / present perfect *+ -ing* / modalité

présent / passé simple / imparfait / passé composé / plus-que-parfait / passé antérieur / subjonctif / conditionnel → Prétérit

b) Mode de repérage différent

Ce point est lié au précédent, dans la mesure où tel temps ("tense"), commun aux deux langues, n'est pas compatible avec les mêmes repères.

Exemples :

Le 11 novembre 1918, l'Armistice est signé	: :	*The Armistice was signed on November 11th 1918.*
J'ai vu un bon film hier soir	: :	*I saw a good film last night.*

D'autre part, la façon de repérer les procès les uns par rapport aux autres et/ou par rapport au moment de l'énonciation varie d'une langue à l'autre.

Exemples :

That was the day I saw you off at the station.	: :	*C'était le jour où je t'avais accompagné à la gare.*
Je me rappelai des histoires comment j'avais chômé... en 1926 [6]	: :	*I remembered my whole life : how I was out of work ... in 1926...*

(repérage simple en français, double en anglais).

Nous examinerons en particulier la non symétrie des couples : imparfait — plus-que-parfait/prétérit — pluperfect.

c) Choix aspectuels différents

Dans une même situation, les deux langues choisissent souvent d'envisa-

---

(6) Exemple emprunté à J. Guillemin-Flescher (1981). p. 33.

ger le procès sous un angle différent, ce qui entraîne des modulations aspectuelles, par exemple :

Processus (au present perfect)	: :	Etat résultant (au présent) :
They've run out of petrol.	: :	*Ils sont en panne d'essence.*
Lord Carrington has emerged as a master political negotiator. (T. 15)	: :	*Il apparaît comme un négociateur de tout premier plan.*

Dans des cas assez nombreux, l'aspect sera marqué dans une langue (déroulement, accompli notamment) et non marqué dans l'autre.

Exemples :

les journalistes en panne de titres. (T. 20)	: :	*journalists scratching around for headlines*
there was always a certain haste to the neatness of it (T. 1)	: :	*elle donnait toujours l'impression d'avoir été rangée à la hâte.*
(— aspect)		(+ aspect)

Afin d'examiner les différents points de non-coïncidence, nous partirons tantôt du français, tantôt de l'anglais, en fonction de la nature des problèmes posés.

4.2. Les traductions du présent français

4.2.1. Résumé des différentes possibilités

Il s'agit d'illustrer ici par des exemples le schéma présenté en 4.1.3.a). Certaines cases du Tableau 6 demanderont plus ample commentaire, et un renvoi à des contextes plus importants.

4.2.2. Traduction par un présent ou une modalité (parties A et B du Tableau 6)

4.2.2.1. Forme simple ou *be + -ing*

La difficulté vient de ce que la forme du présent français est ambiguë à la fois du point de vue de l'aspect et du point de vue du mode de repérage :

— elle peut renvoyer à un aspect ouvert (processus en déroulement), non borné (état) ou borné (procès envisagé globalement, dans son ensemble);

— elle peut être repérée par rapport au moment de l'énonciation ou au contraire être en rupture avec ce moment.

Le choix de la forme de présent en anglais doit donc se faire en fonction des deux critères ci-dessus, en tenant compte du type de procès et de ses compatibilités avec les différents aspects.

Tableau 6. — Les traductions du présent français.

TYPE D'EMPLOI	FRANÇAIS	ANGLAIS	FORME CHOISIE
A RENVOI À L'ACTUEL	(1) *Je ne sais même pas où je suis ni ce qui se passe.*	*I don't even know where I am or what's going on.*	PRESENT SIMPLE OU BE + ING
ITÉRATION	(2) *La pause déjeuner, qui dure parfois jusqu'à trois heures...*	*The lunch break, which sometimes lasts until three o'clock...*	PRÉSENT SIMPLE
GÉNÉRALITÉ	(3) *Le refus des aboiements ne condamne pas à la pâmoison.*	*The refusal to bay with the pack does not condemn one to swoon with enthusiasm.*	PRÉSENT SIMPLE
B GÉNÉRALITÉ	(4) *Autant de questions que se pose le voyageur.*	*Such are the problems over which the traveller may ponder.*	MODALITÉ
PRÉSENT + REPÈRE FUTUR	(5) *La grève des mineurs entre bientôt dans son sixième mois.*	*The miners' strike will soon be entering its sixth month.*	
C CONSTATATION DANS L'ACTUEL	(6) *Vous êtes la première personne à laquelle je parle.*	*You are the first person I've spoken to.*	PRESENT PERFECT
	(7) *Sur les marges, un extrême s'efface, un autre apparaît.*	*On the fringes, one extreme has disappeared and another appears.*	
RENVOI À L'ACTUEL + DÉTERMINATION TEMPORELLE	(8) *J'habite depuis plusieurs années une vieille maison de campagne.*	*For the past few years, I have been living in an old house in the country.*	PRESENT PERFECT + ING.
D PRÉSENT DIT « DE NARRATION » OU « HISTORIQUE »	(9) *A ce moment passe sur la chaussée un pousse-pousse...*	*Just at that moment a rickshaw comes hurtling down the street...*	PRESENT
	(10) *Le lieutenant le contemple encore un instant sans rien dire.*	*The lieutenant stared at him a little while longer without saying a word.*	PRÉTÉRIT
	(11) *La grande heure de l'eurocommunisme sonne le 2 mars 1977.*	*Eurocommunism's big moment came on March 2nd 1977.*	

Dans le cas du présent de généralité, ou dans un contexte itératif, la forme simple sera utilisée que l'on ait affaire à un verbe de type processus ou de type état, le procès étant envisagé comme propriété, hors déroulement.

Dans le cas du renvoi à l'actuel, le choix dépendra du type de procès, mais aussi du point de vue aspectuel adopté par l'énonciateur vis-à-vis du procès. Voici quelques illustrations tirées du texte T. 17, *Mai 68 sous le soleil polaire* :

les négociations se poursuivent :: *talks are still going on*

(verbe de processus + aspect en déroulement)

tout cela a un petit air de mai 68... :: *it all puts one in mind of May 68*

(verbe d'état en français, fonctionnement de type état en anglais)

tout se fait ici au nom du respect des lois :: *here everything is done in the name of the law*

(verbe de processus, mais procès envisagé globalement, et non selon les étapes de son déroulement).

4.2.2.2. Présent générique et modalité

L'emploi du présent générique en français est étroitement lié à l'emploi du pronom *on*, à l'opération de renvoi à la notion (voir chapitre 3) et aussi à l'emploi pronominal des verbes. L'introduction relativement fréquente d'une modalité en anglais va de pair avec un fonctionnement différent de la détermination : repérage par rapport à un animé plus déterminé qu'en français (voir les traductions de *on*) et renvoi à la classe par extraction qualitative. Voici quelques autres exemples de ce phénomène :

Mr. Tench grew thoughtful... You **couldn't burn** *a book, but it* **might be** *as well to hide it if you were not sure.* (T. 6). :: *Mr. Tench devint pensif... On ne* **brûle** *pas un livre, mais il* **est** *bon de le cacher quand on n'est pas sûr.*

Cycling **can be** *a hazardous pursuit.* (T. 11). :: *Le vélo n'est pas toujours sans danger.*

En Angleterre, les cigarettes s'achètent aussi dans les supermarchés. :: *In England you* **can buy** *cigarettes in supermarkets.*

4.2.3. Traduction par un *present perfect* (partie C du Tableau 6)

4.2.3.1. *Choix grammaticalement contraint*

On peut relever trois principaux cas de figure :

● lorsque le procès au présent en français est accompagné d'une détermination temporelle de type *depuis* qui renvoie soit au point de départ du processus (→ *since*), soit à la période écoulée (→ *for*), avec dans les deux cas repérage par rapport au moment de l'énonciation. L'anglais envisage à la fois le processus préalable et l'état résultant alors que le français ne considère que l'état résultant. Le present perfect sera doté d'un aspect ouvert (+ -ing) lorsqu'on aura des verbes renvoyant à un processus susceptible d'être envisagé dans son déroulement, ou des verbes dont l'aspect lexical est duratif.

• lorsque le procès au présent en français est repéré par rapport à une proposition de type : *c'est la première (n-ième, dernière) fois que...;* voir l'exemple (6) du Tableau 6. L'anglais envisage obligatoirement le procès d'un point de vue aspectuel : le « point » désigné par *the first* marque une borne, une frontière entre deux états, et l'anglais marque le passage de cette frontière par le present perfect, forme prenant en compte le processus [7].

• lorsque le procès au présent en français est un verbe de processus dont le sens même désigne « le passage entre une localisation de départ et une localisation d'arrivée, défini par rapport à des points de repère externes » [8] (exemples : *aller, venir, arriver, apporter,* etc.). Ce type de procès, inséré dans un contexte tel qu'il renvoie à l'état résultant du processus, sera traduit en anglais par un present perfect.

Exemples :

j'arrive de Paris	: : *I've just arrived from Paris*
je viens vous dire que...	: : *I've come to tell you that...*
je vous apporte le livre que vous m'aviez demandé	: : *I've brought you the book you asked me for* [9].

4.2.3.2. *Mise en valeur du processus*

Il s'agit d'un choix qui, même s'il n'est pas contraignant sur le plan grammatical, apparaît avec une grande régularité dans le passage du français à l'anglais. On le trouvera illustré dans les textes proposés en fin du présent volume, d'où nous tirons les quelques exemples qui suivent :

— *Mai 68 sous le soleil polaire* (T. 17)

Aucune issue au conflit n'appa- **raît** *encore... Le premier ministre* **prévoit** *une nouvelle baisse du niveau de vie... Tous les établissements scolaires* **sont** *fermés... Plus de radio ni de télévision...*	: : *So far there* **has been** *no sign of a solution... The Prime Minister* **has forecast** *a further 5 % drop in the standard of living... All the schools* **have been** *closed... Radio and television* **have fallen** *silent...*

---

(7) Voir A. Gauthier (1981), *Opérations énonciatives et apprentissage d'une langue étrangère en milieu scolaire,* Langues modernes, chapitre 12, pp. 435-436.

(8) Voir C. Fuchs et A.M. Léonard (1979), chapitre 5, p. 338.

(9) Pour plus de précisions sur l'orientation aspectuelle de ces types de procès, voir le commentaire du texte : *Arrivée dans le hameau* (T. 19).

— *Les résultats des élections européennes* (T. 22)

> *La liste du Parti communiste* : : *The French Communist Party has*
> *enregistre un nouveau recul... Il* *suffered a setback... Its strength has*
> *perd la moitié de ses voix. Un* *been halved... A revealing election has*
> *scrutin révélateur impose la pho-* *come up with a photo...*
> *tographie...*

L'anglais met en valeur le processus préalable au terme atteint. Le change-ment aspectuel est fréquemment accompagné d'un changement lexical, l'anglais utilisant un verbe de processus au present perfect là où le français emploie un verbe d'état au présent.

Nous trouvons ici un premier exemple de la mise en valeur aspectuelle en anglais en ce qui concerne la relation entre les procès, et nous aurons l'occasion de revenir sur ce point [10].

4.2.4. Le présent dit « historique » (partie D du Tableau 6)

La fréquence de cet emploi du présent en français pose souvent des problèmes de traduction. La faible détermination du présent français, renvoyant simplement à la notion de procès, le rend compatible avec toutes sortes de repères dans le temps ("time"). Les conditions d'emploi du présent anglais pour la narration d'événements passés sont beaucoup plus difficiles à déterminer.

Notre corpus de textes journalistiques présente de nombreux exemples de présent « historique », systématiquement traduits par des formes de prétérit en anglais.

> *A la fin de 1981, l'usine Trim est* : : *Late in 1981, Detroit Trim seemed*
> *virtuellement condamnée à fer-* *almost certain to close. At that time*
> *mer ses portes. La maison mère* *its parent company was teetering on*
> *est elle-même au bord du gouf-* *the brink of disaster...*
> *fre...*
> *... Ce plan est approuvé par 80 %* *... A solution was found — and ap-*
> *du personnel en novembre 1982...* *proved of by 80 % of the staff in*
> (T. 27) *November 1982*

Les repères chronologiques passés explicites étant compatibles en tout premier lieu avec le prétérit en anglais, la plupart des récits datés seront traduits par ce temps.

Le cas de la narration au présent en français dans des œuvres littéraires est plus délicat, et on ne peut que proposer quelques indications à la lumière des exemples rencontrés. Lorsque l'on a affaire à un récit au présent où la narration des événements se présente comme une série d'« instantanés », sans marques de chronologie ou de rapports construits entre les événements, on

---

(10) On peut dès maintenant se reporter à l'analyse faite par J. Guillemin-Flescher (1981). en particulier pages 98 à 105, de l'emploi du pluperfect, qui relève du même type de choix.

pourra envisager de traduire par le présent en anglais — voir par exemple le texte T. 29, ou encore l'extrait suivant :

> *Dans la cour, ils lèvent haut les genoux et posent très doucement la pointe du pied par terre. Leurs visages sont tendus, leurs yeux ressemblent à des meurtrières. Ils emplissent lentement l'aveugle petite cour, fixant la porte tout en se déployant.*
>
> *Au signal, ils vont enfoncer cette porte et trouver enfin ce qu'ils cherchent depuis si longtemps. Ce bruit qu'on entend, bien qu'il soit très étouffé, ils savent que c'est la presse clandestine. Une vilaine joie leur gonfle la poitrine...*
>
> (A. Gerber, Une sorte de bleu).

Il n'y a pas ici de relation chronologique ou logique construite après coup entre les événements par un narrateur donnant une cohésion au récit, mais une succession d'événements qui se présentent les uns après les autres à un observateur qui pourrait être identifié au narrateur « transporté » dans le moment du récit, sans que les situations de l'observateur et du narrateur puissent être repérées l'une par rapport à l'autre autrement que par rupture [11].

La forme de présent choisie sera en général le présent simple, dont le mode de repérage (aoristique [12], en rupture avec le moment de l'énonciation) et la valeur aspectuelle non marquée (ni en déroulement, ni accompli) permettent de créer une certaine distance, comme si « les événements se racontaient d'eux-mêmes », selon la métaphore d'E. Benveniste [13].

Au contraire, la traduction d'un récit au présent où les événements sont racontés de façon chronologique, et présentés dans leur enchaînement logique s'effectuera plutôt par le prétérit. Les deux extraits suivants semblent relever de ce second cas.

> *Alors une explosion secoue les vitres, fait sauter les tables. J'entends des cris. Un manifestant, une pancarte à la main, traverse la rue en courant. La foule s'écarte à reculons. Les hommes en bleu de travail bloquent la circulation. Déjà des sirènes de police, des appels d'ambulance.*
>
> *Le garçon de café, dans l'embrasure de la porte, se renseigne auprès d'un type à lunettes. Un jeune homme roux s'assied à ma table et tire devant lui ma tasse pleine, ne me laissant que la vide. Je ne l'ai pas vu arriver. Il me touche le bras et dit :*
>
> *— Si on nous interroge, dites que nous sommes ensemble.*
>
> *Deux policiers en uniforme gris-vert et bottes de cuir entrent à leur tour et s'approchent de nous...*
>
> (M. Halter, La vie incertaine de Marco Mahler)

---

(11) Voir l'analyse par J. Chuquet de la nouvelle de V. Woolf, *The Searchlight,* in J. Bouscaren et J. Chuquet, *Grammaire et textes anglais. Guide pour l'analyse linguistique* (1987).

(12) Pour une définition précise de ce terme, voir A. Culioli, « Valeurs aspectuelles et opérations énonciatives : l'aoristique », in S. Fischer et J.J. Franckel (1983), *Linguistique, énonciation. Aspects et détermination,* Paris, Editions de l'EHESS, pp. 99 à 113, ainsi que C. Fuchs et A.M. Léonard (1979), notamment chapitre 3.

(13) E. Benveniste (1966), « Les relations de temps dans le verbe français », in *Problèmes de linguistique générale,* tome I, Gallimard, p. 241.

Le lieutenant le contemple encore un instant sans rien dire, promenant à présent le faisceau de sa lampe sur le front, les yeux, le nez, dont il modifie ainsi les contours et l'expression. Puis il constate d'un ton indifférent (ce n'est en tout cas pas une question) : « Vous étiez tout à l'heure chez madame Eva Bergmann. » Johnson, qui s'attend à cette remarque depuis le début de l'entretien, se garde bien de nier...

(A. Robbe-Grillet, *La Maison de rendez-vous*)

Il est significatif de noter que des anglophones confrontés à ce type de narration ont tendance naturellement à passer au prétérit en anglais. Mais on ne peut pas pour autant affirmer que le présent soit impossible, et il ne faut pas ériger en principe ce qui est, peut-être, une des limites de la traduction, à savoir une certaine neutralisation stylistique dans la langue d'arrivée par crainte du traducteur d'aller à l'encontre des tendances habituelles de la langue. Nous citerons pour conclure cette section un passage d'un roman anglais contemporain dont la structure temporelle pourrait paraître audacieuse s'il s'agissait d'une traduction :

Jacob Crick manned the mills at Stump Corner from 1748 to 1789. He never married. In all those years he probably moved no further than a mile or two from his mills, which at all times he had to guard and tend. With Jacob Crick another characteristic of my paternal family emerges. They are fixed people [...] The biggest migration the Cricks ever made — before I, a twentieth-century Crick, made my home in London — was to move from the land west to the land east of the Ouse — a distance of six miles.

So Jacob Crick, mill-man and apprentice hermit, never sees the wide world. He never learns what is happening in Quebec or Boston. He eyes the horizon, sniffs the wind, looks at flatness. He has time to sit and ponder [...].

And in the momentous year 1789, Jacob Crick died. Wifeless, childless. But the Cricks are not extinct. In 1820 it is a grand-nephew of Jacob who is foreman of a gang employed in digging [...] In 1822, Francis Crick is entrusted with the operation of the new steam-pump on Stott's Drain...

(G. Swift, *Waterland*)

4.3. Les traductions de l'imparfait

L'imparfait français peut se définir, de façon rapide, comme un aspect ouvert (non borné à droite) : le point de vue énonciatif est translaté dans le passé, et le procès est envisagé de l'intérieur; selon le type de procès l'accent sera mis soit sur les étapes de son déroulement (verbes de processus), soit sur l'existence d'une situation dans un contexte passé (verbes d'état), soit encore dans un contexte itératif sur l'attribution d'une propriété dérivée d'une classe d'occurrences (verbes d'état ou de processus). Les traductions de l'imparfait en anglais varient selon les types de procès et selon la façon dont ceux-ci sont envisagés.

4.3.1. Résumé des différentes possibilités

Tableau 7. — Principales traductions de l'imparfait.

FRANÇAIS	ANGLAIS	
(1) *Il passait pour ancien professeur de philosophie.*	*He was said to have been a philosophy teacher.*	-ED
(2) *Un laveur de voitures nettoyait de temps à autre les automobiles...*	*A car washer occasionally washed the cars...*	
(3) *Le 30 juillet 1935 sortait à Londres le premier livre au format de poche.*	*The first paperback was published in London on July 30th 1935.*	
(4) *S'ils partaient tout de suite, ils arriveraient juste à temps.*	*If they left at once, they would just make it.*	
(5) *Comme il passait devant une écurie...*	*As he was walking past a stable...*	WAS -ING
(6) *Il travaillait pour la Konnecot Company.*	*He was working for the Konnecot Company.*	
(7) *Personne n'aurait pu dire d'où venait Mondo.*	*No-one had the slightest idea where Mondo had come from.*	HAD -EN
(8) *... mais le mal était fait.*	*... But the harm had already been done.*	
(9) *Un poêle à bois était allumé dans chaque pièce.*	*A wood stove had been lit in every room.*	
(10) *Depuis plusieurs jours les organisations ouvrières annonçaient l'imminence d'un soulèvement.*	*For some days the worker' organizations had been announcing that a rising might take place.*	HAD BEEN + -ING
(11) *La nostalgie n'est plus ce qu'elle était.*	*Nostalgia isn't what it used to be.*	USED TO
(12) *Dans le temps, nous y allions tous les dimanches.*	*We used to go there every Sunday.*	
(13) *Lui riait et prenait des photos... Elle détournait les yeux.*	*He would laugh and take photographs... She would look away.*	WOULD
(14) *Jon sentit l'étrange regard qui l'entourait..., un regard sombre et puissant qui couvrait toute la terre... Il écouta le bruit du vent qui glissait sur les rochers.*	*Jon felt the strange gaze all around him..., a dark and powerful gaze covering the entire earth... He listened to the wind swishing over the rocks.*	PRÉPOSITION ou -ING

4.3.2. -ed ou *was-ing*

Une erreur fréquente consiste à traduire systématiquement les imparfaits dans un récit par *was -ing*. On pourra constater en étudiant les textes commentés dans la seconde partie du présent ouvrage que cette traduction n'est possible que dans certains cas, marqués par les caractéristiques suivantes :

— le procès à l'imparfait est de type processus et non état (cf. Tableau 7, exemples 5 et 6);
— le procès à l'imparfait est repéré par rapport à un événement repère du récit et lui est subordonné dans une relation de concomitance. Voir l'exemple 5 du Tableau 7, et aussi :

*Elle **passait** le voir à son bureau, après un lock-out de crise, **lors-qu'**il mit à la porte un vieux mineur...* (T. 23)	: : **Just as** she **was calling** in to see him at his office after an emergency lock-out, she saw him throw out an old miner...

— le procès à l'imparfait est repéré, de façon explicite ou implicite, par rapport à une situation donnée dans le passé, supposée connue de l'énonciateur et du coénonciateur. La traduction de l'exemple (6) n'est justifiée que par le repérage du procès *il travaillait* par rapport à la situation posée au préalable, à savoir : *elle l'avait connu en vacances à La Paz* (voir le texte T. 23). C'est la relation de concomitance qui est mise en valeur. La traduction par *he worked* serait possible, mais gommerait cette relation et attribuerait simplement une propriété au sujet de l'énoncé dans un contexte passé.

L'imparfait se traduira par *-ed* dans tous les cas où le procès est envisagé comme un état et dans les cas où il renvoie à une classe d'occurrences de procès de type processus. Ce dernier cas peut prendre deux formes :

— contexte itératif signalé de façon explicite (marqueurs adverbiaux de type : *de temps à autre, par habitude, chaque fois que,* etc.) ou implicite (cadre dans lequel se déroulent les événements). Un seul marqueur suffit souvent à déterminer une série assez longue d'imparfaits de contexte itératif (voir par exemple le rôle de *à maintes reprises* dans la première phrase du texte T. 18);

— description des attributs d'un élément de l'énoncé, souvent un personnage du récit, par le biais des différents processus qui lui sont associés, sans qu'il y ait renvoi à une occurrence ou à une situation particulière (voir par exemple le texte T. 1 qui décrit les activités quotidiennes de Garp). Il faut noter que ces trois facteurs (procès de type état, itération et description) se trouvent souvent associés dans un même passage.

Un cas particulier d'emploi de l'imparfait, assez fréquent dans la prose journalistique et dans les récits historiques, est celui que l'on trouve dans l'exemple (3) du Tableau 7 : il consiste à présenter un procès comme s'il était « vu de l'intérieur », le point de vue énonciatif étant translaté au moment du procès, au lieu de l'envisager globalement, en rupture avec le moment de l'énonciation, comme ce serait le cas avec le passé simple. L'anglais gomme cette distinction et la seule traduction possible est le prétérit *(-ed)*. On pourra comparer ce cas de figure à celui du présent dit « historique », et en particulier à l'exemple (11) du Tableau 6 (voir plus haut, 4.2.1.).

4.3.3. -ed, would et used to

Rappelons tout d'abord que ce ne sont pas les formes grammaticales des verbes qui ont une valeur itérative. L'itération est marquée par :
— des expressions adverbiales *(chaque fois que, souvent, régulièrement, etc.)* ;
— le sens du verbe *(répéter, sautiller* seront interprétés comme itératifs) ;
— le contexte au sens large (des souvenirs d'enfance comporteront de nombreux passages itératifs).

Nous avons déjà signalé (cf. 4.3.2.) que la forme *-ed* était compatible avec un contexte itératif. Il en va de même pour le modal *would* dans son emploi dit « fréquentatif ». La traduction de l'imparfait par *would* est particulièrement compatible avec les cas où, dans un contexte itératif, on attribue au(x) sujet(s) de l'énoncé des propriétés caractéristiques, par le biais du raisonnement modal qui consiste à dire : « d'après ce que je sais de lui, il était prévisible que dans telle situation — qui n'est pas unique — il se comportât de telle façon ». Dans l'exemple (11) du Tableau 7 (tiré du texte T. 23), le contexte itératif était posé plus haut par : *sur les marchés boliviens;* voici deux autres exemples tirés de nos textes :

De temps à autre, sa respiration devenait plus régulière et bruyante, la plume Sergent Major gribouillait des pattes de mouche, enfin sa tête s'effondrait... (T. 18)	: : *From time to time his breathing would grow louder and more regular, the old-fashioned pen would scrawl more and more illegibly, and eventually his head would collapse...*

et dans le sens anglais → français cette fois :

For months at a time he would allow most of the light bulbs to burn out, unreplaced, until Helen would realise... (T. 1)	: : *Pendant des mois il laissait griller la plupart des ampoules électriques sans les remplacer jusqu'au jour où Hélène s'apercevait...*

L'emploi de *would* est plus fréquent si le C_o est animé (ou présenté comme un attribut d'un animé — voir *the pen, his head* dans l'exemple cité ci-dessus) et il est généralement associé à un verbe de processus. Il faut par ailleurs noter que le choix de *would* pour la traduction de l'imparfait n'est pas contraignant [14].

Used to est une forme à valeur à la fois temporelle et aspectuelle qui souligne l'aspect révolu du procès (que ce soit un état ou un processus) par rapport au moment de l'énonciation. *Used to* correspond souvent à l'imparfait associé à une expression adverbiale de type *jadis, autrefois*, définissant un

---

(14) Pour d'autres exemples et une étude plus approfondie, voir J. Bouscaren *et al.* (1982), « Le *would* dit fréquentatif », in *Cahiers de recherche en grammaire anglaise*, tome I, Ophrys, pp. 1 à 31.

contexte de récit révolu qui peut ensuite être caractérisé comme itératif et donner lieu à des emplois de *-ed* et de *would*. Exemple :

*Ericeira, c'était en ce temps-là un petit village de pêcheurs... Je me souviens bien de mon grand-père, c'était un pêcheur, il me **racontait** des histoires...*	: :	*Ericeira **used to be** a little fishing village... I remember my grandfa- ther : he **was** a fisherman — he **would tell** me all sorts of stories...*

(J.M.G. Le Clézio, *La ronde et autres faits divers).*

4.3.4. Traduction de l'imparfait par un *pluperfect*

Le rapport entre imparfait et pluperfect est à rapprocher de celui entre présent et present perfect étudié plus haut (cf. 4.2.3.). Dans la mesure où l'on peut définir l'imparfait comme un présent translaté, les mêmes contraintes vont s'appliquer au choix du pluperfect et à son association ou non avec *-ing*. Nous donnerons donc simplement trois exemples illustrant les trois cas analysés en 4.2.3.1. :

*Je l'**attendais** depuis trois heures.*	: :	*I **had been waiting** for him for three hours/since three o'clock.*
*C'était la première fois que je le **voyais**.*	: :	*It was the first time I **had seen** him.*
*un Indien boiteux qui **venait** lui demander de l'embauche* (T. 23)	: :	*a lame Indian who **had come** to beg him for a job*

On retrouve par ailleurs la tendance à « souligner le repérage interproposi- tionnel et le ' parcours temporel ' inter-procès » [15] en anglais, ainsi que la mise en valeur du processus aboutissant à un état résultant là où le français n'envisage que l'état. Comme dans le cas du présent par rapport au present perfect, ce changement aspectuel s'accompagne souvent d'un changement lexical. Voici deux exemples empruntés à J. Guillemin Flescher [15] :

*Le Docteur Rieux en **était** là de ses réflexions quand on lui an- nonça Joseph Grand.* (A. Camus)	: :	*The doctor's musings **had reached** this point when the visit of Joseph Grand was announced.*
*Au haut de la côte d'Argueil, sa résolution **était** prise.* (G. Flaubert)	: :	*By the time he had reached the top of the hill at Argueil, he **had made** up his mind.*

4.3.5. L'imparfait dans les relatives

Nous aurons l'occasion de revenir sur les problèmes de la subordination dans le chapitre 6, consacré à l'agencement syntaxique. Nous ne retenons ici qu'un seul cas qui semble manifester une certaine régularité. Il s'agit de la

---

(15) Voir J. Guillemin-Flescher (1981), p. 98 à 105.

traduction de l'imparfait dans les propositions relatives qui repèrent un processus par rapport à un antécédent ayant les propriétés nécessaires pour en être l'agent. Reprenons l'exemple (12) du Tableau 7 :

> *Jon sentit l'étrange regard **qui l'entourait**... un regard sombre et puissant **qui couvrait** toute la terre... Il écouta le bruit du vent **qui glissait** sur les roches lisses.*

> (J.M.G. Le Clézio, *Mondo et autres histoires*).

Le premier imparfait a été traduit par un complément prépositionnel *(all around him)* : les propriétés « agent » et « processus » étant très peu marquées, c'est la valeur de localisation qui a été retenue. Les deux autres imparfaits donnent lieu à la juxtaposition d'une forme en *-ing* qui met directement en relation l'élément agent et le procès. Cette correspondance entre relative à l'imparfait et forme en *-ing* juxtaposée est assez fréquente dans les récits de type « descriptif ». Voici un exemple dans le sens anglais → français :

*The wood ended at a hawthorn hedge **lining** one side of a cart track... The dot magnified slowly into its mate, **circling** and **scanning** the fields round the farm.* (T. 4)	*Le bois se terminait par une haie d'aubépine **qui bordait** un chemin de terre... Le point grossit peu à peu pour prendre la forme de l'oiseau femelle **qui tournoyait** en scrutant les champs autour de la ferme.*

4.3.6. Imparfait et désactualisation

Dans les nombreux cas où il y a non-coïncidence entre temps grammatical passé et renvoi au révolu (voir plus haut, 4.1.1.), c'est l'imparfait qui sert en français à marquer la désactualisation.

A ce titre, il correspond régulièrement au prétérit anglais dans les énoncés hypothétiques — voir l'exemple (4) du Tableau 7, ou encore des énoncés du type :

> *Et s'il **venait** en notre absence ?* : : *Suppose he **came** when we're out ?*
> *Comment entrerait-il ?*   *How would he get in ?*

On trouvera aussi des cas où l'imparfait, sans autre marque hypothétique dans l'énoncé, renvoie à du non actualisé et donne obligatoirement lieu à une traduction qui explicite la modalité :

> *Sans lui, elle **se noyait**.*   : : *She **would have drowned** but for him.*

L'imparfait, de par son mode de repérage par translation du point de vue énonciatif, recouvre un assez large éventail de cas de désactualisation (politesse, ironie, marques affectives...) qui seront rendus en anglais par le prétérit associé à des marques modales, par exemple :

> *Je **voulais** vous demander un service.* : : *I **wonder if** you **could** do me a favour.*

ou par des modulations sur le statut assertif :

> *Comme on **était** élégante !*   : : *Aren't we looking smart !*

Ces quelques exemples font apparaître que les problèmes de traduction de l'imparfait relèvent non seulement du domaine des temps et des aspects mais aussi de celui de la modalité, qui sera examiné au chapitre 5.

4.4. Prédominance du prétérit en anglais

Nous avons déjà rencontré le prétérit comme traduction possible (ou nécessaire) du présent et de l'imparfait français. Il s'agit maintenant d'étudier, à partir de l'anglais, les autres traductions possibles du prétérit afin d'illustrer la totalité du schéma présenté en 4.1.3. a).

4.4.1. Le prétérit, temps du récit

Le prétérit est par excellence le temps de la narration d'événements passés et de la description non marquée, « objective », d'états et de situations passés. Forme verbale principale selon les termes de J. Guillemin Flescher [16], il correspond à un procès dont le mode de repérage est celui de l'aoristique, c'est-à-dire de rupture avec le moment de l'énonciation. Un procès au prétérit est envisagé globalement, ce qui entraîne la compatibilité de cette forme à la fois avec un état et avec un processus, ainsi qu'avec les différents aspects lexicaux des verbes.

L'extension très grande du prétérit en anglais crée souvent des problèmes d'interprétation et de choix dans le passage au français. Voici, à titre illustratif, un court extrait de la nouvelle de Virginia Woolf, *The Searchlight* [17] :

' But where do I begin ? ' she **pondered.** *' In the year 1820 ?... It must have been about then that my great-grandfather* **was** *a boy... He* **was** *a very old man when I* **was** *a child — when he* **told** *me the story... He must have been a beautiful boy. But queer... That* **was** *only natural, ' she* **explained,** *' seeing how they* **lived.** *'*

Les formes de prétérit renvoient à des époques différentes marquées par des repères temporels et s'appliquent à des procès qui peuvent être envisagés soit comme états, soit comme processus (ponctuels ou duratifs). Dans la traduction nous aurons trois formes différentes :

— *she pondered, she explained* :: *se demanda-t-elle, expliqua-t-elle*
(procès ponctuels, événements faisant avancer la narration, coupés de toute instance énonciative → PASSÉ SIMPLE)

— *was a boy, was a very old man, I was a child, That was natural, they lived* :: *était jeune, c'était un vieil homme, j'étais enfant, C'était naturel, ils vivaient*

---

(16) Voir notamment Glossaire, p. 493.
(17) Voir plus haut note 11, p.85.

(états et un processus duratif — *live* — posés comme appartenant à une situation passée, partie descriptive, « réflexive » de la narration, le point de vue de l'énonciateur-narrateur étant translaté dans le passé → IMPARFAIT)

— *when he told me* : : *quand il m'a raconté*

(procès-événement ponctuel appartenant au récit oral rapporté et repéré par rapport au moment d'énonciation du narrateur rapporté, c'est-à-dire *she*, de *she explained* → PASSÉ COMPOSÉ)

Nous avons examiné plus haut (cf. 4.3.2. et 4.3.3.) la relation entre l'imparfait français et le prétérit. Avant d'aborder les problèmes de choix aspectuel dans la traduction du prétérit (voir plus bas, 4.4.2.), nous allons essayer de dégager les critères permettant de choisir entre les trois temps utilisés pour la narration d'événements passés en français : le passé simple, le passé composé et le présent.

Du point de vue mode de repérage, le passé simple est celui qui se rapproche le plus du prétérit : procès envisagé globalement et rupture par rapport au moment de l'énonciation. C'est le temps du récit chronologique écrit, que l'on trouve dans un grand nombre de textes narratifs (romans, nouvelles) où la source narrative est effacée.

Le passé composé est une forme aspectuelle, envisageant le procès sous l'angle d'accompli par rapport au moment de l'énonciation. Mais cet aspect est aussi utilisé en français comme « temps du passé » dans le mode d'énonciation de type « discours » pour renvoyer à des événements révolus [18], et est compatible avec des repères chronologiques passés. Voici un exemple de ces deux emplois :

Le P.N.B. **a augmenté** *à un rythme de 3,1 % au premier trimestre 1983, et la confiance est apparemment* **revenue.** (T. 27)	: :	*Gross national product* **rose** *at an annual rate of 3.1 % during the first quarter of 1983, and confidence* **has** *apparently* **made** *a comeback.*

Cependant la valeur aspectuelle du passé composé rend difficile son emploi exclusif pour le récit d'événements insérés dans une chronologie passée [19].

D'où le choix fréquent en français du présent dit de narration ou historique (voir plus haut, 4.2.4.) et aussi l'hétérogénéité des temps dans bien des textes français renvoyant au révolu par rapport à l'emploi systématique et homogène en anglais du prétérit (voir à titre d'illustration le commentaire des temps dans le texte T. 25).

Les critères de choix ne peuvent apparaître qu'à l'échelle d'un contexte suffisamment fourni. Pour l'analyse de ces critères nous renvoyons donc au commentaire de trois textes en fin du présent volume où le prétérit anglais a donné lieu à trois traductions différentes :

The Tenth Clew (T. 7) — narration « objective », distanciée, prétérits de récit traduits par le passé simple.

---

(18) Voir E. Benveniste (1966), p. 237 à 250.
(19) Voir les remarques de J. Guillemin-Flescher (1981), p. 34, note 45, sur l'emploi du passé composé dans *L'Etranger* d'Albert Camus.

Masculine Protest (T. 8) — narration à la première personne accompagnée de commentaires et de retours réflexifs, prétérits de récits traduits par le passé composé.

A Day in the Life of a Patriotic Shopper (T. 12) — récit oral, « sur le vif », prétérits de récit traduits par le présent.

Le choix du présent dans le récit oral d'événements passés paraît assez contraignant, et entraîne une différence sur le plan stylistique entre le français et l'anglais. En anglais, tout récit d'événements passés (écrit ou oral) aura tendance à se faire au prétérit, les procès étant directement repérés les uns par rapport aux autres. En français un récit oral au présent fera intervenir de nombreux marqueurs de chronologie (*alors, et puis,* etc.) et comportera des traces de la présence de l'énonciateur, tandis qu'un récit écrit aura souvent une plus grande variété de formes verbales et de points de repères.

4.4.2. Problèmes d'ambiguïté aspectuelle liés au prétérit

Le prétérit anglais recouvre, on l'a vu, à la fois le passé simple [20] et l'imparfait français. Si l'opposition aspectuelle entre *-ed* et *was -ing* permet dans certains cas de lever l'ambiguïté, il est fréquemment nécessaire de tenir compte de facteurs autres que la forme verbale elle-même.

4.4.2.1. *Type de contexte dans lequel est inséré le procès*

Un procès à la forme *-ed* en contexte itératif ou descriptif sera généralement traduit par un imparfait alors qu'un procès intervenant dans une séquence chronologique sera traduit par un passé simple.

Exemples :

*a woman in Edwardian dress crouched sobbing upon a rug, embracing a man's polished shoes. He **stood** (1) above her disdainfully...*	*(1)* → imparfait; en fait, traduit par : *Debout, l'homme qui avait...*
*He put it inside the little oven for gold alloy. Then he **stood** (2) by the carpenter's bench...* (T. 6)	*(2) Puis il resta un moment debout*
*Mrs Rice ignored the butter waste... Mr Madden bit angrily... Miss Hearne, watching him, **saw** (1) that he was angry.* (T. 3)	Suite d'événements dans le déroulement du petit déjeuner *(1) elle vit qu'il était en colère*

---

(20) Pour abréger, nous employons « passé simple » par opposition à « imparfait », mais il est évident que selon le choix effectué pour la traduction du récit d'événements, ce peut également être passé composé ou présent.

*Garp took no responsibilities for these : plants, for example; either Helen remembered them, or they died. When Garp **saw** (2) that one appeared to be drooping...* (T. 1)	Contexte itératif *when* interprété comme : *every time, whenever* (parcours) (2) *quand Garp en voyait une...*

4.4.2.2. Marqueurs grammaticaux présents dans le contexte

Il peut s'agir :

- de marqueurs adverbiaux d'itération (*usually, often*, etc.) ou au contraire de marqueurs d'aspect ponctuel de rupture de chronologie (*suddenly, then,* etc.);

- de marques de subordination indiquant soit un repère unique (ex. : *as soon as*), soit un parcours d'occurrences (ex. : *whenever, if*).

- d'autres formes verbales entraînant une interprétation ponctuelle ou itérative ou descriptive.

Voici quelques exemples tirés du texte T. 8 :

I knew I couldn't get far... I felt I simply couldn't... I was attracted... it would be good fun ⎱	imparfait (lié aux marques de modalité — « état mental »)
Suddenly the countryside struck me →	passé composé de récit (lié à l'adverbe de « rupture »)

4.4.2.3. Prétérit, aspect lexical et aspect grammatical

La valeur de renvoi à un événement ponctuel en rupture avec l'événement précédent dans la chronologie peut passer par l'ajout d'un verbe marquant lexicalement l'aspect inchoatif. Ce phénomène se trouve dans les deux langues :

he felt an unwilling hatred of the child ahead of him	: : *involontairement, il **se mit à** haïr l'enfant qui lui servait de guide*

(G. Green, *The Power and the Glory)*

il se laissa porter vers le haut : : *it **started to** glide upwards* (T. 4)

mais est plus fréquent en anglais qu'en français [21].

Avec un certain nombre de verbes appartenant à la sphère de la modalité et renvoyant aux domaines sémantiques de la volonté, de la connaissance, de l'expérience et des sentiments, l'opposition entre passé simple et imparfait se traduit souvent par un changement lexical en anglais. Le changement d'aspect lexical que l'on trouve dans le domaine strict de la modalité, à savoir

il put	: :	*he was able to*	(actualisé)
il pouvait	: :	*he could*	(non actualisé)

---

(21) La présence de *began to / started to* correspond souvent au seul passé simple sans marqueur d'inchoation en français. Voir les exemples cités par J. Guillemin-Flescher (1981), pp. 65 à 72.

se retrouve dans les exemples suivants qui illustrent le problème et dans le sens du thème et dans celui de la version.

— *KNOW*

> *As I cycled into Main Street I saw that all the shops were shuttered and **knew** that the post office, too, would be closed.* (T. 8)   : : *je **compris***

> *I **knew** I couldn't get far* (T. 8)   : : *je **savais** que je n'irais pas loin*

— *CONNAITRE*

> *Vous **connaissiez** Edouard Manneret ?*   : : ***Did** you **know** Edouard Manneret ?*

> (A. Robbe-Grillet, *La Maison de rendez-vous*).

> *Elle **connut** les douceurs de l'enseignement à domicile* (T. 16)   : : *She **experienced** the delights of being educated at home*

— *VOULOIR*

> *Je me suis fait arrêter par le taxi dans Queens Road. Je **voulais** marcher un peu*   : : { *I **wanted** to walk a little way* / *I **felt like** walking* }

> (A. Robbe-Grillet, *op. cit.*).

> *Ses parents **voulurent** encourager le développement de son intelligence.* (T. 16)   : : *Her parents **endeavoured** to encourage...*

> *Elle **voulut**, pour passer le temps, donner des cours aux enfants de mineurs* (T. 23)   : : *She **expressed her wish** to give lessons...*

— *AVOIR* (+ propriété localisée par rapport au sujet)

> *elle **eut** honte*   : : *she **felt** ashamed*

> *elle **avait** honte*   : : *she **was** ashamed*

(la distinction est ici plus ténue et dépend dans une large mesure du contexte).

Ces quelques exemples visent à montrer l'importance du lien qui existe entre temps et aspects grammaticaux d'une part, sens et aspects lexicaux d'autre part.

4.4.3. Le prétérit dans le style indirect libre

Le style (ou discours) indirect libre, « procédé essentiellement littéraire qui consiste à rapporter les paroles d'un locuteur-énonciateur en utilisant à la fois des caractéristiques du discours rapporté direct et des caractéristiques du discours non rapporté » [22] ne sera abordé ici que dans la mesure où il a une incidence sur les traductions du prétérit. Les formes de prétérit en discours indirect libre sont repérées par rapport à une source énonciative rapportée et ne sont pas sur le même plan que les prétérits de récit, repérés (par rupture) par rapport au moment de l'énonciation origine. L'emploi du prétérit dans les deux cas est source d'ambiguïtés que le passage au français va lever par différents procédés. [23]

— Introduction d'une subordination faisant passer au discours indirect :

A clerk is likely to tell him that it is really impossible, that they can't do it and **would he** *please call again...*	*Une employée lui dira que ce n'est pas possible, que cela ne se fait pas et qu'il veuille bien repasser...* (T. 21)
Did *Selfridges stock British trousers ?* (T. 12)	**Je demande s'ils** *ont des articles fabriqués en Angleterre.*

— Passage au discours direct :

[...] It **was** *not going to be an easy meeting* (A. Wilson, *Realpolitik*).	*La réunion ne* **va** *pas être facile,* **se dit-il.**
The replies had been uniform. Either the Government **had** *the situation well in hand, or a workers' Committee* **had taken** *charge of the city.*	*La réponse avait été ou bien : le gouvernement* **est** *maître de la situation, ou bien : les organisations ouvrières* **contrôlent** *la ville.* (T. 30) (Présent de discours direct malgré l'absence de guillemets).

La question du discours indirect libre est trop vaste pour être abordée en détail dans le cadre de cet ouvrage mais doit être mentionnée comme l'un des facteurs à prendre en compte lors de l'analyse, en vue de la traduction, des modes de repérage, des relations entre les procès et de l'agencement syntaxique.

4.4.4. Prétérit et subordination

La question de la subordination sera étudiée dans le chapitre 6 consacré à l'agencement syntaxique. Nous rappelons simplement ici les diverses traductions possibles du prétérit lorsque cette forme se trouve dans une subordonnée autre qu'une subordonnée temporelle, et qu'elle ne renvoie plus au révolu ("past time"), à la différence des exemples étudiés jusqu'ici.

---

(22) J. Guillemin-Flescher (1981), p. 435. Pour une étude des problèmes de traduction posés par les différents niveaux de discours, voir cet ouvrage, en particulier Glossaire, p. 432 à 441.
(23) On trouvera dans le texte T. 14 : *Prime Minister's Speech on the Falklands* un exemple caractéristique d'emploi du discours indirect libre, et des choix de traduction possibles.

— Traduction par un imparfait :

*If you **lived** in London, you would find life expensive.* : : *Si vous **habitiez** à Londres, vous trouveriez que la vie y est chère.*

*He acts as if he **didn't know** me* : : *Il fait comme s'il ne me **connaissait** pas.*

— Traduction par un conditionnel :

*He said he would ring me up as soon as he **arrived.*** : : *Il a dit qu'il me téléphonerait dès qu'il **arriverait.***

— Traduction par un subjonctif :

*It's time we **left.*** : : *Il est temps que nous **partions.***

*I'd rather you **came** with me.* : : *Je préférerais que tu **viennes** avec moi.*

Tableau 8. — Principales traductions du prétérit.

ANGLAIS	FRANÇAIS	
(1) *He shut the book up and carried it into his workroom.*	*Il ferma le livre et l'emporta dans son atelier.*	PASSÉ SIMPLE
(2) *When the screen went dark, the Cannes audience rose up in a standing ovation.*	*Après la dernière image, le public de Cannes a fait au film une ovation bien méritée.*	PASSÉ COMPOSÉ
(3) *The first umbrella I laid my hands on was a Fulton Klik.*	*Le premier parapluie sur lequel je tombe est un Fulton Klik.*	PRÉSENT
(4) *John sighed. It was not going to be an easy meeting.*	*John soupira. La réunion ne va pas être facile, se dit-il.*	
(5) *Sometimes Arthur got a bit depressed.*	*Parfois, Arthur avait un peu le cafard.*	IMPARFAIT
(6) *First stop Selfridges... I needed an umbrella.*	*Premier test, Selfridges... Il me fallait un parapluie.*	
(7) *If you came with me, we could share the costs.*	*Si tu venais avec moi, nous pourrions partager les frais.*	
(8) *A good white farmer promised freedom to his slave.*	*Un bon fermier blanc avait promis la liberté à son esclave.*	PLUS-QUE-PARFAIT
(9) *After the town grew and the farm land turned into a village...*	*Après que la ville eut grandi et que la terre cultivable se fut transformée en village...*	PASSÉ ANTÉRIEUR
(10) *It's high time you learnt how to drive.*	*Il est grand temps tu apprennes à conduire.*	SUBJONCTIF
(11) *She took an umbrella in case it rained.*	*Elle a pris un parapluie au cas où il pleuvrait.*	CONDITIONNEL

— Le prétérit dans une subordonnée introduite par le verbe *wish* donnera soit un imparfait, soit un subjonctif :

*I wish he **earned** more money.*	: :	*Si seulement il **gagnait** plus d'argent !*
		*Je regrette qu'il ne **gagne pas plus** d'argent.*
*I wish you **were** here.*	: :	*Si seulement vous étiez là !*
		Je regrette que vous ne soyez pas là

Ces emplois du prétérit sont tous liés au mode de repérage aoristique de cette forme et à sa compatibilité avec différents types de repères dans l'énoncé ainsi qu'avec les différents types de procès.

4.4.5. Résumé des principales traductions du prétérit

Ce n'est qu'après avoir examiné les différents facteurs aspectuels, contextuels, syntaxiques et lexicaux entrant en jeu dans la traduction du prétérit que nous pouvons tenter de présenter sous forme synoptique les principaux cas de figure rencontrés. Le Tableau récapitulatif 8 ne prétend pas être exhaustif; il est à compléter par l'étude des textes cités plus particulièrement au début du présent chapitre.

4.5. Les formes d'accompli

Après avoir examiné les rapports entre présent et imparfait français d'une part, present perfect et pluperfect anglais d'autre part (voir plus haut, 4.2.3. et 4.3.4.), il nous faut brièvement étudier les formes d'accompli d'un point de vue contrastif entre les deux langues afin de voir qu'elles ne se correspondent que dans une partie de leurs emplois.

4.5.1. Passé composé et *present perfect*

Le seul cas de correspondance est celui où l'on a dans les deux langues un procès envisagé comme accompli par rapport au moment de l'énonciation, soit en l'absence de toute détermination temporelle :

*un paysage politique qui **a** beaucoup plus **changé** qu'on ne le supposait.* (T. 22).	: :	*a political landscape which **has changed** much more than we had supposed.*

soit avec un adverbe marquant le rapport au moment de l'énonciation :

*J'ai **déjà** vu ce film*	: :	*I've **already** seen this film*
*Mon père n'est pas **encore** rentré*	: :	*My father hasn't come home **yet***

Dès que le passé composé est associé à un repère temporel révolu ou apparaît dans un contexte de récit, on aura le plus souvent un prétérit en anglais :

*Vous imaginez ma surprise, au lever du jour, quand une drôle de petite voix m'a **réveillé*** (T. 24).	: :	*You can imagine my amazement, at sunrise, when I **was** awakened by an odd little voice.*
*... quand elle y **a fait** son entrée il y a huit ans.* (T. 20).	: :	*...when she **swept** to the fore eight years ago.*

Au contraire, lorsque le repérage du present perfect par rapport au moment de l'énonciation est précisé par une détermination temporelle, on aura un présent en français :

*They **have been** on strike since October 4th.*	: :	*Ils **sont** en grève depuis le 4 octobre.* (T. 17).

Voir aussi tous les cas où l'anglais envisage un processus comme accompli alors que le français considère l'état présent (cf. 4.2.3.).

4.5.2.* Plus-que-parfait et *pluperfect*

Ces deux formes ont une valeur aspectuelle d'accompli, mais leur emploi n'est pas équivalent dans les deux langues, car la valeur d'antériorité, si elle justifie de nombreux emplois du plus-que-parfait en français, n'est pas un critère pertinent pour le choix du pluperfect en anglais [24].

a) Plus-que-parfait : : prétérit

● Le repérage d'un procès par rapport à un autre dans une relation d'antériorité est marqué en français par le plus-que-parfait (la source des calculs temporels restant l'énonciateur) dans de nombreux cas où le prétérit associé à des marqueurs de type *before* sera employé en anglais.

*J'ai vu « Superman » la semaine dernière; la semaine d'avant j'**étais allé** voir un « James Bond ».*	: :	*I saw "Superman" last week, and the week before I **went** to see a "James Bond"* [25].

● Dans un récit on a souvent en français rupture de la chronologie et construction par l'énonciateur de relations entre les procès, ce qui entraîne l'emploi du plus-que-parfait, alors qu'en anglais les procès sont actualisés et présentés dans l'ordre chronologique au prétérit.

*C'est pas vrai, dit-il, furieux [...] Le Belge s'**était approché**. Il demanda...* [26].	: :	*"It isn't true", he said furiously [...] The Belgian **approached** us. He asked...*

Pour une analyse détaillée de ce phénomène, nous renvoyons à l'ouvrage de J. Guillemin-Flescher, pages 31 à 48.

---

(24) Voir l'analyse des nombreux exemples proposés dans J. Bouscaren *et al.* (1982), « La forme *had-en* ou le Past Perfect », *op. cit.*, pp. 73 à 114.

(25) Exemple emprunté à J. Bouscaren *et al.* (1982), p. 80.

(26) Exemple emprunté à J. Guillemin-Flescher (1981), p. 35-36.

b) Pluperfect : : imparfait

A l'inverse, la tendance de l'anglais à présenter les procès sous leur aspect d'état résultant d'un processus entraîne des traductions de l'imparfait par le pluperfect. Nous avons déjà examiné ce cas à travers des exemples cités plus haut (cf. 4.3.4.).

Pour un commentaire des rapports entre plus-que-parfait et pluperfect situés dans un contexte plus large, nous renvoyons en particulier aux textes T. 5 et T. 23 dans la Seconde partie.

4.6. Modulations aspectuelles d'une langue à l'autre

4.6.1. Accompli vs. inaccompli

Cette opposition se rencontre avec une grande régularité dans l'emploi des formes participiales et des adjectifs verbaux dans les deux langues. Le français a tendance à présenter les propriétés d'un élément nominal sous l'aspect accompli (participe passé) alors que l'anglais utilise plutôt le participe présent renvoyant à l'inaccompli et à l'actualisation du processus. Voici quelques exemples :

Sens FRANÇAIS → ANGLAIS

Participe passé	Participe présent
dents serrées, visages en sueur : : (T. 23)	*clenching their teeth, with sweat pouring down their faces* [27]
ovales jaunis (T. 20) : :	*yellowing oval snaps*
botté et coiffé d'une casquette : : (T. 18)	*wearing boots and a cap*

Sens ANGLAIS → FRANÇAIS

Participe présent	Participe passé
sleeping villages (T. 8) : :	*villages endormis*
with gaping mouth (T. 7) : :	*bouche bée*
well-meaning (T. 13) : :	*bien intentionné*

Cette différence aspectuelle peut aussi se trouver manifestée dans le domaine des substantifs, par exemple :

rescapés (T. 20) : : *survivors*

et une distinction aspectuelle dans une langue peut se traduire par une distinction lexicale dans l'autre :

un sourd piétinement de sabots : : *... muffled...*

une exclamation assourdie : : *... stifled...*

(voir commentaire du texte T. 19)

---

(27) Noter ici le lien avec la détermination des substantifs et le repérage par rapport à l'animé humain (cf. 3.2.4.).

Il faut noter que le phénomène présenté ici sous l'angle strictement aspectuel est en même temps à rattacher :

— au procédé de traduction qu'est la transposition (cf. *botté et coiffé d'une casquette* : : *wearing boots and a cap)*

— à des différences d'agencement syntaxique dans le domaine de la subordination et de la présence ou non d'un syntagme verbal, par exemple :

évadé, exilé (T. 28)   : : *after escaping and going into exile*

la nuit venue (T. 18)   : : *when night fell*

4.6.2. Explicitation aspectuelle

Les marques aspectuelles dans l'énoncé vont très souvent dans le sens d'une plus grande actualisation des procès en anglais qu'en français, notamment dans les nombreux cas où un syntagme nominal (ou un adjectif non marqué aspectuellement) en français correspond à un syntagme verbal doté d'un aspect en anglais. Les exemples qui suivent sont présentés sans qu'il soit tenu compte du sens langue de départ → langue d'arrivée.

Syntagme nominal	Syntagme verbal + aspect
des journalistes en panne de titres (T. 20)	: : *journalists scratching around for headlines*
Plus de radio ni de télévision (T. 17)	: : *Radio and television have fallen silent*
des chaussures à différents stades de rôdage	: : *shoes in different stages of being broken in* (T. 1)
pour cause de départ en vacances des propriétaires (T. 21)	: : *because the owners have gone on holiday*
Lucien Guitry, en tournée à Petersbourg (*Le Monde*, 6 juin 1985)	: : *... while playing in St Petersburg*

Adjectif	
des vies qu'on dirait authentiques (T. 20)	: : *lives that one would say had really been lived*
forts de leur mépris... (T. 16)	: : *caring nothing about...*
les coups de téléphone des provinces, optimistes de minuit à deux heures... (T. 30)	: : *the reports telephoned in from the provinces, which had sounded hopeful...*

Les exemples où l'on constate le phénomène inverse (ajout d'un syntagme verbal doté d'un aspect en français) sont en général liés à une dérivation nominale en anglais n'ayant pas d'équivalent nominal qui puisse convenir en français :

There was always a certain haste to the neatness of it. (T. 1)   : :   *Elle donnait toujours l'impression d'avoir été rangée à la hâte.*

accepting the courteous dismissal : : *acceptant d'être congédié de façon*
(T. 7) *aussi courtoise.*

4.7. Marques non verbales de temps et d'aspect

Nous avons été amenés à maintes reprises dans les sections qui précèdent à signaler que les indices de temps et d'aspect dans l'énoncé étaient souvent à chercher ailleurs que dans les formes verbales elles-mêmes (voir par exemple ce qui a été dit des points de repère passés, des marques d'itération). La fréquence de ces marques n'est pas la même dans les deux langues, et certains adverbes en particulier fonctionnent de façon différente et posent des problèmes de traduction.

4.7.1. Prédominance des marques aspectuelles en anglais

Parallèlement à la tendance de l'anglais vers l'actualisation des procès, on remarque une tendance à préciser ou à renforcer l'aspect verbal par des marques adverbiales. L'aspect duratif ou terminatif, présent sémantiquement dans les verbes, est souvent renforcé par l'emploi de particules adverbiales, comme dans :

il grattait du papier à longueur : : *he scribbled **away** all day long*
de jour

il a parlé pendant des heures : : *he talked **on and on** for hours*

Bois ton café ! On est en retard. : : *Drink **up** your coffee ! We're late.*

Par ailleurs, dans les nombreux cas où l'anglais envisage un procès sous l'angle d'un processus aboutissant à un état résultant, ou bien présente un procès de manière plus actualisée que le français, le « parcours temporel » est souligné de façon adverbiale [28]. Voici quelques prépositions et adverbes fréquemment utilisés pour marquer ce « parcours temporel » :

by *ten o'clock* (plutôt que *at*)

within *five minutes* (plutôt que *in*)

ever *since he came...*

no longer (plutôt qu'une simple négation)

eventually

Ce phénomène est bien illustré dans le texte T. 26, d'où sont tirés les exemples suivants :

la situation de la gauche [...] est : : *... has undergone a paradoxical*
aujourd'hui marquée par un sin- *transformation since François Mitter-*
gulier paradoxe *rand became President in 1981*

---

(28) Voir J. Guillemin-Flescher (1981), p. 94 à 97 et Glossaire, p. 484-485. Le « parcours temporel » renvoie à une « durée parcourue » et actualise le rapport entre deux points de repère.

Tableau 9. — Quelques marqueurs adverbiaux de temps et d'aspect.

MODE DE REPÉRAGE		ANGLAIS	FRANÇAIS
PAR RAPPORT AU MOMENT DE L'ÉNONCIATION	P R É S E N T	*I'm very busy **at the moment*** *Train fares are very expensive **nowadays*** *What are you doing with yourself **these days** ?* *I'm **currently** taking a crash course in word-processing*	*en ce moment* *de nos jours* *ces temps-ci* *actuellement*
	P R E S E N T P E R F E C T	*Only half of July's school leavers have found work **so far.*** *Have you **ever** tasted Yorkshire pudding ?* *I haven't met him **yet**.* *I **still** haven't worked out what I'm supposed to be doing.* *He's been looking tired **lately**.* *I've only been to the cinema once* ❴ ***in the past few months.*** ❴ ***in recent weeks.*** *Food prices have increased enormously **over the last ten years**.*	*jusqu'à présent* *déjà* (+ interrogation) *pas encore* *toujours pas* *dernièrement* *ces derniers temps* *au cours des (dix) der-nières années*
PAR RAPPORT À DES REPÈRES PASSÉS	P R É T É R I T	***In those days** it was easy to get a job.* *I couldn't afford a car at* ❴ ***the time.*** ❴ ***that time.*** *This auditorium was **formerly** a church.* *(= used to be)* *I met him six years **ago**.* + de nombreux adverbes servant à marquer le rapport chronologique entre les procès, par exemple : *first, then, (soon) afterwards,* *after that, eventually, finally,* *at last...*	*à cette époque-là* *à l'époque* *autrefois, jadis* *il y a*
COMPATIBLES AVEC LES DEUX TYPES DE REPÉRAGE		*I've **met** him **before**.* *"Did you join your friends at the theatre last night ?"* *"No, we **met** at a pub **before**."* *I've only **been** there **once**.* *This actress, who **was once** famous,* *is completely forgotten now.* *(= used to be; cf. "Once upon a time...")*	*déjà* *avant, auparavant* *une fois* *jadis, il fut un temps* *(il était une fois)*

à partir de 1977	: :	*from 1977 on*
en moins de deux ans	: :	*within less than two years*
en peu d'années	: :	*within the last few years.*

4.7.2. Compatibilités des marqueurs adverbiaux

Les différentes expressions adverbiales servant aux repérages temporels et aspectuels sont compatibles soit avec un repérage par rapport au moment de l'énonciation, soit avec un repérage par rapport à un événement révolu, soit avec les deux. Nous avons réuni les expressions les plus fréquentes dans le Tableau 9.

4.7.3. *Depuis, il y a, cela fait... que*

Nous terminons par trois expressions qui posent souvent des problèmes aux francophones lors du passage à l'anglais. Nous présentons dans le Tableau 10 quelques exemples des différences de fonctionnement entre l'anglais et le français, mais il faut souligner la nécessité de tenir compte avant tout des facteurs suivants, dont la plupart ont été examinés dans la première partie de ce chapitre

— type de procès (état ou processus);
— mode de repérage (par rapport au moment de l'énonciation ou par rapport à une donnée en rupture avec le moment de l'énonciation);
— type de détermination temporelle (prise en compte de la durée, du point de départ — borne de gauche du procès, ou du franchissement de la frontière entre borne de droite du procès et état résultant);
— présence ou absence d'un parcours (au sens de passage en revue de toutes les occurrences possibles du procès sans s'arrêter sur aucune);
— présence ou absence d'une négation [29].

---

(29) Voir les remarques très éclairantes sur ce sujet dans A. Gauthier (1981), p. 410 à 438.

Tableau 10. — Quelques traductions de depuis, il y a, cela fait... que

CRITÈRES D'ANALYSE	ANGLAIS	FRANÇAIS
— Procès ponctuel, déterminé, situé dans le passé. — Etat posé comme intervalle dont la borne de gauche est un procès ponctuel, déterminé.	*They bought their house 10 years ago.* *It's 10 years since they bought their house*	{ *il y a...* } { *cela fait..* } + Passé composé
— Procès duratif + intervalle ouvert repéré par rapport à *NOW*.	*He's been working like mad for months*	{ *cela fait...* } { *depuis* } + Présent
— Procès duratif + intervalle ouvert dont la borne de gauche est un procès déterminé situé dans le passé.	*She's been living in France since she got married.*	Présent + *depuis que* (passé composé)
Etat posé comme intervalle — + renvoi à la dernière occurrence en tant qu'événement situé, déterminé. — + renvoi au passage de frontière *not meet/meet*, repéré par rapport à *NOW*.	*It's years since we last met.* *It's years since we've met.*	{ *cela fait...* + Passé composé { *il y a...* + Négation
— Parcours de l'absence de procès (négation) + intervalle ouvert repéré par rapport à *NOW*.	*We haven't met for years.*	
— Procès de type état + intervalle ouvert repéré par rapport à *NOW*.	*I've had this book* { *for a month.* { *since last week.*	{ *Cela fait...* } { *depuis* } + Présent *depuis* + Présent
↑ ORIENTATION DIFFÉRENTE ↓	MAIS	
— Etat résultant du processus *get*, *NOW* étant le point de départ d'un intervalle borné à droite.	*I've got* } *I have* } *this book for a month,* *and then I must return it ot the library.*	Présent + *pour*

Ces exemples demanderaient plus ample commentaire et visent simplement à illustrer l'incidence des facteurs énumérés en 4.7.3.

BIBLIOGRAPHIE

BENVENISTE E. (1966) « Les relations de temps dans le verbe français », in *Problèmes de linguistique générale*, tome I, Gallimard, pp. 237 à 250 et (1974) « L'appareil formel de l'énonciation », in *Problèmes de linguistique générale*, tome II, Gallimard, pp. 79 à 88.

BOUSCAREN J. *et al.* *(*1982) *Cahiers de recherche en grammaire anglaise* tome I, Ophrys :
— « Le *would* dit 'fréquentatif' », pp. 1 à 31 ;
— « La forme *had -en* ou le *past perfect* », pp. 73 à 114.

CULIOLI A. (1978) « Valeurs aspectuelles et opérations énonciatives : l'aoristique », in FISCHER S. et FRANCKEL J.J., eds. (1983). *Linguistique, énonciation. Aspects et détermination,* Paris, Editions de l'E.H.E.S.S., pp. 99 à 113.

FUCHS C. et LÉONARD A.M. (1979) *Vers une théorie des aspects. Les systèmes comparés du français et de l'anglais,* Mouton (en particulier chapitre 5).

GAUTHIER A. (1981) *Opérations énonciatives et apprentissage d'une langue étrangère en milieu scolaire. L'anglais à des francophones,* in : *Les Langues modernes,* numéro spécial, chapitres 10 et 12.

GROUSSIER M.L. et G. et CHANTEFORT P. (1973) *Grammaire anglaise : thèmes construits,* Collection Hachette Université, Chapitres 3, 5 et 6.

GUILLEMIN-FLESCHER J. (1981) *Syntaxe comparée du français et de l'anglais. Problèmes de traduction,* Ophrys, en particulier chapitres 1 et 2, tableaux d'exemples pp. 297 à 325 et Glossaire.

Chapitre 5

LES MODALITÉS

Le domaine des modalités est souvent cité par les francophones étudiant l'anglais comme particulièrement difficile à maîtriser. Ceci peut surprendre car les cas où, après analyse, il reste difficile de trancher entre deux traductions sont sans doute plus rares que, par exemple, dans le domaine des aspects ou de la détermination. Les problèmes de traduction rencontrés dans ce domaine sont liés, en premier lieu, à la complexité du réseau de correspondances entre les formes des auxiliaires modaux mais aussi, plus généralement, à des différences systématiques dans l'incidence syntaxique de la modalisation des énoncés en anglais et en français.

5.1. Définitions — Modulations sur les modalités

Le terme *modalité* est utilisé ici dans son sens large de prise de position de l'énonciateur par rapport à son énoncé. Il s'agit donc non seulement des modalités du plus ou moins certain (possible, probable etc.) et des modalités pragmatiques (permission, obligation, etc.) dont les indices sont principalement les auxiliaires de modalité mais aussi et d'abord du statut assertif de l'énoncé (assertif, interrogatif, injonctif), ou encore des modalités appréciatives. Nous résumons ci-dessous la classification des modalités proposée par A. Culioli dans le cadre de sa théorie des opérations énonciatives. Ces quatre ordres de modalités, que l'on distingue pour la commodité de l'analyse, se recoupent dans la réalité du discours.

Modalités 1 ou Statut assertif (modalités du tout ou rien)

Le statut assertif d'un énoncé est nécessairement

— assertif (positif ou négatif)
ou — interrogatif
ou — injonctif (impératif, etc.; cf. aussi modalités 4)

Modalités 2 : modalités du plus ou moins certain (i.e. le non-certain, l'incertain)

Evaluation des chances de réalisation d'un procès dans l'extralinguistique; le possible, le probable, le nécessaire, l'éventuel, etc. exprimés par :
— les adverbes de modalités : *probablement, peut-être, certainement*, etc.
— les auxiliaires de modalités : angl. *may, must*, etc. dans leur emploi dit épistémique; fr. *il se peut que, il doit*, (logiquement); et bien sûr les auxiliaires de modalités qui relèvent de la prédiction, du projet ... : angl. *'ll, will, shall*.

Modalités 3 : modalités appréciatives

Jugement de valeur (c'est-à-dire subjectif) qualifiant la relation < Sujet — Prédicat > indépendamment de sa réalisation.

Fortunately he went.
It's a good thing he went.
It's strange that he should have answered in this way.

L'opération de reprise d'un énoncé (ici : *he answered*) comme l'objet d'un commentaire peut déclencher l'apparition de marques modales dans l'énoncé imbriqué : *should* en anglais; le subjonctif en français.

Modalités 4 : modalités pragmatiques ou inter-sujets

— auxiliaires de modalité dans leur emploi dit radical :
angl. *must* ; fr. *devoir*   (obligation)
angl. *may* ; fr. *pouvoir*   (permission) etc.
— l'injonctif (cf. aussi modalités 1)
— les causatifs : *faire* + infinitif, etc.

Jeux sur les modalités

On observe des glissements entre modalités à l'intérieur d'une langue donnée :

Tu aurais pu venir plus tôt !
Tu aurais dû venir plus tôt.

Mettez les phrases suivantes au passé.
Mettre les phrases suivantes au passé.

ainsi que d'une langue à l'autre. Ainsi, entre l'anglais et le français, on observe/observera avec une certaine régularité des correspondances telles que :

You must be joking !	: :	*Vous plaisantez !*
(assertion modalisée)		(assertion)
Keep off the grass.	: :	*Pelouse interdite.*
(Injonction sous forme d'impératif)		(Injonction sous forme d'énoncé assertif tronqué)
First switch to the desired preset location.	: :	*Se positionner sur la présélection désirée.*
(Impératif)		(Infinitif : notion verbale)

On observe enfin des glissements entre aspect et modalité :

Vous laissez ces livres ici, apparemment.

Vous laissez ces livres ici ! C'est un ordre.

Les énoncés de la colonne de gauche ci-dessous expriment par le biais de la modalité ce qui est présenté à droite sous l'angle aspectuel :

*Il n'est **pas question** que vous emportiez ces livres.*	: : *You're **not taking** these books away !*
*These costs **can** be high.*	: : *Ces frais peuvent être / sont **parfois** élevés.*
*It's the sort of place where nothing **will** grow.*	: : *C'est le genre d'endroit où rien ne **pousse.***

Les deux derniers exemples sont représentatifs de la tendance générale de l'anglais à privilégier la modalité là où le français reste sur le plan de l'aspect.

5.2. La traduction des auxiliaires de modalité

5.2.1. Le nécessaire et le possible

5.2.1.1. *L'opposition épistémique-radical*

Un des premiers problèmes rencontrés est l'ambivalence de nombreuses formes modales entre interprétation épistémique (modalité 2) et interprétation radicale (modalité 4) de la modalité. Pour prendre l'exemple particulièrement net de la modalité du nécessaire, ces deux interprétations correspondent respectivement aux effets de sens dits de déduction et d'obligation.

Tableau 11

MODALITÉ DU NÉCESSAIRE	
RADICALE	ÉPISTÉMIQUE
« Obligation »	« Déduction »
(je l'exige) *He must sleep*	*il doit dormir* ←⌐ ⌐→ (certainement) *He must be sleeping*
(je l'interdis) *He mustn't sleep*	*il ne doit pas dormir* ←⌐ ⌐→ (certainement pas) *He can't be sleeping*
(il a été obligé) *He had to sleep here*	*il a **dû** dormir ici* ←⌐ ⌐→ (certainement) *He must have slept here*

Le Tableau 11 fait apparaître que l'introduction d'un aspect et/ou de la négation lève l'ambiguïté en anglais alors que celle-ci demeure en français. Il faudrait apporter des nuances de part et d'autre : *il a dû*, relayé par *il a fallu qu'il* dans le sens radical en français parlé, tendra à être interprété de façon épistémique : *il a sans doute*. Inversement, *il a pu* est la plupart du temps radical (*il a réussi* : : *he was able/managed to*), l'épistémique étant exprimé par *il se peut qu'il ait* (: : *he may have*). En anglais, l'aspect en *be + ing* fait basculer *must* du côté de l'épistémique à la notable exception près de *I must be going / I must be getting along now* : : *il faut que je parte*.

5.2.1.2. *Must, is to, have to*

Dans le domaine de la modalité du nécessaire une difficulté supplémentaire vient de la grande importance relative, à côté de *must*, des tournures *is to* et *have to*, qui ne sont modales que par le biais de l'opérateur de visée *to*. La contrainte n'émane plus de l'énonciateur :

↓——— *Elle doit la voir la semaine prochaine* ———↓		
Contrainte émanant de l'énonciateur	*She must see her next week*	*(je l'exige)*
Contrainte extérieure, norme	*She has to see her next week*	*(je n'y peux rien)*
Plan arrêté	*She is to see her next week*	*(c'est convenu)*

L'opposition entre *have to* et *is to* est particulièrement nette au passé, face au français *devait*, puisque

    she had to see her   : : *elle a dû la voir / il a fallu qu'elle la voie*

implique que le procès a eu lieu, tandis que

    she was to see her   : : *elle devait la voir*

ne préjuge pas de la réalisation et que

    she was to have seen her   : : *elle devait / aurait dû la voir mais ...*

implique qu'il n'y a pas eu réalisation.

5.2.1.3. *L'ambivalence de -rait*

Une troisième source de complexité, que l'on trouvera représentée aux lignes c, h, m, n du Tableau 12, est l'ambivalence de *-rait* qui combine un marqueur de visée (le morphème — *r* — en français) au morphème *-ait* qui

TABLEAU 12. — Tableau contrastif des auxiliaires de modalité.

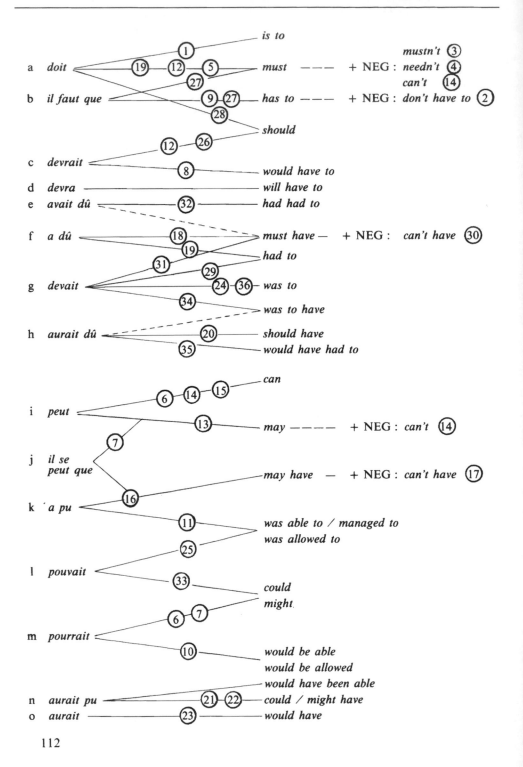

EXEMPLES

Tout est prévu : elle doit venir le chercher à la gare à huit heures.
1 It's all been arranged. She is to meet him at the station at eight.

Tu n'es pas obligé de venir si tu n'en as pas envie.
2 You don't have to come if you don't want to.

Il ne faut pas rouler trop vite, la vitesse est limitée.
3 You mustn't drive fast. There is a speed limit here.

Tu n'as pas besoin d'aller si vite. On a le temps.
4 You needn't drive so fast; we have plenty of time.

Elle doit avoir hâte de le voir.
5 She must be looking forward to seeing him.

Tu peux/pourrais téléphoner à Anne.
6 You can/could phone Ann.

Il se peut/pourrait qu'elle connaisse l'adresse.
7 She may/might know the address.

Elle savait qu'elle devrait l'attendre.
8 She knew she would have to wait for him.

Il faut être patient sur les quais de gare.
9 You have to be patient on station platforms.

Elle espérait qu'elle pourrait le convaincre.
10 She was hoping she would be able to convince him.

J'espère qu'il a pu tout prendre avec lui.
11 I hope he was able to/he managed to take everything with him.

Cela doit/devrait être là-bas.
12 It must/should be over there.

C'est peut-être lui.
13 It may be him.

Ça ne doit pas/ne peut pas être lui.
14 It can't be him.

Où peut-il être ?
15 Where can he be ?

Il se peut qu'il se soit trompé de train, ou alors il a pu le manquer.
16 He may have got on the wrong train or missed it.

Il n'a pas pu faire une erreur pareille !
17 He can't have made such a mistake !

Quelqu'un a dû toucher au sac : il est ouvert.
18 Someone must have tampered with the bag : it's open.

J'ai dû tout vérifier ce matin et je dois tout recommencer !
19 I had to check everything this morning and I must do it all over again !

Je n'aurais pas dû le poser
20 I shouldn't have put it down.

Cela aurait pu mal tourner.
21 It could have gone wrong.

Il aurait pu au moins téléphoner !
22 He might at least have phoned !

Il m'aurait prévenue si...
23 He would have let me know if...

Elle devait/était censée attendre jusqu'à neuf heures.
24 She was supposed to wait until nine.

Elle ne pouvait/n'avait le droit de parler à personne
25 She wasn't allowed to speak to anybody.

Je ne devrais peut-être pas rester ici.
26 Maybe I shouldn't stay here.

Il faut que je sois prudente.
27 I must/I've got to be careful.

Ces colis doivent être manipulés avec soin.
28 These parcels should be handled with care.

Elle n'avait pas le choix : elle devait tout faire seule.
29 She had no choice : she had to do it all by herself.

Cela ne devait pas être facile.
30 It can't have been easy.

Cela devait même être dangereux.
31 It must even have been dangerous.

Contre son gré, elle avait dû accepter.
32 Against her own will she had had to accept.

Elle savait que tout pouvait arriver.
33 She knew that anything could happen.

Elle devait le rencontrer mais il se fit arrêter.
34 She was to have met him but he was arrested.

Elle était soulagée : elle aurait dû tout lui avouer.
35 She was relieved for she would have had to confess everything.

Cette femme devait devenir célèbre par la suite.
36 This woman was to become famous later on.

marque un décalage tantôt aspecto-temporel, tantôt modal. Ainsi, par exemple, *pourrait* fonctionne tantôt comme l'hypothétique de *peut* :

> *Il peut / pourrait le faire main-* : : *He can / could do it now*
> *tenant*

tantôt comme la translation dans le passé de *pourra* :

> *Je savais qu'il pourrait le faire* : : *I knew he would be able to do it*

L'ensemble de ces décalages entre les deux langues aboutit à un réseau relativement complexe de correspondances entre les formes des auxiliaires modaux. Les plus importantes de ces correspondances sont représentées schématiquement par le Tableau 12, dans lequel les pastilles numérotées renvoient à la liste d'exemples bilingues.

Le tableau 12 n'épuise pas, bien entendu, tous les cas de figure possibles et n'a pas vocation à élucider les nuances sémantiques séparant certaines formes regroupées. Nous renvoyons dans ce domaine aux ouvrages mentionnés en fin de chapitre, notamment J. Coates, *The Semantics of the Modal Auxiliaries* et P. Larreya, *Le possible et le nécessaire.*

Parmi les problèmes qui dépassent ce cadre nécessairement simplifié, on peut citer à titre d'exemple les valeurs des différentes formes de *falloir* (cf. C. Rivière « Les équivalents anglais de devoir et falloir ») ou encore la non synonymie totale des paires :

> *il a dû oublier / il doit avoir oublié*
>
> *il a pu oublier / il se peut qu'il ait oublié*

qui impliquent des repérages aspecto-temporels différents. Il faut rappeler que la modalité *pourra* — ou *devra* — parfois être traduite avec un autre support qu'un auxiliaire :

> *Il avait dû oublier* : : *He had probably forgotten*
>
> *Entre nous, bien sûr, on faisait*
> *les fiers; il ne fallait pas trop* : : *it was unwise to provoke us.*
> *nous chercher.*

(A. Gerber, *Le faubourg des Coups-de-Trique*)

5.2.2. Les modalités de visée

Visée est un terme général qui désigne la projection dans l'avenir de la réalisation d'un procès. Les indices de visée sont par excellence *shall / will* mais aussi *must, need* etc. ou encore l'opérateur *to* dans les tournures (en elles-mêmes non modales) telles que *be going to, have to,* etc. Il y a modalité de *non visée* lorsque, avec *can* notamment, on prédique une propriété sans envisager l'actualisation, c'est-à-dire une occurrence particulière, du procès *(Daughters can be trying).*

5.2.2.1. *La traduction de* will/would *et* shall/should *en fonction du statut assertif*

L'éventail des effets de sens et des traductions possibles des modaux de visée *will/would* et *shall/should* est sensiblement plus diversifié que celui des modalités du nécessaire et du possible. Ceci est dû notamment à l'affleurement dans les contextes appropriés des valeurs étymologiques de volonté et de contrainte; à l'interdépendance de la valeur modale de prédiction/prédictibilité et de l'aspect dans le cas de *will*; à l'association de *should* aux modalités appréciatives et pragmatiques dans les phrases complexes. C'est dire que le domaine est vaste et notre propos sera simplement d'examiner les répercussions sur la traduction de ces différents facteurs.

Avec *will/would* l'effet de sens volitif apparaît dans :

— l'interrogation

Stop it, will you ?	:: *Arrête, veux-tu ?*
Will you bring them ?	:: *Tu les apporteras ?*
	Tu veux bien les apporter ?

mais il est neutralisé par l'introduction de l'aspect :

Will you be bringing them ? :: *(Qu'est-ce qui est prévu) tu les apporteras ?*

— la mise en relief polémique (forme dite emphatique), ici combinée avec *if/when* :

If you WILL go out without a coat you'll catch a cold. :: *Si tu t'entêtes à sortir sans manteau tu vas attraper un rhume.*

(Longman Dictionary)

Daughters can be very trying especially when they WILL be so kind to you. (T. 9) :: *C'est parfois très fatigant d'avoir une fille surtout quand elle ne peut s'empêcher de vous materner.*

Cet effet de sens volitif peut se superposer au *would* dit fréquentatif qui marque le caractère prévisible car habituel d'un procès. Ceci peut donner lieu dans la traduction à des variantes exprimant chacune une des deux valeurs et entre lesquelles le français sera obligé de choisir :

"My wife was a merry, laughing creature. She wouldn't take anything seriously".

(A. Christie, *Curtain*)

:: *Ma femme était gaie, enjouée,*
a. *elle ne prenait jamais rien au sérieux.*
b. *elle refusait de prendre les choses au sérieux*

Le même effet de sens est induit par le contexte dans notre texte n° 1 :

(1. 11) *he was a maniac for picking things up* (...)

(1. 15) *Garp threw a lot of things away* (...)

(1. 23) *when Garp saw that one appeared to be drooping he would whisk it out of the house and into the trash*

traduit par : *il s'empressait de la sortir.*

Avec *shall/should* le jeu sur le statut assertif se trouve étroitement lié au jeu sur la personne :

Shall I get you a drink ?	: :	*Voulez-vous que je...*
You should have seen him the other day	: :	*J'aurais voulu que vous le voyiez...*
I shouldn't worry	: :	*A votre place, je ne m'inquiéterais pas*
Why should I worry ?	: :	*Pourquoi voulez-vous que...*

énoncé à partir duquel on passe de façon graduelle à

There's no reason why I should worry	: :	*Il n'y a aucune raison (pour) que je m'inquiète*

où l'énoncé imbriqué donne lieu à une paraphrase *(I needn't/shouldn't worry)* inverse de celle de l'énoncé simple. Ceci pose le problème du statut et de la traduction de *should* dans les phrases complexes, examiné en 5.2.3.

5.2.2.2. *Le modal* will/would *face au temps et à l'aspect en français*

Les traductions les plus courantes du modal *will* en français peuvent être ainsi résumées schématiquement :

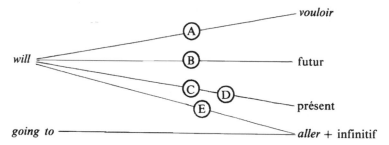

Nous avons vu plus haut le cas de la correspondance *will* : : *vouloir* liée à certains statuts assertifs :

[A] *Will you hold this for me a minute ?* : : *Voulez-vous me tenir cela un instant ?*

Stop it, will you ? : : *Arrête, veux-tu ?*

Avec un repère temporel renvoyant à l'avenir, *will* sera généralement traduit par un futur français :

[B] *I'll see about it tomorrow* : : *Je m'en occuperai demain.*

Will pourra aussi correspondre au présent français, dans deux sortes de cas. Dans un contexte générique :

[C] *All grammatical words will lose their stress when they are combined together to form an utterance.* : : *Tous les mots grammaticaux perdent leur accent quand ils se combinent pour former un énoncé.*

(G. Brown, *Listening to Spoken English,* Longman, 1977)

Cet emploi de *will* dans un contexte générique est l'équivalent au présent du *would* dit fréquentatif que nous avons rencontré plus haut ; l'anglais présente sous l'angle modal ce qui est exprimé en français par l'aspect : le caractère prévisible, car habituel, d'un procès lié à une classe de situations *(when they are combined)* et/ou au parcours des éléments d'une classe *(all/any grammatical word(s) will...)*. Le futur est ici possible en français à condition qu'un certain seuil d'actualisation/particularisation soit atteint, qui se manifeste au niveau de la déterminaton nominale. Ce seuil n'est donc pas le même dans les deux langues, comme en témoignent les paires suivantes :

All grammatical words will lose : : *perdent*
their stress when...

A grammatical word will lose its : : *perdra*
stress when...

Most banks will exchange : : { *acceptent de changer*
foreign currency. { *accepteront de vous changer des*
devises étrangères.

L'autre cas de correspondance *will* : : présent, cette fois en situation, est illustré par les exemples suivants empruntés à J. Guillemin-Flescher (p. 310) :

[D] *Ça m'intrigue. Aussitôt rentré je* : : *I'm intrigued. As soon as I get back*
téléphone à l'Observatoire *I'll ring up the Observatory.*

Voilà, je vous lance la corde et : : *I'll throw you the rope, and you can*
vous me tirez à vous. *haul me across.*

J. Guillemin-Flescher oppose ici le renvoi à la *notion* en français au renvoi à l'*occurrence* en anglais, opposition qui s'applique également aux énoncés de type [C], par ailleurs très différents au point de vue de l'aspect. Elle va dans le sens de la tendance générale de l'anglais à actualiser davantage et à modaliser plus explicitement[1].

Enfin, dans le même contexte en situation que celui des énoncés [D], *will* correspondra souvent à *aller* + infinitif en français :

[E] *Are you sitting comfortably ?* : : *Tout le monde est bien installé ?*
Then, we'll begin. *Alors nous allons commencer.*

(Grimace) All right, I'll add a : : *(Grimace) Bon, d'accord je vais*
little more sugar[2] *ajouter un peu de sucre.*

L'impossibilité du futur en français est révélatrice : celui-ci est un temps en français, même s'il a d'autres valeurs, alors que *will* est un modal de prédiction/induction qui s'inscrit typiquement dans une corrélation en *if ... then*.

---

(1) Nous renvoyons sur ces deux points à *Syntaxe comparée*, chap. 1 et corpus p. 310-311 ; chap. 7, 8 et corpus p. 389-393.
(2) Exemple emprunté à B. et F. Dubreuil (1977) « Peanut Future : quelques emplois de *'ll* et *be going to* », Département de Recherches Linguistiques, Paris VII.

Aller + infinitif pourra aussi donner *going to,* qui n'est plus une modalité mais une assertion : le constat d'indices présents pertinents pour l'avenir, parmi lesquels l'intention du sujet de l'énoncé :

Look, it's going to fall.
He's going to resign. He told me about it.

5.2.2.3. *Hypothèse et passé modal*

Nous mentionnerons un dernier problème de traduction, moins crucial, des modaux de visée : celui du seuil de déclenchement du passé modal qui fait passer de *will* à *would* et de *shall* ou *must* à *should.* S'il y a parallélisme entre les deux langues dans les constructions conditionnelles :

I'll do it if I can	: : *Je le ferai si je peux*
I'd do it if I could	: : *Je le ferais si je pouvais*

on observe en revanche avec régularité des décalages dans le cadre de la phrase simple :

Cette bouteille doit être stockée dans un endroit frais.	: : *This bottle should be laid on its side in a cool place.*
Articles should be under 750 words.	: : *Les articles ne doivent pas dépasser 750 mots.*
"Would you like to come with us ?" *"Oh yes, I'd like to."*	: : *— Voulez-vous venir avec nous ?* *— Oui, je veux bien* [3].
They don't want people of my age for nursing — no thank you. They'd rather have a fluffy chit who's never seen a wound (T. 9).	: : *Ils préfèrent prendre une gamine*
Blackmailers account for a substantial part of the human community, and, I would imagine, of your clientele, Doctor [4]	: : *(...) et, j'imagine,*
"Girls are exceedingly quarrelsome". *"Are they ?"* *"Of course you wouldn't know"* [4].	: : *Bien sûr, toi tu ne peux pas savoir.*

L'anglais introduit dans tous ces exemples un degré de plus dans la modalité hypothétique. Inversement, dans les relatives restrictives qui équivalent à une

---

(3) *Je voudrais bien* sous-entend : ...*mais je ne peux pas.*
(4) Exemples empruntés à C. Bouscaren et A. Davoust (1985). *Testez votre compréhension de l'anglais britannique et américain,* Ophrys.

subordonnée conditionnelle, l'anglais a recours au seul prétérit modal face au conditionnel en français :

A regime which replaced present divisions by new ones would scarcely be better	: :	*Un régime qui remplacerait...*
(= if a regime replaced...)		
You wouldn't make a second trip to a psychiatrist whose candid diagnosis was "You're acting weird".	: :	*(...) qui aurait la simplicité de vous déclarer en guise de diagnostic...*

5.2.3. Les auxiliaires modaux dans les phrases complexes

La présence d'auxiliaires modaux dans certaines propositions nominalisées, elles-mêmes subordonnées à une modalité, crée une redondance qui pose le problème théorique du statut des modaux dans ces contextes et, parfois, celui de leur traduction :

It is possible that such works may require permission (Survey of Current Affairs)	: :	*Il est possible que de tels travaux nécessitent une autorisation*
All have contributed to demands by parents, politicians and tax-payers that somehow law and order must be restored on the campus. (Newsweek, 10 March 1969)[5]	: :	*Tout cela a amené les parents, les responsables politiques et les contribuables à exiger que des mesures soient prises pour assurer la sécurité sur le campus.*

Il y a dans les deux cas ce que l'on appelé *"harmonic combination"* entre la modalité contenue dans la principale et l'auxiliaire dans la subordonnée.

Le français, où l'on a dans ces constructions un subjonctif, n'admet pas la même redondance entre les deux propositions : * *exiger que des mesures doivent être prises*, * *possible que cela puisse arriver* sont exclus, sauf dans le cas particulier des énoncés en écho où la portée de la modalité est différente : c'est alors un prédicat déjà modalisé (*pouvoir arriver*, par exemple) qui est repris dans le discours comme objet du jugement modal :

Que cela puisse arriver, c'est (bien) possible/je vous l'accorde, etc.

En dehors de ce cas, un auxiliaire de modalité ne pourra être maintenu que s'il y a affinité sémantique sans redondance totale entre les deux modalités :

It is understandable that different manners might offend (BBC, Radio 4)	: :	*Il est compréhensible que { nous nous sentions / nous puissions nous sentir agressés par des mœurs différentes*

---

(5) Exemple emprunté à A. Castagna *et al.* (1971), *Versions anglaises*, Hachette, p. 121.

Il est donc peu fréquent que ces structures offrent de graves difficultés en traduction. Elles peuvent néanmoins présenter des cas d'ambiguïté et, dans le sens français → anglais, poser le problème du choix du modal.

5.2.3.1. *Les complétives en* that + should

Nous employons le terme, classique, de complétive au sens de proposition nominalisée en *that*, étant entendu qu'ici comme à l'échelle de la phrase simple le sujet est considéré comme l'un des compléments (cf 7.1.2.). Rappelons que les prédicats relevant de la modalité pragmatique (*demand, urge, be necessary*, etc.) peuvent être suivis de *that + should +* base verbale ou de *that +* base verbale nue :

He asked/it's important { *that a detective should be sent*
                          { *that a detective be sent* (T. 7)
                          to him tonight

Mais cette deuxième construction est exclue après les prédicats relevant de la modalité appréciative, pour lesquels *should +* base verbale est la seule possible des deux face au subjonctif français :

It's surprising/natural that a detective should be sent to him tonight

It is not surprising that this cultured and tolerant Italian should have played a major part in the now stalled adventure of Eurocommunism.	*Il n'est pas étonnant que cet Italien cultivé, tolérant, ait joué un rôle capital dans l'aventure aujourd'hui bloquée de l'eurocommunisme.* (T. 25)

Ce type d'énoncé pose peu de problèmes de traduction, à condition toutefois que soit bien identifiée la structure de subordination : celle-ci exclut l'interprétation contrafactuelle de *should* (*aurait dû*, dans le dernier exemple) qui prévaut généralement dans une phrase simple. De même, l'énoncé suivant :

It's too bad that you should have been kept waiting all this time. (T. 7)	*Je suis navré que vous ayez dû attendre si longtemps.*

implique la reprise d'un préconstruit :

you have been kept waiting

et serait d'ailleurs paraphrasable comme :

you should not have been kept waiting.

Should est donc partiellement désémantisé pour servir de marque formelle (comme en français le subjonctif) d'un énoncé subordonné à une modalité appréciative. Il retient cependant les présupposés contradictoires qui lui sont inhérents dans l'ensemble de ses emplois [cf. A. Gauthier (1981), pp. 342 à 349].

5.2.3.2. *Visée positive, visée négative + modal :* so (that); for fear that

Dans le sens anglais → français, l'un des problèmes les plus fréquents est l'ambiguïté de *so (that)* entre le but et la conséquence :

As they walked with their catch past the drawing-room windows, bent over so their heads couldn't be seen, Lisa heard her father's voice.	a) *afin que l'on ne voie pas leur tête* b) *de sorte que l'on ne voyait pas leur tête*
(Lucy Pinney, *Snakes and Lovers*)	
I'm lighting the fire so that the house will be warm when they return. [6]	a) *pour qu'il fasse chaud* b) *de sorte qu'il fera chaud*

où l'intonation jouera un rôle discriminant.

Dans le sens français → anglais se pose la question du choix du modal puisqu'un large éventail est généralement possible, avec de prévisibles nuances sémantiques. Ainsi, par exemple, après *so that* les huit formes modales : *can/could, will/would, may/might, shall/should* sont attestées (tandis que *in order that* est limité aux deux dernières paires). Outre les deux formes illustrées ci-dessus, on aura notamment :

They make £ 10 notes a different size from £ 5 notes so that blind people can tell the difference between them. [6]

I pinned the note to his pillow so that he would be sure to see it.

We carved their names on the stone so that/in order that future generations should/might know what they had done.

Tout se passe comme si, la première contrainte étant le blocage de l'assertion dans la subordonnée, tout modal pouvait y jouer le rôle formel de lien sujet-prédicat, chacun introduisant les traits sémantiques qui lui sont propres.

Sont également compatibles avec plusieurs modaux les connecteurs de visée négative *for fear that, afraid that, (afraid) lest* (ce dernier appartenant au registre littéraire), *in case* (ni positif ni négatif), qui sont attestés notamment avec *may, might* et *should*. Face au problème pratique de choix posé par cette diversité, L. Cherchi (1980) [7] tente de dégager des constantes en se plaçant dans une perspective pédagogique et propose (pp. 202-203) la notion de *modal typique* : « Au lieu de savoir que *may* n'est qu'un des modaux possibles après *that*, ce qui revient à ne pas savoir grand-chose, [l'apprenant] doit savoir qu'il est le seul *toujours* possible ».

---

(6) Cet exemple et les suivants sont empruntés à A.J. Thomson et A.V. Martinet (1980) *A Practical English Grammar*, Oxford University Press.

(7) L. Cherchi (1980) « *Lest, that, should* et les autres : un exemple d'observation des données grammaticales », in *les Langues Modernes*, n° 2, pp. 201 à 208.

Un premier critère, syntaxique, est donc la présence ou non de *that*. Dans les contextes en *that*, le modal typique est *may* (*might* par translation temporelle : passé de concordance). Dans les contextes sans *that*, on a deux modaux typiques : *might* et *should* (passé modal dans les deux cas).

	Contexte	Modal typique
so that *in order that* *that* *afraid that* *for fear that*	+ *that*	*may* (→ *might*)
in case *(afraid) lest*	− *that*	*might* *should*

L'autre critère, sémantique, est l'opposition entre visée positive et visée non positive (négative ou neutre). Dans tous les cas de visée non positive (en *that* ou non-*that*) *might* est possible. La visée positive, qui correspond à des connecteurs en *that* exclusivement, a le même modal typique que ceux-ci : *may* (→ *might*).

	Contexte	Modal typique
so that *in order that* *that*	visée positive	*may* (→ *might*)
afraid that *for fear that* *in case* *(afraid) lest*	visée non positive	*might*

Le fait que *may* apparaisse compatible avec l'ensemble de ces contextes ne doit pas surprendre puisqu'il correspond sur l'échelle modale au point où réalisation et non réalisation du procès sont également envisagées.

5.3. La modalisation de l'énoncé : syntaxe comparée

5.3.1. Une manifestation de surface : l'omniprésence de l'auxiliaire en anglais

5.3.1.1. *Questions, question tags et réponses brèves*

Le schéma canonique de l'énoncé interrogatif en anglais a pour point de départ l'auxiliaire. Le français connaît un schéma comparable avec l'auxiliaire omnibus *est-ce que* (qui ne porte pas de marque aspecto-temporelle) mais aussi l'agencement syntaxique affirmatif affecté d'une *intonation* interrogative (niveau de langue familier) et, en troisième lieu, l'*inversion* verbe-sujet (niveau de langue soigné) :

		Vous prenez du sucre ?
Do you take sugar ?	: :	*Est-ce que vous prenez du sucre ?*
		Prenez-vous du sucre ?[8]

Les *question tags* et autres reprises ou réponses brèves ont pour support privilégié l'auxiliaire en anglais, l'adverbe en français :

You're afraid, aren't you ?	: :	*Tu as peur, hein ?*
He dyes his hair, doesn't he ?	: :	*Il se teint les cheveux, non ?*
It's not raining, is it ?	: :	*Il ne pleut pas, si ?*

Le français présente souvent, comme dans les deux derniers exemples, la même inversion du statut assertif (énoncé positif, *tag* négatif, ou vice versa) que l'anglais. L'inversion est neutralisée avec *hein* ? et avec *n'est-ce pas* ? Contrairement à une idée reçue, ce dernier est relativement peu fréquent en français contemporain, limité à un niveau de langue soigné ou parodique :

Strange coincidence, isn't it ?	: :	*Étrange coïncidence, n'est-ce pas ?*

Face au *question tag* anglais, qui peut rompre avec l'inversion typique positif/négatif notamment dans les emplois dits ironiques, le français dispose d'un éventail plus diversifié de formules :

She's lovely in this dress, isn't she ?	: :	*Elle est ravissante dans cette robe, vous ne trouvez pas ?*
"Apparently she's ill". "Oh she's ill, is she ?"	: :	*— Elle est malade, paraît-il. — Tiens, tiens, comme c'est curieux.*
What were we talking about when I interrupted ? The wonders of America, was it ? (T. 3)	: :	*De quoi parlions-nous lorsque j'ai interrompu la conversation ? Des merveilles de l'Amérique, peut-être ?*

---

(8) Pour une analyse approfondie des opérations énonciatives qui sous-tendent ces trois types de questions, voir *Notes du Séminaire de D.E.A.* de A. Culioli (1983-84), Paris VII — Poitiers, 1985, pp. 67-76.

On retrouve l'opposition auxiliaire en anglais — adverbe en français avec l'ensemble des réponses brèves et autres reprises. Ainsi, à partir de la question *Would they accept ?*, on aura :

They probably would	: :	*Probablement.*
She would.	: :	*Elle, oui.*
So would he.	: :	*Lui aussi.*
Yes, they would	: :	*Oui*
		Oui, oui.
		Oui, je pense.

Le dernier exemple fait apparaître les moyens qu'a le français de ne pas toujours s'arrêter — ne serait-ce que pour des raisons prosodiques — à l'énoncé de l'adverbe assertif seul, qui reste cependant le pivot. L'adverbe assertif anglais est sinon obligatoirement du moins typiquement appuyé par la reprise d'auxiliaire :

— *Est-ce que la contagion est déjà par ici ? (...)*	: :	*"Has the epidemic spread this far already ? (...)"*
— *Oui, il y a déjà beaucoup de morts* (T. 19)		*"Yes, it has. A lot of people have died already".*

En anglais, l'auxiliaire tend à être le pivot de l'énoncé, et ce d'autant plus nettement que le contexte est plus polémique :

— *T'as triché !*	: :	*"You cheated !"*
— *Non !*		*"No, I didn't !"*
— *Si !*		*"You did !"*
— *Non, j'ai pas triché !*		*"I DIDN'T !"*

Il est significatif de cette différence dans les supports de l'assertion que le français dispose pour la réfutation d'un adverbe spécifique qui n'existe pas en anglais. La situation peut être ainsi schématisée :

— *Oui*	: :	*"Yes (I did)."*
— *Si !*	: :	*"(Yes,) I did !"*

5.3.1.2. *Reprises du prédicat, reprises polémiques*

Les configurations syntaxiques du type :

> *... he does know them...*
>
> *... it COULD exist...*

sont traditionnellement appelées forme *emphatique* ou d'*insistence*. Cette terminologie reflète mal les opérations qu'elle désigne et l'expérience montre qu'elle est peu susceptible d'induire des traductions satisfaisantes. Dans le sens anglais → français elle déclenche des traductions stéréotypées (*vraiment, réellement*, etc.). Inversement, restent sans traduction adéquate des énoncés du type :

> *Je ne sais s'il viendra, mais s'il vient...*

où la deuxième mention du prédicat appelle en anglais de façon contraignante l'occurrence de *do* (ou la mise en relief de l'auxiliaire déjà présent) :

... but if he does come

De même, la mise en facteur commun avec effacement du prédicat en anglais correspond le plus souvent à une répétition du prédicat en français :

thinking of the masterpieces he once dreamed of painting but never did and now never will. (T. 13)	: :	*il pense aux chefs-d'œuvre qu'il avait rêvé de peindre, qu'il n'a jamais peints et ne peindra jamais.*
words which do not but could exist.	: :	*des mots qui n'existent pas mais pourraient exister.*

Le français ne peut échapper à la répétition du prédicat que par le biais d'une modulation :

qu'avait-il donc (...) "en plus" des autres dirigeants... (T. 25)	: :	*What did he have (...) that the other leaders did not...*

Ce type d'énoncé correspond à un premier degré de reprise contradictoire : réalisation et non réalisation du procès sont envisagées avant que le choix ne s'arrête sur l'un des deux. Le degré maximum est représenté par les reprises polémiques vues plus haut, qui visent à exclure toute remise en cause ultérieure. Se situent entre les extrémités de cette échelle différents cas de confirmation ou de mise en cause [9] d'une proposition implicite ou explicite, dans le contexte à gauche ou à droite. Ils donnent lieu à tout un éventail de traductions en français :

(They) sometimes wondered in private if maybe the white farmer was right after all. Maybe it was the bottom of heaven. (T. 5)	: :	*Peut-être était-ce effectivement le bas du paradis.*

Dans les deux cas suivants, l'assertion polémique intervient dans un contexte contradictoire à gauche et à droite ; elle constitue une concession qui sera suivie d'une restriction :

Critics often question whether patients (...) aren't being used as unsuspecting guinea pigs in the testing of experimental drugs. Some oncologists do stand guilty of overzealous treatment. (...) But most specialists walk the ethical tightrope of drug treatment with the patient's welfare in mind. (*Newsweek*, November 2, 1981)	: :	*Sans doute certains cancérologues peuvent-ils être accusés d'acharnement thérapeutique...*
Certes ils assurent l'animation des rues. Mais les services qu'ils	: :	*Admittedly they do bring the streets to life... But surely their customers*

---

(9) Sur la notion de mise en cause et les degrés de l'assertion, voir J.C. Souesme, « *Do* modalité de rang 1 », à paraître in *Sigma*.

rendent ne sont-ils pas finale-   *and the general public pay very*
ment payés très chers... ? (T. 21)   *dearly for the services they offer...*

avec dans ce dernier cas, face à l'adverbe français, à la fois l'auxiliaire et un adverbe en anglais.

Il arrive que ce genre d'assertion polémique ne reprenne aucun élément précis du contexte antérieur; mais elle appelle toujours une proposition contradictoire ultérieure :

A one-year special course at the   : :   *Il existe bien une formation spéciale*
Bromshill staff college does ena-   *en un an (...)*
ble an especially bright constable
to get rapid promotion (...) But   *Mais c'est insuffisant.*
this is inadequate.

(The Economist, July 4, 1981)

L'assertion polémique, qui déclenche la mise en relief de l'auxiliaire en anglais, se trouvera souvent marquée en français par la seule intonation (éventuellement rendue à l'écrit par la ponctuation) :

But of course, after half past ten
we must stop serving comple-
tely... No special customers wai-
ting for one more drink. And the   : :   *Et la police vérifie (!)*
police do check.

(Meet the Press, 1983-84, n° 2)

avec ici une rupture intonative mettant en valeur le verbe. Dans cet exemple, une variante de traduction explicite le présupposé contradictoire (« on pourrait croire que la police ne vérifie pas ») :

And the police do check.   : :   *Et la police vérifie, soyez tranquille.*

Enfin, un cas particulièrement révélateur est celui où le présupposé contradictoire se trouve explicité dans la traduction sous forme de négation du contraire :

Hope this is helpful. Do ask if   : :   *J'espère que cela vous sera utile.*
anything is not clear.   *N'hésitez pas à me demander...*

People do like to buy British but   : :   *Ce n'est pas que les gens ne veuillent*
they're shocked by the price.   *pas acheter anglais mais...*
(T. 12)

5.3.2. Tendances profondes : des seuils différents d'apparition de la modalité

5.3.2.1. *Le jeu sur les différents ordres de modalité*

Nous avons eu l'occasion de mentionner au début de ce chapitre les glissements possibles à l'intérieur d'une même langue ou d'une langue à l'autre entre les différents ordres de modalité. Ainsi, par exemple, l'injonction peut prendre la forme de l'impératif *(Eteignez la lumière),* d'un auxiliaire modal *(Il faut éteindre)*, d'une visée *(Vous éteindrez)* ou même d'une assertion *(Vous éteignez la lumière)*.

La prédominance en anglais de l'auxiliaire comme support de la modalité se manifeste face à d'autres marqueurs en français, notamment la simple visée :

broken glass should be disposed of	: :	on jettera les débris de verre
practices which should be followed habitually (T. 10)	: :	manières d'opérer à respecter systématiquement

et, très couramment, l'infinitif :

After filling, the lid should be fitted as shown on the diagram.	: :	Après avoir rempli la bouilloire, placer le couvercle comme indiqué sur le schéma.
The kettle must never be operated unless it contains sufficient water to cover the element.	: :	Ne jamais brancher la bouilloire si le niveau d'eau ne recouvre pas la résistance.

Le passage suivant, dont les deux versions sont du même auteur, illustre ces décalages de façon spectaculaire et diversifiée :

So I took him to a bus stop and told him to get off, let us say, at Carlyle Square. "But", said Gide, "I **may** not know Carlyle Square when I see it". "In that case", I replied, "it **might** be wiser to ask the conductor to tell you when you come to it". "Of course", he went on, "but how **must** I tell him ?" By that time the bus was in sight. I said : "All you **need** to tell him is : 'Let me off at Carlyle Square'".

: :

L'amenant à une station de bus, je lui dis qu'il fallait descendre à Carlyle Square. « Mais, dit Gide, je ne **saurai** pas quand je serai arrivé. — En ce cas, vous **feriez** mieux de demander au conducteur de vous prévenir. — Naturellement, dit-il, mais comment lui **dire** au juste ? ». Le bus arrivait et j'eus le temps de lui souffler « **Dites** simplement : Faites-moi descendre à Carlyle Square ».

(J. Green, *Le langage et son double*, Editions de la Différence, 1985, pp. 174-175).

Cas de figure plus marginal mais qui va dans le même sens, c'est souvent en termes de modalité de type 2 (plus ou moins certain) que sont traduites en anglais les questions rhétoriques :

Mais les services qu'ils rendent ne sont-ils pas finalement payés très cher par leur clientèle et la collectivité ? Les investissements immobilisés dans le petit commerce ne sont-ils pas autant de sommes soustraites à la modernisation de l'équipement ? (T. 21)

: :

But surely their customers and the general public pay very dearly for the services they offer. One could argue that the capital tied up in the small-scale retail trade is money that would be better spent on modernizing the country's industry.

La possibilité de traduire l'injonction sous forme soit d'impératif soit d'infinitif est exploitée, on l'a vu, à l'intérieur même du français *(Placez/placer la cocotte express sur la source de chaleur, la valve de fontionnement tournée vers vous)*. L'infinitif est alors interprétable comme dominé par une modalité pragmatique effacée *(il est nécessaire de...)* ou comme la simple mention de la notion verbale, notamment dans les cas d'énumération propre aux instructions et modes d'emploi *(Placer la cocotte... vérifier que... baisser le feu...)*. Dans ces contextes, on retrouve régulièrement l'opposition impératif en anglais — infinitif en français :

Placer la cocotte express sur la source de chaleur, la valve de fonctionnement tournée vers vous.	: : *Place the pressure cooker on the stove with the control valve towards you.*
Commencer la cuisson à feu très haut.	: : *Start with a high heat.*

Parmi les cas de non correspondance entre impératif anglais et français figure aussi, secondairement, l'assertion en français :

L'histoire de l'usine Trim de Détroit est un de ces récits édifiants. (T. 27)	: : *Take the case of the Detroit Trim plant.*
A la sortie du four, la selle est posée sur un plat (...) Le couteau à trancher est tenu à plat.	: : *When the saddle of lamb is removed from the oven place it on a platter (...) The carving knife should be held flat.*

Ce dernier exemple emprunté à J. Guillemin-Flescher (1981, p. 395) oppose à un discours normatif sous forme assertive en français d'abord l'impératif, puis un modal. Nous reviendrons sur cette dernière correspondance, très fréquente, dans la section suivante (5.3.2.2.).

5.3.2.2. *L'explicitation modale en anglais*

L'anglais explicite donc la modalité pragmatique sous forme d'auxiliaire ou d'impératif là ou le français en reste à la visée à l'infinitif ou à l'assertion. L'explicitation se manifeste dans tout un éventail de cas de figure, du plus systématique et grammaticalisé au moins contraignant :

***Can** you hear me ?*	: : *Vous m'entendez ?*
*The more we think about it the stranger it **will** seem*	: : *Plus on y songe plus c'est étonnant*
(J. Green *op. cit.*, p. 86-87)	
Autant de questions que se pose le voyageur mélancolique et frustré (T. 21)	: : *Such are the problems over which the (...) traveller **may** ponder*
Et qui eût imaginé, il y a encore deux ou trois ans... (T. 26)	*And who **could possibly** have imagined, only two or three years ago...*

Dans cet autre passage de J. Green, aucune des sept occurrences d'auxiliaires modaux n'est traduite par un auxiliaire modal ; on peut noter que la seconde occurrence est traduite par le biais de l'aspect :

> *But in all probability our knowledge of those langages **will** seldom go beyond a sort of theoretical stage. We **may** be able to recite one or two of La Fontaine's fables, which, by the way, is extremely difficult to do well, or we **may** be able to write a letter with no grammatical mistakes, provided the letter is not too long; but even if we **can't**, well, it **won't** matter very much; **should** we get our irregular verbs a little wrong, there **will** still be room for happiness in our lives.*

> :: *Mais la connaissance de ces langues va rarement au-delà d'un savoir théorique pour la plupart d'entre nous. On est capable **parfois** de réciter une ou deux fables de La Fontaine, ou un poème de Heine, et c'est très difficile a réussir; on peut écrire une lettre sans fautes de grammaire, si la lettre n'est pas trop longue, et même si l'on ne s'en tire pas, cela n'a aucune importance... Savons-nous mal les verbes irréguliers, le bonheur est encore possible pour nous.*

(J. Green, *op. cit.*, pp. 154-155)

Les auxiliaires sont les vecteurs prévilégiés mais non exclusifs de cette modalisation plus marquée en anglais :

> *une employée... lui dira que non, décidément, ce n'est pas possible* (T. 21)

> :: *an overworked clerk is likely to tell him that it is really impossible*

> *le résultat est là : l'inflation est tombée à 16-18 %.* (T. 17)

> :: *there is no doubt about the result...*

Enfin, le degré plus grand d'explicitation de la modalité en anglais se manifeste particulièrement dans le domaine de l'hypothèse.

— soit sous forme d'une *if-clause* :

> *Vous êtes hospitalisé : nous vous donnons 100 F par jour.*

> :: *If you have to go to hospital you can get a 100 F a day back from us.*

(J. Guillemin-Flescher, 1981, p. 389)

> *If you'd like to get in trim but are put off by traffic fumes...* (T. 11)

> :: *Vous avez envie de retrouver la forme mais les vapeurs d'essence vous découragent...*

— soit encore sous la forme d'un modal épistémique :

> *Vous plaisantez !*

> :: *You must be joking.*

avec dans l'un et l'autre cas hypothèse sous forme assertive en français. Ces deux marqueurs différents de l'hypothèse en anglais se trouvent associés dans l'énoncé suivant :

> *I realized that I was writing another book (...) a whole aspect of the subject **must** of necessity be altered. It **was as if** writing in English, I had become another person.*

> :: *Je m'aperçus que j'écrivais un autre livre (...) tout l'éclairage du sujet était transformé. En anglais, j'étais devenu QUELQU'UN d'autre.*

(J. Green, *op. cit.*, pp. 182-183)

Tous ces exemples font apparaître le lien entre explicitation modale et particularisation/actualisation des procès en anglais (cf. 5.2.2.2.). Mais, par ailleurs, la présence d'un élément modal (autre que la modalité 1) constitue par définition un « affaiblissement de l'assertion » (J. Guillemin-Flescher, 1984, p. 134). « Les traducteurs anglais évitent la prédiction assertive » (p. 130) dans les énoncés tels que :

Ils s'embrasseront demain, ils :: Oh, they can kiss and make up
ont tout le temps...   tomorrow...

She'd like that.   :: Ça lui plaira.

dans le second exemple par le biais de la modalité hypothétique (cf. 5.2.2.3.).

La fréquente introduction en anglais d'une relation de perception (J. Guillemin-Flescher, 1984, p. 136) :

Vous êtes soigneux, vous.   :: You always **look** so immaculate.

Il n'est vraiment pas bien.   :: He **sounds** in a bad shape.

joue un rôle similaire de relativisation.

5.3.3. Modalités et agencement syntaxique

5.3.3.1. *Modalisation de l'énoncé et subordination*

Nous avons vu plus haut (5.2.3.) que dans les complétives subordonnées à une modalité pragmatique ou appréciative, les modaux anglais et le subjonctif français jouent un rôle comparable à l'égard de la relation prédicative et s'inscrivent dans des structures syntaxiques parallèles. C'est, en revanche, en considérant la modalisation de l'énoncé élémentaire qu'apparaît une différence systématique dans l'incidence syntaxique de la modalité. Celle-ci, suivant en cela une tendance très générale (cf. 6.3.), s'inscrit typiquement dans le cadre de la phrase simple en anglais alors qu'elle déclenche dans un grand nombre de cas le passage à une phrase complexe en français, généralement avec une complétive au subjonctif — mode de la subordination par excellence :

He **may** be there   :: **Il se peut qu'il y soit.**

I **must** be going   :: **Il faut que j'y aille.**

The old man in bed watches me :: Le vieil homme couché dans le lit me
attentively, as if I **might** make a   regarde attentivement, comme s'il
sudden movement.   **s'attendait à ce que je fasse** quelque
            geste inopiné.

(J.C. Oates, *The Assailant,* ed. bilingue Aubier, pp. 106-107)

He existed in former years as a :: Il a existé jusqu'ici comme écrivain
French writer; can he now exist   français, pourra-t-il exister comme
as an English Writer ? He **must**   écrivain anglais ? **On s'attendra à ce**
lecture.   **qu'il fasse** des conférences.

(J. Green, *op. cit.,* pp. 164-165)

Using the accurate easy-view meter ... you can measure the distance covered. (T. 11)	*Le guidon est équipé d'un compteur de précision, très lisible, qui **permet de** connaître la distance parcourue.*

Ce dernier exemple, très représentatif, associe la modalisation dans le cadre de la phrase simple à un C_o animé agent en anglais; on a au contraire en français subordination (marquée ici par une préposition) et C_o inanimé (cf. 6.2.). L'énoncé suivant (emprunté à J. Guillemin-Flescher, 1981, p. 312) présente les mêmes caractéristiques avec en outre effacement du syntagme verbal en français (cf. 6.1.1.) :

*Saperlipopette ! **pas moyen d'ob**tenir la communication.*	*Great snakes ! I **can't** get through.*

Cette « extraction » de la modalité hors de la phrase simple s'observe elle aussi avec d'autres marqueurs modaux que l'auxiliaire en anglais :

— modalité de rang 1 (assertion, injonction) :

No smoking.	***Défense de fumer.***
***Do** ask if anything is not clear.*	***N'hésitez pas** à me demander...*
***Please** recommend an effective crowd-repellent. I have tried rubbing myself with garlic, but it has little effect in Mediterranean lands.*	***Je vous serais reconnaissant de** m'indiquer un produit efficace contre la foule...*
(*Punch*, June 5, 1974)	

— modalité 3 (adverbes appréciatifs) :

*... **simply** fill in the tear-off slip below.*	*... **il vous suffit de** remplir le coupon détachable ci-dessous.*

Dans le sens français → anglais :

*Si vous n'avez pas pratiqué les Ecritures, **je reconnais que** vous n'en serez pas plus avancé.*	*If you aren't conversant with the Scriptures, **admittedly** that won't mean much to you.*
(M. Charlot *et al., Pratique du thème anglais*, Colin, 1982, pp. 24-25)	
***Pas question** pour lui de s'enfermer.*	*Living a cooped-up existence **just didn't** appeal to him.*

Enfin, la modalisation se trouve liée en français à la subordination par une *hiérarchisation* dans l'actualisation des procès là où elle s'inscrit dans le schéma symétrique dominant de la *coordination* en anglais (cf. 6.3.2.). Un exemple courant est constitué par les injonctions impliquant deux prédicats. Le second sera typiquement en français soit un infinitif :

Va le chercher, il est bien chaud.	*Go and get it, it's nice and hot.*

soit un participe :

... en cocotte, faire revenir le lard coupé en dés moyens.	*Cut the bacon into middling sized dice and brown it in a saucepan.*

J. Guillemin-Flescher analyse ce cas de figure en opposant *« forme verbale principale »*, c'est-à-dire autonome au point de vue tant syntaxique que

Tableau 13. — Explicitation de la modalité et autres tendances comparées.

	Modalisation	
	+ explicite	— explicite
Phrase simple/ subordination	*Days later, Helen might ask ...*	*Plusieurs jours plus tard, il arrivait qu'Hélène demande ...*
Coordination/ subordination	*Cut the bacon and brown it*	*Faire revenir le lard coupé*
	Go and get it	*Va le chercher*
Actualisation	*without anyone that I could talk to*	*sans personne avec qui parler*
	The more we think about it the stranger it will seem	*Plus on y songe plus c'est étonnant*
	They can't do it	*Ça ne se fait pas*
Orientation par rapport à l'animé	*Car park — Pay and display*	*Parking payant — Horodateur*
	When we were slack I would dip into all kinds of books	*Aux heures creuses, je feuilletais toutes sortes de livres*
	Choose how brown you require the bread and the automatic selector will ...	*Un automatisme d'éjection permet de sélectionner la durée de cuisson*
C₀ animé/ inanimé	*We would suggest changing the valve every two years*	*Il est conseillé de changer la valve tous les deux ans*
	One could argue that the capital ... would be better spent ...	*Les investissements ... ne sont-ils pas autant de sommes soustraites ...*
	Using the meter ... you can measure the distance	*Un compteur permet de mesurer la distance*
Orientation par rapport au co-énonciateur	*Start timing your cooking*	*Commencer à compter le temps de cuisson*
	Will anyone who saw the accident please telephone the nearest police station	*Toute personne ayant été témoin de l'accident est priée d'appeler le commissariat le plus proche*
	I'll be with you in a minute	*J'arrive !*
	You can have it	*Je vous le laisse*

repérage aspectuel (ici l'impératif anglais) et *« forme verbale secondaire »* (ici, le participe français), c'est-à-dire repérée par rapport à un procès repère (cf. 6.3.2.2.).

5.3.3.2. Incidence syntaxique de la modalité et autre tendances comparées

Nous avons eu l'occasion au cours de ce chapitre d'apercevoir que les stratégies de modalisation différentes de l'anglais et du français recoupent à chaque instant tout un ensemble d'autres paramètres interdépendants qui participent à la détermination de l'énoncé : aspect, actualisation du procès, agencement syntaxique, repère animé ou inanimé etc. Nous faisons ici le point sous la forme d'un tableau synoptique. Le Tableau 13 schématise les correspondances multiples entre des exemples-type d'énoncés modalisés (que l'on reconnaîtra pour la plupart comme ayant été cités dans le chapitre) et le ou les paramètres dont ils illustrent plus particulièrement le jeu différent dans les deux langues.

Les différents points représentés seront examinés au chapitre 6 concernant l'agencement syntaxique en général, au-delà du seul domaine des modalités. Par rapport au contenu du présent chapitre, nous introduisons comme dernier point du tableau l'*orientation vers le co-énonciateur,* que nous abordons par ailleurs au sujet de l'emploi générique des pronoms (cf. 3.4.2.) et dont J. Guillemin-Flescher souligne dans ses conclusions qu'elle est un trait dominant de la détermination de l'énoncé anglais.

BIBLIOGRAPHIE

ADAMCZEWSKI H. et DELMAS C., (1982). — *Grammaire linguistique de l'anglais,* Armand Colin, chapitres 4 et 6.

BOUSCAREN J. *et al.* (1982). — *Cahiers de recherche en grammaire anglaise,* tome I, Ophrys, articles sur *would, should, is to.*

CHERCHI L. (1980). — *"Lest, that, should* et les autres", in *Les Langues Modernes,* n° 2, pp. 201 à 208.

COATES J. (1983). — *The Semantics of the Modal Auxiliaries,* Croom Helm.

GAUTHIER A. (1981). — *Opérations énonciatives et apprentissage d'une langue étrangère en milieu scolaire. L'anglais à des francophones,* in : *Les Langues modernes,* numéro spécial, chapitres 8 et 9.

GILBERT E. (1987). — *May, Must, Can : une nouvelle approche,* in : *Cahiers de recherche en grammaire et linguistique anglaise,* tome III, Ophrys.

GROUSSIER M.L. et G. et CHANTEFORT P. (1973). — *Grammaire anglaise : thèmes construits,* Collection Hachette Université, chapitre 4 : classification des modalités selon A. CULIOLI.

GUILLEMIN-FLESCHER J. (1981). — *Syntaxe comparée du français et de l'anglais. Problèmes de traduction,* Ophrys, chapitre 1 et corpus pp. 306 à 312; chapitres 7 et 8 et corpus pp. 389 à 400.
(1984) « Traduire l'inattestable », in *Cahiers Charles V,* n° 6.

LARREYA P. (1984). — *Le possible et le nécessaire. Modalités et auxiliaires modaux en anglais britannique,* Nathan.

RIVIÈRE C. (1984). — « Les équivalents anglais de *devoir* et *falloir* », in *Cahiers Charles V,* n° 6.

Chapitre 6

L'AGENCEMENT SYNTAXIQUE

Nous empruntons à J. Guillemin-Flescher [1] l'expression d'« *agencement syntaxique* » pour désigner l'étude des transformations syntaxiques souvent nécessaires et parfois contraignantes lors du passage d'une langue à l'autre. Il ne s'agit donc pas de simples variantes stylistiques mais, plus fondamentalement, de la stratégie propre à chaque langue dans l'orientation de l'énoncé dans son ensemble. C'est le respect des schémas dominants à ce niveau, avant même le détail des choix lexicaux ou grammaticaux, qui donne à une traduction un caractère authentique dans la langue d'arrivée.

Nous venons de voir (cf. 5.3.3.) que les considérations d'agencement syntaxique ont une place importante dans la traduction des modalités, et nous serons amenés à faire référence à bien d'autres phénomènes déjà étudiés dans les chapitres précédents : procédés de traduction, problèmes strictement grammaticaux, mais en nous situant cette fois-ci au niveau de la phrase, voire du paragraphe.

Les problèmes liés à l'agencement syntaxique ont été analysés en détail, avec une grande richesse d'exemples, dans l'ouvrage de J. Guillemin-Flescher [1], notamment aux chapitres 3, 5 et 6. Nous y renvoyons le lecteur pour une étude plus approfondie. Notre but dans le cadre du présent manuel sera simplement de présenter les transformations syntaxiques les plus fréquentes et les plus contraignantes et de les illustrer par des exemples tirés de notre corpus de textes.

6.1. Absence ou présence de syntagme verbal

6.1.1. Présence d'un syntagme verbal et actualisation du procès en anglais

On constate avec beaucoup de régularité une plus grande actualisation des procès en anglais, c'est-à-dire le renvoi à une occurrence de situation en tant qu'élément déterminé inséré dans un contexte, souvent dans une chronologie [2]. Cette actualisation est en général marquée par la présence d'un syntagme verbal en anglais là où il n'en figure pas en français.

---

(1) *Syntaxe comparée du français et de l'anglais. Problèmes de traduction,* Ophrys, 1981.
(2) Voir J. Guillemin-Flescher (1981), en particulier pages 10, 61, 403-404.

On peut noter plusieurs cas de figure de l'opposition entre absence et présence de syntagme verbal :

— Syntagme prépositionnel à valeur temporelle ou spatiale : : Proposition subordonnée

jusqu'à une panne... (T.24) : : *until **I** had an accident...*

le 20 janvier 1983, *en plein Bundestag...* (T.26) : : *when **he** spoke to the Bundestag in January 1983...*

*qu'il veuille bien repasser **après son retour*** (T.21) : : *would he please call again **when they get back***

— Juxtaposition : : Proposition relative ou indépendante

cet étrange petit homme, frêle et résolu à la fois (T.25) : : *this odd little man, **who was** both frail and determined*

L'entrée dans l'établissement, très ensoleillée, était toujours flanquée... (T.18) : : *The entrance to the building, **which was** always bathed in sunlight, was usually guarded...*

Curieuse de tout, la petite fille voulait tout comprendre (T.16) : : *The little girl **had** an enquiring mind and wanted to understand...*

On pourra remarquer qu'il s'agit en français de juxtapositions qui n'apportent pas de détermination supplémentaire à l'élément qualifié, contrairement à ce qui se passe dans l'énoncé suivant, fabriqué à partir du dernier exemple :

Emilie, leur fille, voulait... : : *Emilie, their daughter, wanted...*

où l'apposition déterminative est maintenue en anglais.

— Explicitation de la relation entre un syntagme juxtaposé et l'élément qualifié par le biais de la subordination :

*Les heures d'ouverture et de fermeture, **d'ailleurs rarement affichées**, des magasins et des bureaux...* (T.21) : : *the opening and closing times of the shops or offices where you wish to do business — **though these times are seldom displayed***

(relation concessive, restrictive)

*Les fonctionnaires, **catégorie sociale la plus touchée [...]**, ont donc décidé de cesser le travail* (T.17) : : *Consequently the state employees decided to come out on strike, **as they are** the social group...*

(relation causale)

— L'explicitation aspectuelle en anglais [3] est liée à l'actualisation des procès et est fréquemment associée à l'introduction d'un syntagme verbal :

*les négociations [...] se poursuivent dans un pays **paralysé** par la grève et **surpris** par les dimensions de l'affrontement.* (T.17) : : *talks are still going on [...]. Meanwhile, Iceland **has come** to a standstill [...] and the extent of the confrontation **has taken** everyone by surprise.*

---

(3) Voir chapitre 4, en particulier 4.2.3, 4.3.4, 4.6.2. et 4.7.1.

Plus de radio ni de télévision,	: :	*Radio and television **have fallen** silent*
plus de journaux... (T.17)		*and **there are** no newspapers...*
les coups de téléphone des pro-	: :	*the reports telephoned in from the*
*vinces, **optimistes** de minuit à*		*provinces, **which had sounded** hopeful*
deux heures, commençaient...		*between midnight and two a.m., were*
(T.30)		*beginning...*

— L'emploi de la proposition nominale semble, à niveau de langue équivalent, plus fréquent en français qu'en anglais. Voici quelques exemples tirés de textes français :

D'où ces hommages presque	: :	***Which accounts for** the practically*
unanimes...		*unanimous tributes...*
Autre écueil sur lequel est venu		*Another stumbling block for Euro-*
échouer l'eurocommunisme : l'af-		*communism **was** the Polish affair*
faire polonaise (T.25)		
Il a peu travaillé pour le théâtre :	: :	*Leonhardt has not done much work*
dix-sept représentations [...] il y a		*for the stage. Ten years ago **he***
dix ans		***conducted** 17 performances*

(Interview de G. Leonhardt in *Le Monde,* 6 juin 1985)

et un extrait d'un texte anglais où la traductrice a opté pour une proposition nominale en français :

***there was** no sign of a cylinder*	: :	*Pas de cylindre d'éther sur le quai.*
anywhere on the quay. (T.6)		

On peut constater d'après ces quelques exemples le lien qui existe entre absence/présence d'un syntagme verbal et les différences sur le plan de la ponctuation (voir plus loin, 6.3.2.). Il reste que le cas de la proposition nominale relève de facteurs stylistiques qui rendent difficile un choix catégorique. Si son emploi paraît plus facile en français qu'en anglais (voir par exemple le commentaire du texte T.30), on en trouve néanmoins des exemples en anglais, s'expliquant par un choix stylistique délibéré. Ainsi dans l'extrait suivant tiré d'un roman de A. Brink[4], un blanc sud-africain, traversant pour la première fois de sa vie le ghetto noir de Soweto, rapporte telles quelles les images qu'il a vu défiler sous ses yeux :

The houses. [...] Identical oblong blocks with tiny doors and windows. [...] Children playing and kicking up a row. Potholes and ditches in the dusty road. Rubbish dumps on every street corner. [...] Here and there an old man on a tomato box in the sun in front of his house.

La présence de propositions nominales en anglais dans ce cas peut s'expliquer par le fait qu'il s'agit d'une série de « tableaux », envisagés sous l'angle purement descriptif, et non de procès insérés dans un contexte chronologique.

---

(4) *Rumours of Rain,* 1978, W.H. Allen — Star Book, 1979.

6.1.2. Présence d'un syntagme verbal en français

La présence d'un syntagme verbal en français là où il n'en figure pas en anglais est liée à certaines contraintes de fonctionnement des deux langues. Ce phénomène ne peut donc pas être étudié isolément : il est examiné plus en détail en liaison avec les différents facteurs auxquels il se trouve associé. Nous nous contenterons ici de regrouper quelques exemples des divers cas de figure afin de montrer la parenté qui existe entre eux.

— Etoffement des prépositions (voir 1.1.2.)

*I picked up a magazine from the stack **on** the table* (T.7) :: *Je pris un magazine dans la pile **qui se trouvait** sur la table*

*he would whisk it **out of** the house and **into** the trash* (T.1) :: *il s'empressait **de la sortir** de la maison et **de la mettre** à la poubelle*

et dans le sens français → anglais :

*il a tout de suite disparu au bout de l'avenue, **où commence** l'ombre dense des figuiers géants.* (T.29) :: *he vanishes in a flash at the end of the avenue **into** the opaque shadow of the first giant fig trees.*

— L'expression de relations par la composition lexicale en anglais (voir 8.2.) correspond fréquemment à l'emploi d'un syntagme verbal en français.

*J'ai sauté sur mes pieds **comme si j'avais été frappé par la foudre*** (T.24) :: *I jumped to my feet, completely **thunderstruck***

*une grève des ouvriers du Livre **qui dure** depuis quatre semaines* (T.17) :: *the **four-week-old** printers' union strike*

*Good **housekeeping** is imperative in the laboratory* (T.10) :: *Le laboratoire doit absolument **être tenu propre** et en ordre*

— L'intégration dans la proposition en anglais d'une forme qualificative en -ing correspond régulièrement à l'introduction d'une forme verbale conjuguée en français, comme par exemple dans :

*l'holocauste hitlérien **qui se profile*** (T.20) :: *the **looming** holocaust in Nazi Germany*

Nous en avons cité des exemples plus haut à propos des traductions de l'imparfait (voir 4.3.5.).

Dans les trois cas mentionnés ci-dessus de présence d'un syntagme verbal en français, on peut constater un lien régulier avec l'emploi de constructions relatives. Il s'agit donc d'une différence de fonctionnement qui dépasse le cadre de la simple transposition au niveau du syntagme et qui doit être envisagée sur le plan de la phrase tout entière, ou même sur celui de l'agencement syntaxique de tout un passage. Nous reviendrons sur ce point à propos des problèmes liés à la subordination (voir plus loin, 6.3.).

6.2. Transformations syntaxiques liées à l'animation du C_0

6.2.1. Définitions [5]

● La construction d'un énoncé passe par différentes opérations auxquelles nous serons amenés à nous référer dans la suite de ce chapitre :

— construction d'une relation prédicative, c'est-à-dire mise en relation, sur le plan abstrait de la notion, d'un prédicat (ex. : *raconter*) avec deux arguments (ex. : *Jean, histoire*) ;

— choix d'un terme de départ (C_0) qui donnera une orientation à la relation, et repérage de cette relation orientée par rapport à la situation d'énonciation.

En fonction du choix effectué, on pourra avoir :

— *Jean m'a raconté une histoire.*
    où *Jean* : terme de départ (C_0) de la relation prédicative
        terme de départ de l'énoncé de surface
        agent du procès

— *Cette histoire m'a été racontée par Jean.*
    où *Cette histoire* : terme de départ (C_0) de la relation prédicative
        terme de départ de l'énoncé en surface

    et *Jean* : agent du procès

— *Cette histoire, Jean me l'a déjà racontée dix fois !*
    où *Cette histoire* : repère constitutif, posé par l'énonciateur, qui figure comme terme de départ de l'énoncé en surface et par rapport auquel sont repérés le terme de départ de la relation prédicative et l'ensemble de cette relation

    et *Jean* : terme de départ (C_0) de la relation prédicative
        agent du procès

● Dire qu'un terme a la propriété « animé », c'est dire qu'il possède l'une ou plusieurs des propriétés suivantes : volition, intention, cognition et perception. On pourra trouver en position de C_0 soit un terme animé :

   John poured boiling water into the teapot.

soit un terme inanimé :

   The rain poured down for hours yesterday.

● La propriété « animé » et la propriété « agent » sont liées mais ne se recouvrent pas. Si la propriété « animé » est une condition nécessaire pour

---

(5) Les définitions qui suivent sont inspirées de J. Guillemin-Flescher (1981), chapitres 5, 6 et Glossaire. Elles sont nécessairement simplifiées pour des raisons de place. Il est donc recommandé au lecteur de se reporter à cet ouvrage pour une étude plus approfondie.

qu'un terme puisse être qualifié d'« agent », elle n'est pas suffisante. Ainsi dans l'énoncé déjà proposé :

> *John poured boiling water into the teapot.*

le C_0 *(John)* est agent, le procès *pour* mettant en jeu les propriétés d'intention et/ou de volition et entraînant une modification d'un des autres termes de la relation (passage de *empty teapot* à *full teapot*).

Par contre, dans :

> *John could hear the kettle whistling.*

ou dans : *John burnt himself badly.*

la propriété « agent » est très atténuée, voire inexistante : dans le premier cas il y a simplement perception d'un état de fait, et dans le second n'entrent ni la volition ni l'intention. On dira donc ici que le C_0 animé est l'origine ou la source du procès.

● Il est nécessaire d'étendre la distinction animé/inanimé au syntagme verbal afin de rendre compte des différences syntaxiques entre le français et l'anglais. En effet certains verbes (que nous appellerons par commodité verbes « animés ») désignent « un procès qui renvoie à une activité générale-ment attribuée à un animé et plus particulièrement à un animé humain »[6], par exemple : *marcher, écouter, connaître,* etc. D'autres sont au contraire neutres par rapport à la propriété « animé » : leur valeur sera déterminée dans le contexte en fonction de la propriété du C_0 auquel ils sont associés. Ainsi dans :

> *John fell and broke his arm.*

fall et *break* sont repérés par rapport à une origine animée, alors que dans :

> *Heavy snow fell all weekend.*

l'interprétation de *fall* a tendance à se rapprocher de la valeur « état » ($\simeq$ *there was heavy snow*) du fait de la propriété « inanimé » de son C_0.

● Les propriétés « animé/inanimé » relèvent de l'extralinguistique et consti-tuent deux catégories du réel qui s'opposent l'une à l'autre. Dans la langue, des glissements peuvent être effectués qui font passer un terme d'une catégorie à l'autre, que ce soit pour des raisons littéraires et stylistiques (le procédé de la personnification, par exemple) ou en liaison avec la familiarité d'un objet (un chauffeur de poids-lourd anglophone pourra renvoyer à son véhicule par le pronom *she,* animé féminin). On constate cependant une nette différence entre le français et l'anglais pour ce qui est du rapport entre l'expression linguistique et les catégories extralinguistiques, l'anglais faisant preuve d'une plus grande « homogénéité » que le français et ayant tendance à « ne mettre en relation que des termes dont les référents appartiennent à la même catégorie du réel »[7]. Dans le cas particulier de l'opposition « animé/inanimé », alors qu'il est fréquent de voir associés en français un C_0 inanimé

---

(6) J. Guillemin-Flescher (1981), p. 408.

(7) J. Guillemin-Flescher (1981), p. 181, à qui nous empruntons le terme d'« homogénéité », concept utilisé au chapitre 5 de son ouvrage.

et un verbe animé, l'anglais préfère, par le biais de différents procédés syntaxiques, mettre en relation un C_0 et un verbe appartenant à la même catégorie du réel.

6.2.2. Prépondérance du C_0 animé en anglais

Le repère privilégié de l'énoncé en anglais est l'élément animé (le plus souvent animé-humain). Dans les exemples illustrant ce phénomène, nous présentons tous les énoncés anglais dans la colonne de droite, quelle que soit la langue de départ, afin de faire apparaître plus clairement la fréquence du C_0 animé.

● Face à des tournures impersonnelles en français, on trouvera des énoncés dont le terme de départ est l'élément animé :

*Il est certes **loisible à chacun**, en France, de faire du lèche-vitrine* (T. 21)	:: *Of course **everyone is free** to go window-shopping in France*
Ce serait de la folie... *C'était pompeux et vieux jeu ce que je disais là...*	:: ***You'd be a fool** if you did...* *I felt pompous and elderly, but I did mean it.* (A. Newman, *The Cage*)

● Là où le français attribue une propriété à un élément inanimé par le biais d'un verbe de type état, l'anglais présente souvent cette même propriété par rapport à un repère animé humain, par exemple :

***Cet exercice** nécessite de l'entraî-nement*	:: ***We advise** that **you work** up to that* (T. 11) (Prise en charge par un C_0 animé)

Ceci a pour conséquence des divergences sur le plan syntaxique et grammatical, notamment le changement de statut assertif :

***Un automatisme permet** de sélec-tionner...* (grille-pain Moulinex)	:: ***Choose** how brown...* (Moulinex toaster)

ou l'introduction d'un auxiliaire de modalité :

***Un compteur permet** de connaître* (voir plus haut, 5.3.3., tableau 13)	:: ***You can** measure...* (T. 11)

ou encore :

*il lui dit que, si elle avait envie d'un livre, **sa bibliothèque était à sa disposition***[8] (H. Thomas, « La Dame », *La Nouvelle Revue française*, décembre 1959)	:: *he told her that if she felt like reading, **she could take** any book she liked from his collection* (C_0 animé + modalité)

---

(8) Exemple emprunté à L. Bonnerot *et al.* (1968) *Chemins de la traduction*, Paris, Didier, p. 61.

● A plus forte raison, lorsqu'en français un C_0 inanimé est associé à un verbe animé, l'anglais tend à rétablir l'homogénéité, le plus souvent en utilisant un C_0 animé :

*une masure de laquelle **arrivait** par bouffées **une odeur** de bouillon de poireaux* (T. 19)	: : *and **he could smell** whiffs of leek soup coming from it*
***des obstacles**, des animaux, **des lampadaires venaient** à moi au cours de ma marche* (J.M.G. Le Clézio, *La Fièvre*)	: : *As I walked, **I kept meeting** obstacles, animals, lamp-posts...*

mais aussi parfois en choisissant un verbe inanimé (verbe de type état, ou prédication d'existence) :

***l'idée** d'y retourner **ne me faisait** pas peur*	: : ***there was nothing** frightening in the idea of it* (T. 8)
*de petites cours... où **s'alignent les poubelles** nauséabondes et le linge toujours sale* (G. Orwell, *The Road to Wigan Pier*)	: : *little cindered yards where **there are** stinking dustbins and lines of grimy washing*

6.2.3. Les tournures passives

Nous avons vu au chapitre 3 (3.4.2.) que la forme passive était une traduction fréquente du pronom *on*. Le schéma de passivation est aussi utilisé dans les cas où le français associe un C_0 inanimé à un verbe animé. L'emploi de la tournure passive est souvent lié au choix d'un repère animé (l'orientation de la relation étant inversée) :

***L'élan** d'une jeune bande **le jeta** de côté...* (L. Hémon) [9]	: : ***He was pushed** to one side by the forward surge of a group of young people*
*Le major, **qu'un rien démontait**, avala son café de travers* (G. Courteline) [9]	: : *The major, **who was easily upset**, swallowed his coffee the wrong way*

Si les deux termes mis en relation sont de type inanimé, l'emploi d'une tournure passive permet de gommer le caractère pseudo-agentif qui était attribué au C_0 inanimé d'un verbe à la forme active :

*La pause déjeuner... **ferme** encore bien des portes au public* (T. 21)	: : *Many places **are still closed** to the public... because of the lunch break* Passivation + modulation métonymique *(portes : : places)*

---

(9) Exemples empruntés à M. Charlot *et al.* (1982) *Pratique du thème anglais,* A. Colin, pp. 48-49 et 164-165.

le voyageur venu de pays où *règne la religion du travail et des affaires* (T. 21)	: : *travellers from countries that are ruled by the work and business ethic* Passage d'un verbe intransitif *(régner)* à un verbe transitif *(rule)*
une inflation honnie qui évoque aux salariés l'époque de la prospérité (T. 17)	: : *inflation which, though hated, is looked back on by wage-earners as a sign of prosperity* Passivation + chassé-croisé à l'échelle de la phrase (voir commentaire du texte T. 17)
des barrages de grévistes bloquent les issues de la base américaine de Keflavik (T. 17)	: : *the American base at Keflavik has been cordoned off by strikers* Passivation + transposition par conversion de la composante inanimée du C_0 *(barrage :: cordon)* + modulation aspectuelle

Les quelques exemples cités montrent que le procédé de passivation ne fonctionne pas de manière isolée mais est lié à des transformations appartenant aux différents domaines des problèmes de traduction : procédés de traduction (transpositions diverses et modulation par inversion du point de vue), grammaire (aspect, transitivité) et phénomènes lexicaux (conversion, *phrasal verbs*). Les difficultés causées par le manque de compatibilité en anglais entre C_0 inanimé et verbe animé se situent donc bien au niveau de la phrase tout entière, et non pas simplement au niveau d'un segment limité de l'énoncé.

6.3. Les degrés de dépendance syntaxique

Il s'agit d'examiner ici quelques différences qui apparaissent régulièrement entre l'anglais et le français dans le domaine des rapports entre les procès tels qu'ils se manifestent à l'intérieur d'un texte.

6.3.1. Le cas des relatives

6.3.1.1. *Différents seuils d'apparition des relatives*

Le français a souvent recours à la relative non-déterminative (ou « descriptive ») qui, repérée par rapport à un antécédent déterminé, effectue sur ce terme une nouvelle opération (apport de qualification, attribution de propriétés, retour sur un procès antérieur, etc.). Ce type de relative, qui a parfois les caractéristiques d'une parenthèse, peut se trouver en anglais, par exemple :

Mme de Créqui, qui n'aimait pas Emilie, rapporte que... (T. 16)	: : *Mme de Créqui — who did not like Emilie — recalls...* (noter la différence de ponctuation)

mais est moins fréquente qu'en français.

Dans les nombreux cas où le français utilise une relative pour qualifier l'antécédent, y compris dans les cas où c'est la relative elle-même qui détermine l'antécédent (relative déterminative), l'anglais a souvent recours à l'un des deux procédés suivants :

— intégration de la qualification à la proposition principale, fréquemment sous la forme d'un participe en -ing :

*L'usine Trim, une filiale de Chrysler **qui emploie** sept cent neuf personnes* (T. 27)	: :	*Detroit Trim, a Chrysler subsidiary **employing** 709 workers*

mais aussi sous d'autres formes :

*des palabres **qui durent des mois*** (T. 27)	: :	***months of** wrangling*
*cette donnée **que les hommes d'affaires appellent** la confiance* (T. 27)	: :	*that elusive quality **known to the business community as** confidence*

— juxtaposition ou coordination de deux propositions indépendantes :

*Je suis un voyageur **qui arrive** de Paris* (T. 19)	: :	*I'm a traveller. **I've just come** from Paris*
*Anne, **qui guettait** son arrivée, se précipita pour ouvrir la porte*	: :	*Ann **had been** on the lookout for him **and** rushed down to open the door*

La coordination peut être contraignante en anglais lorsque la relative en français prend l'antécédent comme simple point de départ d'un nouveau procès dont le rapport au précédent est soit d'ordre temporel (chronologie des procès), soit d'ordre spatial :

*Il dirigea la vue vers les différents points de ce paysage et tira sa montre **qu'il considéra longuement*** (J. Green) [10]	: :	*He looked round in all directions at the landscape, pulled out his watch **and stared at it***
*Il prit le train jusqu'à Manchester, **où il fit étape***	: :	*He took a train to Manchester } **and stayed there** overnight { where he stayed...*

En revanche, les relatives qui sont repérées par rapport à l'ensemble de la proposition principale qui les précède, et qui effectuent sur celle-ci une opération de reprise, sont plus fréquentes en anglais qu'en français, où l'on trouvera plus régulièrement une proposition indépendante juxtaposée ou coordonnée :

*J'ai rompu avec mon père, **et c'est** peut-être aussi bien.* (T. 23)	: :	*I have cut myself off from my father, **which may be** just as well*

On trouve même parfois une relative de ce type repérée par rapport à un ou plusieurs paragraphes, comme par exemple la phrase suivante qui, figurant au

---

(10) Exemple emprunté à M. Charlot *et al.* (1982), pp. 42-43.

début d'un paragraphe, reprend l'ensemble des informations qui ont été données dans les trois précédents :

All of which provides a forbidding climate in which to try to refocus the argument : : ***Tout cela** donne un climat peu encourageant pour essayer de recentrer le débat*

(*New Society*, September 20, 1985) (une proposition indépendante s'impose en français)

Nous avons noté par ailleurs (voir plus haut, 6.1.1.) que les juxtapositions qualificatives en français correspondaient régulièrement à des relatives en anglais, comme par exemple dans :

*la salle de lecture, **chauffée** par un poêle ventru...* (T. 18) : : *the reading room, **which was heated** by a pot-bellied stove...*

6.3.1.2. Explicitation de la relation en anglais

On trouve d'assez nombreux cas de relatives en français correspondant à d'autres types de subordonnées en anglais. Ceci est une manifestation de la tendance de l'anglais à expliciter et désambiguïser les relations. Nous en avons déjà vu des exemples à propos des différentes traductions de la préposition *de* (voir 3.3.2.) et dans certains cas de traduction des juxtapositions (voir plus haut, 6.1.1.).

Dans le cas de la subordination, il s'agit de préciser la relation entre les deux procès, relation dont la nature n'est qu'implicite dans l'emploi d'une relative en français.

*suivi d'un silence contracté de gens **qui** retiennent leur respiration* (T. 19) : : *a tense silence, **as if** people were holding their breath*
(relation de comparaison)

*une saine manifestation d'humanisme, **qui** surbordonne la tâche à remplir aux besoins de l'individu* (T. 21) : : *evidence of a sound belief in humanism, **insofar as** it subjects the task to the needs of the individual*
(relation explicative)

*But he would have found that unthinkable today, **because** the only industry left was a canning factory*
(P. Theroux, *The Kingdom by the Sea*)
(Relation causale) : : *Mais il ne pourrait plus penser la même chose à l'heure actuelle, **où** seule survit une conserverie*

Dans certains cas, la valeur de la proposition relative en français pourra être précisée par un adverbe correspondant à la relation de subordination exprimée en anglais :

*He was tired of talking to the Pelumptons, **though** he felt vaguely grateful to them...*
(J.B. Priestley, *Angel Pavement*) : : *Il en avait assez de bavarder avec les Pelumpton, **envers lesquels** il éprouvait **pourtant** une certaine reconnaissance...*

6.3.1.3. *Les problèmes posés par la traduction de* dont

Nous avons évoqué les problèmes posés par la traduction de *dont* dans le cadre de l'analyse des opérations de détermination du nom (voir 3.3.3.). Sur le plan de l'agencement syntaxique, les propositions relatives introduites par *dont* nécessitent fréquemment des transformations dans le passage à l'anglais, le relateur *dont* étant susceptible de recouvrir des rapports de repérage très divers entre la proposition subordonnée et son antécédent.

L'examen de quelques exemples[11] permet de constater que la traduction des relatives en *dont* fait appel aux différents procédés présentés en 6.3.1.1. et 6.3.1.2.

● Traduction par une relative en *whose/of which*. Cette traduction n'est possible que lorsque l'on peut établir une relation de type génitif entre l'antécédent et le pronom relatif en anglais (voir chapitre 3) :

mis à la tête d'un pays colossal, mais **dont** *les problèmes intérieurs sont graves*	*he had been placed at the head of a country which is colossal but* **whose** *domestic problems are serious*

(*op. cit.*, pp. 170-171, C. De Gaulle)

● Traduction par un autre type de relative, avec choix d'un repère différent (souvent animé) comme point de départ de la relative :

ce je ne sais quoi de flétri et d'amer que l'on remarque chez ceux **dont les soucis ont dévoré** *les premières années.*	*that undefinable jaded and bitter expression to be seen in people* **who have had** *a careworn early life.*

(*op. cit.*, pp. 42-43, J. Green)

La transformation de la relative va de pair avec d'autres procédés de traduction, qui sont ici :

— l'homogénéisation : C_0 inani- : : C_0 animé + verbe d'état
mé + verbe animé

— la tranposition : Nom *(soucis)* : : Adjectif *(careworn)*

et entraîne nécessairement une modulation métonymique sur le rapport entre le pronom relatif et son antécédent. Pour d'autres exemples de ce type, voir plus haut, 3.3.3. ainsi que les textes T. 19, T 20 et T. 21.

● Intégration à la principale de la qualification apportée par la relative en *dont,* sous forme de syntagme prépositionnel. Il s'agit ici d'une traduction fréquente de ce type de construction, en particulier avec la préposition *with* :

Entre les deux hautes roues, **dont** *les rayons* *sont peints en rouge vif...* (T. 29)	*Between the two high wheels* **with their spokes** *painted bright red...*

---

(11) Les exemples de traductions de *dont* tirés de notre corpus de textes étant commentés au chapitre 3 et dans la seconde partie de cet ouvrage, nous illustrons ici l'analyse par des énoncés tirés essentiellement des passages traduits dans M. Charlot *et al.* (1982). C'est à ce recueil que renvoient les références de pages données pour chaque exemple.

un restaurant, **dont le patron est espagnol et le chef italien,** peut prétendre à l'appellation « bistrot français »	: :	a restaurant **with a Spanish owner and an Italian chef** can claim the right to call itself a "French bistro"

(*op. cit.*, pp. 120-21, *Le Monde*, 6 décembre 1979)

Dans les deux exemples que nous venons de citer, la traduction par une relative en *whose* serait aussi possible, par exemple :

a restaurant whose owner is Spanish

La correspondance régulière : relative en *dont* : : syntagme prépositionnel ne relève donc pas simplement de la contrainte grammaticale, mais de variations plus générales sur le plan de l'agencement syntaxique, l'anglais ayant tendance à intégrer dans la proposition principale tout élément qualifiant un terme de cette proposition (voir 6.1.2. et plus loin, 6.3.3.). On notera aussi que cette différence syntaxique a une incidence sur la ponctuation : relative entre virgules en français, pas de ponctuation en anglais (voir plus loin, 6.3.2.).

● Coordination ou juxtaposition de deux propositions indépendantes. La relation exprimée par *dont* est soit explicitée sous forme de coordination :

Il n'y avait pas d'enfants **dont il aurait pu** voler la balle[12]	: :	There were no children, **so he couldn't** run off with their ball

(*op. cit.*, pp. 36-37, M. Denuzière)

soit reprise par le biais d'un déterminant dans une proposition qui n'est pas reliée syntaxiquement à la précédente :

Reste à financer [...] ce programme d'industrialisation **dont le coût** est estimé à 30 millions de livres sterling.	: :	The question of financing this industrialization programme [...] still remains to be solved. **Its cost** is estimated at 30 million pounds.

(*op. cit.*, pp. 156-157, *Le Monde*)

Un cas particulier de la juxtaposition d'une proposition indépendante est la mise en incise (marquée dans la ponctuation par des tirets ou parfois des parenthèses) du commentaire que représente la relative en *dont*, par exemple :

La concierge est un des rares personnages sacrés qui subsistent à notre époque [...] Dieu lare ou Furie du Foyer, tapie dans son antre inévitable, y concentrant ses foudres **dont on ne sait jamais trop** si elles sont destinées à l'ennemi du dehors ou au prisonnier du dedans, ogresses de légende...	: :	The concierge is one of the few sacred figures who have survived into modern times [...] Whether household God or Fury of the Hearth, lurking in her inescapable lair, secreting her shafts therein — **and one is never quite sure** whether they are meant for the enemy without or the prisoner within — folklore ogress...

(*op. cit.*, pp. 60-61, F. Mallet-Joris)

---

(12) Il s'agit d'un chien qui court sur une plage.

Nous avons été amenés par souci de clarté à distinguer différents cas de figure dans le domaine de la traduction des relatives. Il ne faut pas oublier cependant que les procédés qui viennent d'être étudiés sont étroitement liés les uns aux autres (comme d'ailleurs tous les phénomènes qui touchent à l'agencement syntaxique). Un dernier exemple nous donnera un aperçu de cette imbrication complexe :

*Et cent fois depuis, sa cruelle imagination, travaillant autour de cette vision d'une seconde, s'était plu à en recomposer les détails : la douleur vulgaire de la femme, **dont le chapeau chavirait, et qui tirait hâtivement** de son jupon un gros mouchoir blanc.*	: : *And her cruel imagination, working upon that fleeting vision, had over and over again taken pleasure in rearranging all the details — the woman's vulgar grief, **with her hat slipping askew as she hastily pulled** a coarse white handkerchief from her petticoat.*

(*op. cit.*, pp. 70-71, R. Martin du Gard)

Relative en *dont*	: : Syntagme prépositionnel (intégration)
Deuxième relative coordonnée	: : Subordonnée temporelle (explicitation de la relation de simultanéité)

6.3.2. Juxtaposition, coordination et subordination des procès

En ce qui concerne la relation entre les procès au niveau de la phrase ou du paragraphe, la différence entre le français et l'anglais se manifeste avec régularité de deux façons.

6.3.2.1. *Juxtaposition et coordination*

Un texte anglais offre souvent une plus grande apparence d'homogénéité que le passage français équivalent, ceci étant dû à l'introduction de marqueurs de relation entre les différents procès. Dans certains cas, la traduction d'un texte français très marqué par la juxtaposition fait apparaître une perte stylistique (voir par exemple l'extrait de *L'Espoir* d'André Malraux, texte T. 30 dans la deuxième partie de cet ouvrage).

On peut distinguer plusieurs degrés dans l'opposition entre juxtaposition et coordination :

● Simple coordination en anglais *(and)* correspondant à une (ou plusieurs) juxtaposition(s) en français (avec séparation par des virgules). Cette caractéristique se trouve déjà dans les énumérations, où l'anglais est quasiment contraint de coordonner au moins les deux derniers termes de l'énumération :

un grand jardin, plein d'amandiers, de cerisiers, d'abricotiers, d'arbres de Judée dont les fleurs roses annonçaient précocement la fin de l'hiver (T. 18)	: : *a large garden with almond, cherry **and** apricot trees, **and also** Judas trees whose pink flowers were the first to herald the end of the winter*

*books... all delicious **and** diffe-rent **and** full of words* (A. Newman, *The Cage*)	*des livres... savoureux, différents, débordant de mots*

On la retrouve dans la façon de présenter les procès :

Je n'ai pas de passé, je n'en veux pas. (T. 23)	*I have no past **and** I don't want to have one.*

On aura souvent coordination en anglais même là où les deux procès appartiennent à des propositions indépendantes, séparées en français par un point ou un point-virgule :

A une heure du matin, le gouvernement avait enfin décidé de distribuer les armes au peuple; à trois heures la carte syndicale donnait droit aux armes. (T. 30)	*At 1 a.m. the Government had decided to arm the people, **and** from 3 a.m. the production of a union card entitled every member to be issued with a rifle.*

● Explicitation de la relation entre deux procès en anglais, là où le français fait appel à la juxtaposition et aux marques de ponctuation.

Cette explicitation peut prendre des formes très variées :

— marqueur de relation spatiale ou temporelle :

— *Où as-tu mis le journal ? répéta-t-il.* — *Dans la chambre, dit la femme; sur le lit, dans la chambre. Il y a une lettre pour toi.* (J.M.G. Le Clézio, *La Fièvre*)	*"Where have you put the paper ?" he asked again.* *"It's in the bedroom", said the woman. "On the bed. **And** there's a letter for you **there** as well".*
Elle remplit les formulaires, monta dans un ascenseur poussif, longea en compagnie du garçon d'étage un interminable couloir... (T. de Saint-Phalle)[13]	*She filled in the forms **and** went up to her floor in a creaking old lift. **Then,** accompanied by the floor porter, she walked along an endless corridor...*

— relation prépositionnelle face à deux-points en français :

*[Carrington] doggedly pursued his goal **of** a peace agreement* (T. 15)	*[Carrington] a poursuivi obstinément son but : parvenir à un accord de paix*
les quartiers réservés aux cadres américains et allemands : golf, tennis, piscine... (T. 23)	*the quarters set aside for the German and American managerial staff, **with** a golf course, tennis courts, a swimming-pool...*

---

(13) Exemple emprunté à M. Charlot *et al.* (1982), pp. 106-107.

— marqueur de relation explicite traduisant une relation implicite en français :

Je l'ai attendu pendant deux heures. Il n'est pas venu.	: :	*I waited for two hours **but** he didn't come.*

(opposition marquée par la coordination disjonctive)

Il était temps : les coups de téléphone des provinces, optimistes de minuit à deux heures, commençaient à ne plus l'être. (T. 30)	: :	*It was high time, **for** the reports telephoned in from the provinces [...] were beginning to sound a different note.*

(relation de cause)

C'est notre monde industriel qu'il faut réformer : détourner les fonds gaspillés pour l'armement...	: :	*It is our industrial world that needs to be reformed, **by** finding a different use for the money wasted on the arms race...*
(J.M.G. Le Clézio, in : *Le Monde*, 26 avril 1985)		(relation de moyen)

— explicitation de la ponctuation par l'introduction d'un syntagme verbal :

l'édition spéciale (7 heures du soir) de Claridad : sur six colonnes « Aux armes, camarades ! » (T. 30)	: :	*the special late edition of the Claridad **flaunted a caption** six columns wide : "Comrades to Arms !"*
*Across the floor in men's casual wear **you could buy** almost anything except British.* (T. 12)	: :	*A l'autre bout du rayon, les vêtements pour homme de style sport : des articles de toutes les provenances possibles à l'exception de l'Angleterre.*

● Prise en compte en anglais de l'hétérogénéité des catégories du réel[14]. La coordination de termes et de procès en anglais n'est possible que s'ils sont perçus comme étant sur le même plan dans l'extralinguistique. Cette contrainte pourra entraîner différentes transformations lors de la traduction. Il s'agit ici d'un domaine complexe dans lequel entrent en jeu des facteurs subjectifs et stylistiques. Aussi nous contenterons-nous d'en donner deux exemples destinés simplement à faire prendre conscience du problème :

*Théo avait aimé cet homme d'une façon farouche **et** insoupçonnée.*	: :	*Théo had loved this man fiercely **though** no one would have guessed it.*
(A. Gerber, *Le faubourg des Coups-de-Trique*)		
Coordination de deux termes qui ne sont pas sur le même plan	: :	Relation de contraste par subordination

---

(14) Voir J. Guillemin-Flescher (1981), chapitre 5, et plus haut, 6.2.1.

*Il y avait du soleil **car** Denise était coiffée d'un grand chapeau de paille. [...] Je ne me souviens plus où nous avons déjeuné. **Mais** l'après-midi nous nous sommes promenés dans le parc de Versailles.*	:: *It **must have been** sunny **for** Denise was wearing a large sun-hat. [...] I cannot remember where we had lunch, **but I know that** in the afternoon we went for a walk in the park at Versailles.*
(P. Modiano, *Rue des boutiques obscures*)	
Seules les marques en surface du raisonnement sont présentes *(car, mais)*, à l'exclusion de la source de ce raisonnement (le narrateur-énonciateur).	Repérage du raisonnement *(for, but)* par rapport à son origine par l'introduction de la modalité *(must have been)* et l'opposition établie entre deux verbes appartenant à la même catégorie *(remember, know)*.

6.3.2.2. *Coordination et subordination*

Lorsque les relations entre les procès sont explicitées dans les deux langues, il est fréquent que ce soit sous forme de coordination en anglais, de subordination en français. On retrouve ici une des manifestations de la plus grande actualisation des procès en anglais (voir plus haut, 6.1.1.), marquée par l'emploi de formes verbales principales pour désigner des procès repères [15].

Nous avons déjà vu (6.3.1.) que la subordination sous forme de proposition relative en français correspondait fréquemment à la juxtaposition ou à la coordination de deux propositions indépendantes en anglais. L'opposition entre coordination et subordination est particulièrement marquée dans le domaine temporel : l'anglais a plus souvent tendance à présenter les procès de façon chronologique, indépendants les uns des autres, alors que le français les repère les uns par rapport aux autres, faisant alterner formes verbales principales et secondaires :

*He stepped aside for me to enter the house, **took** my overcoat and hat, **guided** me to a room on the*	:: *Il s'écarta pour me laisser pénétrer dans la maison et **après m'avoir débarrassé** de mon pardessus et de*

---

(15) Nous empruntons ces termes à J. Guillemin-Flescher (1981) qui en donne les définitions suivantes :
— procès repère : « tout procès qui détermine une situation et qui est indépendant à la fois du plan de l'énonciation et de tout autre procès » (p. 8)
— procès repéré : « tout procès qui établit une mise en relation de l'énonciation avec une situation ou un élément d'une situation implicitement ou explicitement déterminée » (p. 8)
— forme verbale principale : « forme verbale indépendante qui peut à elle seule marquer toute l'activité verbale d'un énoncé » (p. 493)
— forme verbale secondaire ; « forme verbale qui dépend d'une forme verbale principale » (p. 493)
Voir aussi l'ouvrage cité, pages 30 ss., corpus pp. 306 ss. et glossaire pp. 493 à 495 et pp. 506-507.

second floor — Gantvoort's library — and left me. (T. 7) : : mon chapeau, il me **fit** monter au premier et **m'indiqua** une pièce (la bibliothèque de Gantvoort) **où il me laissa** seul.

Commencé avec l'arrivée des exilés dans les années 20, « *Adieu Volodia* » **s'achève** avec le retour des rares rescapés en 1945. (T. 20) : : *"Adieu Volodia"* **begins** with the arrival of the exiles in the 20s **and ends** with the return of the odd survivors of 1945.

In the course of years several ships had stranded and they now helped to prop up the bank... : : *Plusieurs navires, qui s'étaient échoués au cours des années, contribuaient maintenant à étayer la rive...* [16]

Un cas fréquent de subordination en français est l'emploi de la construction *pour* + infinitif. La relation de but généralement attribuée à cette construction est liée à la notion de visée [17] mais dans bien des cas elle n'exprime rien d'autre que la consécution dans l'ordre chronologique des procès. Si dans :

*Billy knelt **and watched** it* (T. 4)   : :   *Billy se mit à genoux **pour l'observer***

la traduction française implique un choix d'interprétation de *and* dans le sens de *in order to*, ce n'est plus le cas dans :

*Il arriva à la gare **pour s'apercevoir** qu'il avait oublié son portefeuille.* : : *He got to the station **and realised** he had forgotten his wallet.*

Dans ce dernier exemple, on pourrait trouver en anglais : *only to realise...*, la construction infinitive étant attestée surtout avec l'adverbe modal *only*.

La tendance du français à subordonner les procès donne aussi lieu à des transpositions, une séquence de formes verbales renvoyant à des procès indépendants en anglais correspondant à des constructions adverbiales ou nominales dépendant d'une seule forme verbale principale en français :

*The hawk **tensed and stood up** straight and **stared** past the monastery into the distance.* (T. 4) : : *Le faucon **se redressa sur le qui-vive**, le **regard tourné** vers le lointain, au-delà du monastère.*

Un cas particulier de coordination en anglais qui donne lieu en français à la subordination, entre autres procédés, est la « mise en facteur commun » d'un terme avec deux éléments coordonnés. Ce type de construction concerne essentiellement deux catégories lexicales :

---

(16) Graham Greene, *The Power and the Glory*, 1940, Penguin Books, 1962, Chapter I, traduction de Marcelle Sibon, Robert Laffont,1948.
(17) Visée : projection dans l'avenir de la réalisation d'un procès (voir 5.2.2.).

— les prépositions et particules adverbiales :

*he would whisk it **out of** the* :: *il s'empressait **de la sortir** de la*
*house and **into** the trash* (T. 1) *maison et **de la mettre** à la poubelle*

— les auxiliaires :

Martin and Stendler present evi- :: *Martin et Stendler apportent des*
dence that infants and young *preuves que les bébés et les jeunes*
*children **can and do** solve many* *enfants **sont capables de résoudre** des*
problems...[18] *problèmes... **et qu'ils le font effective-***
ment.

We restored services that had
been cut by the prior GLC in
waste disposal and fire protec- *...*
*tion. We **pledged to and did*** :: *Nous avions pris l'engagement de*
double** our revenue. And we have* ***doubler** nos revenus, **engagement qui
built... ***a été tenu.***

(*Mother Jones*, June 1985)

Rappelons enfin que les manifestations de discours rapporté ne correspondent pas nécessairement au même type d'agencement syntaxique dans les
deux langues. Le discours rapporté est plus souvent subordonné en français
qu'en anglais, où l'un des traits que le discours indirect libre retient du
discours direct est la juxtaposition. C'est alors, après les deux cas de figure
évoqués dans cette section, un troisième qui prévaut : juxtaposition en
anglais, subordination en français :

A clerk is likely to tell him that it :: *Une employée lui dira que ce n'est*
is really impossible, that they *pas possible, que cela ne se fait pas et*
*can't do it and **would he please*** *qu'il **veuille bien** repasser...* (T. 21)
call again...

***Did Selfridges stock** British trou-* :: ***Je demande s'ils ont** des articles fa-*
sers ? (T. 12) *briqués en Angleterre.*

Discours indirect libre juxta- Discours indirect subordonné
posé

6.3.3. Intégration à la principale en anglais

L'intégration à la principale d'éléments non déterminants qui, en français,
figurent sous forme d'incise, de juxtaposition ou de subordonnée relève à la
fois de l'actualisation des procès et du renforcement de la relation entre les
termes d'un énoncé; on en trouve divers exemples dans les pages qui
précèdent. Nous verrons que ce phénomène est également lié aux contraintes
qui pèsent sur l'ordre d'insertion des éléments dans la phrase (voir plus loin,
6.4.).

---

(18) Exemple emprunté à M. Ehrman (1966) *The Meanings of the Modals in Present-Day
American English*, The Hague, p. 13.

Pour une analyse détaillée de cette caractéristique syntaxique de l'anglais, nous renvoyons le lecteur à l'ouvrage de J. Guillemin-Flescher déjà cité, en particulier au chapitre 3 (pages 131 à 142) et au corpus (pages 341 à 344). Nous n'illustrons ici que les cas de figure qui nous paraissent les plus fréquents et les plus contraignants.

Les manifestations de l'opposition entre intégration et subordination dans le domaine de la modalité ont été examinées au chapitre précédent (voir 5.3.3.). Deux autres formes privilégiées confirment la prédominance de l'intégration en anglais.

6.3.3.1. *Formes verbales en* -ing

Nous rappelons la fréquence d'emploi de ce type de construction, notamment face aux relatives en français (voir plus haut, 6.3.1.). Citons simplement deux exemples qui viendront compléter ceux des analyses précédentes :

*... stood the Monastery Farm, and at the side of it the ruins **and one remaining wall** of the monastery.* (T. 4)	*... se trouvait la ferme du Monastère, près de laquelle se dressaient les ruines du monastère **dont seul un mur était demeuré intact.***
*la capote de toile noire **qui surmonte**, en auvent, le siège* (T. 29)	*the black canvas hood **jutting out** over the single seat...*

La transformation syntaxique que constitue le passage de la subordination à l'intégration par l'emploi d'une forme en *-ing* est souvent accompagnée d'autres procédés de traduction, notamment de transposition (voir chapitre 1). De nombreux cas de transformations complexes, opérant à plusieurs niveaux à la fois, sont analysés en détail dans les commentaires des textes traduits en seconde partie de cet ouvrage.

6.3.3.2. *Les adverbes en* -ly

Le second cas particulier que nous avons choisi pour illustrer la fréquence de l'intégration en anglais touche au domaine du lexique. En effet, la grande productivité en anglais du suffixe *-ly* (voir plus loin, 8.2.2.) permet aisément d'intégrer à la principale une ou plusieurs qualifications adverbiales. On trouve bien sûr des cas de correspondance entre les emplois d'adverbes en *-ly* et en *-ment* :

*Mrs Henry Rice smiled **fondly** at her boy.* (T. 3)	*Madame Henry Rice sourit **affectueusement** à son fils.*

mais les cas de traduction divergente sont beaucoup plus fréquents [19] :

*these shops do provide an **appa-***	*ces commerces procurent des revenus,*

---

[19] Dans les exemples qui suivent, les énoncés anglais comportant un adverbe en *-ly* sont placés à gauche, quelle que soit la langue de départ, pour faciliter la comparaison.

rently comfortable living to people...	: :	*selon **toute apparence** confortables, à des gens...* (T. 21)
		Incise
*the **(genuinely)** poor quality of US-made articles*	: :	*la mauvaise qualité **(d'ailleurs réelle)** des objets "made in U.S.A."* (T. 27)
Parenthèse intégrée au syntagme nominal		Parenthèse incise
*I cycled **slowly** and **undecidedly** out...* (T. 8)	: :	***Hésitant encore**, je suis sorti **lentement...***
Deux adverbes coordonnés et intégrés à la principale		Antéposition d'une forme participiale + un adverbe en *-ment*
*You are **practically** the first person I've spoken to*	: :	*Vous êtes la première personne à laquelle je parle, **ou presque*** (T. 19)
Intégration de l'adverbe		Postposition

Dans tous les cas, l'intégration à la principale en anglais fait clairement apparaître les différences entre les deux langues sur le plan de la ponctuation. La densité de ponctuation (et notamment des virgules) est plus grande en français en raison des juxtapositions et des incises, alors que l'intégration à la principale a sur la ponctuation de l'anglais le même effet que la coordination (voir plus haut, 6.3.2.)

Nous proposons un dernier exemple qui montre bien comment l'intégration à la principale en anglais, nécessitant une transformation syntaxique en français, entraîne aussi des modifications complexes sur le plan de la ponctuation et des catégories grammaticales :

French director Bertrand Tavernier's film "A Sunday in the Country" is a tale of one sad, revealing moment in the dwindling life of this moderately successful and thoroughly unsatisfied artist. (T. 13)	: :	*Le film du metteur en scène français Bertrand Tavernier, « Un dimanche à la campagne », est une histoire désabusée : un moment de vérité dans la vie d'un homme sur le déclin, un peintre qui a connu un succès modeste et reste totalement insatisfait.*

6.4. Ordre canonique et disjonction syntaxique

A l'issue de cet examen des transformations les plus fréquentes dans le passage d'une langue à l'autre, il est possible de dégager certaines constantes concernant l'ordre d'insertion des différents éléments dans la phrase en anglais et en français.

Le schéma canonique d'une phrase étant défini comme la séquence : C_0 — Verbe — C_1 (dès lors qu'il s'agit d'un verbe transitif), on notera en premier lieu que l'anglais s'écarte beaucoup plus rarement de cet ordre que le français. Alors qu'il est fréquent de trouver en français différents éléments insérés entre le C_0 et le verbe ou entre le verbe et le C_1 sous forme d'incise [20], l'anglais au contraire évite en général de « faire éclater » ce bloc (sauf dans le cas des adverbes de fréquence indéfinie) :

*Occuper pendant huit mois, en 1944-45, **un poste**...* (T. 28)	: : *He held **Cabinet rank** for eight months in 1944-45...*
*Certes **ils assurent,** quelques heures par jour, **l'animation** et la sécurité des rues* (T. 21)	: : *Admittedly **they do bring the streets to life** and make them safe for a few hours every day*

De façon plus générale, l'anglais fait correspondre à toute relation étroite de complémentation entre deux éléments une proximité spatiale dans l'agencement de la phrase :

*Le voyageur **ne tarde pas,** pourtant, **à percevoir** quelques ombres...*	: : *Yet the traveller **soon discovers** a few flaws...*
*Il est certes **loisible à chacun,** en France, **de faire du** lèche-vitrine...* (T.21)	*Of course everyone is **free to go** window-shopping in France...*

D'autre part, le « noyau » de la phrase que constitue la séquence C_0 — verbe — C_1 est en général introduit directement en anglais alors que son apparition est fréquemment retardée en français. Deux cas de figure en particulier nécessitent une transformation syntaxique dans le passage du français à l'anglais :

● Antéposition d'un complément ou d'une subordonnée qui retardent l'apparition du terme de départ de la relation prédicative [21] :

*Aux Archives départementales de Montpellier où j'allais dorénavant travailler à maintes reprises, **le décor** avait gardé ses allures du XIXᵉ siècle.* (T.18)	: : ***The County Archives** in Montpellier — where from now on I was going to work quite frequently — had changed very little since the 19th century.*
*Après un autre silence, **la même voix** répondit, d'un ton plus radouci* (T.19)	: : ***There was** silence again, and then **the same voice** answered in a softer tone*

Dans le sens anglais → français, l'emploi de ce type d'antéposition permettra souvent de traduire un schéma de coordination ou d'intégration :

***It does** wonderful things for your figure **and it's** a terrific aerobics exercise as well...*	: : ***Remarquable pour la ligne,** c'est aussi un fantastique exercice d'aérobic...*

---

(20) Le terme d'incise désigne habituellement une proposition parenthétique incluse dans une autre proposition, sans mot de subordination, par exemple :

*Il voulait, **disait-il,** tenter sa chance.*

Nous élargissons la portée de ce terme pour désigner tout élément ou groupe d'éléments (propositions, mais aussi syntagmes nominaux ou adverbiaux) venant rompre l'ordre canonique de la phrase.

(21) Voir plus haut, définitions, 6.2.1. Voir également les textes T.6 et T.13 qui offrent de nombreux exemples de ce cas de figure.

And it folds away for easy storage, to save space. (T. 11)	***D'un faible encombrement*** *une fois replié, ce vélo d'intérieur nécessite peu de place.*
The cool, no-nonsense British Foreign Secretary shrugged off the insults (T.15) : :	*Avec **calme et autorité**, le ministre des Affaires étrangères britannique a ignoré les affronts*

Dans certains cas, l'antéposition d'un complément adverbial entraîne en français une inversion de l'ordre canonique, et un déplacement vers la droite du C₀ qui se trouve séparé du verbe par d'autres éléments. Ici encore, l'ordre canonique sera rétabli en anglais :

*A ce moment-là **passe** sur la chaussée, le long du trottoir où la jeune femme au chien s'éloigne d'un pas court et rapide, **un pousse-pousse** traîné à vive allure...* (T.29) : :	*Just at that moment **a rickshaw comes hurtling** down the street alongside the pavement where the young woman with the dog is walking briskly away. The rickshaw is going the same way as she is and is pulled...*

Un cas extrême (et stylistiquement très marqué) du fonctionnement de l'antéposition en français est illustré par l'article de P. Viansson-Ponté sur Mendès-France (T.28), où chacun des trois premiers paragraphes constitue une séquence de propositions infinitives antéposées, la proposition repère venant en conclusion :

... ; *il faut pour cela du courage (de l'entêtement, de la rigueur).*

Nous pensons que la comparaison des deux traductions proposées de ce passage dans la seconde partie de cet ouvrage permet de confirmer les analyses que nous venons de faire, et que le rétablissement de l'ordre canonique se lit plus naturellement en anglais.

● Dissociation entre le repère constitutif de l'énoncé et le terme de départ de la relation prédicative [22] :

Son chemin *d'enfance et de jeunesse, **elle** le refaisait avec moi* (T.23) : :	***She*** *retraced with me the steps of her childhood and her youth*
*Les petits Français d'aujourd'hui ont une chance de ne pas connaître cette situation. **L'anglais**, maintenant, **on** sait, dit-on, les y intéresser.* : :	*The French schoolchildren of today are lucky, for the situation has changed. Nowadays **teachers** of English apparently know how to catch their interest.*

(*La Lettre de l'Education,* n° 19, 8 mars 1986)

Dans le sens anglais → français, il s'agit d'un choix de traduction plutôt que d'une contrainte, mais qui est souvent apte à rendre des nuances de mise en relief dans le discours oral notamment, signalées en anglais par l'intonation :

But I've already SEEN this film ! : : *Mais ce film, je l'ai déjà vu !*
(avec remontée intonative sur *seen*)

_____

(22) Voir plus haut, définitions, 6.2.1.

Nous renvoyons le lecteur pour d'autres exemples et une analyse détaillée de tous les cas de figure à l'ouvrage de J. Guillemin-Flescher [23], ainsi qu'aux textes commentés dans la seconde partie du présent ouvrage [24]. Nous pouvons résumer ainsi les caractéristiques dominantes de chaque langue en ce qui concerne la position des éléments adjoints à la proposition repère, sans oublier que des variantes peuvent intervenir en raison de choix stylistiques :

— prédominance en français de l'antéposition et des incises;
— prédominance en anglais de l'intégration à la principale et de la postposition.

Les différences sur le plan de la ponctuation, déjà mentionnées à plusieurs reprises, sont particulièrement marquées dans les cas d'opposition entre incise et intégration, antéposition et postposition, les phénomènes les plus frappants étant la plus grande fréquence des virgules en français et l'explicitation des signes de ponctuation dans le passage à l'anglais [25].

Nous rappellerons pour conclure que les transpositions nécessaires dans l'ordre des éléments de la phrase sont toujours associées à l'un ou plusieurs des différents couples d'oppositions étudiés dans les parties précédentes de ce chapitre :

— absence ou présence de syntagme verbal ↔ antéposition ou incise
vs. intégration

— C_0 animé ou inanimé ↔ antéposition ou dissociation
vs. ordre canonique

— subordination ou coordination ↔ antéposition ou incise
vs. intégration

Il s'agit donc d'un réseau complexe de phénomènes qui doivent être analysés à l'échelle d'un texte tout entier afin d'aboutir à une traduction réussie.

BIBLIOGRAPHIE

GUILLEMIN-FLESCHER J. (1981). — *Syntaxe comparée du français et de l'anglais. Problèmes de traduction,* Ophrys, chapitres 3, 5 et 6, Tableaux d'exemples, pp. 327 à 351, 373 à 387.

---

(23) Chapitre 3 (pp. 114 à 125) et corpus (pp. 327 à 338).
(24) En particulier : T.6, T.11, T.13 dans le sens anglais → français; T.18, T.21, T.23, T.28, T.29 dans le sens français → anglais.
(25) Voir C. Demanuelli (1987), *Points de repère. Approche interlinguistique de la ponctuation français-anglais,* CIEREC, Université de St-Etienne.

Chapitre 7

LES CONSTRUCTIONS VERBALES

Introduction : importance pratique et implications théoriques

A la jonction entre grammaire et lexique, ce chapitre examine un domaine où, pas plus qu'ailleurs, on ne peut séparer radicalement syntaxe et sémantique. Il s'agit de l'ensemble des structures de complémentation du verbe — ainsi que du nom et de l'adjectif apparentés par dérivation — étant entendu, comme on l'a vu au chapitre précédent, que le sujet grammatical est l'un des « compléments » — appelé complément de rang zéro — pour des raisons sur lesquelles nous reviendrons en 7.1.2.

Les constructions verbales posent d'abord et à chaque instant un problème pratique de choix syntaxique, entretenu par la tendance naturelle au calque d'une langue à l'autre. A titre d'exemple, il n'est pas d'un grand secours pour un francophone de savoir que les verbes *oppose, miss, divorce* ou *insist* font partie du lexique de l'anglais, sans autre précision que leur traduction la plus courante. Ces problèmes ont été illustrés de façon détaillée, pour toute la sphère sémantique des processus intellectuels et affectifs, dans l'ouvrage pédagogique de C. Bouscaren : *Choisir et Construire*[1], dont l'objectif est la maîtrise des nuances sémantiques liées à l'éventail des constructions. Nous renvoyons le lecteur étudiant d'anglais à cet ouvrage qui propose une codification des principales structures du verbe, du nom et de l'adjectif — dans le même esprit que celle des *learner's dictionaries*[2] mais plus immédiatement accessible. Notre propos n'est évidemment pas de reprendre la même démarche sinon pour compléter, dans quelques cas représentatifs, l'éventail des *traductions* possibles en fonction de la construction.

Si les constructions posent d'abord un problème pratique, l'examen sans a priori des données syntaxiques dans leur diversité conduit à se poser certaines questions fondamentales en linguistique : la nature syntaxique

---

(1) Ophrys, 1966.
(2) — Hornby, A.S., *Oxford Advanced Learner's Dictionary of Current English*, Oxford University Press, 1974.
   — *Longman Dictionary of Contemporary English*, Longman 1978 (nouvelle édition, 1987, dans laquelle la codification est avantageusement simplifiée).

et/ou sémantique de la transitivité, les rapports entre notion verbale, prédication et nominalisation etc. Cette importance théorique est mise en avant par H. Adamczewski et C. Delmas qui, dès le premier chapitre de leur *Grammaire linguistique de l'anglais*[3], prennent pour point de départ de la réflexion sur la structuration de l'énoncé la double opposition *Ø* vs *to* et *to* vs *-ing* autour de l'axe *rhématique / thématique* (voir définitions en début de 7.1.2.) qui sert de ligne directrice à l'ensemble de l'ouvrage. Dans une monographie consacrée à l'infinitif anglais[4], à laquelle nous nous référons plus loin, J. Chuquet, qui se place dans le cadre de la théorie des opérations énonciatives de A. Culioli, situe ces trois marqueurs dans la suite des opérations portant sur un schéma pré-assertif *(lexis)* en termes de degrés de détermination de la notion prédicative.

Sur ce vaste ensemble de problèmes, dont nous évoquons brièvement les implications théoriques pour référence, le présent chapitre vise une sensibilisation, organisée autour de quelques concepts fondamentaux, aux décalages syntactico-sémantiques le plus fréquemment observés entre les deux langues et à leur impact dans la pratique de la traduction.

7.1. De la transitivité à la causativité

7.1.1. Fonctionnement transitif/intransitif

Bien que faisant partie du fonds commun grammatical, la notion de transitivité pose des problèmes de définition qu'il nous faut évoquer brièvement. Le *Dictionnaire de linguistique* de J. Dubois[5] donne une position transformationnaliste du problème : « sont transitifs les verbes qui sont suivis d'un syntagme nominal présent ou effacé » *(Pierre mange quelque chose, Pierre mange)*. « Sont intransitifs les autres verbes, que ceux-ci ne comportent pas de syntagme nominal dans la structure du syntagme verbal *(Pierre est mort)* ou qu'ils comportent un syntagme prépositionnel, c'est-à-dire un syntagme nominal précédé d'une préposition *(Pierre parle à Paul, Pierre obéit à Paul)*. » Ce regroupement sur critères strictement syntaxiques est en partie contre-intuitif et J. Dubois rappelle que les grammaires traditionnelles donnaient au second groupe le nom de *« transitif indirect »*, plus conforme à l'intuition et mieux susceptible de rendre compte de variations de surface entre deux langues (cf. français : *s'adresser à quelqu'un* : : anglais : *address someone*) pour une même relation sémantique. Le dictionnaire de sémiotique de A.J. Greimas et J. Courtés[6], de façon prévisible, explicite la conception plus largement sémantique qui est liée à la racine même du terme : « un verbe est dit *transitif* lorsque, en sa qualité de prédicat, il est susceptible d'avoir un

---

(3) Armand Colin, 1982.
(4) J. Chuquet (1986) *TO et l'infinitif anglais*, Ophrys.
(5) J. Dubois *et al.* (1973) *Dictionnaire de linguistique*, Larousse, p. 496.
(6) A.J. Greimas et J. Courtés (1979). *Sémiotique — Dictionnaire raisonné de la théorie du langage*, Hachette Université, p. 402.

objet (...) autrement dit lorsque le verbe n'est que le lieu de transition qui va du sujet à l'objet ».

Ces termes qui présentent donc certaines ambiguïtés sur lesquelles nous reviendrons, permettent en tout cas de décrire les différences superficielles de construction illustrées par les échantillons suivants :

Transitif direct	Transitif indirect
answer a question	*répondre à une question*
attend a meeting	*assister à une réunion*
obey orders	*obéir à des ordres*
oppose a plan	*s'opposer à un projet*
remedy a fault	*remédier à un défaut*
it can be remedied	*on peut y remédier*

A partir du français, bien sûr :

écouter le vent	*listen to the wind*
attendre quelqu'un	*wait for someone*
regarder la mer	*look at the sea*

mais aussi :

demander quelque chose	*ask for something*
payer les consommations	*pay for the drinks*
(dés)approuver quelque chose	*(dis)approve of something*
opérer quelqu'un ⎱ *de* *être opéré* ⎰ *l'appendicite*	*operate on someone* ⎱ *for* *be operated on* ⎰ *appendicitis*

On notera que certaines différences au point de vue de la transitivité surgissent non pas autour d'un verbe mais d'un nom ou d'un adjectif dérivé, celui-ci gardant plus fréquemment en anglais qu'en français la même construction que le verbe. La traduction implique souvent réaménagement syntaxique ou procédés de traduction[7] :

*... rummaging among the cord trousers to confirm his **suspicion that** they were made in Germany* (T.12)	: :	*...fouille parmi les velours côtelé : c'est bien ce qu'il **pensait,** ils sont fabriqués en Allemagne*
*the result of an **overdependence on** a rapidly declining port*	: :	*le fruit d'une **trop grande dépendance à l'égard** d'un port en rapide déclin*

(*The Christian Science Monitor,* January 18, 1986)

Dans l'un et l'autre cas la structure de l'anglais aurait pu être conservée, s'agissant du verbe :

he suspected	: :	*il* ⎰ *se doutait* ⎱ *que...* ⎱ *soupçonnait* ⎰
their life depends on the port	: :	*leur vie dépend du port*

---

(7) Pour la traduction de SN + prép. + SN, voir la dernière partie de l'article de M. Ballard, « Le syntagme prépositionnel expansion du syntagme nominal dans sa traduction de l'anglais au français », in M. Ballard, ed. (1986) *La traduction. De la théorie à la didactique,* Presses de l'Université de Lille III, pp. 99 à 109.

mais elle ne peut l'être avec le nom dérivé :

$$* \ ses \ \left\{ \begin{array}{l} doutes \\ soupçons \end{array} \right\} \ que...$$

? *une trop grande dépendance du port*

cette dernière construction étant d'acceptabilité douteuse, ne serait-ce que de par son ambiguïté. Plus généralement, poseront un problème de traduction des noms ou adjectifs qui, sans être dérivés d'un verbe, se construisent sur le même modèle qu'un verbe transitif avec complétive en *that*. Là encore la traduction appellera un réaménagement : relative, changement lexical etc... :

Experts are considering the theory that ...	: :	*les experts envisagent* *l'hypothèse* $\left\{ \begin{array}{l} \textit{d'un ...} \\ \textit{selon laquelle ...} \end{array} \right.$
Manned-flight critics are even skeptical that space repairmen are a real necessity *(Newsweek, 10 February 1986)*	: :	*les adversaires des vols habités vont jusqu'à se demander si des hommes sont bien nécessaires pour effectuer des réparations dans l'espace*

Deuxième type de décalage au point de vue de la transitivité : celui où l'on a un intransitif dans l'une des deux langues. Des verbes comme

divorcer, démissionner, abdiquer[8]

fonctionnent comme intransitifs (ou éventuellement comme transitifs indirects, avec syntagme prépositionnel : *démissionner de son poste*) alors qu'ils ont aussi une construction transitive très courante en anglais :

he divorced his first wife
he resigned his post
he abdicated his throne

Un cas de figure particulièrement fréquent oppose construction intransitive en anglais à construction pronominale en français. Celle-ci correspond sémantiquement

— soit à une relation réflexive :

shave	: :	*se raser*
wash	: :	*se laver*
wake up	: :	*se réveiller*
dress	: :	*s'habiller*

— soit à un « passif notionnel » :

it washes easily	: :	*cela se lave facilement*
it reads well	: :	*cela se lit bien*
it sells like hot cakes	: :	*cela se vend comme des petits pains*
this car handles well	: :	*cette voiture est facile à conduire/ maniable*

---

(8) Même si, par ailleurs, on peut *abdiquer son autorité, ses droits.*

7.1.2. Places syntaxiques autour du prédicat

Les derniers types de verbes cités conduisent à se poser une question littéralement fondamentale pour la théorie linguistique : quel est le schéma abstrait de l'énoncé minimal : sujet-verbe, sujet-verbe-objet etc. ? Un bref détour permettra au lecteur peu familier de ces questions d'en apercevoir l'enjeu[9].

La tradition grammaticale oppose depuis l'Antiquité la fonction de *sujet* (ce dont on parle) à celle de *prédicat* (ce qu'on en dit). Le terme de *sujet* offre une évidente ambiguïté entre le « sujet psychologique » ainsi défini et le sujet grammatical, qui ne coïncident pas nécessairement. Dans *Je l'ai lu, ce livre, ce livre* est l'objet grammatical mais aussi le « sujet » de l'énoncé (ce dont on parle) appelé *thème* (angl. *topic*) par opposition au *propos* ou *rhème* (angl. *comment*) qui est pour simplifier l'élément nouveau introduit dans l'énoncé : *je l'ai lu*. Cette opposition, dont la définition a naturellement varié selon les théories, occupe une place importante dans la linguistique contemporaine. Elle est appliquée à la grammaire de l'anglais par H. Adamczewski et C. Delmas (1982) que nous citons dans ce chapitre (« axe rhématique/ thématique »).

Du point de vue « strictement » syntaxique aussi, l'opposition *sujet-prédicat* est binaire, le prédicat incluant le verbe et ses éventuels compléments, dont l'objet. Cette dissymétrie et cette hiérarchie entre sujet et objet se retrouvent en grammaire transformationnelle où Phrase se réécrit : SN + SV, et SV à son tour : V + SN, les deux syntagmes nominaux sujet et objet étant rattachés à des nœuds de niveau différent :

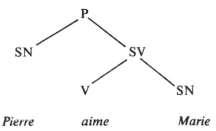

Cette dissymétrie liée au primat du sujet a été remise en question par L. Tesnière[10] et A. Culioli[11] pour qui le schéma fondamental est un *prédicat* auquel se rattachent de façon non hiérarchisée des *actants*[10] ou *arguments*[11],

(9) On en trouvera une présentation très claire, d'un point de vue surtout historique dans O. Ducrot et T. Todorov (1972) *Dictionnaire encyclopédique des sciences du langage,* Seuil, article : Fonctions syntaxiques, pp. 270 à 279 et, d'un point de vue épistémologique, dans C. Hagège (1982) *La structure des langues,* P.U.F., « Que sais-je », n° 2006, chap. II, L'organisation de l'énoncé, pp. 27 à 54.

(10) L. Tesnière (1966) *Eléments de syntaxe structurale,* Paris, Klincksieck, pp. 102 à 111.

(11) A. Culioli, C. Fuchs, M. Pêcheux (1970) *Considérations théoriques à propos du traitement formel du langage,* Documents de linguistique quantitative n° 7, Dunod, particulièrement note VIII, pp. 19 à 23 : « le schéma de lexis comporte trois places : celle de prédicat et celles de deux arguments. »

dont le sujet, qui devient un complément comme les autres. Ceux-ci sont susceptibles d'apparaître ou non *(Pierre boit; Paul enfonce le clou, le clou s'enfonce)*, de permuter *(Pierre blâme Paul pour ses erreurs, Pierre reproche ses erreurs à Paul)*, notamment au point de départ de la relation, avec la passivation *(Pierre aime Marie, Marie est aimée de Pierre)* ou la promotion d'un circonstant *(les abeilles bourdonnent dans le jardin, le jardin bourdonne d'abeilles)*. Dans toutes ces paires, la relation sémantique entre les éléments et par rapport au procès reste la même (définissable en termes de cas : sujet, objet, bénéficiaire, locatif, etc.) alors même que leur place syntaxique change. Prenant pour exemple les différentes constructions du français *casser* :

> *Jean casse le verre*
>
> *Le verre se casse*
>
> *Le verre casse*
>
> *Le verre est cassé par Jean*
>
> *Le verre est cassé*

Culioli *et al.* (1970), pp. 20-21, soulignent la nécessité, d'un point de vue théorique, de « référer la diversité de ces schémas syntaxiques à un système sémantique prenant en compte un prédicat unique *casser,* dont les réalisations de surface varieront selon le type de relations choisies à l'intérieur de ce système sémantique. »

Telle est, retracée à grands traits, l'origine des termes *prédicat à 1, 2* ou *3 places (howl, love, give)* et *complément de rang zéro, de rang 1, de rang 2* que l'on trouvera définis et illustrés dans le glossaire de *Grammaire anglaise, thèmes construits* de M.L. et G. Groussier et P. Chantefort (1973).

C_0 : Point de départ de la relation prédicative[12], « sujet grammatical ».

C_1 : Deuxième argument se rattachant au prédicat. L'objet des verbes transitifs :

> **She** likes **grapes**
>
> C_0 C_1

C_2 : Troisième argument, « complément d'attribution » ou autre, introduit ou non par une préposition :

> *John* gave **Mary** *a vase*
>
> C_0 C_2 C_1
>
> *John* provided *Mary* **with a passport**
>
> C_0 C_1 C_2

C'est par exemple dans ces termes que l'on peut le plus économiquement définir la différence en anglais entre *say* et *tell,* face au français *dire* qui a le double fonctionnement. *Say* est essentiellement un prédicat à 2 places :

> *Say something*
>
> *"Yes," he said.*
>
> *He said (that) you were out.*

---

(12) Terme introduit dans notre chapitre Agencement syntaxique (cf. 6.2.1.).

même s'il admet dans certains cas un C_2 :

> *I said to myself ...*

Tell est un prédicat à 3 places :

> *Can you tell me the time ?*
> *He told me (that) you were out.*
> *Tell little Jason a story.*

même s'il peut accessoirement y avoir effacement du C_2 :

> *to tell a story, to tell the truth*

voire du C_2 et du C_1 :

> *Who can tell ?*

La même opposition vaut pour les couples *learn/teach, remember/remind* face à un seul verbe en français, avec en outre ici une relation causative :

X teaches Y ◄——— *apprendre* ———————► *Y learns*
something   *something*

X reminds Y ◄——— *rappeler qch. à qn.*
of something

                    se rappeler qch. ———————► *Y remembers*
                                                 something

Les cas suivants opposent prédicat à 2 places et prédicat à 1 place :

— avec changement lexical en anglais :

X cures Y ◄——— *guérir* ———————► *Y* $\left\{ \begin{array}{l} \textit{gets better} \\ \textit{recovers} \end{array} \right.$

— avec changement lexical limité à une alternance vocalique en anglais :

raise the rent ◄——— *augmenter* ———————► *the rent rises*

he fells trees ◄——— *abattre*
                      tomber ———————————► *the trees fall*

— sans changement lexical, le C_1 du prédicat à 2 places étant identique au C_0 du prédicat à 1 place en anglais; en français, construction pronominale :

open a door ◄——— *ouvrir/s'ouvrir* ————►*the door opens*

fold a table ◄——— *plier/se plier* ————► *it folds (away)*
                                              (T.11)

train an athlete ◄——— *entraîner/s'entraîner* ————►*he trains for the Olym-*
                                                      pics

ou *faire* + infinitif :

jingle a bell ◄———*faire tinter/tinter* ————► *the bells jingle*
(T.1)   *(agiter)*

grow carrots ◄——— *faire pousser/pousser* ——►*carrots grow*
                    (cultiver)

circulate a ◄——————— *faire circuler/circuler* ——————► *it circulates*
document

On peut, sur le même modèle, *sortir le chien (walk the dog)* ou encore des phrases toutes faites :

> *les phrases toutes faites qui sa-* : : *the clichés usually trotted out when*
> *luent généralement la sortie de*   *one of the Greats quits this world.*
> *scène des « grands ».* (T.25)

Si pour cette dernière série de verbes le fonctionnement intransitif, à une seule place, est perçu comme premier, l'anglais *derail* n'est en revanche attesté que comme transitif [13] :

> *it might derail*   *the train might*
> *the train*   ◄—— *faire dérailler / dérailler* → *come off the rails*
> *the train might be*
> *derailed*

    Certains verbes posent des problèmes de traduction qui ne présentent pas la régularité observée ci-dessus : la redistribution des arguments autour du prédicat est plus complexe, telle place syntaxique pouvant en outre passer de l'animé à l'inanimé (ou inversement), le prédicat lui-même pouvant être l'objet d'une modulation lexicale [14] :

miss

> *He misses you.*   : : *Vous lui manquez.*
>
> *She suddenly missed her purse.*   : : *Elle se rendit compte qu'elle n'avait*
>   *plus son porte-monnaie.*
>
> *The house was always missing* : : *A la maison, il manquait constam-*
> *things.* (T.1)   *ment quelque chose.*

blame

> *You can't*   : : *Vous ne pouvez pas*
>   { *blame him for the accident*   { *lui reprocher*
>   { *blame the accident on him.*   { *le tenir responsable de*
>   *cet accident.*
>
> *Elle, détournait les yeux, mettant* : : *She would look away, trying to blame*
> *ces mauvais moments sur le*   *these painful moments on the*
> *compte du tourisme et de ses*   *foolishness of sight-seeing.*
> *ridicules.* (T. 23)

feed

> *They feed on insects.*   : : *Ils se nourrissent d'insectes.*
>
> *He can feed himself now.*   : : *Il sait manger tout seul.*
> *(R. & C.)*

---

(13) cas relevé par J. Tournier (1985), p. 209.

(14) Certains exemples, notés *LDOCE* et *R & C,* sont empruntés aux dictionnaires unilingue *Longman* et bilingue *Robert et Collins,* excellentes sources en ce domaine, que nous citons en fin de chapitre.

What do you feed your cat on ? (R. & C.)	:: *Que donnez-vous à manger à votre chat ?*
You shouldn't feed him that. (R. & C.)	:: *Vous ne devriez pas lui donner ça à manger.*
You feed in the money here and the coffee comes out here. (LDOCE)	:: *Vous mettez vos pièces ici et le café sort là.*

divorce

The court divorced them. (LDOCE)	:: *Le tribunal a prononcé le divorce.*
Did he divorce her or did she divorce him ?	:: *C'est lui qui a demandé le divorce, ou elle ?*
He divorced her.	:: *Il a divorcé.*
He got a divorce.	:: *Il a* $\begin{cases} \textit{divorcé.} \\ \textit{obtenu le divorce} \end{cases}$

confuse

Don't confuse RISE and RAISE	:: *Ne confondez pas RISE et RAISE*
We tried to confuse the enemy by... (LDOCE)	:: *Nous avons tentés de tromper l'ennemi en...*
I got confused	:: *Je ne savais plus où j'en étais*
It's confusing	:: *On s'y perd*

Rappelons enfin que, pour un type de prédicat donné, l'effacement de l'un des compléments est en principe toujours possible. Mais il n'intervient pas nécessairement de façon symétrique dans les deux langues :
— absence de C_1 en anglais :

What were we talking about when I interrupted ? (T. 3)	:: *De quoi parlions-nous lorsque j'ai interrompu **la conversation** ?*
We must celebrate !	*Il faut fêter **ça** !*

— absence de C_2 en anglais :

You promised !	:: *Tu **me** l'avais promis.*
What would you recommend ?	:: *Qu'est-ce que vous **nous** recommandez ?*
His colleague (...) said he would love to sell a British pair. (T. 12)	:: *J'aimerais bien pouvoir **vous** vendre un pantalon anglais, **me** confie-t-il.*

— absence de C_1 en français :

Cela permet d'être informé	:: *Il enables **one** to be informed*
Pour la B.B.C. il n'y a pas de doute : le débarquement a réussi. Londres rappelle que toutes les lignes de communication seront désormais harcelées. (F. Maspéro, *Le Sourire du Chat*)	:: $\begin{cases} \textit{points out} \\ \textit{emphasizes} \\ \textit{reminds **listeners**} \end{cases}$ *that...*

7.1.3. Transitivité sémantique et constructions dites causatives. Les traductions de *faire* + infinitif

L'objectif de cette section est triple. Expliciter le lien, perçu intuitivement, entre transitivité et causativité. Montrer que les constructions anglaises dites causatives forment un éventail sensiblement plus diversifié qu'il n'apparaît généralement dans les grammaires — même si, d'un point de vue contrastif, on s'en tient aux traductions de *faire* + infinitif. Montrer enfin que certaines de ces constructions ne sont pas intrinsèquement causatives, les opérateurs mis en jeu ayant un rôle qui dépasse largement cet effet de sens particulier.

La transitivité apparaît comme une notion dans une large mesure sémantique[15], de façon particulièrement nette lorsque, transformant un prédicat à une place (angl. *run* : : *courir*) en prédicat à deux places *(run a company* : : *diriger une entreprise),* on oriente le procès d'un sujet/agent vers un objet/patient. Dans son ouvrage de lexicologie[16], J. Tournier inclut les causatifs dans les transitifs *(boil water = cause water to boil).* On observe le même type d'orientation syntactico-sémantique, sous forme non lexicalisée, dans certaines constructions résultatives/causatives où le C_1 du premier prédicat est en même temps C_0 d'un second prédicat sous-jacent de type :

$$\text{SN (+ } be) + \left\{ \begin{array}{l} \text{adverbe} \\ \text{adjectif} \\ \text{participe} \end{array} \right.$$

He let	*them*	*in*
He shouted	*himself*	*hoarse*
He kicked	*the door*	*shut*
He had	*it*	*photocopied*

Le dernier exemple figure parmi les structures le plus généralement citées comme « causatives » ou « factitives », face au français *faire* + infinitif :

have + SN + participe passé	*(have one's hair cut)*
make + SN + base verbale	*(make so. cry)*
get + SN + base verbale	*(get so. to admit sth.)*

C'est de l'association de ces différents opérateurs marquant une relation abstraite *(make, let, have, get, cause)* et des différentes formes de détermination de la notion verbale qui suit (base verbale, *to* + base verbale, participe passé, participe présent) que résulte le large éventail de ces constructions. Le

---

(15) Voir sur ce point C. Hagège (1982), pp. 49-50.

(16) J. Tournier (1985) *Introduction descriptive à la lexicogénétique de l'anglais contemporain,* Paris, Champion-Slatkine, p. 209. Ce glissement transitif-intransitif figure dans le cadre général de la métasémie (changements de sens), de même que les glissements : actif-passif *(clipping = article clipped),* restriction sémantique (ex. verbal : *propose* = a) *make proposal,* b) *make offer of marriage*) etc.

Tableau 14 ci-dessous donne un échantillon des principales structures attestées.

Tableau 14. — Faire + infinitif : traductions non lexicalisées

A	The rain makes the grass grow (R & C) He made them cry Let him share your family life What would you have me say ?	make let have	+ BV
B	He couldn't get his views to prevail It's hard to get this child to eat It caused the ceiling to collapse He was made to do it	get cause be made	+ to + BV
C	He had his hair cut He tried to have the programme cancelled He's trying to get it published	have get	+ part. passé
D	He had everybody laughing at his jokes I got the engine going I'd set the dogs barking	have get set	+ part. présent

On notera que des tournures souvent classées à part comme « expressions idiomatiques » telles que *make oneself understood, let it be known, keep somebody waiting,* ne sont que des cas particuliers des structures A-D.

Sans nous substituer aux grammaires pour décrire le détail des oppositions sémantiques entre ces constructions, nous soulignerons deux lignes de partage essentielles pour faire des choix de traduction en connaissance de cause : entre les structures A et B; entre *have* et les autres opérateurs.

Après le type lexicalisé *boil water,* la structure A *(make so. work)* marque le type le plus direct [17] de causation, sans trace syntaxique ni autonomie du sujet de *work.* A propos de l'exemple *He made her understand algebra,*

---

(17) Voir sur ce point H. Adamczewski et C. Delmas (1982), p. 23, et P. Larreya (1984) p. 81 ss. dans une classification partiellement divergente. Causation directe ne signifie pas nécessairement contrainte, ni C_0 animé *(It made me cry).* De ce point de vue, cependant,
    He made her get into the car
suggère un minimum de contrainte par contraste avec l'énoncé ambivalent :
    Il l'a fait monter dans la voiture
qui pourra donner entre autres traductions :
    He helped her
    He told her *to get into the car.*
    He opened the car door for her.
Dans une perspective classificatoire, C. Hagège (1982), p. 50, rappelle la distinction *causativation* (transitivité faible, faible contrôle de l'agent)/*factitivation* (transitivité forte, contrôle de l'agent) illustrée par la double interprétation du français :
    Il la fait rêver
    (a) *par son charme* (: : *He sets her dreaming*)
    (b) *par hypnose* (: : *He makes her dream)*

Adamczewski & Delmas (1982) postulent un prédicat complexe *make understand*. A l'inverse, la structure B *(get him to work)* marque une causation indirecte, syntaxiquement décomposée, l'opérateur *to* marquant en surface la place du sujet. A l'intérieur de B, *cause* appelle le plus souvent un C_0 et un C_1 inanimés, et se rencontre typiquement dans la langue scientifique et technique. *Get* prend un sujet animé agent. Il marque un changement d'état et, comme dans ses emplois plus concrètement spatiaux, un but à atteindre ou atteint. D'où les effets de sens de difficulté surmontée, de persuasion, et la paraphrase *obtenir de quelqu'un qu'il fasse quelque chose*. Du français vers l'anglais, par exemple :

J'étais en train de me demander,
fit soudain Ludovic, comment on : : *... how we could get mother to see a*
pourrait faire admettre à maman *doctor.*
un examen médical.

(R. Ikor, *Frères humains,* in M. Charlot *et al.,* 1982, pp. 54-55)

Les constructions en *have* n'impliquent la causativité que de façon très indirecte. De façon significative, de *faire* + infinitif traduit par *have sth. done by so., Robert & Collins* donnent comme synonyme en entrée : *donner une tâche à exécuter*. Précisons au passage qu'inversement, *have sth. done* n'implique pas forcément un second participant au procès. Comme le souligne F. Grellet (1985), p. 41 [18] :

He had all his paintings sold at an auction peut signifier :

(1) *He arranged for his paintings to* *(Il fit vendre ses tableaux).*
be sold.

(2) *All his paintings were taken and* *(Tous ses tableaux furent vendus).*
sold.

Le *Longman Dictionary of Contemporary English* donne pour *have* sous une rubrique (nº 16) distincte de *have a house built* (nº 15), à la fois *I'll have your cat down from the tree in a minute, Mrs Jones* et *Have the job done by tomorrow* traduisible par *Arrangez-vous/débrouillez-vous pour que le travail soit fait demain*. *Have* apparaît ainsi, par delà la diversité des emplois, dans sa fonction très générale d'opérateur de localisation [19]. L'article cité de J. Bouscaren *et al.* analyse notamment (p. 64) *have* dans notre structure (D) :

I had the baby crying ,all morning

glosé comme :

I had the following situation : the baby cried all morning.

Exposant la mise en place des repérages successifs permettant de formaliser des énoncés complexes de ce type, A. Culioli, 1982 [20] analyse des familles d'énoncés tels que :

Il y a Paul qui soigne Marie.

(18) F. Grellet (1985) *"The Word against the Word",* Initiation à la version anglaise, Hachette.
(19) Cf. J. Bouscaren, J. Chuquet, B. Filhol-Duchet (1982) "HAVE opérateur de localisation", in *Cahiers de Recherche en Grammaire anglaise,* tome 1, Ophrys.
(20) A. Culioli (1982) « Rôle des représentations métalinguistiques en syntaxe », communication présentée au XIIIe Congrès international des Linguistes, Tokyo, Département de Recherches Linguistiques, Université de Paris VII.

Marie a Paul qui la soigne.

Jean a Paul qui soigne Marie.

Jean fait soigner Marie par Paul.

qui mettent en évidence, en français également, le lien entre localisation et effet de sens causatif.

Nous terminerons cette section en illustrant quelques types de traduction lexicalisée de *faire* + infinitif, qui représentent une fraction non négligeable de l'ensemble des cas.

a) On a vu l'importance de la transformation des prédicats à une place en prédicats à deux places qui s'applique à des verbes comme *boil (an egg), fly (a kite), jingle (a bell), operate (a machine)* parmi les plus courants, et à de nombreux verbes de mouvement :

*Son frère **fait glisser** les balles du chargeur et les cylindres arrondis roulent sur le lit*	: :	***slips** the bullets from the cartridge*
(F. Maspéro, *Le Sourire du Chat*)		
*Elles ont si bien **fait traîner** le travail que l'aérodrome n'a jamais été terminé. (Ibid.)*	: :	*They **dragged** the work out for so long that...*

b) les *phrasal verbs* représentent ensuite l'un des cas les plus fréquents :

faire visiter	: :	*take so. round*
faire entrer	: :	*let/bring so. in*
faire traverser	: :	*help so. across*
faire remarquer	: :	*point out*

c) On pourra avoir une traduction lexicalisée sous forme de verbe simple :

*Le curé le **fait travailler** dans sa bibliothèque. (Ibid.)*	: :	*The vicar **coaches/tutors** him in his library.*

qui implique souvent une modulation :

*une explosion **fait sauter** les tables*	: :	*An explosion **jostled/upset** the tables*
(M. Halter, *La vie incertaine de Marco Mahler*)		
*Il a été le premier à **faire lire** en France des auteurs comme Conrad.*	: :	*He has done much to **introduce** such authors as Conrad to the French reading public.*
(J. Green, *Le langage et son double*, pp. 174-175)		
*Il lui **fait traduire** César.*	: :	*He **translates** Caesar with him.*
(F. Maspéro, *op. cit.*)		

171

d) Enfin, selon les ressources lexicales disponibles de part et d'autre, *faire* + infinitif sera parfois traduit par une simple transposition :

> *Un jour, la vieille dame avait* : : *One day, the old lady forgot to **give*** *oublié de **faire déjeuner** l'enfant.* *the little girl **her lunch.***

(R. Ikor, *Frères humains,* in M. Charlot *et al.,* 1982, pp. 54-55).

> *Mais s'il veut se **faire servir,** il* : : *If you want **service,** you would be well* *aura soin d'étudier les heures* *advised to make careful note of the* *d'ouverture et de fermeture des* *opening and closing times of the* *magasins.* (T. 21) *shops.*

7.2. Différenciation syntaxique et sémantique

7.2.1. Complémentation gérondive et infinitive

La question de la complémentation gérondive ou infinitive peut d'abord être considérée comme une contrainte syntaxique imposée par chaque verbe en tant qu'item lexical : « *want* est suivi de l'infinitif, *enjoy* est suivi du gérondif, etc. ».

Un certain nombre de verbes, en effet, n'admettent qu'une des deux constructions exclusivement :

infinitif :	*attempt*	gérondif :	*enjoy*
	consent		*mind*
	fail		*contemplate*
	manage		*resent*
	etc.		etc.

Mais nombreux sont ceux qui admettent les deux constructions. On peut alors distinguer différents degrés dans la différenciation sémantique. Celle-ci est maximale et se répercute nettement sur la traduction avec :

stop	*he stopped speaking*	: :	*il s'arrêta de parler*
	he stopped to speak	: :	*il s'arrêta pour parler*
go on	*he went on talking about his accident*	: :	*il a continué à parler...*
	he went on to talk about his accident	: :	*puis il a parlé de.../il s'est mis à parler de...*
remember	*I remember cleaning it*	: :	*je me rappelle l'avoir nettoyé*
	I must remember to clean it	: :	*il faut que je pense à le nettoyer*
regret	*I regret mentioning it*	: :	*je regrette d'en avoir parlé*
	I regret to mention this	: :	*je regrette d'en parler d'avoir à en parler*

Elle est très sensible sans nécessairement donner lieu à deux traductions en français par exemple avec *try* :

Try turning the key the other : : *Essayez de...*
way. It might work.

He tried to turn the key but it : : *Il essaya de...*
was stuck.

Enfin, la différenciation sémantique peut être plus ténue et évaluée de façon variable selon les locuteurs et le dialecte. C'est par exemple le cas avec :

$$\left. \begin{array}{c} love \\ (don't)\ like \end{array} \right\} \left\{ \begin{array}{l} doing\ sth. \\ to\ do\ sth. \end{array} \right.$$

la construction infinitive étant courante, en anglais américain surtout. Reste qu'à l'intérieur d'un même dialecte toute concurrence entre deux formes distinctes est nécessairement motivée sémantiquement. A titre d'exemple, A.J. Thomson & A.V. Martinet (1980), p. 236, commentent ainsi la paire minimale suivante :

I like to go to the dentist twice a year
(I think it wise)
I like going to the dentist
(I enjoy my visits)

Cette formulation intuitive de la différence sémantique dans cet exemple particulier se trouve confirmée par les analyses théoriques d'emblée de l'opposition gérondif/infinitif.

H. Adamczewski et C. Delmas [21] cités plus haut en font une illustration privilégiée de l'opposition thématique/rhématique : contrairement à ce qui se passe pour V_1 *to* V_2, avec V_1 V_2-*ing* « le sémantisme de V_1 présuppose celui de V_2 », de façon particulièrement évidente avec *stop, mind* ou *remember*. Les auteurs soulignent que l'on retrouve le même type d'opposition en français entre *de* et *à* dans *commencer à/cesser de*, mais aussi *obliger quelqu'un à/être obligé de* ou encore, dans un autre domaine, *verre à vin/verre de vin*.

Comme nous l'avons déjà observé dans d'autres chapitres, à propos notamment de l'agencement syntaxique, hiérarchie entre éléments de l'énoncé et degré d'actualisation sont liés. Dans l'ouvrage mentionné plus haut [22] J. Chuquet consacre un chapitre à l'opposition infinitif/gérondif en situant ces deux formes, au point de vue de la détermination de la notion prédicative, sur un axe qui va du degré maximum d'actualisation (les emplois verbaux de -*ing* en situation) au degré minimum (l'infinitif, proche de la notion) [23]. L'auteur résume ses conclusions sur ce point dans une métaphore dynamique très éclairante (p. 260) :

« Leurs trajectoires sont opposées : le gérondif part de l'occurrence pour aller vers la classe d'occurrences de plus en plus indéterminées quant à

---

(21) *Op. cit.*, p. 31.

(22) J. Chuquet (1986) *TO et l'infinitif anglais*, Ophrys, chap. VII.

(23) L'opposition notion/occurrence se manifeste aussi dans le domaine des modalités (cf. 5.2.2.2.).

leur repérage prédicatif. On pourra donc dire que du point de vue de la quantification et de la qualification de la relation prédicative, il prend son origine dans le discret (discontinu) pour ensuite passer par différents stades de « compacification » où il n'est plus possible de distinguer les occurrences. Inversement l'infinitif repose sur un repérage fictif : son origine théorique est le compact (la notion) mais il faudra passer par différentes opérations de quantifiabilisation pour pouvoir distinguer les occurrences et en viser tout au moins une parmi d'autres. Les deux formes ont des points de rencontre que l'on peut isoler mais à aucun moment elles n'atteignent le pôle opposé à leur origine ».

7.2.2. La traduction des verbes à constructions multiples

Ayant ainsi tenté de donner un aperçu des problèmes soulevés par les constructions verbales, nous terminerons ce chapitre sur deux séries d'exemples illustrant la corrélation entre construction multiple, différenciation sémantique et traduction.

Dans le sens français → anglais, il s'agit d'un ensemble de verbes de grande fréquence qui ont en commun une composante modale (modalité de visée, modalité appréciative — cf. 5.1). Leur traduction met en jeu l'opposition gérondif/infinitif (évoquée plus haut en ce qui concerne *regretter* et *préférer*) et/ou une marque modale :

regretter	*de*	*Je regrette de (devoir) dire cela.*	: : *I regret to say this.*
		Je regrette d'avoir dit cela.	: : *I wish I hadn't said that.*
	que	*Je regrette que nous n'ayons pas de chien.*	: : *I wish we had a dog.*
		Je regrette qu'il le sache.	: : *I wish he didn't know.*

N.B. — *Wish* + passé hypothétique est évoqué en 4.4.4. au sujet des traductions du prétérit anglais. La seule difficulté vient de ce que la traduction comporte une inversion du point de vue. A l'intérieur de l'anglais, *I wish he was·were here* (selon le niveau de langue) fonctionne de façon parallèle à *If only he was·were here,* construction qui, elle, ne pose pas de problème par rapport au français.

souhaiter	+ C_1 + C_2	*Je vous souhaite bonne chance*	: : *I wish you the best of luck*
	+ C_1 (nominalisation en *que* ou syntagme nominal)	*Je souhaite qu'il vienne* *J'espère qu'il viendra*	: : *I hope (that) he'll come*
espérer		*Nous espérons une amélioration*	: : *We're hoping for an improvement*

	+ SN	*Je préfère celui-ci*	: :	*I like this one better*
		Je préfère la marche	: :	*I prefer walking*
préférer	+ inf.	*Je préfère marcher*	: :	*I prefer walking* *I'd rather walk*
		Je préférerais rester	: :	*I'd rather stay* *I'd prefer to stay*
	+ *que*	*Je préfère(rais) que tu restes ici*	: :	*I'd prefer you to stay here* *I'd rather you stayed here*

	pas de C_1	*si vous voulez*	: :	*if you like*
	C_1 = SN ou infinitif	*Que voulait-il ?*	: :	*What did he want ?*
vouloir		*Que voulez-vous boire ?*	: :	*What would you like*) *What do you want*) *to drink ?*
	C_1 = nominalisation en *que*	*Il veut que vous le fassiez* *Pourquoi voulez-vous qu'il soit surpris ?*	: : : :	*He wants you to do it* *Why should he be surprised ?*

| | prédicat à une place | *Il*)
 Ça) *a réussi* | : : | *He succeeded*
 He was successful
 He/it was a success |
| *réussir* | prédicat à deux places | *Il a réussi à...* | : : | *He succeeded in reforming the system.*
 He managed to unlock the door. |

	+ SN	*Il risque sa vie*	: :	*He's risking his life*
		Que risquons-nous ?	: :	*What do we risk ?*
risquer	+ *de* + infinitif	*Il risque de la perdre*	: :	*He might lose it*
		Cela risque d'arriver	: :	*It may well happen*

| *être* | | *Ce n'est pas la peine d'...* | : : | *You needn't bring all this.* |
| *valoir* | *la peine* | *Cela (ne) vaut (pas) la peine (de)* | : : | *It's worthwhile.*
 Is it worth going ?
 It isn't worth reading |

Cette dernière opposition, autour du mot *peine* en français, est fréquemment l'objet de confusions. Elle correspond aux deux types de modalité : pragmatique et appréciative.

Dans le sens anglais → français, il s'agit d'un ensemble ouvert de verbes admettant au moins deux structures de complémentation : prépositionnelle(s) et, dans certains cas, conjonctive. De façon prévisible, la construction des verbes correspondants en français n'est que partiellement superposable. On sait que, par ailleurs, certains verbes font partie de l'ensemble dit des faux-amis sémantiques (cf. chapitre 9) en ce sens que la traduction par le verbe apparenté est exclue dans une partie au moins des contextes, même si les constructions sont similaires :

$$
\text{demand} + \left\{ \begin{matrix} SN \\ that \end{matrix} \right\} \quad :: \quad \left\{ \begin{matrix} exiger \\ demander \end{matrix} \right\} + \left\{ \begin{matrix} SN \\ que \end{matrix} \right.
$$

$$
\text{order} + \left\{ \begin{matrix} that \\ SN \end{matrix} \right\} \quad :: \quad \left\{ \begin{matrix} ordonner \\ commander \end{matrix} \right\} + \left\{ \begin{matrix} que \\ SN \end{matrix} \right.
$$

Or un nombre considérable de verbes cumulent ces deux types de problèmes et sont à des degrés divers des faux-amis syntaxiques et sémantiques à la fois.

Un exemple-type est *insist* qui, sur l'ensemble des trois schémas de complémentation attestés (*Ø, on, that*), peut correspondre selon le contexte à *insister, exiger, soutenir, prétendre*, etc. (voir Tableau 15 ci-dessous). La dernière de ces quatre traductions renvoie d'ailleurs à un cas de faux-ami strictement sémantique qui est, lui, régulièrement répertorié comme tel : la non coïncidence entre l'anglais *pretend* et le français *prétendre*. La prise de conscience par l'étudiant francophone de l'importance relative de la complémentation en *that* après *insist* et de la diversité des traductions possibles est essentielle afin d'obtenir en retour des traductions satisfaisantes du français *prétendre* et la maîtrise du décalage entre *insist, pretend* en anglais et *insister, prétendre*, en français.

Contrairement au précédent, le tableau 15 ne constitue manifestement qu'un échantillon très partiel. Les choix de traduction indiqués ne sont pas, eux-mêmes, limitatifs, comme l'illustrera ce dernier exemple avec le nom dérivé de notre verbe-type *insist* :

*Instead of an honest search for unbiased answers to individual questions there has been **insistence on** finding the French, German, English or Italian basis for all that is good, true and honorable in creation.*

:: *on s'est **obstiné à** chercher un substrat français, allemand, anglais ou italien*

(*The Musical Quarterly*, nᵒ 63, 1977)

Tableau 15. — Echantillon de verbes à constructions et sens multiples.

I agree with you.	agree with	être d'accord avec
We agreed on a price.	agree on	se mette d'accord sur s'entendre sur
He agreed to the project.	agree to	donner son accord/son adhésion
She agrees (with me) that it is unfair.	agree that	reconnaître que

to apply pressure on sth./so.	apply	exercer
We can't apply this rule to them. The rule does not apply (to them).	apply to	(s') appliquer
to apply for a job	apply for	poser sa candidature à/ faire une demande

How much do they charge for it ?	charge (a price)	faire payer/prendre demander (un prix)
He was charged with murder.	charge with	accuser/inculper de

His happiness consists in helping others.	consist in	consister à
The United Kingdom consists of Great Britain & Northern Ireland.	consist of	se composer de

He insisted on doing it. He insists on punctuality.	insist on	insister pour, exiger, tenir à
He insisted that I should come. He insists that he has seen her before.	insist that	insister pour que soutenir/prétendre que

177

I intend to go.	*intend to*	*avoir l'intention de*
This book is intended for advanced students.	*intended for*	*destiné à* *s'adresse à*

He qualified as a doctor. *That noise doesn't qualify as music.*	*qualify as*	*faire ses études de* *obtenir le diplôme de* *mériter le nom de*
He qualified for the championship. *Do I qualify for the job ?*	*qualify for*	*se qualifier pour* *remplir les conditions*

BIBLIOGRAPHIE

● **Grammaires et manuels**

ADAMCZEWSKI H. et DELMAS C. (1982). — *Grammaire linguistique de l'anglais,* Armand Colin, chapitre 1 sur les oppositions *Ø / to / -ing.*

BOUSCAREN C. (1966). — *Choisir et construire,* Ophrys.

GRELLET F. (1985). — *"The Word against the Word". Initiation à la version anglaise,* Hachette. Fiches sur les structures causatives et résultatives, pp. 40 à 45.

THOMSON A.J. et MARTINET A.V. (1980). — *A Practical English Grammar,* Oxford University Press, chapitres 22, 23 et 24 sur infinitif et gérondif.

● **Dictionnaires**

Longman Dictionary of Contemporary English, 1978, Longman (nouvelle édition, 1987).

Le Robert et Collins. Dictionnaire français-anglais, anglais-français, 1978, Société du Nouveau Littré (nouvelle édition, 1987).

● **Ouvrages et articles théoriques**

CHUQUET J. (1986). — *TO et l'infinitif anglais,* Ophrys, en particulier chapitre VII : *TO* + Base verbale et le Gérondif.

CULIOLI A. (1982). — « Rôle des représentations métalinguistiques en syntaxe », Communication présentée au XIIIe Congrès International des Linguistes, Tokyo, Université de Paris VII, Département de Recherches linguistiques.

HAGEGE C. (1982). — *La structure des langues,* Presses Universitaires de France, « Que sais-je ? », no 2006, chapitre 2 : L'organisation de l'énoncé.

C. Domaine lexical

INTRODUCTION

Dans le choix du mot juste, plus encore qu'en grammaire, l'intuition, dira-t-on, a souvent le premier et le dernier mot. Il reste qu'en ce domaine aussi les choix heureux s'expliquent et les difficultés peuvent être l'objet d'une approche raisonnée.

Cette partie consacrée au lexique obéit, comme les précédentes, à une double préoccupation : offrir des échantillons représentatifs de corpus bilingue et, face aux divergences observées, introduire les notions qui permettent l'analyse. Le lexique est un domaine relativement délaissé par la linguistique contemporaine. On trouvera dans un article de J. Tournier [1] un convaincant « plaidoyer pour l'enseignement de la lexicologie » et, surtout, dans son *Introduction descriptive* [2] un ouvrage de référence à la fois complet et très lisible sur la lexicologie de l'anglais. Nous y renvoyons le lecteur à plusieurs reprises dans les pages qui suivent.

Si parler des mots c'est en venir au sens, le chapitre 8 rappelle que les unités lexicales ont aussi et d'abord leur syntaxe, qui se réalise différemment d'une langue à l'autre (composition, dérivation, conversion) en conformité avec les caractéristiques générales de la morphologie. Dans chacune des deux langues on observe entre la syntaxe du mot et celle de la phrase à la fois des tendances analogues (prédominance de la coordination, de la subordination) et des phénomènes de compensation (place de la juxtaposition, de l'explicitation des relations, etc.). Le chapitre 8 se termine sur la présentation d'un cas particulier de formation lexicale à différents égards typique de l'anglais : les verbes à particule adverbiale ou *phrasal verbs* qui illustrent en outre de façon

---

(1) « Plaidoyer pour l'enseignement de la lexicologie », in *Les Langues Modernes,* n° 3/4, *L'apprentissage du lexique,* pp. 23-29. L'ensemble de ce numéro est consacré à la réflexion sur le lexique dans une perspective pédagogique; on y trouvera une abondante bibliographie, notamment, pp. 20-22 et 107-122.
(2) J. Tournier (1985), *Introduction descriptive à la lexicogénétique de l'anglais contemporain,* Paris, Champion-Slatkine.

privilégiée les phénomènes sémantiques de polysémie et de glissement métaphorique.

Le chapitre 9, enfin, examine l'ensemble à la fois plus familier et plus complexe des problèmes de sémantique lexicale (extension, sens figurés, niveau de langue, etc.), là en particulier où l'on observe des divergences entre l'anglais et le français. Au terme de ce tour d'horizon, le phénomène bien connu des faux-amis se révèle être omniprésent et impliquer tout un ensemble de décalages sémantiques mais aussi syntaxiques. Ces divergences ne sont que prévisibles s'agissant d'éléments lexicaux d'origine commune intégrés à deux systèmes différents.

Chapitre 8

LA SYNTAXE DES UNITÉS LEXICALES

8.1. Le problème des lexies complexes

8.1.1. Unités lexicales : morphèmes, mots, lexies

La notion de *mot* a toujours posé des problèmes aux linguistes : elle est à la fois commode et imprécise. Afin d'abord de délimiter puis de décomposer les unités lexicales, au moins deux autres notions sont nécessaires : l'une, de niveau inférieur au mot : le *morphème* « unité significative minimale » [1]; l'autre, de niveau supérieur au mot : la *lexie*, définie comme « unité lexicale mémorisée » [1]. Contrairement à ce que l'on pourrait croire, ces deux notions sont plus faciles à définir que le *mot*. Si l'on peut hésiter sur le nombre de mots qui constituent, par exemple, le français *homme d'Etat* (angl. *statesman*) ou *s'en prendre à* (angl. *blame*), personne en revanche ne contestera :

1) que ces deux suites de mots comportent respectivement trois et quatre unités isolables (on les appellera *morphèmes*);

2) que chacune de ces deux suites est reconnue par les francophones et dans les dictionnaires comme formant une unité (appelée *lexie*).

On aura de la même façon, sans distinguer ici entre morphème flexionnel (grammatical) et morphème dérivationnel (lexical : préfixe ou suffixe) :

dé/coup/ons	*word-form/ation*	*as the crow fli/es*
3 morphèmes	3 morphèmes	5 morphèmes
1 mot	2 mots	4 mots
1 lexie	1 lexie	1 lexie

J. Tournier (1985), pp. 31-32, distingue plusieurs types de lexies, notamment :

— lexies primaires, comportant un seul élément autonome, sans affixe perçu comme tel : *form, inform, bang.*

— lexies affixées, comportant un ou plusieurs affixes : *graceful, disgraceful, kitchenette;*

— lexies composées, comportant au moins deux éléments autonomes et se comportant comme une unité lexicale : *war-office, prisoner of war, Secretary of State for War, look out;*

---

(1) Cette présentation et les exemples qui suivent suffiront à notre propos. Nous renvoyons pour une discussion plus approfondie de ces notions à J. Tournier (1985), pp. 27 à 32, et J. Lyons, (1968) *Introduction to Theoretical Linguistics*, Cambridge, chapter 5.

— lexies complexes, pouvant aller jusqu'à la phrase lexicalisée : *catch a cold, as the crow flies, when the cat is away the mice will play.*

Ces unités lexicales de niveau supérieur sont bien entendu aussi des *unités de traduction* comme le soulignent Vinay et Darbelnet (1958) au début de leur ouvrage, pp. 36 à 42. Sont illustrés non seulement les cas les plus nets, que nous avons abordés à propos des procédés de traduction, où des locutions verbales, adverbiales ou conjonctives sont traduites par une lexie simple :

mettre en italique	: :	*italicize*
fermer à clé	: :	*lock*
à juste titre	: :	*deservedly*
d'un air de reproche	: :	*reproachfully*
au fur et à mesure que	: :	*as*
à chaque fois que	: :	*whenever*

mais aussi les cas de lexie complexe de part et d'autre, depuis les « groupements par affinité » qui présentent une cohésion suffisante pour être lexicalisés :

un hiver rigoureux	: :	*a severe winter*
une majorité écrasante	: :	*an overwhelming majority*
grièvement blessé	: :	*seriously injured*
formellement interdit	: :	*strictly prohibited*

jusqu'aux locutions verbales où l'association des deux éléments est l'objet de fortes contraintes dans chaque langue :

pousser un soupir	: :	*heave a sigh*
passer un examen	: :	*take an exam*
remporter un succès	: :	*score a success*

8.1.2. La traduction des lexies complexes de type V + SN

Ce dernier cas de figure présente une difficulté particulière, reconnue comme telle par exemple dans R.A. Close (1975) à la fin du chapitre 10 sur les « Verb Patterns ». Sous la rubrique intitulée « Collocations with simple verbs », une vingtaine de verbes de grande fréquence sont accompagnés d'une liste de syntagmes nominaux qu'ils acceptent comme C_1. Tandis que, parmi les exemples cités,

DO so. harm
EARN a living
HAVE an effect on so.
MAKE a proposal

sont, à quelques différences près dans la détermination du syntagme nominal, superposables au français, ce n'est pas le cas des exemples ci-dessous :

DO so. a service	*(RENDRE service à qn.)*
EARN a reputation	*(SE FAIRE/ACQUÉRIR une réputation)*
HAVE a meal	*(PRENDRE un repas)*
MAKE an accusation	*(LANCER une accusation)*
OFFER one's resignation	*(PRÉSENTER sa démission)*

Le problème n'est pas ici celui du choix de la complémentation verbale mais, inversement, à partir d'un nom donné, celui du prédicat dont il peut être le C_1. Or si, pour une entrée verbale, les dictionnaires illustrent les compléments compatibles, l'inverse ne se vérifie pas. Il n'est pas toujours possible, à partir d'une entrée nominale de retrouver le prédicat qui prend typiquement ce nom comme C_1 [2].

Pour prendre deux exemples de registre légèrement différent, aucun des deux dictionnaires que nous citons et recommandons par ailleurs ne permet de trouver (rôle du dictionnaire français-anglais) ou de vérifier (rôle du dictionnaire unilingue) les lexies *earn somebody a reputation* et *take a course* [3]. Tout au plus trouvera-t-on pour la première, dans le dictionnaire bilingue, le schéma général *earn somebody something* à l'article *valoir,* inévitablement plus long à parcourir au total (1 colonne) que l'entrée nominale *réputation* (10 lignes).

	valoir à qn une réputation de earn sb a reputation for	
Robert et Collins	**valoir** **2** *vt (causer, coûter)* **valoir qch à qn :** to earn sb sth	**réputation** **se faire une réputation :** to make a name/a reputation for oneself X X X
Longman Dictionary	**earn** *It earned him the title* *of "The Greart"* X X X	**reputation** *have a reputation as/of/for;* *it's bad for your reputation* X X X

Les trois croix indiquent que l'on n'a pas trouvé la collocation recherchée.

---

(2) On trouvera des éléments de réponse à ce type de problème dans Benson, M. & E. & Ilson, R. (1986), *The BBI Combinatory Dictionary of English,* John Benjamin's.

(3) Le français *suivre un cours* est ambigu entre « suivre un enseignement » et « assister à une séance ». L'anglais *course* (= "a set of lessons") s'oppose ici à *class* (= "a lesson"), mais on ne trouvera pas non plus *have a class* pour *avoir cours* à partir de l'entrée nominale.

	suivre un cours take a course	
	suivre (e) *classe, cours (être* *inscrit à) :* to attend, to go to	**cours** (d) *série de leçons* **faire/donner un cours sur :** give a class/a lecture/a course on
Robert *et* *Collins*	X X X	X X X
Longman *Dictionary*	**take**	**course** *a 4-year history course*
	X X X	X X X

Pour les raisons que nous venons de développer, nous proposons une liste relativement étoffée qui reprend pour l'essentiel, mais sous forme bilingue, certaines des collocations de R.A. Close (1975) qui ne sont pas superposables dans les deux langues :

ACHIEVE an aim/a goal	: :	*ATTEINDRE un objectif/un but*
CLAIM the lives of 5 people	: :	*COUTER la vie à 5 personnes* [4]
COME to an agreement	: :	*PARVENIR à un accord*
COMMAND respect	: :	*IMPOSER le respect*
EARN a salary	: :	*TOUCHER un salaire*
GIVE sb. a warm welcome	: :	*RÉSERVER à qn. un accueil chaleureux*
HAVE a game	: :	*FAIRE une partie*
HAVE an operation	: :	*SUBIR une opération*
MAKE a decision	: :	*PRENDRE une décision*
MAKE a contribution	: :	*APPORTER une/sa contribution*
MAKE a note of sth.	: :	*PRENDRE NOTE de qch.*
MAKE OUT a cheque	: :	*FAIRE/ÉMETTRE un chèque*
MEET one's death	: :	*TROUVER la mort*
OFFER an apology	: :	*PRÉSENTER des excuses*
OFFER an explanation	: :	*DONNER/FOURNIR une explication*

---

(4) Le français *un accident a FAIT cinq morts* donne en anglais, avec un terme de départ animé humain : *five people died in an accident.*

OFFER a suggestion	: :	*FAIRE une proposition*
PAY a visit to sb.	: :	*RENDRE visite à*
SET an example	: :	*DONNER l'exemple*
SUPPLY evidence	: :	*APPORTER des preuves*
TAKE the opportunity	: :	*PROFITER de l'occasion pour*
WIN a prize	: :	*OBTENIR un prix*
WIN a victory	: :	*REMPORTER une victoire*
WRITE an essay, a thesis	: :	*FAIRE une dissertation, une thèse.*

Le fait que certaines de ces collocations admettent une variante impliquant un autre type de formation *(prendre note/noter)* ou un niveau de langue différent *(have/undergo an operation)* ne change pas la nature du problème initialement posé.

8.2. Productivité comparée des processus de formation lexicale

8.2.1. Composition de type germanique et traduction

On appelle *composition* la formation d'une unité lexicale à partir de plusieurs unités qui ont par ailleurs un statut autonome (contrairement aux affixes, dans la dérivation). Cette association peut prendre diverses formes graphiques. Ainsi, en français, chacun des termes : *portemanteau, porte-clés, porte de secours, porte cochère* est une lexie (comme définie en 8.1.1.) composée (comme définie ci-dessus).

Parmi les composés, on oppose le type « roman », caractérisé par l'ordre déterminé-déterminant *(bleu foncé, point de vue)* et le type « germanique » caractérisé par l'ordre déterminant-déterminé *(dark blue, viewpoint)*. J. Tournier (1985), p. 116, souligne que le type roman en N + prép. + N *(point of view, Secretary of State)* n'est pas négligeable en anglais, bien que le type N-N soit largement dominant. Cette opposition a été analysée en détail sous l'angle de la détermination nominale au chapitre 3 (cf. 3.3.1. b et c) en termes de repère-repéré *(the church spire)* et repéré-repère *(the spire of the church)*.

Le type roman, avec préposition, explicite dans une certaine mesure la relation entre les termes du composé alors que celle-ci est totalement effacée dans le type germanique :

tasse à thé	: :	*teacup*
compte en banque	: :	*bank account*
mal de tête	: :	*headache*

Mais c'est là une différence superficielle car dans le type N + prép. + N, la préposition tend à être grammaticalisée et son sémantisme distendu *(alimentation en eau, lunettes de soleil, propositions de paix)*.

Cette diversification sémantique est liée à la nature même du processus de composition. Dans les *Fondements syntaxiques de la composition nominale*[5], E. Benveniste souligne que la composition n'est pas un simple mécanisme morphologique de juxtaposition mais une « micro-syntaxe » : les composés « représentent la transformation de certaines propositions typiques, simples ou complexes, en signes nominaux » (p. 160). On sait que le processus est exploité avec la plus grande souplesse en anglais où il aboutit à la juxtaposition de composants liés par des relations syntactico-sémantiques très variées[6] :

sunshine	*flying saucer*	Sujet-Verbe ou Verbe-Sujet "the sun shines", "the saucer flies"
car driver	*drinking water*	Objet-Verbe ou Verbe-Objet "X drives the car", "X drinks the water"
handlebar	*teaching profession*	Identification "the bar is a handle"
searchlight	*steering wheel*	Instrumental "X searches with the light"
call box	*bed-sitter*[7]	Locatif "X calls from the box" "X sits on the bed"

Le français, de son côté, exploite beaucoup moins cette diversité. Les composés par juxtaposition, relativement peu nombreux, correspondent presque exclusivement soit à une relation de localisation (identification, appartenance, destination, etc.) : *coin cuisine, rayon hommes, compte épargne;* soit à la relation Verbe-Objet : *portefeuille, ouvre-boîte, lave-vaisselle,* schéma assez productif pour que, par analogie, *lave-linge* tende à remplacer *machine à laver.* Le français n'admet donc la composition par juxtaposition que dans la mesure où elle s'éloigne peu de la structure de l'énoncé sous-jacent (« ce coin est une cuisine », « cet appareil lave le linge », etc.). Il est intéressant de noter que l'anglais juxtapose sans expliciter à l'échelle du mot alors qu'inversement il tend, face au français, à expliciter les relations à l'échelle de la phrase (cf. 6.3.1.2.).

Ce fonctionnement des composés anglais pose deux types de problèmes lors de la traduction vers le français. Le premier, qui se pose en anglais même, est celui de l'interprétation d'une structure de surface ambiguë. Il peut y avoir

(5) In *Bulletin de la Société de Linguistique de Paris,* t. LXIII, 1967 et *Problèmes de linguistique générale,* tome 2 Gallimard, coll. Tel, 1974, pp. 145 à 162.

(6) On en trouvera un examen détaillé dans V. Adams (1973), *An Introduction to Modern English Word-Formation,* chap. 5.

(7) British English : a single room used for both living and sleeping in *(Longman Dictionary)* : : fr. *chambre meublée, studio.* Peut être considéré comme la contraction de *bed-sitting room* qui correspond à une relation d'identification.

ambiguïté sur la nature des relations syntactico-sémantiques que l'on vient d'évoquer. Parmi les composés en N + N, V. Adams (1973), p. 62, relève comme représentative l'ambiguïté de *witch doctor* qui peut être "a doctor who resembles a witch", "a doctor who is a witch", ou encore "a doctor who detects witches". De même, selon que l'on s'adresse à des anglophones britanniques ou américains, *flower girl* sera "a girl or woman who sells flowers in a street or market" *(Longman Dictionary)* ou bien "a little girl who carries flowers at a wedding" *(Webster's New Collegiate Dictionary)*. Parmi les composés associant verbe et nom, l'ambiguïté du schéma *V-ing* + N, illustrée ci-dessus par *flying saucer* et *drinking water* tient au nombre de places envisagé autour du prédicat (cf. 7.1.2.), de même que dans l'exemple (non lexicalisé) rendu célèbre par Chomsky : *flying planes can be dangerous.* Pour reprendre le dernier exemple cité dans le tableau ci-dessus, la lexie *bed-sitter* prise globalement ne désigne pas, comme *mine-worker,* l'agent mais le lieu du processus. Un décalage métonymique analogue prévaut entre l'anglais *cut-throat* (: : *assassin*) et le français *coupe-gorge* (le lieu).

Il peut aussi y avoir ambiguïté quant à la portée de chacun des termes sur les autres. Il s'agit des ambiguïtés structurales bien connues telles que *modern history section* interprétable comme :

modern history section   ou   *modern history section*
                                        comme

Les possibilités d'ambiguïté sont multipliées par la récursivité du processus qui donne lieu à des surcomposés [8], particulièrement dans les domaines scientifique et technique :

Stylus pressure adjustment	: :	*Réglage de la pression de la pointe de lecture sur le sillon*
vertical-axis wind turbine	: :	*éolienne à axe vertical*
high-technology unmanned transit systems	: :	*réseaux automatisés à pilotage électronique*
The Pentagon's Defense Advanced Research Projects Agency	: :	*Agence de planification et de recherche avancée du Pentagone.*

La récursivité, poussée ici à l'extrême, ne peut jouer à ce point qu'avec les composés de type germanique. Dans le même contexte, le français se heurte vite à l'accumulation des prépositions. Le composé de taille plus raisonnable *Industrial Development Act Report* passe mal dans sa traduction directe en français : *Rapport sur la loi sur le développement industriel.*

Se trouve ainsi soulevé le deuxième type de problème de traduction des composés anglais : alors même que les relations entre les composants sont claires, c'est le caractère elliptique de la composition par juxtaposition qui fait difficulté vis-à-vis du français. L'introduction de liens prépositionnels est

---

(8) Terme utilisé par J. Tournier (1985), p. 115.

inhérent, on l'a vu, aux composés de type roman. Les surcomposés anglais à trois éléments ne posent généralement pas de problèmes insurmontables :

first-year linguistics course	: :	*cours de linguistique de première année*
Boarding House Breakfast (T. 3)	: :	*Petit déjeuner dans une pension de famille*

Au-delà, le français doit recourir à différents procédés de traduction et modifications syntaxiques. Pour reprendre un des exemples ci-dessus :

Industrial Development Act Report	: :	*Rapport concernant la loi sur le développement industriel*

Il est fréquent que la traduction appelle de façon contraignante l'introduction d'un syntagme verbal :

This is a convenient home task : : *On peut aisément le faire à la maison (UNESCO New Handbook for Science Teaching)*

notamment sous forme de subordonnée relative (complète ou tronquée), alors que le nom composé anglais est par nature intégré à la principale (cf. Agencement syntaxique, 6.3.1.) :

cry baby dolls	: :	*des baigneurs qui pleurent*
a river town	: :	*une ville située sur une rivière*
SALT II, sealed with a Carter hug, confirmed Soviet strategic superiority	: :	*Les accords SALT II, scellés par une accolade échangée avec Carter...*

(Newsweek, November 22, 1982)

Enfin, le caractère elliptique des composés se manifeste en anglais même avec le type *Foreign Office,* où l'on peut rétablir un élément sous-entendu *(Foreign Affairs Office).* Ce cas de figure illustre par ailleurs le déplacement métonymique appelé *hypallage,* « figure de style qui consiste à attribuer à certains mots d'une phrase ce qui convient à d'autres mots de la même phrase » *(le Petit Robert)* [9] :

*Don't let **hot taps** drip*
(= hot water taps)

art thefts
(= thefts of works of art)

top salaries

$(= \text{top} \begin{cases} \text{civil servant} \\ \text{executive} \end{cases} \text{salaries})$

---

(9) H. Suhami (1981). *Les figures de style,* P.U.F., « Que sais-je ? » n° 1889, donne comme exemples de ce transfert syntaxique qu'est l'hypallage (p. 54) :

With rainy marching in the painful field
(Shakespeare, *Henri V)*

L'odeur neuve de ma robe
(Valery Larbaud : *Enfantines).*

oil wives, *lawyers' wives, army wives*
(= wives of oil engineers)

pierced ear-rings
(pierced ear ear-rings)

Striptease clubs and topless bars
(— bars with girls with topless suits)

Twin-size foam mattress
(= twin-bed size
donc : : *matelas de mousse* **une** *place !).*

8.2.2. Composition et dérivation

Même si l'opposition appelle quelques nuances, on peut dire en termes de tendances que l'anglais privilégie la composition là où le français privilégie la dérivation par affixation. On le vérifiera en parcourant les tableaux ci-dessous, dans lesquels certaines correspondances impliquent en outre une modulation.

Composé		Dérivé	
teapot	: :	*théière*	
candlesticks (T. 2)	: :	*chandeliers*	
street lamp	: :	*réverbère*	
take-off	: :	*décollage*	
deep-freeze	: :	*congélateur*	
paintwork (T. 18)	: :	*carrosserie*	
easy-view (T. 11)	: :	*lisible*	
opposite number	: :	*homologue*	
work out	: :	*élaborer*	(dérivation
one-to-one correspon-dence	: :	*correspondance biuni-voque*	savante)
'poor old Dad' look (T. 9)	: :	*air de commisération*	

Composé (dont 1 composant dérivé)		Dérivé	
book binding	: :	reliure	
spin-dryer	: :	essoreuse	
vacuum cleaner	: :	aspirateur	
decision makers	: :	« décideurs »	
sales assistant	: :	vendeur	
dialling tone	: :	tonalité	
visiting room	: :	parloir	
tape recorder	: :	magnétophone	(dérivation savante)
native speaker of English	: :	anglophone	
stamp collector	: :	philatéliste	
computer science	: :	informatique	

Composé		Composé (dont 1 composant dérivé)	
family car	: :	voiture familiale	
bank account	: :	compte bancaire	
university degree	: :	diplôme universitaire	
Jesus-figure	: :	figure christique	
spacecraft	: :	vaisseau spatial	
surcomposés :			
tear-off slip	: :	coupon détachable	
weekend cottage	: :	résidence secondaire	
'best before' date	: :	date limite de consommation	
family tree	: :	arbre généalogique	(dérivation savante) [10]
land reform	: :	réforme agraire	
heart muscle	: :	muscle cardiaque	
leap year	: :	année bissextile	
fingerprints	: :	empreintes digitales	
seaside resort	: :	station balnéaire	
coal plant	: :	centrale thermique	

---

(10) On rencontre quelques contre-exemples avec composition en français et dérivation savante en anglais :

travail de bureau	: :	clerical work
entrée des véhicules	: :	vehicular access
verres à double foyer	: :	bifocal lenses/bifocals
hygiène et sécurité du travail	: :	occupational health and safety.

C'est ce dernier cas de figure qui est traité par Vinay et Darbelnet (1958), p. 73, comme « doublets savants et populaires », termes traditionnellement appliqués aux paires telles que *naviguer/nager, traire/tirer,* etc. Cette présentation superpose deux tendances du français qui sont liées mais néanmoins distinctes : d'une part la tendance très générale à dériver par affixation (sur radical savant ou non), illustrée par nos premiers tableaux ci-dessus. D'autre part, la tendance à utiliser, à processus de formation lexicale égal, ainsi que dans d'autres domaines (traduction de *say,* etc.), des racines lexicales de niveau de langue plus soutenu car d'origine latine. On a ainsi par exemple les correspondances suivantes :

Dérivé		Dérivé (savant)
daily	: :	*quotidien*
working (day)	: :	*(jour) ouvrable*
driver	: :	*automobiliste*

Composé N + N dérivé		Composé (savant) N + Adj dérivé (savant)
water skiing	: :	*ski nautique*
tax evasion	: :	*fraude fiscale*
cave drawings	: :	*peintures rupestres*

La prise de conscience de ces régularités doit permettre sinon de trouver automatiquement la réponse aux problèmes de traduction dans le domaine lexical, du moins de prévoir les types de solutions possibles, en particulier dans la traduction vers l'anglais, qui a davantage recours à des lexies primaires. S'il n'est évidemment pas facile pour l'anglophone de « reconstituer » des dérivations savantes comme *témoin oculaire* ou *artificier,* le francophone peut en revanche, à partir de telles formations, prévoir, dès lors qu'il en connaît chaque composant, *eye witness* et *bomb expert,* ou, mieux encore, *bomb disposal expert.*

Dans le sens français → anglais, les dérivés par affixation donnent donc typiquement des composés. Dans certains cas cependant, notamment lorsqu'il s'agit d'affixes à valeur aspectuelle, modale ou factitive, ils devront être explicités et transposés dans une périphrase :

Le pays s'endettait à tout va (T. 17)	: :	*The country was sinking deeper and deeper into debt*
des secrets mal partageables (T. 20)	: :	*secrets that are so hard to share*
La Nostalgie passionnait les foules (T. 20)	: :	*Nostalgia got large numbers of people keenly interested.*

Si au total, le français recourt plus systématiquement que l'anglais à l'affixation, certains affixes lexicaux anglais se distinguent par une exceptionnelle productivité. Ils appellent de ce fait des traductions diversifées et, par là même, la mise en œuvre de différents procédés de traduction. Nous examinerons dans ce sens deux préfixes *(un-, over-)* et deux suffixes *(-er, -ly)* particulièrement représentatifs.

> *un-*

Traduction par un préfixe :

un-	{ *in-*	*unlikely*	: :	*improbable*
	mal-	*unhappy*	: :	*malheureux*
	a-	*ungrammatical*	: :	*agrammatical*
	dé-	*undo*	: :	*défaire*

Transposition du préfixe :

— en adverbe :

uninspired : : *peu inspiré*

— en négation grammaticale :

The exercise was quite unscienti- : : *L'opération n'avait rien de scientifi-*
fic (T. 12) *que*

— en verbe :

For the first time she looked : : *Pour la première fois, elle sembla*
unconfident (D. Lessing, *The* *perdre son assurance*
Grass Is Singing)

— en verbe ou en nom :

(quote...) unquote : : *fermez les guillemets/*
fin de citation

Modulation (inversion du point de vue) :

uninspiring : : *déprimant, sinistre*

There was nothing very unfam- : : *Je connaissais déjà la ville pour y être*
iliar (T. 8) *allé*

Et, dans le sens français → anglais :

il ne fallait pas trop nous cher- : : *it was unwise to provoke us*
cher (A. Gerber)

Arrivée dans le hameau (T. 19) : : *An Unwelcome Visitor*

> *over-*

Traduction par un préfixe *(sur-, dé-, re-)*

overestimate	: :	*surestimer*
overhear	: :	*surprendre (conversation)*
overtake	: :	*dépasser*
it's overweight	: :	*ça dépasse le poids autorisé*
it overlaps	: :	*cela se recoupe*

192

Transpositions :

oversimplification	: :	*simplification abusive*
overtime	: :	*heures supplémentaires*
be overdue	: :	*être en retard*
be overzealous	: :	*faire de l'excès de zèle*

Modulations sur le statut assertif, l'image :

oversleep	: :	*ne pas se réveiller à l'heure*
overspill car park	: :	*parking supplémentaire*
an overprotected child	: :	*un enfant couvé*
be oversubtle	: :	*chercher midi à quatorze heures*, etc.

```
-er
```

Ce suffixe marquant notamment l'agentivité ne peut pas toujours être traduit sur le modèle courant *worker* : : *travailleur/ouvrier* et appelle alors une transposition ou une modulation :

marbles can be killers	: :	*les billes peuvent tuer*
she's a very good dancer	: :	*elle danse très bien*
Labour left-wingers	: :	*l'aile gauche du Parti travailliste*

Un schéma très productif en anglais est le type *best-seller* (adj./adv. + N-*er)* :

the faster seller (T. 12)	: :	*celui qui se vend le mieux*
Helen was a smart dresser (T. 1)	: :	*Hélène s'habillait avec élégance*
he's a fast reader	: :	*il lit vite*
he's a bad loser	: :	*il est mauvais joueur*
he's a chain smoker	: :	*il fume cigarette sur cigarette*
he's a severe grader	: :	*il note sévèrement*
he's a poor small screen performer	: :	*il passe mal à la télévision*

```
-ly
```

De nombreux adverbes en *-ly* ne seront pas traduits par un adverbe en *-ment* mais par une locution adverbiale :

Basically...	: :	*Au fond...*
Increasingly...	: :	*De plus en plus...*
coaxingly (T. 3)	: :	*d'une voix caressante*
neatly (T. 4)	: :	*avec élégance*

*He left his key and went out **wordlessly***	: : *Il déposa sa clé et sortit sans dire un mot*
(R. Wright, *Big Black Good Man)*	

La transposition peut entraîner diverses modifications de l'agencement syntaxique :

*The nine young men were standing **idly** outside*	: : *Dehors, les neuf jeunes gens sont là, désœuvrés*
(The Christian Science Monitor, January 18, 1986)	
*I cycled slowly and **undecidedly** out the familiar main road* (T. 8)	: : *Hésitant encore, je suis sorti lentement de la ville par la route principale*
Admittedly...	: : *On ne peut nier que...*
***Simply** fill in the tear-off slip below*	: : *Il vous suffit de remplir le coupon détachable* (cf. 5.3.3.1.)

Dans le sens français → anglais :

Des siècles de persécution leur ont légué un fond de défiance (T. 20)	: : *Centuries of persecution have left them **basically** mistrustful*

8.2.3. La conversion ou dérivation par affixation zéro

Le processus de formation lexicale qui présente la productivité la plus différente en anglais et en français est la *conversion* ou transfert fonctionnel d'un mot d'une catégorie grammaticale à une autre sans modification morphologique [11] :

a hammer	→	*to hammer*
to walk	→	*a walk*
en enseignant	→	*un enseignant*

La conversion est donc, dans le cadre d'une langue donnée, un processus apparenté à la transposition comme procédé de traduction (cf. chap. 1).

---

(11) Ce changement de catégorie syntaxique implique aussi divers déplacements sémantiques, variables en fonction des propriétés physico-culturelles des éléments concernés. Par exemple, entre nom et verbe, des transferts métonymiques entre le processus et l'objet, le résultat, l'instrument, etc., du processus :

to fish	*(to try to catch fish)*	: : *pêcher*
to lamb	*(to give birth to lambs)*	: : *mettre bas*
to tunnel	*(to make a tunnel)*	: : *creuser un tunnel*
to pocket	*(to put into one's pocket)*	: : *empocher*

Pour un inventaire détaillé de ces relations sémantiques, voir V. Adams (1973), pp. 42-56 et J. Tournier (1985), pp. 185-190. A propos de l'identification sujet-processus *(to ape :: singer)* et objet-processus *(to treasure :: garder précieusement),* J. Tournier fait remarquer l'équivalence, aussi inattendue qu'évidente, entre *"Don't mother him"* et *"Don't baby him"* (: : *Arrête de le materner/de le traiter comme un enfant,* etc.).

Le terme de « dérivation par affixation zéro », préconisé par V. Adams (1973), p. 37, permet une généralisation éclairante en soulignant le parallélisme avec les autres formes de dérivation :

a victim	→ to victimize	(suffixation)
a spy	→ to spy	(suffixation zéro)

et, d'autre part, le lien avec d'autres domaines comme la détermination où l'on doit postuler un morphème zéro. Cette absence de marque peut donner lieu à des ambiguïtés, par exemple dans les titres de presse où les déterminants nominaux sont sous-entendus :

South African guerillas   : : La guérilla sud-africaine s'attaque à
target white rural areas   des zones rurales de population blan-
(The Christian Science Monitor, che
January 18, 1986)

De tels emplois de la conversion appellent différents procédés de traduction que nous examinons plus loin et commencent souvent par poser au francophone un problème d'interprétation alors même que l'item lexical est familier avec un autre statut grammatical [12]

to **price** some early Christmas   : : commencer à regarder les prix des
presents (T. 12)   cadeaux

La conversion manifeste ainsi dans le domaine lexical l'économie des marques morphologiques (morphèmes dérivationnels) qui est un trait bien connu de l'anglais dans le domaine grammatical (morphèmes flexionnels). La conversion Nom → Verbe :

flower	→ to flower
chain	→ to chain

qui est la plus productive en anglais, est totalement étrangère au français qui ne peut opérer ce transfert sans affixation (fleurir, enchaîner). Il est significatif à cet égard qu'à côté de quelques infinitifs (le déjeûner, un être, ses dires), la conversion Verbe → Nom ne fonctionne en français que là où elle peut porter sur des formes déjà marquées morphologiquement comme les participes :

les rescapés	: : the survivors
la mariée	: : the bride
les enseignants	: : teachers / the teaching profession
les élus	: : the elected representatives

Deux autres domaines particuliers où la conversion a une meilleure productivité en français sont les prépositions/adverbes

les dessous de la politique (T. 20)	: : the hidden side of politics
mon pardessus	: : my overcoat (T. 7)

---

(12) Cf. J.L. Duchet & M. Paillard (1985), « Les blocages de la compréhension aurale : phonétique, lexique ou grammaire ? » in Les Langues Modernes, n° 3/4 : L'apprentissage du lexique, pp. 53 à 56.

et surtout les adjectifs :

petit	→	*les petits*	(: : *the little ones*)
anglais	→	*une Anglaise*	(: : *an Englishwoman*)
industriel	→	*un industriel*	(: : *an industrialist,*
			a manufacturer)

En anglais les adjectifs ne donnent généralement lieu qu'à une conversion partielle — le nom dérivé ne pouvant pas subir toutes les opérations de détermination :

wealthy	→	*the wealthy*	(: : *les riches*)
	non pas *	*a wealthy*	
	mais	*a wealthy man*	(: : *un riche*)
English	→	*the English*	(: : *les Anglais*)
	non pas *	*an English*	
	mais	*an Englishman*	(: : *un Anglais*)

et de même pour *poor, rich, homeless, unemployed, young,* etc.

Pour revenir aux cas très productifs en anglais, face à la conversion entre verbe et nom, le français utilisera selon le cas :

• le jeu sur l'affixation :

— suffixe

(to) flower	: : *fleur/fleurir*
(to) hammer	: : *marteau/marteler*

— préfixe et suffixe

(to) pocket	: : *poche / empocher*
(to) weed	: : *herbe / désherber*
(to) dust	: : *poussière / dépoussiérer*
(to) ship	: : *navire / acheminer* (+ modulation)

• une lexie verbale formée autour du nom (transposition localisée) :

to campaign	: : *faire campagne*
to veto	: : *opposer son veto*
to dry-dock	: : *mettre en cale sèche*
to helicopter	: : *transporter en hélicoptère*

(M. Ballard, 1980, p. 157).

• face à la conversion Verbe → Nom *(a walk)*, l'affixation et/ou une transposition :

go for a walk	: : { *faire une promenade* / *aller se promener*
have a try	: : { *faire un essai* / *essayer*
have a good laugh	: : *bien rire*
go for a swim	: : *aller se baigner*
for a change	: : *pour changer*

- une modulation notamment dans les cas d'emploi récent ou non lexicalisé :

*only 10 % of **polled** Britons*	: : *seulement 10 % des Britanniques **interrogés***
*The Special Branch **raided** his house because of Gordon* (A. Brink, *A Dry White Season*)	: : *La Brigade spéciale a **passé** sa maison **au peigne fin** à cause de Gordon*
*Police telling miners they could afford to strike because their wives were out **whoring*** (*Newsweek,* November 5, 1984)	: : *parce que leur femme **faisait le trottoir***
manned flights	: : *vols habités*

(*Newsweek,* February 10, 1986 : "*Space. New Life for a Debate : To Man or Not to Man ?*")

La conversion peut porter sur un nom de marque commerciale, qui gardera ou non sa majuscule selon qu'il sera perçu comme plus ou moins intégré :

to hoover	: : *passer l'aspirateur*
to xerox	: : *photocopier*
*... when she **Windexes** toothpaste flecks off the bathroom mirror* (B. Mukherjee, *Darkness*)	: : *quand elle **enlève** (au Windex) les taches de dentifrice du miroir de la salle de bains*

Pourra encore être convertie en verbe une préposition ou particule adverbiale :

to up the prices	: : *augmenter les prix*
to down tools	: : *cesser le travail*
to round up sheep	: : *rassembler les moutons*

une interjection :

*blue chalk used for **okaying** passengers' bags* (J. Brunner, *The Squares of the City*)	: : *la craie bleue dont il se servait pour **marquer** les bagages qui* { ***pouvaient être embarqués** **avaient subi le contrôle***

un syntagme entier :

a might-have-been	: : a) *un espoir déçu*
	b) (d'une personne) *un raté*
*"Broadway Danny Rose" is about the **has-beens** and **never-wases** of showbiz to whom, in spite of his success, Woody Allen still feels close.* (*Guardian Weekly,* 26 August 1984).	: : *ceux pour qui le succès est passé — ou n'est jamais venu*

Nous terminerons sur un exemple de conversion Verbe → Nom parfois empruntée en français comme néologisme publicitaire mais qui appelle ici dans la traduction un remaniement complet de l'agencement syntaxique :

It is the story of a conquest, the	*C'est l'histoire de cette conquête — la*
conquest of Paris by Son Excel-	*conquête de Paris par Son Excellence*
lence Emile Zola, that unfolds in	*Emile Zola — que vous donnent à*
the letters of this volume which is	*lire les lettres ici publiées.*
a must *in the library of anyone*	*C'est assez dire que nul historien*
studying the nineteenth-century	*du roman français, nul historien du*
French novel and Naturalism.	*Naturalisme, de sa genèse et de sa*
	réception critique, ne peut faire l'éco-
	nomie de leur lecture.

(Notice sur la correspondance d'Emile Zola, Editions du CNRS / Presses de l'Université de Montréal).

8.3. Un cas de figure crucial : les *phrasal verbs* anglais

Les *phrasal verbs* anglais se situent au carrefour des deux processus de formation lexicale qui viennent d'être étudiés : l'association d'un verbe et d'une particule adverbiale constitue le type le plus fréquent de verbe composé en anglais [13]; d'autre part, on trouve de nombreux *phrasal verbs* formés à partir d'une conversion : Nom → Verbe, tandis que d'autres sont eux-mêmes susceptibles d'être employés comme noms par conversion : Verbe → Nom.

Tout en confrontant les *phrasal verbs* anglais au français dans le cadre des processus de formation lexicale (composition vs. dérivation), nous serons amenés à aborder l'ensemble des problèmes de traduction posés par ce cas de figure d'une grande fréquence : déclenchement contraignant de procédés de traduction (transpositions, chassés-croisés), glissements sémantiques et emplois métaphoriques, différences entre le français et l'anglais sur le plan aspectuel.

Il s'agit ici d'examiner les caractéristiques propres aux *phrasal verbs* qui ont une incidence sur la traduction, notamment dans le sens français → anglais. Pour la classification des *phrasal verbs,* la différence entre *phrasal verbs* et *prepositional verbs* et les règles de construction en surface, par exemple en ce qui concerne la place du C_1, nous renvoyons aux grammaires [14] et aux dictionnaires [15] qui leur sont consacrés.

---

[13] Pour les autres types de formation verbale par composition, voir J. Tournier (1985), pp. 128-129.

[14] Notamment : R.A. Close (1975) *A Reference Grammar for Students of English,* Longman, pp. 27-28 et chapitre 12, et A.J. Thomson & A.V. Martinet (1960) *A Practical English Grammar,* Oxford University Press, chapitre 32.
Rappelons simplement la différence entre :
— *prepositional verbs : He came across the street to meet me.*
       He went up the stairs.
et
— *phrasal verbs* (les seuls qui seront traités dans le présent chapitre) :
       I came across an interesting example the other day.
       He went up in the lift.

[15] Outre les dictionnaires déjà cités au chapitre 7, on trouve des dictionnaires exclusivement consacrés aux verbes composés, notamment :
— *Dictionary of English Phrasal Verbs and their Idioms,* Collins, 1974, et
— *Oxford Dictionary of Current Idiomatic English, Part I,* Oxford University Press, 1975.

On se reportera également à l'ouvrge de C. Bouscaren *et al.* [16] qui offre des exemples nombreux et variés de traduction dans le sens anglais → français. Dans son ouvrage d'initiation à la version, F. Grellet [17] présente aussi des exemples intéressants des problèmes de compréhension posés par les *phrasal verbs* et des procédés mis en œuvre pour les traduire.

8.3.1. Les *phrasal verbs* comme composes et le rôle de la conversion

8.3.1.1. *Les* phrasal verbs *face aux dérivés français*

Comme les autres composés anglais par juxtaposition, les *phrasal verbs* correspondent fréquemment à des dérivés par affixation en français :

come back	: :	*re/venir*
take away	: :	*em/porter*
move in	: :	*em/ménager*
move out	: :	*dé/ménager*
bring up	: :	*é/lever (des enfants)*
		sou/lever (une question)
boil over	: :	*dé/bord/er*
work out	: :	*é/labor/er*

Dans le passage du français à l'anglais, le recours au *phrasal verb* est dans bien des cas indispensable à la production d'un texte authentique. L'introduction du *Dictionary of English Phrasal Verbs and their Idioms* [18] insiste en effet sur la fréquence des *phrasal verbs* à travers un large éventail de types de discours :

> " Phrasal verbs are mainly colloquial. They are used casually, in everyday speech, or in order to express vivid, emotional and frequently slangy points, to conjure up special metaphoric relationships and jokes [...] [They are also] beginning to make inroads into sciences which have until recently depended upon Latin and Greek for their terminologies. Computer science, economics and statistics are cases in point."

Il est fréquent que le choix du traducteur se porte sur un *phrasal verb,* alors même qu'il existe en anglais un verbe simple — souvent à racine latine ou grecque — correspondant au sens du verbe français. Le tableau 16 présente quelques-uns des cas les plus fréquents où l'anglais aura de préférence recours à un *phrasal verb.*

(16) C. Bouscaren, A. Davoust et C. Rivière (1984), *Testez votre compréhension de l'anglais et de l'américain,* Ophrys.

(17) F. Grellet (1985), *"The Word against the Word"* : initiation à la version anglaise, Hachette, pp. 78 à 84, 156 à 158.

(18) Collins, 1974, *op. cit.,* pp. 5-6.

Tableau 16. — Phrasal verbs vs. verbes simples.

FRANÇAIS	PHRASAL VERB	EXEMPLES	VERBE SIMPLE
abolir	*do away with*	*The French Revolution did away with privileges.*	abolish
annuler	*call off*	*The meeting was called off at the last minute.*	cancel
augmenter	*go up*	*The price of petrol keeps going up.*	increase
compenser	*make up (for)*	*You'll have to make up for the damage.*	compensate (for)
constituer	*make up*	*Britain and Northern Ireland make up the U.K.*	constitute
décevoir	*let down*	*He really let his family down by failing his exams.*	disappoint
découvrir	*find out*	*He found out where they were hiding.*	discover
distribuer	*give out/hand out*	*He was handing out leaflets at the meeting.*	distribute
effectuer	*carry out*	*The experiment was carried out secretly.*	perform
épuiser	*wear out*	*I was quite worn out after that climb.*	exhaust
étudier	*go into/look into*	*We've looked into the problem thoroughly.*	study
exploser	*go off/blow up*	*The bomb went off at midnight and the whole building blew up.*	explode
héberger (loger)	*put up*	*Could you put me up for the night ?*	accommodate
livrer	*turn in*	*They turned him in to the police.*	deliver
se livrer	*give oneself up*	*He gave himself up without struggling.*	surrender

200

FRANÇAIS	PHRASAL VERB	EXEMPLES	VERBE SIMPLE
percevoir	*make out*	*I could hardly make out where the road was in the fog.*	perceive
provoquer	*bring about*	*The government's action brought about a rebellion.*	provoke
refuser	*turn down*	*He turned down my offer of help.*	refuse
rencontrer	*come across*	*I've never come across this name before.*	meet
répartir	*break down (into)*	*The statistics can be broken down into three categories.*	divide
repousser	*put off*	*The decision was put off until after the elections.*	postpone
retarder	*hold up*	*They were held up by the heavy traffic.*	delay
réussir	*come off*	*The attempt came off as he had planned.*	succeed
réviser	*go over*	*He went over his speech at the last minute.*	revise
soutenir	*back up*	*I hope you'll back me up at the meeting.*	support
tolérer	*put up with*	*I won't put up with such behaviour.*	tolerate

Il faut noter que l'emploi du *phrasal verb* est souvent lié à un certain type de contexte sémantique ou syntaxique, par exemple :

— *livrer* : : *turn in* dans un contexte « policier »,
    deliver dans un contexte commercial (*to deliver goods*);

— *rencontrer* : : *come across*, lié à un C₁ inanimé et/ou au trait sémantique *par hasard,*
    meet dans les cas ne présentant pas l'une ou l'autre de ces caractéristiques.

L'échantillon proposé dans le tableau permet de constater un décalage sur le plan du niveau de langue, qui apparaît souvent comme plus soutenu en français qu'en anglais, par exemple :

> *constituer* : : *make up*
> *abolir* : : *do away with*, etc.

Ce phénomène est particulièrement sensible dans la prose journalistique, qui fait en anglais une grande utilisation des *phrasal verbs,* ainsi qu'on pourra le remarquer en étudiant certains passages proposés dans la seconde partie de cet ouvrage. Voici quelques exemples, à replacer bien sûr dans leur contexte :

le monde du spectacle aide à : : *the show-business world helps to* **enjoliver** *la vie* (T. 20) : : *the show-business world helps to* **brighten up** *life*

les investissements **immobilisés** *dans le petit commerce* (T. 21) : : *the capital* **tied up** *in the small-scale retail trade*

un scrutin révélateur **impose** *la photographie* (T. 22) : : *a revealing election has* **come up with** *a photograph*

La différence de niveau de langue est particulièrement nette dans les cas de *phrasal verbs* convertis en noms. Ces derniers correspondent le plus souvent à des substantifs dérivés par affixation en français, avec pour résultat un niveau de langue plus soutenu, une moins grande actualisation et une perte de la métaphore :

the upturn *in the automobile industry* : : **la conjoncture plus favorable** *de l'industrie automobile* (T. 27)

No presentation of a woman in any TV commercial seems acceptable. The complaint has been that she is always a stereotype, usually a dumb housewife, and if she is an executive then her very independence is some kind of **turn-on.** : : *... son indépendance est perçue comme* **une provocation.**

(*The Guardian,* October 7, 1984)

Layoffs *are frequent in Silicon Valley* : : **Les licenciements** *se multiplient...*

(*Newsweek,* February 25, 1985)

I think it's the next **turn-off** *on the right.* : : *Je crois qu'il faut prendre la prochaine* **bifurcation** *à droite.*

On notera enfin que si le français a en général recours à la dérivation face aux *phrasal verbs* convertis, il se contente parfois d'emprunter, notamment dans les domaines techniques et spécialisés, par exemple : *black-out, input / output, feed-back, lock-out, sit-in*, etc.

8.3.1.2. *La conversion comme mode de formation des* phrasal verbs

Le processus de conversion est particulièrement productif dans le domaine des *phrasal verbs*. Deux cas de figure méritent d'être examinés :

a) Conversion nom → verbe simple, ce dernier entrant ensuite en composition avec une ou plusieurs particules adverbiales, avec des effets de sens souvent métaphoriques.

— *a hammer*

to hammer	*Who's that hammering at the door ?* *(cogner)*
to hammer away	*She's been hammering away at that problem for ages.* *(s'acharner)*
to hammer out	*A programme... hammered out* (T. 27) *(décidé en commun)*

— *a tail*

to tail	*That detective is an expert at tailing suspects.* *(filer)*
to tail off	*My enthusiasm for the job tailed off after a few weeks.* *(diminuer)*

— *a hound*

to hound	*They hounded him until he paid up.* *(harasser, poursuivre)*
to hound down	*The police hounded down the criminal.* *(capturer)*

b) Conversion nom → *phrasal verb*, la conversion n'étant possible que parce qu'il s'agit d'un *phrasal verb*.

— *a chicken*
(* to chicken)

mais : *to chicken out*	*He chickened out at the last minute.* *(se dégonfler)*

— *kit*
(* to kit)

mais : *to kit out*	*To try and kit myself out for the winter* (T. 12) *(m'équiper)*

— *a cordon*
(* to cordon)

mais : *to cordon off*	*the base has been cordoned off* (T. 17) *(des barrages bloquent l'issue)*

— *a tone*
(* to tone)

mais : *to tone down*	*the secretary-general has been clearly toning down his observations* (T. 25) *(a modéré son jugement)*

Ce processus permet une grande variété dans la création verbale fondée sur la métaphore. Il faut signaler par ailleurs que le nom n'est pas le seul point de départ possible pour la conversion. Ainsi, *to while away her spare time* (traduction du texte T. 23) a pour point de départ *while* qui peut être un nom mais aussi, et plus fréquemment, une conjonction. Dans l'exemple suivant, c'est le noyau nominal d'un syntagme prépositionnel *(in a huff)* qui a été converti en *phrasal verb,* alors que ce nom n'est pas utilisé de façon indépendante :

> *The Communist Party has now huffed out of the French government.*
> *(The Guardian,* July 29, 1984).

Le passage au français devra se faire soit par transformation syntaxique en coordonnant les deux procès que recouvre le *phrasal verb (a pris la mouche et a quitté...),* soit par modulation sur l'image *(a quitté... en claquant la porte).* On trouvera aussi d'assez nombreux cas de *phrasal verbs* formés par conversion d'un adjectif, par exemple :

to single out	: : *choisir, distinguer*
to black out — intrans.	: : *tourner de l'œil*
— transitif	: : *plonger dans l'obscurité*

8.3.2. Sémantique et traduction des *phrasal verbs*

Les problèmes de traduction posés par les *phrasal verbs,* liés au statut de composés de ces verbes, se manifestent essentiellement de deux façons sur le plan sémantique.

8.3.2.1. Une charge sémantique répartie sur deux pôles

C'est en vertu de la répartition du sens sur les deux éléments du *phrasal verb* qu'on a tendance à associer la traduction de ces verbes au procédé du chassé-croisé, par exemple :

*a kestrel **veered away*** (T. 4)	: : *un faucon **s'éloigna en arc de cercle***
*they **looked up*** (T. 3)	: : *ils **levèrent les yeux***
*she would **look away***	: : *elle **détournait les yeux*** (T. 23)
hitting back	: : ***rendre les coups*** (T. 20)

où l'on a le schéma :

Anglais		Français
Verbe	: :	Syntagme à noyau nominal
Particule adverbiale	: :	Verbe

En fait, cette symétrie est relativement minoritaire, et l'on se trouve le plus souvent en présence d'un des deux cas de figure suivants :

a) Seule la particule adverbiale se trouve traduite en français (« chassé-croisé incomplet »). Ceci est particulièrement fréquent lorsque les particules sont utilisées dans leur sens premier (souvent spatial) avec un verbe renvoyant à un type de mouvement. Exemples :

*he walked **out***	: :	*il **sortit***
*he stepped **aside*** (T. 7)	: :	*il s'**écarta***
*he shrugged **off** the insults* (T. 15)	: :	*il a **ignoré** les affronts*
*locked **away** in a convent*	: :	***exilées dans un couvent*** (T. 16)

C'est la particule adverbiale qui porte l'essentiel de la charge sémantique du *phrasal verb* dans cette catégorie d'emplois, à tel point que la composante verbale pourra dans certains cas être effacée, notamment dans les injonctions du type :

Down, boy !	: :	*Couché, le chien !*
Out !	: :	*Sors d'ici !*

mais aussi dans l'exemple suivant :

> *After defecting to the West in 1967, Joseph Stalin's homesick daughter redefected to her homeland in 1984 [...] Now, it seems, she wants **out** of the Soviet Union again.*
> (*Newsweek*, April 14, 1986)

b) Seule la partie verbale du *phrasal verb* donne lieu à une traduction en français. Ce cas de figure correspond souvent à une valeur aspectuelle de la particule adverbiale en anglais, mettant en relief le parcours spatial ou temporel, ou marquant l'aspect terminatif d'un procès. Cet emploi des *phrasal verbs* est à rattacher au phénomène d'explicitation aspectuelle abordé au chapitre 4 (cf. 4.6.2. et 4.7.1.). Il est important d'en tenir compte à la fois dans le sens anglais → français (afin d'éviter une « surtraduction ») et dans le sens français → anglais (afin d'arriver à une traduction idiomatique). Voici quelques exemples :

*the idea of **rolling** him **up** in the carpet* (T. 2)	: :	*l'idée de le **rouler** dans le tapis*
*he **shut** the book **up*** (T. 6)	: :	*il **ferma** le livre*
*the audience **rose up*** (T. 13)	: :	*le public s'**est levé***

(dans cet exemple, le verbe et la particule adverbiale ont strictement le même sémantisme)

*while Charles Gantwoort **went over** to answer it* (T. 7)	: :	*tandis que Charles Gantvoort **allait** répondre*
*they want me to **come down** at once* (T. 7)	: :	*ils veulent que j'y **aille** tout de suite*

et dans le sens français → anglais :

*on vit des autobus **visiter** des banlieues lointaines* (T. 17)	: :	*buses **went off** to distant suburbs*

*il **grattait** du papier* (T. 18)	: : *he **scribbled away***
*les investissements **engloutis*** (T. 21)	: : *the capital **gobbled up***
*Il **finira** ministre*	: : *He'll **end up** in the Cabinet* [19]

Il faut bien évidemment nuancer la notion de « non-traduction » de la particule, car la valeur de celle-ci est souvent rendue par d'autres moyens en français :

— lexicalisation de la valeur aspectuelle de la particule :

*when the mill **closes down*** (T. 5) : : *le jour où l'usine **ferme ses portes***

— sur le plan modal, expression du « degré » :

***feeding up** that fat good for nothing* (T. 3) : : *de **gâter à ce point** ce bon à rien...*

— affixation, comme on l'a vu plus haut :

slow down	: : *ralentir*
speed up	: : *accélérer*
brighten up	: : *enjoliver* (T. 20)

On notera enfin que le traducteur peut dans certains cas choisir de privilégier le sémantisme de l'une ou l'autre partie du *phrasal verb*. Ainsi l'énoncé : ***Drink up** your coffee! We're late!* pourra donner lieu soit à : ***Bois** ton café!* (traduction du processus exprimé par le verbe), soit à : ***Finis** ton café!* (traduction de l'aspect terminatif exprimé par la particule).

8.3.2.2. Une double polysémie

L'association de verbes monosyllabiques usuels à sémantisme très large (comme *get, set, put, take,* etc.) et de particules adverbiales dont le contenu sémantique, également très général, est susceptible de glissements d'emploi [20] a pour conséquence une très grande polysémie des *phrasal verbs*. Même si l'on peut attribuer à certaines particules une valeur centrale que l'on retrouve à différents degrés dans les emplois plus ou moins métaphoriques [21] (par exemple : *across,* où la notion spatiale de traversée se retrouve dans les emplois du type *come across* : : *rencontrer par hasard* ou *put across* : : *transmettre, faire passer),* il n'en va pas de même avec des particules comme *out* ou *up* qui, par glissements successifs, s'éloignent très nettement de leurs valeurs premières d'extériorité ou d'altitude [22].

---

(19) L'emploi de *up (end up, wind up)* est contraignant face au français *finir (par).*

(20) Pour la notion de glissement sémantique, voir plus loin, chapitre 9, et J. Tournier (1985), chapitre 6, pp. 199 à 217.

(21) L'utilisation des mêmes éléments lexicaux pour renvoyer à la fois aux relations spatiales et temporelles joue un rôle essentiel dans la polysémie des *phrasal verbs.* Voir à ce sujet l'article de M.L. Groussier : « Processus de déplacement et métaphore spatio-temporelle », in : *Modèles Linguistiques,* II, 1, 1980, pp. 57 à 106.

(22) On pourra noter, à propos de la particule *out,* la formation de verbes composés de type : particule + verbe, où *out* a la valeur : « aller plus loin, dépasser », et qui posent des problèmes de traduction intéressants, notamment dans les cas où la composante verbale est elle-même issue d'une conversion, par exemple :

*They **outnumbered** us ten to one* : : *Ils étaient dix fois plus nombreux que nous.*

A défaut d'une grande familiarité acquise en milieu anglophone, la consultation des dictionnaires et des ouvrages cités plus haut est indispensable dans ce domaine, ainsi qu'une analyse attentive du contexte dans lequel se trouve inséré le *phrasal verb*. Ainsi, ce sont à la fois les critères sémantiques fournis par la situation et les facteurs syntaxiques (transitif/intransitif) qui permettront de distinguer entre :

I'd never turn anyone in.	: : *Je ne livrerais jamais qui que ce soit à la police.*
et : *I usually turn in about this time*	: : *Je me couche généralement à cette heure-ci.*

Nous donnerons en guise de conclusion un aperçu de la variété des traductions possibles d'un *phrasal verb* figurant parmi les plus polysémiques : *make up.*

Let's make up and be friends	: : *Réconcilions-nous.*
It takes her ages to make up.	: : *Elle met des heures à se maquiller.*
He made up the whole story.	: : *Il a tout inventé.*
The chemist made up the prescription.	: : *Le pharmacien a exécuté l'ordonnance.*
We made up a group to get cheaper tickets.	: : *Nous avons formé un groupe pour obtenir des billets à prix réduit.*
Make up your mind !	: : *Décide-toi !*
I'll make it up to you.	: : *Je te revaudrai ça.*
You'll have to make up for lost time.	: : *Il faudra rattraper le temps perdu.*
How can I make up for my mistake ?	: : *Comment puis-je me faire pardonner ?*
He's always making up to his boss.	: : *Il cherche toujours à se faire bien voir de son patron.*

Souvent imprévisibles et difficiles à mémoriser pour le francophone, ces composés polysémiques que sont les *phrasal verbs* apparaissent cependant comme le « noyau dur » du vocabulaire anglais le plus courant. On ne saurait trop insister, auprès du lecteur étudiant d'anglais, sur la nécessité de poursuivre cette exploration.

BIBLIOGRAPHIE

● **Sur la formation lexicale :**

ADAMS V. (1973). — *An Introduction to Modern English Word-Formation*, Longman.

BENVENISTE E. (1974). — *Problèmes de linguistique générale*, Tome II, Gallimard. Chapitre 11 : Fondements syntaxiques de la composition nominale.

POTTIER B. (1984). — « La syntaxe interne du mot », in : *Actes du colloque du CNRS : E. Benveniste aujourd'hui,* Paris, Bibliothèque de l'Information grammaticale, pp. 157 à 166.

TOURNIER J. (1985). — *Introduction descriptive à la lexicogénétique de l'anglais contemporain,* Champion-Slatkine, Chapitres 1 à 5.
(1988). — *Précis de lexicologie anglaise,* Nathan, Chapitres 1 à 13.

● Sur les *phrasal verbs :*

Dictionnaires

Dictionary of English Phrasal Verbs and their Idioms, Collins, 1974.

Longman Dictionary of Phrasal Verbs, Longman, 1983.

Oxford Dictionary of Current Idiomatic English, Part I, Oxford University Press, 1975.

Autres ouvrages

BOUSCAREN C., DAVOUST A. et RIVIÈRE C. (1984). — *Testez votre compréhension de l'anglais et de l'américain,* Ophrys.

GRELLET F. (1985). — *"The Word against the Word". Initiation à la version anglaise,* Hachette, pp. 78 à 84 et 156 à 158.

GROUSSIER M.L. (1980). — « Processus de déplacement et métaphore spatio-temporelle », in : *Modèles linguistiques,* II, 1, pp. 57 à 106.

Chapitre 9

PROBLÈMES DE SÉMANTIQUE LEXICALE

Il importe de préciser que l'ensemble des concepts utilisés dans ce chapitre servent à la fois à analyser les structures sémantiques du lexique dans une langue donnée et à décrire les décalages observés entre deux langues. Pour prendre l'exemple de termes déjà utilisés dans les chapitres précédents, les unités lexicales donnent lieu dans chaque langue à des glissements de sens métonymiques et métaphoriques (le « sens figuré ») qui ne coïncident que très partiellement d'une langue à l'autre; d'où les modulations (changement, présence/absence d'image, etc.) examinées au chapitre 2. Dans la perspective contrastive qui est la nôtre, ces deux points de vue distincts apparaissent fréquemment comme étroitement imbriqués. Ainsi, par exemple, l'anglais *be in so.'s good books* est une métaphore *(good books ≃ favour)* et se trouve avec son équivalent français, également métaphorique, *être dans les petits papiers de qn.* dans un rapport métonymique *(books — papiers)* de type « partie pour le tout ».

9.1. Modèle logique et analyse sémique

9.1.1. Découpage conceptuel et extension

Dans le premier tiers du XXe siècle, la linguistique s'est donné une double autonomie en considérant les systèmes (ou structures) linguistiques dans leur économie interne et indépendamment de leur histoire : la valeur d'un élément linguistique n'est définissable

— ni par rapport direct entre signe et référent (l'« objet » extralinguistique concret ou abstrait),
— ni en fonction de son sens à une époque antérieure (l'étymologie) mais par ses relations aux autres éléments du système à un moment donné.

Sur le premier point : il n'y a pas de découpage de la réalité extralinguistique qui préexisterait au langage et lui imposerait sa structure. C'est au contraire le langage qui structure la « réalité », qui est *a priori* un continuum. A titre d'exemple, parmi l'infinité de degrés qui séparent une porte ouverte et une porte fermée, le français distingue *entrebaillé, entr'ouvert, grand ouvert,* gradation dans laquelle l'objectif et le subjectif se superposent, en particulier avec *à demi ouvert, à demi fermé.*

Le caractère arbitraire ou, du moins, conventionnel de ce découpage est mis en évidence par la confrontation des langues. Pour commencer par deux exemples familiers, on connaît les décalages suivants entre l'anglais et le français :

$$\text{angl. } \textit{river} \quad :: \quad \text{fr. } \begin{cases} \textit{fleuve} \\ \textit{rivière} \end{cases}$$

$$\text{angl. } \textit{room} \quad :: \quad \text{fr. } \begin{cases} \textit{pièce} & \textit{(7 rooms altogether)} \\ \textit{chambre} & \textit{(He's in his room)} \\ \textit{bureau} & \textit{(Room 136)} \end{cases}$$

De tels décalages peuvent être traités, selon le modèle logique[1] en termes de différences d'*extension* ou, selon le modèle phonologique[1] en termes de *traits* sémantiques *distinctifs* ou *sèmes.*

L'image de l'*extension* (plus ou moins grande) d'un concept est transparente, surtout lorsqu'un rapport d'inclusion est impliqué, comme c'est le cas avec *river.* Techniquement, on définit un ensemble en *compréhension* quand on indique les propriétés que les éléments ont en commun (une définition de dictionnaire, par exemple : *siège* « Objet fabriqué, meuble disposé pour qu'on puisse s'y asseoir »). On définit un ensemble en *extension* quand on énumère les éléments qui en font partie (les exemples que donnent les dictionnaires : « une chaise, un pouf, un strapontin, etc. sont des sièges »).

Si le phénomène de différence d'extension est assez familier dans le domaine des notions abstraites (l'exemple-type étant celui des concepts philosophiques, empruntés d'une langue à l'autre) :

esprit	:: $\begin{cases} \textit{mind} \\ \textit{spirit} \\ \textit{wit} \end{cases}$	*éducation*	:: $\begin{cases} \textit{education} \\ \textit{upbringing} \\ \textit{learning} \end{cases}$	
angl. *industrial*	:: $\begin{cases} \textit{industriel} \\ \textit{social} \end{cases}$	fr. *souvenirs* (T. 16)	:: $\begin{cases} \textit{memories} \\ \textit{souvenirs} \\ \textit{memoirs} \end{cases}$	

il est moins spontanément admis dans le domaine des objets concrets où l'on tend à privilégier des correspondances biunivoques. Les décalages sont pourtant davantage la règle que l'exception.

● Dans le sens anglais → français :

$$\textit{bank} \text{ (T. 8)} \quad :: \quad \begin{cases} \textit{banque} \\ \textit{caisse d'épargne} \end{cases}$$

$$\textit{bench} \text{ (T. 6)} \quad :: \quad \begin{cases} \textit{banc} \\ \textit{établi} \end{cases}$$

---

(1) Parmi les ouvrages facilement accessibles, on trouvera un exposé très clair de ces deux points de vue dans J. Picoche (1977), *Précis de lexicologie française,* Nathan, pp. 96-98 et 102-105.

brown (T. 6)	: :	{ *brun* / *marron* / *roux*
boot (T. 2)	: :	{ *botte* / *brodequin* / *grosse chaussure*
driver (T. 9)	: :	{ *conducteur* / *automobiliste* / *chauffeur*
mill (T. 5)	: :	{ *moulin* / *filature* / *usine*
tea[(2)]	: :	{ *thé* / *infusion* / *bouillon*

● Dans le sens français → anglais :

	lampe	: :	{ *lamp* / *light* / *bulb* / *torch*
	prise	: :	{ *plug* / *socket*
radiateur	*(de chauffage central)*	: :	*radiator*
	(électrique)	: :	*fire/heater*
	professeur	: :	{ *teacher* / *professor*
	fonctionnaires (T. 17)	: :	{ *state employees* / *civil servants*
	précoce (T. 18)	: :	{ *precocious (person)* / *early (event)*

N.B. La différence d'extension est souvent associée au jeu d'autres facteurs sémantiques : orientation ou non *(prise)*, métaphore *(bulb, torch)*, application à l'animé/inanimé *(précoce)*, emploi technique, c'est-à-dire spécialisé *(professeur)*.

9.1.2. Structures hiérarchiques et traits distinctifs

L'approche de ces problèmes en termes d'extension est plus particulièrement adéquate dans les domaines à structure sémantique nettement hiérarchisée. Ainsi, par exemple, en français, la notion de *couteau* a une extension plus

---

(2) Il ne s'agit là que des différences d'extension sur la boisson. *Tea* est aussi l'objet de déplacements métonymiques *(repas)* et métaphoriques *(drogue)* (cf. 9.2.).

grande que celles de *canif* ou de *poignard* et inclut celles-ci. Dans ce micro-système, *couteau* est le *terme générique* ou *hyperonyme* tandis que *canif* et *poignard* sont des *hyponymes* du précédent. Les relations entre les trois notions peuvent aussi être décrites à l'aide de traits distinctifs :

	Ustensile tranchant	Lame(s) pliante(s)	Muni d'une garde
couteau............	+	0	0
canif..............	+	+	−
poignard..........	+	−	+

On remarque que plus grande est l'extension moins grand est le nombre de traits nécessaires à la définition (compréhension). Les hyponymes ont davantage de traits spécifiés que le terme générique.

Un décalage se présente entre les deux langues lorsque dans un domaine donné le découpage conceptuel intervient à des niveaux sensiblement différents. J. Tournier [3] cite les exemples de *bunch* et *handle* :

bunch { *bouquet (de fleurs)* / *grappe (de raisins)* / *trousseau (de clés)* / *peloton (de cyclistes)* / etc.

handle { *poignée (de porte)* / *manche (d'outil)* / *anse (de panier)*

pour lesquels tout se passe comme si le terme générique faisait défaut en français — ou comme si les hyponymes faisaient défaut en anglais. Sans qu'il y ait à proprement parler lacune, le terme générique peut être limité à des emplois techniques ; c'est le cas en français face à l'anglais *processed (food)* :

processed peas	: :	*petits pois* { *en conserve* / *congelés*
processed bread	: :	*pain en tranches/pain longue conservation*, etc.
processed	: :	*conditionné*

Un cas de figure fréquent est celui où le terme générique entre en composition pour former des hyponymes sur une base commune. Le terme générique lui-même peut ou non avoir une traduction dans l'autre langue :

room	: :	*pièce*
bedroom	: :	*chambre*
dining room	: :	*salle à manger*
cloakroom	: :	*vestiaire*

officer	: :	*officier/agent*
police officer	: :	*policier*
customs officer	: :	*douanier*
army officer	: :	*officier*
security officer	: :	*agent de la sécurité*

---

(3) « Plaidoyer pour un enseignement de la lexicologie », in : *Les Langues Modernes*, n° 3/4, 1985, p. 29.

nuts	::	Ø
chestnuts	::	*châtaignes*
walnuts	::	*noix*
hazelnuts	::	*noisettes*

promenade	::	Ø
promenade (à pied)	::	*walk*
promenade (à bicyclette)	::	*cycle-ride*
promenade (en voiture)	::	*drive*

9.2. La métasémie

Le terme de métasémie désigne le phénomène général des changements de sens. J. Tournier (1985), p. 202, reprend en en montrant les limites la distinction faite notamment par S. Ullmann (1957)[4] entre polysémie proprement dite (« several senses of one word » : *human head, head of department, bridge head*) et le simple glissement d'empoi (« several aspects of one sense » : *healthy climate, healthy complexion*). J. Tournier inclut dans la métasémie les glissements de sens de nature grammaticale tels que actif — passif *(savings = money saved)*, transitif — intransitif *(I can smell it; it smells)*, « countable » — « uncountable » *(facility; a facility)*, avant d'examiner la métaphore et la métonymie.

Correspondant aux « sens figurés » que donnent les dictionnaires, ces deux figures sont alors considérées non pas comme des ornements rhétoriques mais comme des processus de création lexicale. Sans entrer dans la discussion théorique sur le statut de la métaphore et de la métonymie par rapport à l'ensemble des figures de rhétorique[5], nous utiliserons des définitions faisant appel à l'opposition similarité/contiguïté systématisée par R. Jakobson[6].

9.2.1. Déplacements métaphoriques

La *métaphore* est un déplacement de sens par similarité entre les signifiés de deux éléments perçus comme ayant au moins un trait sémantique commun. On la distingue traditionnellement de la *comparaison*, qui se présente explicitement comme telle :

Il vit comme un ours.

L'identification à l'aide de la copule (*être* reliant deux groupes nominaux) :

Pierre est un ours

est considérée selon les auteurs soit comme comparaison soit comme métaphore. La métaphore proprement dite est caractérisée par le fait que l'identification va jusqu'à la substitution complète :

Ce vieil ours ne sort jamais de chez lui.

---

(4) S. Ullman (1957), *The Principles of Semantics,* Oxford, Blackwell.

(5) Nous renvoyons pour cette discussion à J. Tournier (1985), pp. 217 à 231, 245 à 252 et à J. Dubois *et al.* (1970), *Rhétorique générale,* Larousse, pp. 49, 95, 103, 117-118.

(6) R. Jakobson (1963), *Essais de linguistique générale,* Editions de Minuit, chapitre 2 : « Deux aspects du langage et deux types d'aphasie ».

Les exemples de métaphores lexicalisées qui viennent le plus spontanément à l'esprit se trouvent mémorisées sous forme de lexies complexes (expressions, proverbes, etc.). Nous avons vu au chapitre 2 (cf. 2.1.) que dans un même contexte les métaphores sont souvent au moins partiellement différentes d'une langue à l'autre :

test the ground	: : *tâter le terrain*
take the plunge	: : *se lancer*
pull so.'s leg	: : *faire marcher qn.*

et n'ont pas toujours d'équivalent métaphorique aussi marqué :

draw the line	: : *fixer des limites*
we must draw the line some-where	: : *il y a des limites (à tout)*
I draw the line at scrubbing floors (Robert & Collins)	: : *je n'irai pas jusqu'à frotter les parquets*
keep a low profile	: : *éviter de se faire remarquer*
cela m'a mis la puce à l'oreille	: : *it started me thinking*

Les métaphores peuvent poser des problèmes d'interprétation. Une image est par nature polysémique et l'usage privilégie telle ou telle potentialité. Ainsi l'anglais *paint the town red* ne signifie pas *semer la terreur* ou *mettre à feu et à sang* mais *faire la fête, faire la noce. To drive someone up the wall* ne signifie pas le faire *sauter au plafond* d'étonnement mais le *rendre fou,* lui *en faire voir de toutes les couleurs.*

Dans d'autres cas, la difficulté est de savoir si, dans un contexte donné, l'expression est à prendre au sens figuré ou littéral. Dans notre texte T. 13, *a five-minute standing ovation* est littéral alors que *standing* est par ailleurs métaphorique dans plusieurs expressions lexicalisées :

standing custom	: : *usage établi*
it's a standing joke	: : *c'est un sujet de plaisanterie conti-nuel*
standing committee	: : *comité permanent*

He kissed away her tears signifie évidemment *il l'a consolée,* mais les anglophones interrogés divergent sur la question de savoir si l'expression implique en outre littéralement *he kissed her.*

Nous avons d'abord examiné des exemples de lexies complexes, dans lesquelles le sens figuré resté le plus nettement perçu comme tel, mais les lexies primaires ou composées les plus courantes donnent lieu à une diversification sémantique par transfert métaphorique, même si la motivation est souvent oubliée :

le pied d'une table	: : *the leg of a table*
le fond du problème	: : *the heart of the matter*
une puce électronique	: : *a chip*
soutenir un projet	: : *support a project*

De même à partir de l'anglais :

a branch	: :	*succursale (d'une banque)*
a flower bed	: :	*parterre de fleurs*
green (adj.)	: :	*inexpérimenté, un bleu*
the grass-roots	: :	*la base (d'un syndicat, etc.)*
it's not everyone's cup of tea	: :	*ce n'est pas du goût de tout le monde*

9.2.2. Déplacements métonymiques

La *métonymie* est un déplacement de sens par contiguïté et non plus par similarité. Pour prendre des exemples classiques, lorsque par *la couronne* on désigne le souverain ou par *Number 10 (Downing Street)* le premier ministre britannique, le rapport entre les deux éléments n'est à aucun degré de ressemblance mais d'association par contiguïté dans l'expérience. Divers types d'associations sont possibles, qui peuvent donner lieu aux modulations examinées en 2.2., parmi lesquelles notamment :

● le lieu ou l'emblème pour l'institution :

le Palais Bourbon pour l'Assemblée nationale

Le Quai d'Orsay (*le Quai* entre initiés) pour le ministère des Affaires étrangères

Washington et Moscou pour les gouvernements des états correspondants

la vignette pour l'impôt sur les automobiles (*road tax* en anglais*)*

● le contenant pour le contenu ou inversement :

français *boire un verre, acheter une chambre à coucher*

anglais : *the House* pour le *Parlement*

   a casserole pour *un ragoût*

● la matière ou autre caractéristique pour l'objet :

anglais : *canvas* pour *la tente* ou *les voiles*

   a paper pour *une communication*

   (have) a quick one pour *prendre un pot*

anglais : *an iron* et français *un fer*

français *un duvet, une petite laine, le maillot jaune*

● la partie pour le tout ou inversement (cas particulier de métonymie appelé *synecdoque*) :

Dans les deux langues : *une voile* pour un bateau

   le dinosaure pour l'espèce

   la France pour l'équipe de France

On a dans ce cas, d'un point de vue logique, une relation d'inclusion. En termes d'opérations sur les ensembles, alors que la métaphore repose sur l'intersection de deux ensembles de traits sémantiques, la métonymie est

215

caractérisée par l'absence d'intersection de deux ensembles qui sont ou bien disjoints (et inclus dans un ensemble plus grand) ou bien, dans le cas de la synecdoque, inclus l'un dans l'autre[7].

Un cas de glissement métonymique moins évident mais important et d'une productivité plus grande en français qu'en anglais est le passage, déjà évoqué par ailleurs, de la notion à l'occurrence particulière (processus → résultat ou agent du processus, etc.). Il s'opère symétriquement dans des cas comme *building* → *a building, l'administration d'un pays* → *une administration.* Mais dans bien des cas un support lexical est nécessaire en anglais :

à la réception	: :	*at the reception desk*
profiter du soleil	: :	*enjoy the sunshine*
un camping	: :	*a campsite*
avec golf, tennis (T. 23)	: :	*with a golf course, tennis courts*
ses premières publicités géantes (T. 20)	: :	*its first huge advertising hoardings*
l'information sur cette chaîne	: :	*the news coverage on this channel*
des témoignages	: :	*witness accounts*

9.3. Les facteurs stylistiques et sociolinguistiques

9.3.1. Niveau de langue et compensation stylistique

Avant de traduire un texte, il importe d'identifier le *registre* auquel il appartient, le *niveau de langue* du vocabulaire, plus ou moins soutenu ou familier, afin d'en respecter les caractéristiques si possible dans le détail et, en tout cas, globalement. Dans une langue qui n'est pas la langue maternelle, les indications de niveau de langue fournies par les dictionnaires *(style labels)* sont particulièrement précieuses et il convient d'y être attentif.

Le *Longman Dictionary of Contemporary English* donne comme exemples-types p. XXIV (p. F46 dans l'édition de 1987) :

fml or lit	(formal or literary)	*pray :* please
not fml	(not formal)	*get :* to receive
infml	(informal)	*telly* (esp. BrE) : televisio
sl	(slang)	*fag :* cigarette
taboo		*shit :* solid waste from the bowels

---

(7) Voir sur ce point les ouvrages déjà cités de J. Tournier (1985), pp. 246-247 et J. Dubois *et al.* (1970), p. 118.

De son côté le dictionnaire bilingue *Robert & Collins* donne une échelle à trois degrés croissants de familiarité notés par des astérisques (cf. p. XVIII) (p. XX dans l'édition de 1987) :

c'est du gâteau *	: : *it's a piece of cake* * (Brit) *it's a walkover* *
se faire pigeonner ‡	: : *to be done* ‡; *be taken for a ride* ‡; *be had* ‡
you bloody fool ! ⁂	: : *espèce de con !* ⁂

On pourra distinguer de cette façon entre des mots ou expressions qui sont synonymes au point de vue dénotatif (cf. 9.3.2.) mais sensiblement différents par le niveau de langue :

faire la sieste, faire un somme	: : *have a nap*
piquer un roupillon *	: : *have a snooze* *
pioncer ‡	: : *have a kip* ‡

Ces quelques exemples choisis pour les besoins de l'illustration présentent une gradation très nette et symétrique. Dans la pratique de la traduction ce problème, souvent mêlé à d'autres contraintes, appelle une vigilance particulière et l'équivalence exacte n'est pas toujours possible.

Il arrive fréquemment qu'une traduction qui vient immédiatement à l'esprit corresponde exactement au sens mais pas au niveau de langue de l'original. Ainsi dans cet extrait de notre texte T. 3 *(Boarding House Breakfast)* :

it was a bit thick [...] Still, it was better to pass these things over	: : *c'était un peu fort [...] Enfin, il valait mieux ne pas relever*

l'expression familière *laisser tomber* semble à exclure compte tenu du ton du passage. Dans le contexte suivant, de style soigné :

> *The French assert that the first auto took to the road in France a century ago last year; the West Germans insist the anniversary is next year, to mark the patenting of the forerunner to the Mercedes; other Europeans, with no claims of their own, have simply split the difference and are celebrating this year.*

(*Newsweek,* October 28, 1985 — Special Advertising Section)

face à l'anglais *split the difference,* la métaphore *couper la poire en deux* détonnerait un peu par sa familiarité alors qu'elle correspond parfaitement à l'image. On peut se replier, en abandonnant celle-ci, sur : *il ne mécontenteront personne* ou *ils ont retenu la solution intermédiaire en optant pour cette année.*

Des compensations peuvent s'opérer d'un point à l'autre d'un texte. Le début du texte T. 9 *(N or M ?)* en offre un exemple localisé avec des expressions de niveau de langue plus soutenu car plus techniques tantôt en anglais, tantôt en français :

in any capacity	: : *nulle part*
I'm too old	: : *j'ai dépassé la limite d'âge*

Rappelons que par ailleurs certains choix grammaticaux participent au dosage global du niveau de langue. Pour prendre deux exemples qui jouent en sens opposé, l'imparfait du subjonctif va dans le sens du texte T. 3 que nous venons de citer :

> Miss Friel [...] buttered it, then :: Melle Friel [...] la beurra puis la
> rebuttered it so that the wedge of rebeurra jusqu'à ce que la couche de
> butter was almost as thick as the beurre *fût* presque aussi épaisse que
> toast itself. la tranche elle-même.

tandis qu'à l'inverse, dans le texte T. 12, la contraction s'impose en français dans la bouche du vendeur :

> People do like to buy British :: **C'est pas** que les gens ne veuillent pas
> acheter anglais

Si l'on doit avoir le souci de respecter pour l'essentiel le style et le ton de l'original, il faut savoir qu'à registre comparable des différences sensibles de niveau de langue peuvent subsister entre l'anglais et le français, qui sont inhérentes à l'origine des éléments lexicaux de part et d'autre comme nous l'avons vu à propos de la formation lexicale (cf. 8.2.1.). On sait qu'à l'intérieur de l'anglais des couples de « synonymes » tirés du fonds lexical germanique et du fonds latin appartiennent à des registres assez ou très différents :

> get/obtain
>
> put off/ postpone
>
> sweat/perspire etc.

au point parfois, dans des cas comme le dernier, que le terme d'origine latine soit limité à des contextes techniques, affectés ou humoristiques [8]. Le décalage en question se vérifie régulièrement entre l'anglais et le français notamment dans la langue de la diplomatie ou de l'économie comme l'illustrent par exemple nos textes 14 et 27 :

> said (T. 14) :: a déclaré
>
> to stop (T. 14) :: mettre fin à
>
> conjoncture plus favorable :: upturn
> (T. 27)
>
> liquidation judiciaire (T. 27) :: go bust

ou encore les textes à caractère scientifique :

> Each gene is a recipe for **making** :: fabriquer
> one protein and each protein has
> a specific **job :** some catalyse :: fonction
> chemical reactions; some make
> **bone** or propagate electrical :: tissu osseux
> charges down nerve cells.
> (The Economist, May 24, 1986)

---

(8) « Horses sweat, men perspire and ladies merely feel the heat ».

Le phénomène se trouve accentué par la souplesse en anglais des processus de conversion nom ↔ verbe (cf. 8.2.3.)

a **waxed** moustache (T. 6)	: :	une moustache cosmétiquée
n'ont plus cours (T. 27)	: :	were **scrapped**

et de composition face à la dérivation en français (cf. 8.2.2.) :

eye witness	: :	témoin oculaire
work out	: :	élaborer

ainsi que par le maintien en anglais d'éléments de discours direct dans le discours indirect libre :

if they didn't shut up and push (T. 2)	: :	s'ils ne se remettaient pas immédiatement à pousser

et dans la composition impliquant la conversion de syntagmes entiers :

he won the election on a "save-the-environment" platform (*Time,* March 24, 1986)	: :	il a été élu en faisant campagne sur le thème de la sauvegarde du site
that "poor old Dad" look in his eye (T. 9)	: :	cet air de commisération

9.3.2. La connotation

Relevant comme la question du niveau de langue à la fois de la stylistique et de la sociolinguistique, la notion, plus vaste, de connotation est ainsi définie dans le *Dictionnaire de linguistique* de J. Dubois et al.[9] par rapport à la dénotation :

« ... la dénotation est l'élément stable, non subjectif et analysable hors du discours, de la signification d'une unité lexicale, tandis que la connotation est constituée par ses éléments subjectifs ou variables selon les contextes. Par exemple, *nuit,* définissable de façon stable comme opposé de *jour,* comme intervalle entre coucher et lever du soleil, etc. (dénotation), comporte aussi pour certains locuteurs ou dans certains contextes la connotation « tristesse », « deuil », etc. ».

Se trouvent privilégiées, selon les auteurs, les oppositions : sens intellectuel/sens affectif (anglais : cognitive/emotive meaning), consensus collectif/associations individuelles, etc., mais il faut préciser que si les connotations d'un mot peuvent varier d'un usager à l'autre, elles sont dans une large mesure lexicalisées et donc partagées par la communauté linguistique.

Le type le plus connu de connotation est l'opposition à double polarité positive et négative : *mélioratif/péjoratif* (anglais : *appreciative/derogatory*). Du point de vue contrastif, nous attirerons l'attention sur le fait que certains

---

(9) Larousse, 1973, p. 139.

mots ayant même origine et même dénotation sont au moins partiellement des faux-amis au point de vue des connotations :

— l'anglais *politician* (fr. *homme politique*) et *populace* (fr. *peuple, foule*) sont généralement neutres alors que le premier est souvent et le second toujours connoté négativement en français *(politicien* : : *political schemer; populace* : : *rabble).* Il en va de même pour *routine* (fr. *routine* : : *tedious routine).*

— *juvenile* est purement dénotatif dans les deux langues lorsqu'il est employé techniquement *(juvenile delinquency* : : *délinquance juvénile* = délinquance des jeunes); il est généralement connoté positivement en français *(fraîcheur, sourire juvénile)* mais péjoratif en anglais : « reflecting psychological or intellectual immaturity : childish » *(Webster);* « young and foolish » *(Longman).*

— le cas des deux couples *individual/person* et *individu/personne* est particulièrement déroutant car leurs connotations (lorsqu'elles sont sensibles) tendent à se développer de façon opposée. Le français *individu* est facilement péjoratif *(un drôle d'individu,* etc.) et serait exclu dans des contextes où le terme anglais est neutre ou positif :

> *We wish to convey our profound*
> *gratitude to all the **individuals*** : : *à toutes les personnes*
> *who provided feedback, criticism,*
> *corrections and suggestions.*
> (V. Fromkin & R. Rodman, *An Introduction to Language*)

Tandis que le français *personne* tend à être connoté positivement *(la personne humaine,* etc.), le dictionnaire *Longman* donne, à côté d'emplois comparables au français, cette acception de *person* :

> "2) *sometimes derogatory* (often in official writings) : a human being in general; somebody unknown or not named or not considered worthy of respect : *murder by a person or persons unknown"* (fr. *des inconnus*)

Ces quelques cas peuvent être présentés sous forme de tableau :

+ connotation positive − connotation négative 0 emploi purement dénotatif		
	ANGLAIS	FRANÇAIS
routine	0	−
politician/politicien	0	−
populace	0	−
juvenile/juvénile	0/ −	0/ +
individual/individu	0/ +	0/ −
person/personne	0/ −	0/ +

Est souvent connoté le vocabulaire concernant les différences de nationalité *(filer à l'anglaise* : : *to take French leave)* et surtout, au point de donner des mots tabous, les différences raciales *(wop* ‡ : : *métèque* ‡; *nigger* ⁎⁎ n'est acceptable qu'employé par les Noirs eux-mêmes, cf. T. 5 : *A Nigger Joke*). V. Fromkin & R. Rodman (1978) pp. 266 à 274[10] donnent un aperçu des relations entre tabous, sexisme et euphémismes *(powder room* pour *toilet; troisième âge, senior citizens* pour *old people; pass away, s'en aller* pour *mourir,* etc.)

Les connotations ne se réduisent pas à l'axe mélioratif / péjoratif mais correspondent à tout un éventail d'autres associations sémantiques. Donnant une définition élargie, J. Dubois (1970), pp. 118-119 indique que les connotations linguistiques d'un mot se font vers toutes les formes qui sont sémantiquement ou phonétiquement proches ou avec lesquelles il est en relation de contiguïté.

Certaines connotations échappent inévitablement à la traduction. Ainsi, *gloat* : "to look at something ... with satisfaction, often in an unpleasant way" *(Longman Dictionary)* et *crouch* : "lower the body with the limbs together (in fear or to hide, or, of animals, ready to spring)" *(Oxford Advanced Learner's Dictionary)* dans les deux cas suivants :

> *the burglar was wasting time* : : *s'attardait **dans la contemplation** gloating* (T. 2)
>
> *a woman **crouched** sobbing* : : *une femme sanglotait, **effondrée*** (T. 6)

tandis que d'autres déterminent le choix de la traduction :

suburban (T. 8)	: : *avec leurs jardinets*
(connotation : résidentiel)	
hameau (T. 19)	: : *village*
	(hamlet : village coquet/restauré)

Enfin, l'exploitation des connotations est l'une des principales motivations de l'emprunt linguistique.

9.4. Emprunts et calques

9.4.1. L'emprunt : motivations et intégration

L'emprunt n'est un procédé de traduction, comme le considéraient Vinay et Darbelnet, que dans les cas où, faute d'équivalent dans la langue d'arrivée ou pour faire couleur locale, le traducteur prend l'initiative originale de garder dans sa traduction un terme étranger qui n'est pas attesté dans cette langue. Mais pour la plupart — et c'est le cas dans notre corpus de textes — les emprunts sont de plus ou moins longue date déjà intégrés au lexique de la langue d'accueil. L'intéressante question lexicologique qui se pose alors est de savoir comment ils se sont intégrés.

---

(10) V. Fromkin et R. Rodman (1978), *An Introduction to Language,* Holt, Rinehart et Winston, Chapter 8 : « Language in Society ».

La motivation de l'emprunt est souvent, au moins au départ, d'ordre technique : on importe le terme en même temps que l'objet ou la technique *(un scanner, un vidéo clip)* ou la pratique sociale *(le week-end, un sit-in)*. Mais il se crée en même temps une motivation sociolinguistique qui est celle du prestige. On sait que le français a beaucoup emprunté à l'anglais britannique et américain dans le domaine du sport, des techniques, des medias, l'anglais au français dans le domaine politique, diplomatique, artistique notamment. L'emprunt de termes étrangers est un *must* dans une critique cinématographique de bonne tenue, par exemple. Dans notre texte T. 13 *(A Vintage Cannes Festival), siestas, mediocre, banal, blasé* n'appellent pas d'autre traduction que les termes apparentés en français. Cette perte locale de connotations littéraires est compensée à l'échelle du texte par la recherche d'un style soigné dans les choix syntaxiques. La presse française qui soigne son *look* est émaillée de mots anglais qui finissent par se passer de guillemets ou d'italiques :

> *Sa vie n'est qu'une succession ininterrompue d'échecs en noir et blanc... En 128 pages et 76 photos, le plus loser des reporters raconte sa (pauvre) vie sentimentale.*
>
> (*Télérama*, 9 juillet 1986, p. 33)

mais appellent parfois des notes de bas de page :

> « *Softcore* : porno où y a rien à voir. *Hardcore* : porno où l'on voit tout. »
>
> (*Le Nouvel Observateur*, 4 juillet 1986, p. 67, note 2).

Quand elle a lieu, l'intégration sémantique des emprunts illustre de façon particulièrement claire, car c'est un cas limite, le principe évoqué au début de ce chapitre : la valeur d'un élément lexical n'est que partiellement prévisible en fonction de son étymologie; elle est déterminée par sa place dans le système auquel il appartient. Connaître l'origine de *speaker, maintenance* ou *clip* ne permet pas de dire quel sens ont ces mots aujourd'hui en français. *Speaker* se définit par rapport à *présentateur, télévision*, etc.; *maintenance* par rapport à *entretien, matériel*, etc., *clip* par rapport à *film, séquence, enregistrement*, etc.

En prenant sa place dans un nouveau système, l'élément emprunté peut être soumis à divers changements sémantiques :

— *maintenance* et *driver* se sont spécialisés en français, de même qu'en anglais *aide* (conseiller, d'un ministre, etc.) ou *boutique* (vêtements, nouveautés);

— *niche* désigne dans les deux langues le renfoncement abritant une statue et, en anglais, au sens figuré *fill a political niche*, c'est *occuper un créneau;*

— le français *cargo* (qui désigne la cargaison en anglais), l'anglais *duvet* (= français : *couette*) ont donné lieu à un déplacement métonymique.

Ces phénomènes créent des réseaux de correspondances qui peuvent être déroutants : là où *une réunion* est *a meeting, un meeting* est *a rally* et *a reunion* est *un banquet d'anciens élèves;* ou encore, si l'on demande *a mixer* on recevra *un batteur* et si l'on veut *un mixer* il faudra demander *a liquidizer*. La mode du « franglais » aboutit à des situations cocasses avec *un tennisman, du footing, un brushing*, etc., qui n'existent pas en anglais (respectivement : *tennis player, jogging, blow-dry)*, ou encore *un sit-in devant les bureaux* traduit par *a sit-down protest outside the offices* car, en anglais, *a sit-in* doit avoir lieu à l'intérieur, comme son nom ne l'indique pas aussi nettement pour les francophones.

9.4.2. Calques syntaxiques et sémantiques

Le calque consiste à utiliser des éléments lexicaux qui existent dans une langue donnée avec la construction ou le sens qu'ont ces éléments dans l'autre langue. On n'emprunte pas un mot mais l'emploi qui en est fait.

Le phénomène concerne aussi bien la structure de lexies complexes ou composées que l'emploi de lexies primaires. L'anglais a calqué sur le français des composés comme *Secretary General* ou *court martial*, et le français sur l'anglais le type *science fiction* ou *Modern Hotel*. La presse, qui reprend souvent des sources en langue étrangère, joue un rôle important dans l'introduction des calques qui, contrairement aux emprunts, peuvent passer inaperçus. On note parmi les plus fréquents : *il n'y a pas d'autre alternative* (sur *there's no alternative*) pour *il n'y a pas d'autre solution* — emploi qui s'installe en français; *la confrontation* (pour *l'affrontement*) entre deux puissances, *la loi internationale* pour *le droit international, contrôler l'inflation* pour *la maîtriser*, etc. La Radio Suisse Romande se demandait en septembre 1984 « si cette réconciliation entre la Syrie et Israël réussira[it] à *paver la voie* à une réconciliation entre les frères ennemis libanais » (par calque de *pave the way to sth.*, pour *ouvrir la voie à)*.

Les calques sont parfois signalés par des guillemets :

> *Sur quoi asseoir une telle taxe* [...] ? *Sur les grandes* « *commodités* », *avec, en tête, le pétrole bien sûr.*
>
> (*Le Monde*, 1er juillet 1983).

ou explicitement présentés comme corps étrangers :

> *Des agents de voyage peu connus.*
> *Les tours-opérateurs de la France.*
>
> (*Le Monde*, 15 novembre 1980)

pure impulse buying (T. 12)   : : *ce que les spécialistes appellent des achats d'impulsion*

Mais la plupart, introduits par toutes sortes de documents traduits, par l'interprétation simultanée sur les ondes et les coquetteries des journalistes, s'installent si discrètement qu'on a parfois du mal à reconstituer leur itinéraire. Certains magazines français ont depuis quelques années une rubrique assez curieusement intitulée « *Les gens* », consacrée à des acteurs, vedettes de télévision, etc. Il s'agit vraisemblablement du calque de « *People* » (*people in the news, theatre people*, etc.). Une récente chronique du *Nouvel*

Observateur fait ressortir la connotation de célébrité de *people* et emprunte carrément le terme :

> « En jargon de presse, on les appelle des « *People* ». Ainsi, « *faire du People* », c'est demander à Stéphanie d'essayer des maillots, prendre un verre avec Ira de Fürstenberg, photographier le living de Burt Reynolds. Un « *sujet People* », c'est demander à tous ces gens où ils se procurent un si bon thé, un enfant aussi joli, un yacht aussi beau [...] Un People, par métier, c'est quelqu'un de son époque. »
>
> (*Le Nouvel Observateur,* 27 septembre 1985).

Peut-être cet emprunt, qui fait suite au calque évoqué précédemment, restera-t-il une boutade du journaliste. Mais il est en tout cas symptomatique de la chasse aux connotations prestigieuses qui se pratique d'une langue à l'autre.

9.5. Les différents types de faux-amis

Les manuels de vocabulaire anglais destinés aux francophones attirent l'attention sur les « faux-amis » — mots qui sont, d'anglais en français, proches par la forme mais partiellement ou totalement différents par le sens. Ceux-ci se trouvent distingués du reste du vocabulaire par une notation particulière [11] ou regroupés en annexe sous forme de liste de première urgence [12]. Certains manuels, qui leur sont entièrement consacrés [13], introduisent diverses nuances dans la présentation du phénomène : contextualisation, distinction entre faux-amis complets et partiels. Mais les plus sommaires des présentations que nous venons d'évoquer, ainsi que le terme même de faux-amis, ont le fâcheux inconvénient de laisser à penser qu'à quelques notoires exceptions près les lexiques des deux langues se correspondent de façon régulière. Notre propos est de montrer que ce phénomène des faux-amis est à la fois plus général et plus diversifié qu'il n'apparaît à travers les inventaires proposés. On le trouvera notamment illustré dans les textes T.14 et T.15 de la Seconde partie.

Les éléments lexicaux habituellement désignés comme faux-amis peuvent être classés à l'aide de deux critères complémentaires : faux-amis complets ou partiels; parenté sémantique perceptible ou non.

---

(11) Par exemple dans A. Mossy (1984), *Vocabulaire anglais-français,* Hachette, collection « Faire le point ».

(12) Par exemple dans J. Rey, C. Bouscaren et A. Mounoulou (1982), *Le mot et l'idée 2 — Anglais,* Ophrys, pp. 192 à 227.

(13) — C. Bouscaren et A. Davoust (1977), *Les mots anglais qu'on croit connaître 2. Les mots-sosies,* Hachette. Présente l'important avantage de fournir des contextes authentiques pour la plupart des entrées.

— A. Thorin (1984), *Vrais et faux amis du vocabulaire anglais,* Nathan. Ne fournit pas de contexte mais, pour chaque faux-ami, donne en revanche systématiquement la traduction du mot français qu'il évoque. Sur la question des « vrais amis », voir la note à la fin de cette section.

a) Le premier type, minoritaire, correspond aux mots qui ne présentent qu'une ressemblance graphique sans aucun rapport sémantique perceptible [14] : *axe, coin, hate, supply*. Le risque de confusion est assez faible car, comme le confirme L. Cherchi dans sa thèse sur les stratégies d'acquisition [15], « toute l'expérience de l'enseignement atteste que l'interprétation correcte d'[un élément de cette classe] se stabilise dès le premier stade de son acquisition ».

b) Les véritables difficultés commencent lorsqu'à la ressemblance graphique s'ajoute une parenté sémantique sans que les deux termes aient le même sens et puissent être traduits l'un par l'autre :

attend (to)	: :	*assister à (s'occuper de)*
lecture	: :	*conférence*
location	: :	*emplacement*
ostensibly	: :	*prétendument*
trespass	: :	*contrevenir, transgresser*

A partir d'une même racine d'origine latine, l'écart sémantique qui s'est creusé entre les deux concepts est souvent limité :

fr. *agenda* vs angl. *agenda*   : : *ordre du jour*

parfois plus important, surtout en cas de spécialisation d'un côté ou de l'autre :

fr. *bigot* vs angl. *bigot*   : : *fanatique*
(violence and bigotry in Northern Ireland)

et peut aller jusqu'à des effets de sens opposés :

fr. *mondain* vs angl. *mundane*   : : *terre à terre, banal*

(Any van is useful for the mundane, dreary, go-to-the-market episodes of life. Certain kinds of more vibrant lifestyles, however, demand a certain kind of vehicular style... So don't just get a van. Demand a Safari.)

c) Alors que le type (b) présente l'avantage de la netteté, la plus grande difficulté offerte par le type (c) tient à ce qu'il s'agit de faux-amis partiels. Il existe des contextes où la traduction par le terme apparenté est appropriée et, là où ce n'est pas le cas, le « coût » de l'erreur est minime, comme le souligne L. Cherchi (1978), p. 95 :

« La transposition d'un énoncé comme
They know the actual position of the ship
en : *Ils connaissent la position actuelle du navire*
est d'un coût très faible parce qu'avec une opération minimale

---

(14) C'est-à-dire immédiatement perceptible pour la moyenne des locuteurs, avant toute recherche étymologique. On retrouvera un lien ténu, par exemple, entre l'anglais *coin (pièce de monnaie)* et le français *coin* (= *poinçon*) dans l'expression figée : *frappée au coin du bon sens*.

(15) L. Cherchi (1978), *L'Anglais à l'Université. Etude théorique des stratégies d'acquisitions*, Champion, p. 95.

actual → / actuel / , on obtient un résultat faux mais viable dans un très grand nombre de contextes. » [16]

Et L. Cherchi conclut un peu plus loin sur les faux-amis (p. 107) :

> « leur danger principal, peut-être même leur définition résid[e] dans la viabilité des énoncés qu'ils peuvent contribuer à former. »

La difficulté peut être accentuée par un contexte où tout est réuni pour induire l'interprétation « fautive » :

"Youth", said Aristotle, "is easily **deceived**, *because it is quick to hope."*	: : *La jeunesse, disait Aristote, se laisse facilement* **leurrer** *car elle est prompte à espérer.*

(*Time*, November 14, 1977).

Inversement, il n'est pas rare que la traduction par le terme apparenté se trouve être la meilleure solution :

	a maniac	: : *un fou, un obsédé,* etc.
mais :	*Garp was a maniac for picking things up* (T. 1)	: : *Garp était un maniaque du rangement*
	engaged	: : *occupé,* etc.
mais :	*he hadn't definitely engaged us* (T. 7)	: : *il n'avait pas officiellement engagé nos services*

Ces problèmes, relativement familiers dans le domaine des notions abstraites, concernent aussi comme on l'a vu la structuration de l'univers matériel. Les différences d'extension observées en 9.1.1. font par exemple de *chair (chaise, fauteuil)*, de *cup (coupe, tasse* mais aussi *gobelet : disposable plastic cups)*, etc., des faux-amis partiels face au français.

Si les différences d'extension qui caractérisent ces trois premiers types constituent la principale source de faux-amis, elles ne sont pas les seules : l'effet « faux-ami » est produit par toutes sortes d'autres décalages — qui peuvent recouper les problèmes d'extension — au point de vue des différentes catégories sémantiques examinées au cours de ce chapitre.

d) Spécialisation dans l'emploi métaphorique.

Les items lexicaux suivants sont des exemples de glissement métaphorique (cf. 9.2.1.) et sont principalement ou exclusivement attestés dans ce sens figuré contrairement aux mots français qu'ils évoquent :

cajole	: :	*amadouer, convaincre,* etc.
callous	: :	*dur, insensible,* etc.
indebted	: :	*redevable*
advocate (n.)	: :	*défenseur, porte-parole* (d'une cause)

---

(16) Le coût de l'opération risque cependant d'être plus élevé dans le sens français → anglais à partir de *actuel.*

e) Déplacement métonymique et fonctionnement grammatical.

L'anglais *charity, surgery* et, inversement, le français (emprunté à l'anglais) *parking, golf* désignent non seulement la notion mais aussi, sous l'angle du discontinu, une particularisation de la notion (lieu, institution, etc.) :

a charity (charitable institution)	: :	*œuvre de bienfaisance, mouvement humanitaire*
a surgery (consulting room)	: :	*cabinet médical*
un parking (parc de stationnement)	: :	*a car park*
un golf (terrain de golf)	: :	*a golf course*

f) Connotations différentes :

Voir sur ce point les exemples commentés en 9.3.2. : *juvenile, individual, politician, routine,* etc.

g) Aspect lexical différent.

L'anglais *sober* est ponctuel / résultatif (qui n'a pas bu);
le français *sobre* est duratif (qui ne boit pas).

A l'inverse :

l'anglais *safe* est duratif (en sécurité);
le français *(sain et) sauf* est ponctuel / résultatif (sauvé).

Le français *virtuel(lement)* a une définition modale et aspectuelle : « en puissance, donc pas encore réalisé » :

> *Le club, à deux journées de la fin, est virtuellement vainqueur du championnat. (Le Petit Robert)*

alors que l'anglais *virtual(ly)* indique simplement l'approximation :

> *virtual* : "that is such for practical purposes though not in name or according to strict definition » : *He is the virtual manager of the business. (Concise Oxford Dictionary)*

> *it retracted virtually all the move-* : : *un retour en arrière presque complet*
> *ment* (T. 14)

Participent enfin du phénomène des faux-amis un certain nombre de décalages qui tiennent moins au contenu sémantique qu'au statut syntaxique des éléments lexicaux — étant entendu que celui-ci peut infléchir celui-là. La parenté et la ressemblance graphique ne font qu'accentuer la tendance générale au calque syntaxique.

h) Constructions verbales.

● Verbes à constructions multiples :

Ce problème a été examiné au chapitre 7 avec les verbes à constructions multiples dont la traduction varie selon le type de complémentation (cf. 7.2.2., Tableau 15) :

insist on	: : *insister, exiger*
insist that	: : *prétendre, soutenir*

● Transitivité et statut animé / inanimé des compléments :

— *Evolve* fonctionne comme prédicat à une seule place, intransitivement, de même que le français *évoluer,* mais aussi comme prédicat à deux places, transitivement :

evolve a system	: : *élaborer, mettre au point*

— *initiate* est transitif et peut prendre, comme *initier,* un C_1 animé :

initiate sb. into a science	: : *initier qn. à une science*

mais aussi un C_1 inanimé (français : *inaugurer, promouvoir)* :

it was his Cours which initiated the movement	: : *c'est son Cours qui a amorcé ce mouvement*

— *endure,* transitif, correspond au français *endurer / supporter (endure pain; can't endure)* mais, construit intransitivement avec un C_0 inanimé, il correspond au français *durer* :

this controversy was to endure for centuries	: : *cette controverse devait durer des siècles*

i) Faux-amis morpho-syntaxiques.

Les graphies suivantes évoquent des noms en français mais des adjectifs en anglais :

— *interim* fonctionne comme nom dans l'expression :

in the interim	: : *pendant l'intérim, entre-temps*

mais plus généralement comme adjectif :

the interim administration (T. 14)	: : *l'administration provisoire*

— *tentative* est exclusivement adjectif :

a tentative suggestion	: : *une suggestion prudente*
everything is very tentative at the moment (Robert et Collins)	: : *rien n'est encore décidé*
(fr. *tentative*	: : angl. *attempt, try)*

— plus savant, *arcane,* qui a le même contenu sémantique dans les deux langues, est attesté comme nom en français *(les arcanes de la finance)* mais comme adjectif en anglais :

the excuse is that the documents are exceptionally complex and arcane	: : *on prétexte que les documents sont particulièrement complexes et impénétrables*

(The Economist, May 24, 1986).

Le risque de confusion quant au statut syntaxique est parfois lié au jeu de l'affixation : *optimist, synonym, maniac* et *diagnosis* sont des noms, les adjectifs correspondants étant *optimistic, synonymous, maniacal (killer), diagnostic (mistake)*. De même, et sans que la ressemblance ne joue plus entre les racines lexicales mais seulement dans l'assimilation du suffixe *-ly* au français *-ment, friendly, motherly, costly, cowardly*, etc., tendent à être interprétés par le francophone comme adverbes alors qu'ils sont adjectifs exclusivement.

Tableau 17. — Les différents types de faux-amis.

S E M A N T I Q U E S **S Y N T A X I Q U E S**	a) Extension/ sèmes différents	faux amis complets	sans parenté perceptible	*axe, chat, coin, don hate, supply*
	b)		parenté perceptible	*agenda, attend, lecture, location, surname, trespass mundane, ostensibly*
	c)	partiels		*actual, education, formal book, chair, cake, oil order, response, sympathy*
	d) Emploi métaphorique			*cajole, callous, fuming*
	e) Déplacement métonymique			*charity, surgery, law cargo, parking, golf*
	f) Connotations différentes			*individual, juvenile, politician*
	g) Aspect lexical différent			*sober, safe, virtual*
	h) Construction	Verbes à constructions multiples		*insist, consist qualify, apply*
		Transitivité C_0, C_1 (in)animé		*evolve, initiate, endure*
	i) Faux-amis morpho-syntaxiques			*interim, tentative, arcane optimist, diagnostic monthly, cowardly*

Aboutissant assez loin de notre point de départ, aux frontières entre sémantique, syntaxe et morphologie, nous avons été amenés à envisager divers types de faux-amis dont nous donnons un tableau récapitulatif (Tableau 17). Hormis la masse, importante, du vocabulaire savant, scientifique et technique, les faux-amis entre l'anglais et le français sont omniprésents et multiformes. Les tentatives d'établir des inventaires de

229

« vrais amis » se révèlent périlleuses [17]. La leçon à tirer est simplement celle de la vigilance. Si elle garde son utilité pratique, la notion de faux-ami se trouve devoir être étendue au point peut-être de se diluer, les phénomènes de décalage qu'elle désigne étant plutôt la règle que l'exception entre les systèmes sémantiques de deux langues différentes.

BIBLIOGRAPHIE

● *Ouvrages généraux*

DUBOIS J. *et al.* (1970). — *Rhétorique générale*, Larousse, chapitre IV.

GUIRAUD P. (1972). — *La sémantique*, Presses Universitaires de France, « Que sais-je ? », n° 655.

PICOCHE J. (1977). — Précis de lexicologie française, Nathan, 1977, chapitre IV.

TOURNIER J. (1985). — *Introduction descriptive à la lexicogénétique de l'anglais contemporain*, Champion-Slatkine, chapitre VI.
(1988). — *Précis de lexicologie anglaise*, Nathan, Chapitres 14 à 16.

● *Ouvrages consacrés aux faux-amis*

BOUSCAREN C. et DAVOUST A. (1977). — *Les mots anglais qu'on croit connaître 2. Les mots-sosies*, Hachette.

KIRK-GREENE C.W.E. (1981). — *French False Friends*, Routledge et Kegan Paul.

KOESSLER M. (1975). — *Les faux-amis des vocabulaires anglais et américain*, Vuibert.

THORIN A. (1984). — *Vrais et faux amis du vocabulaire anglais*, Nathan, pp. 2 à 105 : les faux-amis.

---

(17) Parmi les manuels publiés récemment, *Vrais et faux amis du vocabulaire anglais,* de A. Thorin, que nous citons au début de cette section, donne une liste dans laquelle certains items sont étoilés comme vrais et faux amis à la fois. De nombreux items, qui figurent sans restriction comme vrais amis, présentent en réalité d'importants décalages par rapport au français :
abandon est uniquement transitif en anglais,
balloon désigne aussi une bulle de bande dessinée,
charity peut fonctionner comme discontinu (cf. (e) ci-dessus),
industrial dans *industrial dispute* correspond au français *social,*
mammoth au sens figuré et comme adjectif correspond à *géant, monstre,* etc.

DEUXIÈME PARTIE

Textes traduits et commentés

Les trente textes traduits et commentés que nous proposons dans cette Deuxième partie illustrent et complètent l'étude des différents problèmes abordés dans la Première partie. Notre choix de textes a été guidé à la fois par le souci d'illustrer le plus grand nombre possible de points examinés sous l'angle théorique et par le désir d'offrir un échantillon diversifié de différents types de prose : œuvres littéraires contemporaines, prose journalistique, technique et publicitaire, récits pour enfants. Si dans le domaine de la prose journalistique française nous avons retenu exclusivement des articles du journal *Le Monde,* c'est en raison du terrain privilégié qu'offre à l'analyse contrastive la publication de la version anglaise de ces articles dans l'hebdomadaire *The Guardian Weekly.*

Nous avons vu dans la Première partie que les différents problèmes de traduction se présentent rarement de façon isolée, et qu'ils sont au contraire étroitement liés les uns aux autres. L'analyse des textes reflète et confirme cette imbrication. Il n'en reste pas moins que chaque texte illustre de façon prédominante un (ou plusieurs) domaine(s) parmi ceux qui ont été étudiés. C'est en fonction de cette « dominante» que nous avons classé les textes (anglais → français d'abord, puis français → anglais) dans un ordre qui suit, dans ses grandes lignes, celui des chapitres de la Première partie. Afin de faciliter la consultation des textes et les rapprochements avec les analyses théoriques, nous donnons ci-dessous la liste des textes avec un rappel, sous forme abrégée, des principaux points commentés dans chacun.

231

Abréviations utilisées

Les trois grands domaines :

PTR — procédés de traduction
GRA — domaine grammatical
LEX — domaine lexical

figurent pour chaque texte par ordre décroissant d'importance. Certains problèmes figurent sans mention du domaine lorsque leur étude dans le texte renvoie simultanément à plusieurs domaines.

Abréviations	Problèmes traités	Appartenance au domaine		
		PTR	GRA	LEX
Adv	Adverbes	X	X	X
Agt	Agencement syntaxique...............................		X	
Asp	Aspect..		X	
Ctn	Constructions verbales................................		X	
Det	Problèmes liés à la détermination...................		X	
Ext	Extension			X
Fmn	Processus de formation lexicale			X
Fxa	Faux-amis			X
Mdn	Modulations	X	X	
Mod	Modalité...		X	
Mph	Métaphore	X		X
Niv	Niveau de langue......................................	X	X	X
Sil	Style indirect libre		X	
Sta	Statut assertif		X	
Svb	Présence ou absence de syntagme verbal		X	
Tps	Temps..		X	
Trn	Transposition...	X		
T + M	Imbrications complexes de Trn et Mdn	X		

Liste des textes
(les titres sont donnés sous forme abrégée)

T.1 *Garp*
PTR : Trn, Mdn, T + M
LEX : Fmn, Fxa, Adv

T.2 *Church Mouse*
PTR : Trn, Mdn
Mph, Niv

T.3 *Boarding House Breakfast*
PTR : Trn, Mdn
GRA : Agt, Svb
LEX : Fmn, Ext, Adv

T.4 *The Kestrel*
PTR : Trn
GRA : Agt, Svb
LEX : Ext

T.5	*A Nigger Joke*	GRA :	Tps, Asp
		PTR :	Trn
		LEX :	Ext
T.6	*Mr Tench's Cylinder*	GRA :	Det, Asp, Mod, Agt, Svb
		PTR :	Trn, Mdn, T + M
		LEX :	Ext
T.7	*The Tenth Clew*	GRA :	Tps, Agt, Svb
		PTR :	Trn, Mdn, T + M
		LEX :	Fmn, Fxa
T.8	*Masculine Protest*	GRA :	Agt, Adv
		LEX :	Fmn, Ext
		PTR :	Trn, Mdn, T + M
T.9	*N or M ?*	GRA :	Mod, Agt, Sil
		PTR :	Mdn, T + M
			Adv, Niv
T.10	*Science Teaching*	GRA :	Det, Mod, Sta
		LEX :	Fmn
		PTR :	Mdn
T.11	*Cycle Through...*	GRA :	Mod, Sta, Agt
		PTR :	Trn, Mdn
T.12	*A Day in the Life...*	GRA :	Det, Sil, Ctn
		PTR :	Trn, Mdn
		LEX :	Fmn
T.13	*Vintage Cannes*	GRA :	Agt, Adv, Svb
		PTR :	Mdn
T.14	*P.M.'s Speech*	GRA :	Sil
		LEX :	Fxa, Niv
T.15	*Lord Carrington*	LEX :	Fxa, Mph
		GRA :	Asp
T.16	*L'Education féminine*	PTR :	Trn, Mdn
		GRA :	Tps, Agt
		LEX :	Fxa
T.17	*Mai 68...*	PTR :	Trn, Mdn, T + M
		GRA :	Det, Asp, Agt, Svb
		LEX :	Fxa, Ext
T.18	*Les Archives...*	PTR :	Trn, Mdn
		LEX :	Fmn, Fxa
		GRA :	Agt, Svb
T.19	*Arrivée dans le hameau*	GRA :	Det, Tps, Asp
		LEX :	Fmn, Ext
T.20	*Simone Signoret*	PTR :	Trn, Mdn, T + M
		GRA :	Agt, Det
		LEX :	Ext

T.21	*Petite France*	GRA :	Det, Sta, Agt
		PTR :	Trn, Mdn
T.22	*Elections européennes*	GRA :	Det, Tps, Asp
		PTR :	Trn
T.23	*La Neige brûle*	GRA :	Tps, Asp, Agt, Mod
		LEX :	Fmn, Ext
T.24	*Le Petit Prince*	GRA :	Tps, Mod, Agt, Svb
		PTR :	Mdn
T.25	*Berlinguer*	GRA :	Det, Tps, Agt, Svb
		PTR :	Trn, Mdn
			Mph
T.26	*La Gauche française*	GRA :	Tps, Asp, Mod, Sta
			Mph
T.27	*Contradictions américaines*	GRA :	Tps, Sta, Agt
			Mph, Niv
T.28	*Mendès-France*	GRA :	Tps, Asp, Agt
T.29	*Le Pousse-pousse*	GRA :	Det, Agt
		PTR :	Trn, Mdn
		LEX :	Fmn
T.30	*L'Espoir*	GRA :	Agt, Svb
		PTR :	Trn, Mdn
			Niv

Notes personnelles

Housekeeping According to Garp

He went into the house and looked for a pair of shoes. About the only shoes he owned were running shoes - many pairs. They were in different phases of being broken in. Garp and his children wore clean but rumpled clothes; Helen was a smart dresser, and although Garp did

5 her laundry, he refused to iron anything. Helen did her own ironing, and an occasional shirt for Garp; ironing was the only task of conventional housewifery that Garp rejected. The cooking, the kids, the basic laundry, the cleaning up - he did them. The cooking, expertly; the kids, a little tensely but conscientiously; the cleaning up, a

10 little compulsively. He swore at errant clothes, dishes and toys, but he left nothing lie; he was a maniac for picking things up. Some mornings, before he sat down to write, he raced over the house with a vacuum cleaner, or he cleaned the oven. The house never looked untidy, was never dirty, but there was always a certain haste to the neatness

15 of it. Garp threw a lot of things away and the house was always missing things. For months at a time he would allow most of the light bulbs to burn out, unreplaced, until Helen would realize that they were living in almost total darkness, huddled around the two lamps that worked. Or when he remembered the lights, he forgot the soap and the

20 toothpaste.

Helen brought certain touches to the house, too, but Garp took no responsibilities for these: plants, for example; either Helen remembered them, or they died. When Garp saw one that appeared to be drooping, or was the slightest bit pale, he would whisk it out of

25 the house and into the trash. Days later, Helen might ask, "Where is the red arronzo ?"

"That foul thing," Garp would remark. "It had some disease. I saw worms on it. I caught it dropping its little spines all over the floor."

30 Thus Garp functioned at housekeeping.

John IRVING, *The World According to Garp* (1976)
Pocket Books, New York, 1979, pp. 246-247.

236

Les tâches ménagères selon Garp

Il entra dans la maison pour chercher une paire de chaussures.
Les seules chaussures qu'il possédait étaient des tennis, mais il
en avait de nombreuses paires. Elles en étaient toutes à différents
stades de rodage. Garp et ses enfants portaient des vêtements
5   propres mais chiffonnés, tandis qu'Hélène s'habillait avec
élégance. Si Garp acceptait de laver le linge de sa femme, il
refusait par contre de repasser quoi que ce soit. Hélène faisait
donc son propre repassage et y ajoutait de temps en temps une
chemise pour Garp. Le repassage était la seule tâche ménagère
10 traditionnelle que Garp refusât d'accomplir. La cuisine, les
enfants, l'essentiel de la lessive, le ménage, tout cela, il s'en
occupait: de la cuisine, avec talent; des enfants, de manière un
peu tendue mais très consciencieusement; et le ménage était pour
lui une obsession. Il pestait contre les vêtements, la vaisselle
15 et les jouets qui n'étaient pas à leur place mais il ne laissait
rien traîner: c'était un maniaque du rangement. Certains matins,
avant de s'installer pour écrire, il faisait le tour de la maison
à toute vitesse avec l'aspirateur, ou bien il nettoyait le four.
La maison n'avait jamais l'air en désordre et n'était jamais sale
20 mais elle donnait toujours l'impression d'avoir été rangée
précipitamment. Garp jetait beaucoup et il manquait constamment
quelque chose. Par exemple, pendant des mois il laissait griller
la plupart des ampoules électriques sans les remplacer jusqu'au
jour où Hélène s'apercevait qu'ils vivaient dans l'obscurité
25 presque complète, agglutinés autour des deux seules lampes qui
éclairaient encore. Ou alors, s'il pensait aux lampes, il oubliait
le savon et le dentifrice.

Hélène apportait aussi à la maison quelques touches person-
nelles face auxquelles Garp déclinait toute responsabilité. Il
30 en était ainsi des plantes: ou bien Hélène s'en occupait, ou bien
elles mouraient. Lorsque Garp en voyait une qui semblait dépérir
ou qui lui paraissait un tant soit peu pâlotte, il s'empressait de
la sortir de la maison et de la mettre à la poubelle. Plusieurs
jours plus tard, il arrivait qu'Hélène demande.
35   - Où est l'arronzo rouge ?
        - Cette horreur ? répliquait Garp. Elle devait avoir une
maladie. J'ai vu des vers dessus. Je l'ai surprise en train de
déposer par terre ses petites épines - il y en avait partout.
        Telles étaient les méthodes ménagères de Garp.

COMMENTAIRE

Ce passage, relativement simple sur le plan syntaxique, présente d'assez nombreux exemples des procédés de traduction les plus courants. Ecrit dans une langue familière, il traite des activités de tous les jours dont la description fait entrer en jeu des équivalences contraignantes entre les deux langues. Les deux principaux procédés de traduction (transposition et modulation) sont souvent étroitement imbriqués et liés à des problèmes lexicaux.

2/2   *running shoes* : : *des tennis*

Un double glissement métonymique est impliqué ici :

— entre l'anglais et le français, modulation de type partie pour une autre : un sport pour un autre;

— à l'intérieur du français, on a des *tennis* pour des *chaussures de tennis,* par glissement métonymique entre l'activité et l'objet qui lui est associé. Ce glissement et l'ellipse qu'il entraîne ne sont pas possibles en anglais :

des tennis : : *tennis shoes*
un parking : : *a parking lot, a car park*

(voir aussi T. 23).

3/4   *of being broken in* : : *de rôdage*

— Transposition : verbe ren- : : substantif renvoyant à la no-
voyant au processus   tion

— Modulation par changement d'image : les notions de *break in (a horse)* et de *rôder (une voiture)* sont ici appliquées métaphoriquement aux chaussures.

4/5-6   *was a smart dresser* : : *s'habillait avec élégance*

Double transposition : nom : : verbe
                    adjectif : : syntagme adverbial

Dresser : suffixe agentif dont la productivité en anglais pose souvent problème (exemples : *chain-smoker, early riser,* etc.). *Dresser* est ici dérivé du verbe intransitif, alors que *habilleuse* est uniquement dérivé du verbe transitif en français.

6/8-9   *occasional* : : *de temps en temps*

Transposition : adjectif : : syntagme adverbial

L'adjectif *occasional* (comme son antonyme *frequent*) est employé ici avec valeur adverbiale. Sémantiquement, il ne peut qualifier le substantif *shirt,* mais porte sur le procès. D'où la transposition nécessaire en français. Voir aussi :

He paid frequent visits to his : : *Il allait souvent voir sa*
grandmother.   *grand-mère.*

| 8/11 | *the basic laundry* | : : *l'essentiel de la lessive* |
| | Transposition : adjectif | : : nom |

Basic dans la langue courante a pris une extension plus grande que le français *fondamental, de base,* réservé à un discours plus académique ou scientifique.

8/10/12-24	*expertly*	: : *avec talent*
	tensely	: : *de manière tendue*
	compulsively	: : *était pour lui une obsession*

Noter la contrainte très forte qui pèse sur le français lorsqu'il s'agit de traduire les adverbes en *-ly* (cf. 6.3.3.2. et aussi commentaire du texte T. 3).

Seul *conscientiously* peut faire l'économie d'une transposition en syntagme adverbial.

L'emploi de *compulsively* met l'accent sur le caractère obsessionnel du comportement de Garp.

| (cf. *a compulsive smoker* | : : *un fumeur invétéré* |
| *a compulsive eater* | : : *un boulimique)* |

| 10/15 | *errant* | : : *qui n'étaient pas à leur place* |

Emploi figuré de *errant* en anglais, dont le sens premier est : « qui n'est pas sur la bonne voie, qui se trompe » (le sens de *wandering,* correspondant à *errant* en français, est archaïque).

Le problème de traduction ici n'est pas purement lexical, mais aussi grammatical : il faut bien voir que l'adjectif *errant* porte sur les **trois** substantifs qui suivent, ce qui implique un changement dans l'ordre syntaxique en français.

| 11/16 | *a maniac for picking things up* : : *un maniaque du rangement* |

— *Maniac* (= mad, demented; enthusiastic, obsessed) et *maniaque* (= qui a une idée fixe; exagérément attaché à ses petites manies) ne sont pas des équivalents, mais le contexte présent se situe à l'intersection des domaines sémantiques des deux termes.

— Transposition : syntagme verbal : : syntagme nominal, avec une plus grande actualisation en anglais, et par ailleurs une modulation sur les procès faisant passer du moyen *(pick up)* au résultat *(ranger).*

| 12/17-18 | *raced around the house* | : : *faisait le tour de la maison à toute vitesse* |

Chassé-croisé classique portant sur l'expression du mouvement :

direction	manière
around	*raced*
faisait le tour	*à toute vitesse*

vacuum cleaner   : : *aspirateur*

En anglais, composition, l'élément repère *(vacuum)* renvoyant au procédé, au moyen.

En français, dérivation savante, à partir d'un verbe faisant référence au processus, au fonctionnement.

En anglais britannique on a souvent *Hoover* (dérivé du nom de marque et pouvant être utilisé comme verbe par conversion — exemple : *I hoovered the living-room this morning).*

14-15/20-21   *there was always a certain* : : *elle donnait toujours l'impres-*
haste to the neatness of it   *sion d'avoir été rangée précipi-*
                                         tamment

Transpositions multiples :
— nom *(haste)*   : : adverbe *(précipitamment)*
— nom *(neatness)*   : : verbe *(avoir été rangée)*
— adjectif modal *(certain)* : : syntagme verbal *(donnait l'impression)*

ou, sous forme de schéma :

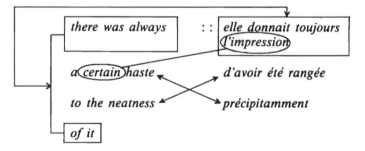

A ces transpositions viennent s'ajouter :
— sur le plan syntaxique, orientation différente de l'énoncé, avec prédication d'existence en anglais;
— une modulation aspectuelle, la notion *neatness,* renvoyant à un état, étant remplacée par l'aspect accompli d'un processus, *ranger;*
— un problème lexical, *neatness* ayant les deux traits sémantiques de *propreté* et d'*ordre,* alors qu'un choix est nécessaire en français (le choix de *propreté* serait également justifié et pourrait donner lieu à la traduction suivante :
on avait toujours l'impression que le ménage avait été fait précipitamment).

15-16/21-22	*the house was always missing* : : *il manquait constamment quelque chose*
	things

Rappel des différentes constructions de *miss*, par rapport à *manquer* :

— *He missed his train*	: :	*Il a manqué son train*
— *He misses his girlfriend*	: :	*Sa petite amie lui manque*
— *His coat is missing a button*	: :	*Il manque un bouton à son pardessus*
— *I seem to be missing my purse*	: :	*Il semblerait que j'aie perdu mon porte-monnaie*

Pris isolément, *the house was always missing things* donnerait, par transposition de type : nom : : syntagme adverbial : *il manquait constamment quelque chose à la maison.* Le contexte rend ici superflue la référence à la maison en français.

19/26	*remembered the lights*	: : *pensait aux lampes*
23/30	*remembered them*	: : *s'en occupait*

Se rappeler/se souvenir de ont une extension moins grande que *remember,* et ont tendance à être réservés à une construction renvoyant au révolu, par exemple :

> *Je me souviens bien de ce film.*
> *Je me rappelle l'avoir vu l'an dernier.*

La traduction de *remember* passe souvent par un changement lexical (voir les exemples ci-dessus) ou par une modulation par négation du contraire, notamment dans les cas d'emploi prospectif, par exemple :

Remember to turn down the : :	*N'oublie pas de baisser le*
heating when you go to bed.	*chauffage en allant te coucher.*

16/22	*For months at a time he would* : :	*Par exemple, pendant des mois*
	allow...	*il laissait griller...*

On a ici et à la ligne 24 deux occurrences du *would* dit « fréquentatif » qui, dans un contexte de type itératif, marque la prédictibilité d'un comportement typique. Ce *would* est toujours traduit par un imparfait. La notion de comportement typique est en outre rendue ici sur le plan lexical avec *par exemple.*

24-25/32-33	*he would whisk it out of the* : :	*il s'empressait de la sortir de la*
	house and into the trash	*maison et de la mettre à la poubelle*

Le sémantisme de *s'empressait* correspond d'une part au trait rapidité *(whisk)* et d'autre part à la nuance de volition (« empressement ») qui se superpose ici à la modalité de prédictibilité rappelée plus haut. Une traduction par *se dépêchait de* ne rendrait que le trait sémantique rapidité.

La transposition (préposition : : verbe) est liée à la subordination et rendue nécessaire par la « mise en facteur commun » du verbe *whisk* par rapport à ses deux compléments prépositionnels.

25/34   *Helen might ask*   : : *il arrivait qu'Hélène demande*

La modalité est rendue en français sur le terrain aspectuel *(il arrivait que/parfois Hélène demandait).* De plus, on a l'opposition fréquente : modalité dans la phrase simple en anglais, schéma de subordination en français (cf. 5.3.3.1.).

27/36-37 *It had some disease*   : : *Elle devait avoir une maladie*

Inversement, la valeur d'évaluation qualitative de *some* portant sur du discontinu au singulier est rendue en français par l'ajout d'une modalité épistémique.

30/39   *housekeeping*   : : *tâches ménagères/méthodes*
et titre   *ménagères*

Prédicat nominalisé qui fait   Discontinu pluriel
envisager le processus sous
l'angle du continu

C'est une opposition fréquente que l'on retrouve dans :

defence spending   : : *les dépenses militaires*

fitted shelving   : : *des étagères sur mesure*

Notes personnelles

The Church Mouse

Sometimes Arthur got a bit depressed, for in the whole of that church there was not one other mouse. One afternoon, when he was reading, an idea popped into his head and, not being a mouse to let the grass grow under his feet, he rushed out of the church and into the town.

5   And what an awful place the town was, much worse than he had imagined. He almost gave up his idea, but then he thought, "If it's always as nasty as this, everybody is bound to agree to my plan." So he hurried on...

[...] So that evening, when everybody had assembled and stopped shuffling
10   and coughing, Arthur stood up, cleared his throat, and began, without any beating about the bush. "My idea is this. You all come and live at the church. It's warm, quiet, and I've got Sampson, the church cat, right under my thumb... er... almost. The parson says if we do a few odd jobs we'll be paid in cheese, best quality. He's expecting us tomorrow morning, if you
15   want to come."

[......]

[One day the mice caught a burglar in the act of stealing silver candlesticks.]

As the burglar was wasting time gloating over the candlesticks, everybody tiptoed closer and Arthur tied the burglar's bootlaces together.
20   [...] *Everybody* had the idea of rolling him up in the carpet. At any rate everybody said it was his idea afterwards. They all put their shoulders to the carpet and pushed. The schoolmouse said to the mouse beside him that he felt like a Lilliputian, but the mouse replied huffily that he couldn't stand foreign food because he was just an average English working mouse an
25   *he* felt like a cheese and chutney sandwich, and the mouse next to him said he felt like a bread and butter pudding, and Sampson said he felt like a mouse casserole and he'd have one, too, if they didn't shut up and push.

Graham OAKLEY, *The Church Mouse*
Ed. bilingue G. Oakley/Gallimard, 1982,
pp;. 4,7, 10, 24-25, 27.

La souris de l'église

Parfois, Arthur avait un peu le cafard: dans l'immensité de cette église, il était la seule souris. Un après-midi qu'il était en train de lire, une idée lui vint à l'esprit. Comme il n'était pas souris à se laisser pousser l'herbe entre les doigts de pieds, il bondit hors de
5 l'église et se précipita dans la ville.

Quel horrible endroit ! Bien pire que ce qu'il avait imaginé... Il fut à deux doigts d'abandonner. Mais il se ravisa: "Si c'est toujours aussi atroce que cela en ville, tout le monde ne pourra que se rallier à mon idée." Aussi reprit-il sa route sans perdre de temps...
10 [...] C'est ainsi que, le soir même, lorsque tout le monde fut rassemblé et que chacun eut cessé de remuer et de toussoter, Arthur se leva, s'éclaircit la voix et entra tout de suite dans le vif du sujet. "Voici mon idée: vous pourriez tous venir vous installer à l'église. C'est un endroit chaud et calme. Je fais de Samson, le chat du pasteur, ce que je veux... ou
15 presque. Le pasteur promet qu'en échange de quelques menus services, il nous fournira du fromage, et du meilleur ! Il nous attend demain matin, si le projet vous convient."

[......]

[Un jour, les souris ont surpris un voleur en train de dérober des chandeliers en argent]
20 Comme le voleur s'attardait dans la contemplation des chandeliers, tout le monde s'approcha sur la pointe des pieds et Arthur noua ensemble les lacets de ses souliers...

[...] Tous sans exception, eurent l'idée de le rouler dans le tapis. Du moins, après coup, chacun prétendit-il avoir eu l'idée le premier !
25 Ensemble, ils s'adossèrent au tapis et poussèrent. Le maître d'école confia à son voisin que tout ceci lui faisait penser à de bons Lilliputiens. Mais ce dernier, agacé, répliqua qu'il n'était, lui, qu'un brave travailleur anglais comme les autres, qui n'aimait pas la cuisine exotique; que pour lui rien ne valait un bon sandwich au fromage. Et celui qui était
30 juste à côté d'eux affirma qu'il préférait, quant à lui, le gâteau de riz au caramel. Samson précisa alors que personnellement il aimait surtout le civet de souris et que, du reste, il n'allait pas tarder à s'en régaler s'ils ne se remettaient pas immédiatement à pousser.

Traduction de C. Denis, Ed. bilingue G. Oakley/Gallimard, 1982.

COMMENTAIRE

Si sur quelques points la traduction présente une légère perte par rapport à l'original (les connotations du titre, cf. *poor as a church mouse;* le jeu de mots sur *feel like,* l. 27, point de départ du débat gastronomique), au total l'humour et la vivacité du texte sont bien rendus en français. La traduction prend les libertés qui s'imposent, d'où une profusion de transpositions et modulations variées et, dans le dernier quart du texte, une différenciation de l'agencement syntaxique dont les traits sont accentués par le caractère parodique du style.

TRANSPOSITIONS

| 1/1 | *got depressed* | : : | *avait le cafard* |

Ces deux syntagmes verbaux ont pour noyau respectivement un participe passé employé comme adjectif et un nom.
Modulation aspectuelle : processus : : état.

| 4/4 | *rushed out of the church and into the town* | : : | *bondit hors de l'église et se précipita dans la ville* |

Selon un schéma classique, *rushed* est mis en facteur commun de deux prépositions. La seconde est transposée en verbe.

| 6/7 | *but **then** he thought* | : : | *mais il se **r**avisa* |

L'aspect est exprimé par un adverbe en anglais et par le préfixe verbal en français.

| 13/15 | *if we do* | : : | *en échange de* |
| | Syntagme verbal | : : | locution prépositionnelle |

| 18/20 | *gloating* | : : | *dans la contemplation* |

Participe présent : : nom inscrit dans un syntagme prépositionnel.

| 23/27 | *huffily* | : : | *agacé* |

Adverbe : : participe passé. Transposition liée au rendement de la suffixation adverbiale en *-ly* en anglais et qui se répercute sur l'agencement syntaxique de la phrase.

— **Transposition : chassé croisé :**

| 8/9 | *so he hurried on* | : : | *aussi reprit-il sa route sans perdre de temps* |

avec en outre la modulation : négation du contraire.

| 19/21 | *tiptoed closer* | : : | *s'approcha sur la pointe des pieds* |

Le recours au chassé croisé est rendu nécessaire dans ce dernier cas par la formation de *tiptoe* par conversion « nom » → verbe (nom qui n'est employé que dans la locution adverbiale *on tiptoe*).

MODULATIONS MÉTONYMIQUES

1/1	*the whole of*	: :	*l'immensité de*
	Totalité de l'objet	: :	propriété de l'objet
7/8	*is bound to agree*	: :	*ne pourra que se rallier*
	Modalité du nécessaire	: :	exclusion des autres possibles
24/28	*food*	: :	*cuisine*

Cuisine renvoie à un processus et éventuellement, par glissement métonymique, à son objet/résultat. *Food* n'est que l'objet/résultat.

| | *foreign* | : : | *exotique* |

On ne trahit pas l'humour du texte en faisant commencer l'exotisme dès lors que l'on quitte l'île britannique.

— Partie pour une autre :

| 10/11-12 | *cleared his throat* | : : | *s'éclaircit la voix* |
| 12/14 | *the church cat* | : : | *le chat du pasteur* |

— Cause/conséquence, moyen/résultat :

| 18/20 | *was wasting time* | : : | *s'attardait* |
| 27/33 | *didn't shut up and push* | : : | *ne se remettaient pas immédiatement à pousser* |

— Contenu/contenant :

| 27/32 | *casserole* | : : | *civet* |

Casserole a été emprunté au français avec différence d'extension (= fr. *cocotte*) et glissement métonymique contenu/contenant (= *ragoût*) comme en français *terrine*. C'est donc à l'intérieur de l'anglais qu'a eu lieu le glissement métonymique.

MODULATIONS MÉTAPHORIQUES

— Présence/absence de métaphore :

3/3	*popped into his head*	: :	*lui vint à l'esprit*
6/7	*fut à deux doigts d'abandonner*	: :	*almost gave up*
12-13/14	*under my thumb*	: :	*ce que je veux*

— **Changement de métaphore :**

10-11/12   *without any beating about the*   : :   *tout de suite dans le vif du sujet*
bush

avec en outre négation *(without)* du contraire.

ADAPTATION CULTURELLE

25/29   *cheese and chutney sandwich*   : :   *bon sandwich au fromage*

26/30-31   *bread and butter pudding*   : :   *gâteau de riz au caramel*

GRAMMAIRE

— **Mise en relief**

20/18   *EVERYBODY*   : :   *Tous, sans exception*

25/29   *and HE felt like*   : :   *que pour lui*

Comme c'est fréquemment le cas, la mise en relief se traduit par un ajout lexical en français.

— **Modulation aspectuelle**

25/29   *he felt like a sandwich*   : :   *rien ne valait*

26/30   *he felt like **a** pudding*   : :   *préférait **le** gâteau*

26-27/31-32   *he felt like **a** casserole*   : :   *aimait **le** civet*

Feel like dans le sens d'*avoir envie de* est un verbe d'aspect interne *ponctuel* (par opposition à *like* qui est *duratif*). Le français utilise non seulement l'imparfait (qui reste compatible avec du ponctuel : *ce jour-là il avait envie de)* mais surtout des verbes à aspect lexical duratif/permanent. Le corollaire est l'emploi générique de l'article *le.*

AGENCEMENT SYNTAXIQUE

23/27   *but the mouse replied huffily*   : :   *Mais ce dernier, **agacé**, répliqua...*

25/29   *..., **and** HE felt like...*   : :   ***que pour lui** rien ne valait...*

26/31   *..., **and** Sampson said he...*   : :   *Samson précisa **alors que personnellement**...*

Enumération sur le mode de la *coordination* en anglais, de la *subordination* en français. Le français souligne le style circonstancié en multipliant les éléments incis, entre virgules *(agacé)* ou non *(pour lui; alors; personnellement),* dont les équivalents anglais, là ou ils sont présents, sont au contraire intégrés dans le schéma canonique de la phrase *(huffily; HE).*

LEXIQUE : NIVEAU DE LANGUE

L'effet cumulatif produit par la répétition de la conjonction de coordination *and*, typique de la littérature enfantine (comme par ailleurs l'emploi contraignant en français du passé simple), se trouve renforcé par la répétition de *said*, traduit de façon différenciée en français :

22/22-26	*the schoolmouse **said**...*	: :	*le maître d'école **confia**...*
25/29-30	*the mouse next to him **said**...*	: :	*celui qui était juste à côté d'eux **affirma**...*
26/31	*and Sampson **said**...*	: :	*Samson **précisa** alors...*

Ceci rejoint l'observation faite dans des textes d'origine pourtant très différente (cf. T 14, T 27), en particulier à propos des verbes, sur certaines différences systématiques de registre entre anglais et français, à niveau de langue globalement comparable.

Boarding House Breakfast

'Good morning all,' a soft voice said and they all looked at the door. Bernard, his dressing-gown trailing, his plump body in red silk pyjamas. Mrs. Henry Rice smiled fondly at her boy.

'Come and sit down, Bernie. Have a cup of tea.'

5 'I rang my bell twice and not a sound out of that girl,' Bernard said. I suppose she was out all night gallivanting with some soldier or other. I'm starved, lying up there, waiting for her.'

'Maybe some bacon and eggs?' Mrs. Henry Rice said coaxingly.

Miss Friel, Mr. Lenehan, Miss Hearne and Mr. Madden looked up,
10 anger plain as hunger in their faces.

'Bernie's very delicate,' Mrs. Rice said to no one in particular. 'The doctor says he has to eat a lot to keep his strength up.'

Bernard sat down and seemed to think about food. Then, gleefully watching the boarders, he gave his order. 'Two eggs, Mama, four rashers
15 of bacon. And Mary might fry some bread to go with it.'

Mrs. Henry Rice, submissive, jingled the little bell. Mary came to the door and was given her orders. The boarders exchanged glances, united in their hatred. Miss Friel, with the air of a woman storming the barricades, picked up a piece of toast, buttered it, then re-buttered
20 it so that the wedge of butter was almost as thick as the toast itself. There, she seemed to say. If it's a fight you want, I just dare you to say a word.

Mrs. Henry Rice ignored the butter waste. Her eyes were on her darling as he sipped his tea.

25 'Well now,' Bernard said pleasantly. 'What were we talking about when I interrupted? The wonders of America, was it?'

Mr. Madden bit angrily into a hard piece of toast. Ham and eggs for him. Nothing for me, her brother.

Miss Hearne, watching him, saw that he was angry. And no wonder.
30 Really, it was a bit thick, feeding up that fat good-for-nothing while the boarders, not to mention her own brother, went without. Still, it was better to pass these things over. Bad temper, bad blood, as Aunt D'Arcy used to say.

Brian MOORE, *The Lonely Passion of Judith Hearne* (1955).
Panther Books, 1965, p. 31.
© André Deutsch Ltd

Petit déjeuner dans une pension de famille

— Bonjour tout le monde, fit une voix douce, et ils se tournèrent tous vers la porte. C'était Bernard: sa robe de chambre traînait par terre et son corps grassouillet était vêtu d'un pyjama de soie rouge. Madame Henry Rice sourit affectueusement à son fils.

5   — Viens t'asseoir, Bernie. Veux-tu une tasse de thé?

J'ai sonné deux fois mais cette fille ne s'est pas manifestée, dit Bernard. Je suppose qu'elle a passé la nuit à faire la bringue avec un de ces soldats. Je meurs de faim d'être resté au lit là-haut à l'attendre.

10   — Tu veux peut-être des œufs au bacon? dit Madame Henry Rice d'une voix caressante.

Mlle Friel, Monsieur Lenehan, Mlle Hearne et Monsieur Madden levèrent la tête: leurs visages paraissaient aussi courroucés qu'affamés.

— Bernie est très fragile, expliqua Madame Rice, ne s'adressant à
15 personne en particulier. Le docteur a dit qu'il devait se fortifier en mangeant beaucoup.

Bernard se mit à table et sembla réfléchir à ce qu'il allait manger. Puis, observant les pensionnaires d'un œil goguenard, il passa sa commande:

20   — Deux œufs, Maman, et quatre tranches de bacon. Et tu pourrais dire à Mary de griller du pain pour aller avec.

Madame Henry Rice, docile, agita la petite sonnette. Mary parut à la porte et prit la commande. Les pensionnaires se regardèrent, unis dans leur haine. Mlle Friel, l'air d'une femme partant à l'assaut des
25 barricades, prit une tranche de pain grillé; elle la beurra, puis la rebeurra jusqu'à ce que la couche de beurre fût presque aussi épaisse que la tranche elle-même. Tenez, semblait-elle dire. Si vous cherchez la bagarre, essayez donc de me faire une remarque.

Madame Henry Rice fit semblant de ne pas voir ce gaspillage de
30 beurre. Elle ne quittait pas des yeux son fils chéri qui buvait son thé à petites gorgées.

— Alors, demanda Bernard d'un ton amical, de quoi parlions-nous lorsque j'ai interrompu la conversation? Des merveilles de l'Amérique, peut-être?

35   Monsieur Madden mordit rageusement dans un morceau de pain grillé rassis. Des œufs au jambon pour lui, et rien pour moi, qui suis son frère.

Mlle Hearne, qui l'observait, vit qu'il était en colère, ce qui n'était guère surprenant. Franchement, c'était un peu fort de gâter à
40 ce point ce bon à rien plein de graisse tandis que les pensionnaires, y compris son propre frère, devaient se priver. Enfin, il valait mieux ne pas relever. La mauvaise humeur sème la discorde, comme aurait dit sa tante D'Arcy.

251

COMMENTAIRE

Ce passage, faisant alterner le dialogue et la description des gestes et des attitudes de la vie quotidienne, présente une variété des procédés de traduction les plus courants. C'est donc sur ce domaine que porte plus particulièrement notre commentaire.

TRANSPOSITION

Le texte offre plusieurs exemples de la productivité de l'affixe adverbial -ly en anglais. L'empoi des adverbes en -ment en français est parfois possible (cf. lignes 4, 35), mais pour des raisons à la fois stylistiques, phonétiques et de portée de l'adverbe, on aura plus souvent recours à une transposition : il s'agit ici de transpositions locales, où le changement de catégorie grammaticale d'un seul terme s'accompagne d'une équivalence globale entre adverbe et syntagme adverbial.

8/11	*coaxingly*	: :	*d'une voix caressante*
13/18	*gleefully*	: :	*d'un œil goguenard*
25/32	*pleasantly*	: :	*d'un ton amical*

Autres cas de transposition :

— Etoffement des prépositions :

2/3	*in red silk pyjamas*	: :	*vêtu d'un pyjama...*
11/14	*to no one in particular*	: :	*ne s'adressant à personne...*

— Cas contraignant de chassé-croisé :

9/13	*looked up*	: :	*levèrent la tête*

MODULATIONS

16/22	*jingled*	: :	*agita*

Modulation métonymique (résultat : : cause) liée à l'emploi transitif de *jingle*, *sonner (la sonnette)* et *faire tinter* étant à éviter.

17/23	*was given her orders*	: :	*prit la commande*

Modulation par inversion syntaxique; changement de point de vue lié au fonctionnement particulier du passif en anglais avec les prédicats à trois places de type *give, tell*, etc...

23/29	*ignored*	: :	*fit semblant de ne pas voir*

Modulation liée au statut de faux-amis de
ignore (= refuse to take notice of, disregard) et
ignorer (= ne pas savoir)

32/42   *pass those things over*   : :   *ne pas relever*

Modulation par négation du contraire.
Laisser tomber, qui appartient aussi au domaine spatial, serait une traduction d'un niveau de langue légèrement inférieur à l'original.

AGENCEMENT DES PROCÈS

Le texte anglais est caractérisé par la juxtaposition des procès : énoncés ne comportant pas de syntagme verbal (par exemple : lignes 2-3), ponctuation par virgules ou par points sans explicitation de la relation entre deux procès (exemples : lignes 7, 23, 29).
Cette caractéristique est liée d'une part à la présence de discours oral rapporté, d'autre part à l'insertion dans le récit de fragments de discours intérieur des personnages (forme particulière de style indirect libre).

On peut noter en français la réintroduction de syntagmes verbaux et une subordination plus étroite entre les procès :

8/8-9   *lying up there, waiting for her*   : :   *d'être resté au lit là-haut à l'attendre*

28/36-37   *Nothing for me, her brother.*   : :   *et rien pour moi, qui suis son frère.*

29/38-39   *And no wonder.*   : :   *ce qui n'était guère surprenant.*

LEXIQUE

Deux types de formation lexicale courants en anglais nécessitent une transformation dans le passage au français :

   — **Composition**

Titre   *Boarding house breakfast*   : :   *Petit déjeuner dans une pension de famille*

   — **Conversion**

18/24-25   *storming the barricades*   : :   *partant à l'assaut des barricades*
          (cf. *to take by storm*)

On peut relever aussi quelques difficultés posées par les équivalences et les emprunts :

8/10   *bacon and eggs*   : :   *œufs au bacon*

Bacon en français [bekɔn] est réservé à cet emploi spécifique, même si le *bacon* [bakõ] français recouvre une réalité différente. Par contre, pour avoir du « *bacon* » [beɪkən] chez le charcutier, il faudrait demander de la poitrine fumée en tranches !

253

| 15/20 | *fry some bread* | : : | *griller du pain* |

Fry = faire frire; la traduction proposée ne maintient pas la distinction entre *fried bread* (à la poêle) et *toast* (grillé).

| 19/25 | *toast* | : : | *pain grillé* |

La traduction par *un toast* ne serait pas impossible, compte tenu des facteurs suivants :

— *Toast* en français = emprunt recatégorisé en discontinu.

— Différence d'extension : *un toast* = petite tranche de pain grillé garnie pour l'apéritif.

— Mais l'usage récent a tendance à rejoindre le sens de *a piece of toast.*

REMARQUES GÉNÉRALES SUR LA TRADUCTION DU DIALOGUE

— On notera la différence de ponctuation entre les deux langues en ce qui concerne les paroles rapportées sous forme de dialogue : tirets en français, alors qu'en anglais on trouve des guillemets à chaque citation de paroles et à chaque changement d'interlocuteur (voir Annexe 1).

— Le français tend à varier les verbes introducteurs de discours rapporté *(fit, dit, expliqua, demanda),* alors que l'anglais emploie *said* tout au long du passage (cf. aussi les textes T. 2 et T. 9).

Notes personnelles

The Kestrel

The wood ended at a hawthorn hedge lining one side of a cart track. Across the track and beyond an orchard stood the Monastery Farm, and at the side of it, the ruins and one remaining wall of the monastery. Billy walked along the hedge bottom, searching for a way through. He found a
5   hole, and as he crawled through a kestrel flew out of the monastery wall and veered away across the fields behind the farm. Billy knelt and watched it. In two blinks it was a speck in the distance; then it wheeled and began to return. Billy hadn't moved a muscle before it was slipping back across the face of the wall towards the cart track.
10   Half way across the orchard it started to glide upwards in a shallow curve and alighted neatly on a telegraph pole at the side of the cart track. It looked round, roused its feathers, then crossed its wings over its back and settled. Billy waited for it to turn away, then, watching it all the time, he carefully stretched full length in the hedge bottom. The
15   hawk tensed and stood up straight, and stared past the monastery into the distance. Billy looked in the same direction. The sky was clear. A pair of magpies flew up from the orchard and crossed to the wood, their quick wing-beats seeming to just keep them airborne. They took stance in a tree close by and started to chatter, each sequence of chattering sounding like
20   one turn of a football rattle. The hawk ignored them and continued to stare into the distance. The sky was still clear. Then a speck appeared on the horizon. It held like a star, then fell and faded. Died. To reappear a moment later further along the skyline. Fading and re-forming, sometimes no more than a point in the texture of the sky. Billy squeezed his eyes
25   and rubbed them. On the telegraph pole the hawk was sleek and still. The dot magnified slowly into its mate, circling and scanning the fields round the farm.

Barry HINES, *Kes* (1968).
Penguin Books, 1969, pp. 27-28.

Le faucon

Le bois se terminait par une haie d'aubépine qui bordait un chemin de terre. De l'autre côté du chemin, au-delà d'un verger, se trouvait la ferme du Monastère, près de laquelle se dressaient les ruines du monastère dont seul un mur était demeuré intact. Billy

5 longea le bas de la haie, cherchant un passage pour la traverser. Il trouva une ouverture et juste au moment où il s'y glissait à quatre pattes, un petit faucon sortit du mur du monastère et s'éloigna en arc de cercle au-dessus des champs derrière la ferme. Billy se mit à genoux pour l'observer. En un clin d'œil il ne fut plus qu'un point

10 à l'horizon; puis il fit demi-tour et commença à se rapprocher. Billy n'avait pas bougé d'un millimètre que déjà l'oiseau revenait, filant le long du mur en direction du chemin.

Arrivé au milieu du verger, il se laissa porter vers le haut en un grand arc de cercle et se posa avec élégance sur un poteau

15 télégraphique au bord du chemin. Il regarda autour de lui, s'ébouriffa les plumes, puis se croisa les ailes sur le dos et s'immobilisa. Billy attendit que l'oiseau ait détourné la tête puis, sans le quitter des yeux et avec mille précautions, il se coucha de tout son long au pied de la haie. Le faucon se redressa sur le qui-vive, le regard tourné

20 vers le lointain, au-delà du monastère. Billy suivit son regard. Le ciel était dégagé. Deux pies surgirent du verger et survolèrent le chemin pour pénétrer dans le bois; on aurait dit que leurs battements d'ailes précipités suffisaient à peine à les maintenir en l'air. Elles se postèrent dans un arbre tout près de Billy et se mirent à jacasser;

25 chaque série de jacassements ressemblait à un tour de crécelle à un match de football. Le faucon ne leur prêta aucune attention et continua à fixer le lointain. Le ciel était toujours dégagé. Puis une tache apparut à l'horizon. Elle se maintint un instant, comme une étoile, puis retomba et disparut, comme éteinte, pour réapparaître un moment

30 plus tard en un endroit différent de l'horizon. Elle disparaissait et se reformait, ne semblant par moments qu'un point minuscule dans le bleu du ciel. Billy cligna des yeux et se frotta les paupières. Sur le poteau télégraphique, le faucon au plumage soyeux se tenait immobile. Le point grossit peu à peu pour prendre la forme de sa compagne qui

35 tournoyait en scrutant les champs autour de la ferme.

COMMENTAIRE

Ce passage illustre quelques-uns des problèmes rencontrés lors de la traduction d'une prose descriptive, notamment la nécessité d'une perception visuelle des déplacements dans l'espace afin d'aboutir à une traduction satisfaisante des formes verbales, des prépositions et des particules adverbiales, ainsi que des adjectifs choisis pour la description.

PROCÉDÉS DE TRADUCTION

La difficulté majeure réside dans la traduction des verbes et prépositions ou particules adverbiales se référant au domaine spatial. La traduction proposée a recours à diverses formes de transposition (notamment des chassés-croisés, souvent incomplets) et d'étoffement.

4/5	*walked along*	: :	*longea*
5/7	*flew out*	: :	*sortit*
	Verbe + préposition	: :	verbe

Chassé-croisé incomplet (le mode de déplacement reste implicite en français).

5/6-7	*crawled through*	: :	*s'y glissait à quatre pattes*
6/7-8	*veered away*	: :	*s'éloigna en arc de cercle*

Deux exemples de chassé-croisé

Etoffement de préposition avec ajout de syntagme verbal et schéma de subordination :

17/22	*to the wood*	: :	*pour pénétrer dans le bois*
26/34	*into its mate*	: :	*pour prendre la forme de...*

On pourra noter par ailleurs les différentes traductions de *across/crossed*, selon qu'il s'agit d'indiquer une position par rapport à un repère fixe :

2/2	*across the track*	: :	*de l'autre côté du chemin*
10/13	*half-way across the orchard*	: :	*arrivé au milieu du verger*

ou de décrire un déplacement :

6/8	*across the fields*	: :	*au-dessus des champs*
9/12	*across the face of the wall*	: :	*le long du mur*
17/21	*crossed to the wood*	: :	*survolèrent le chemin pour pénétrer dans le bois*

Certains des procédés de traduction utilisés sont contraints par les différentes caractéristiques lexicales des deux langues :

15/19   *the hawk tensed and stood up* : : *le faucon se redressa sur la straight*   *qui-vive*

Transposition : verbe :: syntagme adverbial liée à la conversion de l'adjectif *tense* en verbe

20/26   *ignored them*   :: *ne leur prêta aucune attention*

Modulation par négation du contraire liée au couple de faux-amis : *to ignore — ignorer* (cf. T. 3, l. 23/29).

DOMAINE GRAMMATICAL

Ce passage descriptif comporte de nombreux emplois de formes en *-ing* qui sont rendues par des transformations d'ordre syntaxique en français :

— Traduction de formes en *-ing* intégrées à la principale par des subordonnées relatives (cf. 6.3) :

1/1   *a hedge lining a cart track*   :: *une haie qui bordait un chemin*

3/4   *and one remaining wall*   :: *dont seul un mur était demeuré intact*

26/34-35   *circling and scanning...*   :: *qui tournoyait en scrutant...*

— Les formes en *-ing* juxtaposées appellent souvent une traduction par une proposition indépendante, ce qui implique un changement dans la ponctuation :

18/22   *their wing-beats seeming...*   :: *..; on aurait dit que...*

19/25   *each sequence sounding like...*   :: *..; chaque série ressemblait à...*

mais peuvent aussi donner lieu à un schéma de subordination en français, s'accompagnant ici d'une modulation par négation du contraire :

13-14/17-18   *watching it all the time*   :: *sans le quitter des yeux*

On peut par ailleurs noter à la fin de ce passage un problème posé par le fonctionnement différent de la détermination dans les deux langues sur le plan du genre et du repérage des possessifs :

26/34   *its mate*   :: *sa compagne*

Un choix est nécessaire en français, à moins de passer par une périphrase peu satisfaisante du type : *l'autre oiseau du couple.*

LEXIQUE

10-11/13-14	*started to glide upwards in a shallow curve*	: :	*se laissa porter vers le haut en un grand arc de cercle*

La traduction de *glide* par *planer* est ici impossible, ce dernier verbe n'ayant qu'un emploi absolu, sans complémentation ni qualification.

Shallow exprime l'idée de « non profondeur » et, par extension, de faible dénivellation. Il s'agit ici de monter « en pente douce ». Le français a recours à un équivalent, ne disposant pas d'un adjectif qui partage les traits sémantiques de *shallow*.

16,21/21,27	*The sky was clear.*	: :	*Le ciel était dégagé.*

Etant donné le contexte (cf. ligne 21 : *The sky was still clear. Then a speck appeared...*), c'est le sens : « libre de toute obstruction » de *clear* qui doit être traduit ici.

11/14	*alighted neatly*	: :	*se posa avec élégance*
25/33	*the hawk was sleek and still*	: :	*le faucon au plumage soyeux se tenait immobile*

Ces deux derniers exemples posent le problème de la traduction de certains adjectifs ou adverbes qui, réunissant des traits sémantiques relevant de différents domaines, nécessitent un choix en fonction du contexte.

neat : skilful; tidy; elegantly simple[1]*; suggests cleanliness, simplicity and well-cared for appearance and attention to detail*

La traduction par *élégance* ne prend pas en compte le sens de « propre, bien rangé ».

sleek : smooth and glossy; healthy and well-groomed; elegant, stylish

L'emploi de *soyeux* en français ne peut conserver la référence à l'attitude de l'oiseau, d'où l'introduction de *plumage*.

still : abstaining from motion; uttering no sound; free from noise or turbulence

Le choix de la première interprétation s'impose : il s'agit de perception visuelle (cf. l'association avec *sleek*) et non auditive.

L'adjectif *quiet* partage avec *still* les traits sémantiques : absence de mouvement et/ou de bruit. Mais *quiet* tend plus souvent vers l'absence de bruit et de perturbation, alors que *still* met en valeur la notion d'immobilité ou de silence total. Voici quelques exemples :

— *Keep quiet !*	: :	{ *Tiens-toi tranquille !* { *Tais-toi !*

---

(1) Définitions extraites de *Longman Webster English College Dictionary,* Merriam-Webster Inc., 1984 (nouvelle édition : *Longman Dictionary of the English Language,* 1985).

— *Keep still !*   : : { *Ne bouge plus !*
                                     { *Cesse de t'agiter !*

— *to lead a quiet life*   : : *mener une vie tranquille*

— *to paint a still life*   : : *peindre une nature morte*

— *This is a quiet little town.*   : : *C'est une petite ville très calme.*

— *The town was unnaturally still after the attack.*   . . { *Il régnait un silence de mort.*
                                     { *La ville paraissait déserte.*

A Nigger Joke

A joke. A nigger joke. That was the way it got started. Not the town, of course, but that part of town where the Negroes lived, the part they called the Bottom in spite of the fact that it was up in the hills. Just a nigger joke. The kind white folks tell when the mill
5 closes down and they're looking for a little comfort somewhere. The kind coloured folk tell on themselves when the rain doesn't come, or comes for weeks, and they're looking for a little comfort somehow.

A good white farmer promised freedom and a piece of bottom land to his slave if he would perform some very difficult chores. When the
10 slave completed the work, he asked the farmer to keep his end of the bargain. Freedom was easy – the farmer had no objection to that. But he didn't want to give up any land. So he told the slave that he was very sorry that he had to give him valley land. He had hoped to give him a piece of the Bottom. The slave blinked and said he thought
15 valley land was bottom land. The master said, 'Oh, no! See those hills? That's bottom land, rich and fertile.'

'But it's high up in the hills,' said the slave.

'High up from us,' said the master, 'but when God looks down, it's the bottom. That's why we call it so. It's the bottom of heaven –
20 best land there is.'

So the slave pressed his master to try and get him some. He preferred it to the valley. And it was done. The nigger got the hilly land, where planting was backbreaking, where the soil slid down and washed away the seeds, and where the wind lingered all through the
25 winter.

Which accounted for the fact that white people lived on the rich valley floor in that little river town in Ohio, and the blacks populated the hills above it, taking small consolation in the fact that every day they could literally look down on the white folks.
30 Still, it was lovely up in the Bottom. After the town grew and the farm land turned into a village and the village into a town and the streets of Medallion were hot and dusty with progress, those heavy trees that sheltered the shacks up in the Bottom were wonderful to see. And the hunters who went there sometimes wondered in private if maybe
35 the white farmer was right after all. Maybe it was the bottom of heaven.

Toni MORRISON, *Sula* (1973),
Triad, Granada, 1982, pp. 12-13.

Une blague de Noirs

Une blague. Une blague de noirs. C'est par là que tout avait commencé. Pas la ville, bien sûr, mais le quartier de la ville où habitaient les noirs, le quartier qu'ils appelaient le Bas alors qu'en fait il se trouvait perché dans les collines. Ce n'était
5 qu'une blague de noirs, comme en racontent les blancs le jour où l'usine ferme ses portes et qu'ils cherchent du réconfort où ils peuvent; ou comme en racontent les noirs à leur propre désavantage lorsque la pluie n'arrive pas, ou bien tombe pendant des semaines et qu'ils cherchent à se réconforter comme ils peuvent.
10 Un bon fermier blanc avait promis la liberté et un lopin de terre du bas à son esclave si ce dernier acceptait d'effectuer certaines corvées très pénibles. Lorsque l'esclave eut terminé ce travail, il demanda au fermier de tenir sa promesse. Pour ce qui était de la liberté, cela ne posait pas de problème: le fermier n'y voyait aucun
15 inconvénient. Mais il n'avait aucune envie de lui céder une parcelle de sa terre. Alors il dit à l'esclave que cela l'ennuyait de devoir lui donner un lopin dans la vallée, car il aurait souhaité lui donner une parcelle du Bas. L'esclave ouvrit des yeux ronds, disant qu'il croyait justement que la vallée, c'était la terre du bas. Son maître
20 lui répondit:

– Bien sûr que non! Tu vois ces collines? C'est ça, la terre du bas, qui est riche et fertile.

– Mais elle est tout là-haut dans les collines, dit l'esclave.

– Là-haut pour nous, répliqua son maître, mais pour Dieu, quand il
25 nous regarde, c'est le bas. C'est pourquoi on lui donne ce nom. C'est le bas du paradis, la meilleure terre qui soit.

Alors l'esclave pria son maître de faire son possible pour lui en obtenir. Il la préférait à celle de la vallée. Et ce fut fait. Le noir hérita de la terre des collines, celle que l'on se cassait les reins à
30 cultiver, qui dévalait la pente en emportant les semences et que le vent balayait tout au long de l'hiver.

Voilà ce qui explique pourquoi, dans cette petite ville de l'Ohio bâtie près d'une rivière, les blancs vivaient au fond de la vallée, là où la terre était fertile tandis que les noirs occupaient les collines qui
35 la surplombaient et jouissaient du piètre avantage de pouvoir tous les jours, au sens propre du terme, regarder les blancs de haut.

Enfin c'était quand même joli là-haut dans le Bas. Quand la ville eut grandi, que la terre cultivable se fut transformée en village et le village en ville, et que les rues de Medallion furent envahies par
40 la chaleur et la poussière du progrès, c'était merveilleux de voir ces grands arbres qui abritaient les cabanes du Bas. Et les chasseurs qui montaient là-haut se demandaient parfois tout bas si par hasard le fermier blanc n'avait pas eu raison après tout: peut-être était-ce effectivement le bas du paradis.

263

COMMENTAIRE

Ce passage, particulièrement intéressant par les différences qu'il met au jour entre l'anglais et le français sur le plan des repérages temporels, offre aussi des exemples de transpositions et de modulations liées à l'emploi des prépositions et des particules adverbiales en anglais.

DOMAINE GRAMMATICAL

Repérages temporels :

1/1	*got started*	: :	*avait commencé*
8/10	*promised*	: :	*avait promis*
10/12	*completed*	: :	*eut terminé*
13/17	*had hoped*	: :	*aurait souhaité*
26/32	*accounted for*	: :	*explique*
30/38	*grew*	: :	*eut grandi*
35/43	*was right*	: :	*avait eu raison*

L'ensemble du récit en anglais est en rupture avec la situation d'énonciation. A l'intérieur du récit se créent de nouveaux repères, explicites ou implicites. Les procès sont repérés les uns par rapport aux autres de façon indépendante de l'énonciateur, d'où la prédominance du prétérit (cf. 4.4.). Le prétérit de la ligne 8 *(promised)* est interprété comme antérieur à ceux des lignes 2 et 3; celui de la ligne 26 *(accounted for)* annonce un retour au moment du récit, tandis que celui de la ligne 35 *(was right)* est à nouveau un retour en arrière.

En français, les occurrences antérieures au moment repère ou temps du récit principal sont au plus-que-parfait (lignes 1, 10 et 43). Au contraire, le retour au moment du récit principal est pris en charge explicitement par l'énonciateur, d'où l'emploi du présent (ligne 32).

Dans la subordonnée introduite par *when* (ligne 9), le prétérit, lié à l'aspect lexical terminatif de *complete,* suffit à exprimer l'aspect accompli; le français, par contre, fait porter une marque d'accompli sur la forme verbale (passé antérieur : *eut terminé*). De même, *after* + prétérit (ligne 30) est rendu par *quand* + passé antérieur.

Le texte anglais n'offre qu'une seule forme de pluperfect (ligne 13 : *he had hoped*) : cet emploi particulier du pluperfect avec certains verbes de visée ou de supposition *(mean, imagine, think, suppose...)* marque la non-réalisation du procès antérieurement au moment de l'énonciation (ou, ici, de l'énonciation rapportée, puisque nous sommes en discours indirect libre).

En français, afin d'éviter toute confusion avec les plus-que-parfait d'antériorité, on a eu recours à une forme hypothétique *(il aurait souhaité)* insistant sur la valeur de non réalisé.

Autres problèmes grammaticaux :

5/6-7	*somewhere*	: :	*où ils peuvent*
7/9	*somehow*	: :	*comme ils peuvent*

La composition de *some* avec tous les mots interrogatifs en *wh-* en anglais permet le parallélisme : *somewhere/somehow.*

Or *somewhere* : : *quelque part*
mais *somehow* : : *? de quelque manière que ce soit...*

C'est pour maintenir le parallélisme sur le plan stylistique qu'on a recours, dans les deux cas, à une subordonnée comportant le même verbe.

9/11	*if he would perform*	: :	*si ce dernier acceptait d'effectuer*

L'occurrence de *would* dans la subordonnée en *if* (comme avec les autres statuts assertifs non positifs) fait ressortir la valeur volitive de ce modal, traduite ici par *accepter.* On trouvera dans des contextes analogues :

— *If you would lend me some money, I'd be very grateful.*
  (Si vous vouliez bien...)

— *If you wouldn't keep spending your money on clothes, you might be able to afford a new car.*
  (Si tu ne t'obstinais pas à dépenser...)

23/29	*where planting was back-breaking*	: :	*que l'on se cassait les reins à cultiver*

Le français ne dispose pas d'un prédicat nominalisé pour traduire ce gérondif de verbe de processus en position de C_0. Il est donc nécessaire d'effectuer une modulation, soit par une périphrase impersonnelle *(il était éreintant de...)*, soit en introduisant, comme ici, un C_0 animé *(on)* et en inversant l'ordre de la relation.

PROCÉDÉS DE TRADUCTION

— Transpositions liées à l'emploi des prépositions et particules adverbiales en anglais :

3/4	*up in the hills*	: :	*perché dans les collines*
mais 17/23	*high up in the hills*	: :	*tout là-haut dans les collines*

Différence de niveau de langue, l'étoffement de la préposition ayant sa place dans le récit, mais non dans les paroles prononcées par l'esclave.

5/6	*closes down*	: :	*ferme ses portes*

La valeur aspectuelle terminative de la particule *down* (que l'on peut comparer à : *the noise died down*) est rendue sur le plan lexical en français.

23/30   *slid down*   : : *dévalait la pente*

Transposition de *down* (à valeur strictement spatiale ici) en nom.

28/35   *above it*   : : *qui la surplombaient*

Introduction d'un schéma de subordination en français.

— Un exemple de transposition plus complexe liée à l'emploi de la préposition *with* en anglais :

32/40   *hot and dusty with progress*   : : *envahies par la chaleur et la poussière du progrès*

deux adjectifs   : : deux substantifs
préposition *with*   : : participe passé et *de*

— Modulations :

14/16   *the slave blinked*   : : *l'esclave ouvrit des yeux ronds*

Changement d'image nécessaire en français, car *cligner des yeux* n'évoque pas une réaction de surprise.

27/32   *look down on the white folks*   : : *regarder les blancs de haut*

L'orientation de la perception est inversée (cible : : origine), mais l'image spatiale équivalente dans les deux langues permet le même jeu sur sens propre/sens figuré.

LEXIQUE

1/1   *nigger joke*   : : *une blague de noirs*

2/3   *the Negroes*   : : *les noirs*

6/7   *coloured folk*   : : *les noirs*

27/34   *the blacks*   : : *les noirs*

Nous avons ici affaire à deux problèmes :

— Extension : le terme de *noir* recouvre une série de termes distincts en anglais américain. On peut résumer sous forme de tableau les équivalences possibles :

ANGLAIS AMÉRICAIN	FRANÇAIS
coloured *black* *Negro*	*noir*
nigger	*nègre*

Il faut noter que l'extension de ces termes peut varier d'un pays à l'autre : alors qu'aux Etats-Unis, *coloured* est synonyme de *non-white,* en Afrique du Sud, le terme *coloured* s'applique à un métis et n'est pas interchangeable avec *black.*

— Connotation : les termes ci-dessus ont différents degré d'acceptabilité en fonction de leurs connotations plus ou moins péjoratives. Le terme *nigger,* perçu habituellement comme très péjoratif, conserve un fond de connotation paternaliste qui rend acceptable son emploi sous la plume d'une romancière noire, comme c'est le cas ici. Le terme *nègre* en français n'ayant que des connotations péjoratives n'est pas possible ici.

4/6   *when the mill closes down*   : : *le jour où l'usine ferme ses portes*

Différence d'extension :

moulin (généralement précisé par : *watermill, windmill)*

mill — *filature* (si le contexte est contraignant)

usine (emploi général, à défaut d'autres précisions)

27/32   *little river town in Ohio*   : : *petite ville de l'Ohio bâtie près d'une rivière*

La composition lexicale en anglais nécessite une explicitation de la relation en français.

Mr Tench's Ether Cylinder

The stranger had left his book behind. It lay under his
rocking-chair : a woman in Edwardian dress crouched sobbing
upon a rug embracing a man's brown polished pointed shoes.
He stood above her disdainfully with a little waxed moustache.

5   The book was called *La Eterna Martir* . After a time Mr
Tench picked it up. When he opened it he was taken aback —
what was printed inside didn't seem to belong; it was Latin.
Mr Tench grew thoughtful : he shut the book up and carried
it into his workroom. You couldn't burn a book, but it might

10   be as well to hide it if you were not sure — sure, that is, of
what it was all about. He put it inside the little oven for gold
alloy. Then he stood by the carpenter's bench, his mouth
hanging open : he had remembered what had taken him to the
quay — the ether cylinder which should have come down-river

15   in the *General Obregon*. Again the whistle blew from the river,
and Mr Tench ran without his hat into the sun. He had said
the boat would not go before morning, but you could never
trust these people *not* to keep to time-table, and sure enough,
when he came out on to the bank between the customs and the

20   warehouse, the *General Obregon* was already ten feet off in the
sluggish river, making for the sea. He bellowed after it, but it
wasn't any good : there was no sign of a cylinder anywhere on
the quay. He shouted once again, and then didn't trouble any
more. It didn't matter so much after all : a little additional

25   pain was hardly noticeable in the huge abandonment.

Graham GREENE, *The Power and the Glory* (1940),
Penguin Books, 1962, p. 18.
William Heinemann, Ltd.
& The Bodley Head, Ltd.

Pas de cylindre d'éther sur le quai

L'étranger avait oublié son livre qui était posé sous
son fauteuil. Sur la couverture, une femme, vêtue à la
mode de 1900, sanglotait, effondrée sur un tapis ; elle
étreignait les pieds d'un homme chaussé de bottines ver-
5   nies, brunes et pointues. Debout, l'homme qui avait une
petite moustache cosmétiquée regardait la femme avec
dédain. Le livre s'appelait : *La Eterna Martir*. Au bout
d'un moment, Mr. Tench le ramassa. Lorsqu'il l'ouvrit,
il fut décontenancé, ce qui était imprimé à l'intérieur ne
10   semblait pas correspondre à l'image : c'était du latin.
Mr. Tench devint pensif. Il ferma le livre et l'emporta
dans son atelier. On ne brûle pas un livre, mais il est
bon de le cacher quand on n'est pas sûr...sûr de ce que
ce livre signifie. Il le mit dans le petit four qui lui
15   servait à fondre ses alliages d'or. Puis il resta un moment
debout, bouche bée, à côté de l'établi ; il venait de se
rappeler pourquoi il était allé jusqu'au quai : le cylindre
d'éther qui aurait dû lui arriver par le *Général-Obreg n*.
Un nouveau coup de sifflet monta du fleuve et Mr. Tench
20   se précipita dehors en plein soleil sans chapeau. Il avait
affirmé que le bateau ne partirait pas avant le matin,
mais comment se fier à ces gens : ils ne sont même pas
réguliers dans leur inexactitude. En effet, lorsqu'il
atteignit le rivage, en passant entre la douane et l'entrepôt,
25   le *Général-Obregon* était déjà à plus de trois mètres du
quai et, fendant les eaux paresseuses du fleuve, faisait
route vers la mer. Mr. Tench lança des appels tonitruants
et tout à fait inutiles. Pas de cylindre d'éther sur le
quai. Il hurla encore une fois et puis s'en désintéressa :
30   après tout, ça n'avait pas tellement d'importance. Un peu
de souffrance de plus se remarquerait à peine dans cet
immense abandon.

Traduction de Marcelle Sibon
Robert Laffont 1948
Le Livre de Poche, pp. 28-29.

COMMENTAIRE

La version française de ce passage de G. Greene est extraite de la traduction de Marcelle Sibon parue au Livre de Poche. Elle présente un échantillon représentatif, sans prédominance particulière, de procédés et problèmes de traduction. Transpositions et modulations sont souvent imbriquées.

PROCÉDÉS DE TRADUCTION

2/2-3   *a woman in Edwardian dress*   : :   *une femme vêtue à la mode de 1900*

Etoffement, classique dans ce contexte, de la préposition *in* par un verbe. Modulation chronologique qui est une adaptation culturelle sous forme d'explicitation.

4/6   *a little waxed moustache*   : :   *une petite moustache cosmétiquée*

Modulation : le français désigne le processus général (par un terme d'origine savante) là où l'anglais précise l'instrument du processus.

11/14-15   *the little oven for gold alloy*   : :   *le petit four qui lui servait à faire ses alliages d'or*

Etoffement contraignant de *for*.

21/26   *in the sluggish river*   : :   *fendant les eaux paresseuses du fleuve*

A nouveau, étoffement de *in* par un verbe ; modulation métonymique conduisant en français à distinguer la partie et le tout ; modulation sur la métaphore, moins lexicalisée et davantage liée à l'animé humain en français.

17-18/22-23   Remarquable imbrication de transpositions et modulations :

you could ⌐*never trust*⌐   : :   ⌐*mais comment se fier*⌐

these people   *à ces gens :*

⌐*NOT* *to keep to timetable*   *ils ne sont MÊME pas réguliers*

                              dans leur ⌐*in*⌐*exactitude*

On peut établir comme noyau de la phrase :

you can trust them not to keep to timetable	: : *ils sont réguliers dans leur inexactitude*

Le choix lexical fait en français implique une double transposition (verbe : : adjectif; syntagme verbal : : nom, avec lexicalisation de la négation). La forme négative *never trust* se trouve reprise deux fois en français :

1) dans le cadre de la modulation sur le statut assertif :

you could never trust	: : *mais comment se fier*

La prise à témoin du coénonciateur sous forme de *you* générique (cf. 3.4.2.) et la modalisation qui lui est liée disparaissent en français au profit d'une question rhétorique qui provoque une rupture de la syntaxe.

2) Le point de départ de la relation étant ainsi différent, on a une deuxième correspondance :

(you can) never trust	: : *(ils ne sont) pas réguliers*

Enfin, la mise en relief en anglais de la seconde négation se trouve, de façon typique, rendue sous forme lexicale :

*never trust ... **NOT** to*	: : ***même pas ... inexactitude***

24-25/30-31 *a little additional pain was hardly noticeable* : : ***un peu de souffrance de plus se remarquerait à peine***

Double transposition, la deuxième (adj. : : vb) étant assortie d'une modulation sur l'aspect et la modalité : état, modalité du possible sous forme de suffixe en anglais; processus, visée en français.

MODULATIONS GRAMMATICALES

2/3 *a woman crouched sobbing upon a rug* : : *une femme sanglotait, effondrée sur un tapis*

13-14/16 *his mouth hanging open* : : *bouche **bée***

Modulation aspectuelle fréquente, présentée au chap. 4 (4.6.1.) entre processus (à l'aspect inaccompli) en anglais et état résultant (aspect accompli) en français. Ceci vaut pour le second exemple même si dans l'expression *bouche bée,* le participe passé n'est plus guère perçu comme tel. Dans le premier exemple, (l. 2/3), la correspondance est un peu plus complexe : *effondrée* correspond au point de vue lexical à *crouch* tandis qu'au point de vue aspectuel il y a parallélisme, globalement, entre *sanglotait, effondrée* et *crouched sobbing.*

271

9-10/12-13   *you couldn't burn (...) if you*   : :   *on ne brûle pas (...) quand on*
            were not sure   *n'est pas sûr*

Cette modulation multiple sur le temps, l'aspect et la modalité, en lien avec l'emploi de *you* générique est à rapprocher de l'exemple vu plus haut (l. 17). Elle est très représentative et se trouve abordée :

— au chapitre 3 dans le cadre des traductions de *on* (cf. 3.4.2.); avec *you,* le coénonciateur est pris comme représentant de la classe des animés humains;

— au chapitre 4 sous la rubrique Présent générique et modalité (4.2.2.);

— au chapitre 5 pour le rôle de la modalisation dans le déclenchement de *vous* générique en français.

Il faut enfin noter que l'on aurait pu garder ici la modalité en français à condition de garder les marques propres au récit (3ᵉ personne, passé) :

> *il ne pouvait pas brûler un livre, mais dans le doute,*
> *il avait peut-être intérêt à le cacher.*

25/31-32   *in **the** huge abandonment*   : :   *dans **cet** immense abandon*

Exemple de correspondance *the* : : *ce* liée au fait que *le* n'est pas, comme son homologue anglais *the,* exclusivement lié à l'opération de fléchage (cf. 3.2.2.).

AGENCEMENT SYNTAXIQUE

Les six premières lignes de la traduction illustrent des différences typiques d'agencement syntaxique avec introduction en français :

— de relatives (l. 1, 5);

— d'incises et compléments postposés délimités par des virgules (l. 2-3, 5);

— d'antépositions : l. 5, d'un procès transposé en adjectif *(Debout),* et l. 2 *(Sur la couverture),* d'un élément introduit comme explicitation d'une relation marquée par la seule ponctuation dans la langue de départ.

Deux phénomènes fréquemment observés par ailleurs sont confirmés ici dans le sens anglais → français :

— coordination ou explicitation de la relation plus marquées en anglais :

18/23   ***and** sure enough when be came*   : :   *En effet, lorsqu'il atteignit le*
           out on to the bank   *rivage*

21-22/27-28   *he bellowed after it, **but** it*   : :   *il lança des appels tonitruants*
               wasn't any good   ***et** tout à fait inutiles*

— effacement du syntagme verbal (ici prédicat d'existence) en français :

22/28	*it wasn't any good : **there was** no sign of a cylinder anywhere*	:: *... tout à fait inutiles. Pas de cylindre d'éther*

LEXIQUE

— Construction :

7/9-10	*what was printed inside didn't seem to belong; it was Latin.*	:: *ce qui était imprimé à l'intérieur ne semblait pas correspondre à l'image : c'était du latin.*

L'explicitation à laquelle donne lieu la traduction de *belong* est liée au fait que le verbe est ici construit absolument — cas de figure courant qui peut appeler différents procédés de traduction (cf. *Put it back where it belongs* :: *à sa place*).

— Extension

Outre l'exemple-type *river* qui inclut *rivière* et *fleuve* (l. 15/19), *brown* (l. 3/5) correspond au français *brun* (cheveux, ours, etc.) mais aussi à *marron* (cuir etc.; préférable ici ?) et à *roux* (sucre etc.).

Bench est, au sens propre, soit un *banc* soit un *établi*, d'où la précision donnée en anglais *(carpenter's bench,* l. 12/16) et superflue en français.

The Tenth Clew

'Mr Leopold Gantvoort is not at home,' the servant who opened the door said, 'but his son, Mr Charles, is - if you wish to see him.'

'No, I had an appointment with Mr Leopold Gantvoort for nine or a little after. It's just nine now. No doubt he'll be back soon. I'll
5 wait.'

'Very well, sir.'

He stepped aside for me to enter the house, took my overcoat and hat, guided me to a room on the second floor - Gantvoort's library - and left me. I picked up a magazine from the stack on the table, pulled
10 an ashtray over beside me, and made myself comfortable.

An hour passed. I stopped reading and began to grow impatient. Another hour passed - and I was fidgeting.

A clock somewhere below had begun to strike eleven when a young man of twenty-five or -six, tall and slender, with remarkably white skin and
15 very dark hair and eyes, came into the room.

'My father hasn't returned yet,' he said. 'It's too bad that you should have been kept waiting all this time. Isn't there anything I could do for you ? I am Charles Gantvoort.'

'No, thank you.' I got up from my chair, accepting the courteous
20 dismissal. 'I'll get in touch with him tomorrow.'

'I'm sorry,' he murmured, and we moved toward the door together.

As we reached the hall an extension telephone in one corner of the room we were leaving buzzed softly, and I halted in the doorway while Charles Gantvoort went over to answer it.
25 His back was turned toward me as he spoke into the instrument.

'Yes. Yes. Yes!' - sharply - 'What ? Yes.' - very weakly - 'Yes.'

He turned slowly around and faced me with a face that was gray and tortured, with wide shocked eyes and gaping mouth - the telephone still in his hand.
30 'Father,' he gasped, 'is dead - killed!'

'Where ? How ?'

'I don't know. That was the police. They want me to come down at once.'

He straightened his shoulders with an effort, pulling himself
35 together, put down the telephone, and his face fell into less strained lines.

'You will pardon my--'

'Mr Gantvoort,' I interrupted his apology, 'I am connected with the Continental Detective Agency. Your father called up this afternoon and
40 asked that a detective be sent to see him tonight. He said his life had been threatened. He hadn't definitely engaged us, however, so unless you--

'Certainly! You are employed! If the police haven't already caught the murderer I want you to do everything possible to catch him.'

'All right! Let's get down to headquarters.'

Dashiell HAMMETT, "The Tenth Clew" (1923),
in : *The Continental Op,* selected and
introduced by S. Marcus, 1975,
Picador, 1984, pp. 24-25.

Le dixième indice

- Monsieur Léopold Gantvoort est absent, me dit le domestique en ouvrant la porte; mais son fils, Monsieur Charles, est là, si vous désirez le voir.

- Non, merci. J'avais pris rendez-vous avec Monsieur Léopold
5 Gantvoort pour neuf heures ou un peu plus tard. Il est à peine neuf heures. Je suis sûr qu'il ne va pas tarder. Je vais l'attendre.

- Très bien, Monsieur.

Il s'écarta pour me laisser pénétrer dans la maison et après m'avoir débarrassé de mon pardessus et de mon chapeau, il me fit monter
10 au premier et m'indiqua une pièce (la bibliothèque de Gantvoort) où il me laissa seul. Je pris un magazine dans la pile qui se trouvait sur la table et après m'être mis un cendrier à portée de main, je m'installai confortablement.

Une heure s'écoula. Je cessai de lire et commençai à m'impatienter.
15 J'attendis encore une heure. Je ne tenais plus en place.

Quelque part en bas une pendule venait de sonner les premiers coups de onze heures lorsqu'un jeune homme élancé qui pouvait avoir vingt-cinq ou vingt-six ans entra dans la pièce. Son teint était d'une blancheur frappante et il avait les yeux et les cheveux très foncés.
20 - Mon père n'est pas encore rentré, dit-il. Je suis navré que vous ayez dû attendre si longtemps. N'y a-t-il rien que je puisse faire pour vous ? Je suis Charles Gantvoort.

- Non, je vous remercie. Je reprendrai contact avec lui demain.

Je me levai, acceptant d'être congédié de façon aussi courtoise.
25 - Je suis désolé, murmura-t-il en m'accompagnant vers la porte.

Au moment où nous arrivions dans le couloir, un poste de téléphone qui se trouvait dans un coin de la pièce d'où nous sortions se mit à sonner discrètement. Je m'arrêtai dans l'embrasure de la porte tandis que Charles Gantvoort allait répondre.
30 Il me tournait le dos en parlant au téléphone.

- Oui, oui. Oui! ... puis brusquement, Quoi ? Oui... et d'une voix très faible, Oui.

Il se retourna lentement vers moi, le visage blafard et défait, les yeux écarquillés sous l'effet du choc; il me regardait bouche bée, tenant
35 toujours le combiné.

- Mon père est mort, dit-il dans un souffle, on l'a assassiné!

- Où ça ? Comment ?

- Je ne sais pas. C'était la police. Ils veulent que j'y aille tout de suite.
40 Il fit un effort pour se redresser, se ressaisit et posa le téléphone, tandis que son visage retrouvait une expression moins tendue.

- Vous voudrez bien me pardonner...

- Monsieur Gantvoort, dis-je en coupant court à ses excuses, j'appartiens à l'agence de détectives "Continental". Votre père a téléphoné
45 cet après-midi en demandant qu'on lui envoie un détective ce soir. Il disait avoir reçu des menaces de mort. Cela dit, il n'avait pas officiellement engagé nos services, alors je ne sais pas si...

- Mais bien sûr! Cette fois-ci, c'est officiel! Si la police n'a pas encore mis la main sur l'assassin, je veux que vous fassiez tout votre
50 possible pour le retrouver.

- Très bien. Alors filons au commissariat.

COMMENTAIRE

Faisant alterner dialogue et récit, ce passage, d'un style concis et idiomatique, présente un compte rendu sec et objectif des événements dans leur chronologie, sans omettre de détails. Le passé simple a été choisi pour la traduction, car bien que l'énonciateur-narrateur soit apparemment présent par la première personne, son récit est en fait en rupture totale avec la situation d'énonciation. Ce choix est à comparer à celui du passé composé pour la traduction du texte T. 8.

PROCÉDÉS DE TRADUCTION

— Quelques exemples caractéristiques de transpositions contraignantes.

| 9/11-12 | *on the table* | : : | *qui se trouvait sur la table* |
| | | | Etoffement de la préposition |

| 10/12-13 | *I made myself comfortable* | : : | *je m'installai confortablement* |
| | Adjectif | | Adverbe |

| 11/14 | *to grow impatient* | : : | *à m'impatienter* |
| | Verbe + adjectif | | Verbe dérivé |

14/18-19	*remarkably white*	: :	*d'une blancheur frappante*
	Adverbe		Adjectif
	Adjectif		Nom

19-20/24	*the courteous dismissal*	: :	*d'être congédié de façon aussi courtoise*
	Nom		Syntagme verbal
	Adjectif		Syntagme adverbial

| 28/34 | *with wide shocked eyes* | : : | *les yeux écarquillés sous l'effet du choc* |
| | Adjectif intégré au syntagme nominal | | Syntagme prépositionnel postposé |

— Modulations (parfois associées à des transpositions).

| 4/6 | *No doubt he'll be back soon* | : : | *Je suis sûr qu'il ne va pas tarder* |

Négation du contraire, et passage d'un syntagme adverbial dans la phrase simple à un schéma de subordination avec syntagme verbal introducteur.

| 12/15 | *I was fidgeting* | : : | *Je ne tenais plus en place* |

Négation du contraire ici quasiment contraignante, à la différence de l'exemple précédent, où il ne s'agissait que d'un des choix possibles.

(cf. aussi : *Stop fidgeting !* : : *Tiens-toi tranquille !*)

32-33/38-39 *to come down at once* : : *que j'y aille tout de suite*

Changement d'image spatiale : en français, *y* renvoie au but à atteindre et n'est compatible qu'avec le verbe *aller*. En anglais, *down* fait référence au parcours spatial, et est compatible soit avec *come* (orienté ici par rapport à *police),* soit avec *go* (qui serait orienté par rapport à *Charles).* Par ailleurs, l'anglais emploie fréquemment les particules adverbiales *down* et *up* alors qu'il y a simplement un sens de mouvement, de direction vers un but à atteindre, sans qu'il y ait nécessairement dénivellation. Le français dans ce cas reste neutre, sauf dans la langue parlée familière, ou l'on pourra trouver une image spatiale se rapprochant de l'usage anglais, par exemple :

Let's go down to the pub ! : : *On va faire un tour au café ?*

40-41/46 *his life had been threatened* : : *il avait reçu des menaces de mort*

Trois procédés de traduction sont ici étroitement liés :
— passage d'un C_0 inanimé à un C_0 animé
— transposition contraignante *(threatened* : : *des menaces)*
— inversion du point de vue *(life* : : *mort)*

GRAMMAIRE ET AGENCEMENT SYNTAXIQUE

— Introduction de schémas de subordination en français là où les procès, présentés en séquence chronologique, sont juxtaposés ou coordonnés en anglais. Voir en particulier lignes 7-10/8-13 :

He stepped aside..., took my : : *Il s'écarta... et après m'avoir*
overcoat..., guided me to a   *débarrassé de mon pardessus...,*
room... and left me. I picked up   *il me fit monter... et m'indiqua*
a magazine..., pulled an ash-   *une pièce où il me laissa seul.*
tray..., and made myself com-   *Je pris un magazine... et après*
fortable.   *m'être mis un cendrier..., je*
                                     m'installai...

— Les descriptions du physique et des attitudes de Charles Gantvoort, dont les changements successifs sont souvent introduits par une préposition en anglais, ont donné lieu à la fois à l'introduction de subordonnées relatives ou autres (avec ajout de syntagme verbal), à des juxtapositions et à des modifications dans la ponctuation :

14-15/17-19 *of twenty-five or -six...* : : *qui pouvait avoir...*

27-28/33-34 *with a face that was gray* : : *le visage blafard*

La relation établie par *with* est rendue par une juxtaposition en français, la propriété n'étant pas explicitement reperée par rapport au sujet animé.

34/40	*He straightened his shoulders with an effort*	: :	*Il fit un effort pour se redresser*
	Relation prépositionnelle	: :	Schéma de subordination

— Plusieurs passages du passif en anglais à une forme active en français :

16-17/20-21	*That you should have been kept waiting*	: :	*que vous ayez dû attendre*
38/44	*I am connected with*	: :	*j'appartiens à*
40/45	*that a détective be sent*	: :	*qu'on lui envoie un détective*

Le plus intéressant est celui des lignes 30/36 :

	killed	: :	*on l'a assassiné*

En effet, si en anglais *he is dead* ne peut être interprété que comme un état présent, en français *il est mort* peut, selon le contexte, renvoyer soit à un état présent, soit à un procès-événement révolu *(il est mort en 1950 : : he died in 1950)*. De ce fait, la forme elliptique *killed* se comprend en anglais par rapport à la situation d'énonciation que constitue le moment du dialogue, avec une forme implicite d'accompli : *he has been killed*. Par contre, si l'on se contente d'une forme elliptique en français, on obtiendra un énoncé qui peut être ambigu : *Il est mort, assassiné,* l'adjectif verbal *assassiné* pouvant venir qualifier un procès révolu au lieu d'être un constat sur un état présent — à moins de marquer très clairement par la ponctuation (indice de l'intonation) la rupture entre les deux parties de l'énoncé. Le passage à une forme active est un moyen de lever cette ambiguïté.

LEXIQUE

7/9	*overcoat*	: :	*pardessus*
	Composition		Conversion (préposition → nom)
8/10	*second floor*	: :	*au premier*

Exemple de différence de découpage de la réalité entre l'anglais britannique et l'anglais américain.

BRITANNIQUE	AMÉRICAIN	FRANÇAIS
ground floor	*first floor*	*rez-de-chaussée*
first floor	*second floor*	*premier étage*
second floor	*third floor*	*deuxième étage*

Une traduction exacte suppose donc connue la nationalité de l'auteur.

On trouve un autre exemple des différences lexicales entre l'anglais britannique et l'anglais américain à la fin du passage :

39/44   *Your father called up*   : :   *Votre père a téléphoné*

BRITANNIQUE	AMÉRICAIN	FRANÇAIS
phone *ring up* } *someone*	*call* *call up* } *someone*	*téléphoner*
call on someone	*drop by*	*passer voir, rendre visite*

25/30   *into the instrument*   : :   *au téléphone*

Variation stylisitique pour éviter la répétition de *telephone* an anglais. Mais si le français peut, dans certains cas, avoir recours au mot *appareil,* c'est impossible ici à cause de la construction prépositionnelle. La variation en français a donc été reportée à la ligne 25/38 :

    the telephone still in his hand   : :   *tenant toujours le combiné*

41-42/46-48   *He hadn't definitely engaged us*   : :   *il n'avait pas officiellement engagé nos services*

Modulation qui rend possible, par la reprise du même radical lexical, une seconde modulation :

    You're employed !   : :   *c'est officiel !*

Definitely est un faux-ami partiel par rapport à *définitivement.*

Definitely relève de la modalité du plus ou moins certain :

    Oh yes, definitely !   : :   *Oui, certainement / tout à fait !*

alors que *définitivement* a une valeur aspectuelle :

    Il est parti définitivement   : :   *He's gone for good*
        (= pour de bon)

Masculine Protest

As I cycled into Main Street I saw that all the shops were shuttered for the weekly half-day and knew that the post office, too, would be closed. Apart from what I had in the bank I had nothing, and I knew I couldn't get far without money - certainly
5 not as far as I hoped to get, for I intended not to come back.

I stood for ten minutes outside the post office, wondering wildly if one of the clerks would turn up. I felt that I simply couldn't return home. And then the idea struck me that the city was only twenty miles away, and that the post office there was bound to
10 be open. I had been to the city a couple of times with Mother, so there was nothing very unfamiliar or frightening in the idea of it. When I got my money I could either stay the night at a hotel or cycle on through the dark. I was attracted by the latter idea. It would be good fun to cycle through the sleeping villages and towns,
15 and see the dawn break over Dublin, and arrive at Auntie May's door, in the Shelbourne Road, while she was lighting the fire. I could imagine how she would greet me - 'Child of Grace, where did you come from?' 'Ah, just cycled,' I would reply, without any fuss.

It was very pleasant, but it wasn't enough. I cycled slowly
20 and undecidedly out the familiar main road where we walked on Sunday, past the seminary and the little suburban houses. I was still uncertain that I should go on. Then something happened. Suddenly the countryside struck me as strange. I got off my bicycle and looked round. The town had sunk back into its black, bushy hills, with
25 little showing of it but the spire of the church and the ruined tower of the abbey. It was as though it had accompanied me so far and then silently left me and returned. I found myself in new country, with a little, painted town sprawled across a river and, beyond it, bigger, smoother, greener hills. It was a curious sensation, rather
30 like the moment when you find yourself out of your depth and two inclinations struggle in you - one to turn back in panic to the shallows, the other to strike out boldly for the other side.

Frank O'CONNOR, *Masculine Protest and Other Stories* (1952)
Pan Books, 1972, pp. 3-4.

Tentative de fugue

En débouchant à vélo dans la Grand'Rue, j'ai vu que tous les magasins avaient mis leurs volets pour la demi-journée de fermeture hebdomadaire et j'ai compris que la poste serait certainement fermée, elle aussi. A part mes économies à la Caisse d'Epargne je n'avais
5 rien, et je savais que je n'irais pas bien loin sans argent - certainement pas aussi loin que je l'espérais, car j'avais la ferme intention de ne pas revenir.

Je suis resté planté devant la poste pendant dix minutes, me demandant à tout hasard si un des employés se manifesterait. Il était
10 absolument hors de question que je rentre à la maison. Puis je me suis soudain rappelé que la ville n'était qu'à trente kilomètres et que la poste y serait certainement ouverte. Je connaissais déjà la ville pour y être allé une ou deux fois avec Maman; l'idée d'y retourner ne me faisait donc pas peur. Après avoir retiré mon argent je pourrais soit
15 coucher à l'hôtel, soit poursuivre ma route toute la nuit. J'étais plutôt tenté par cette deuxième solution. Ce serait amusant de traverser les villes et les villages endormis, de voir le jour se lever sur Dublin et d'arriver à la porte de ma tante May, dans la rue Shelbourne, à l'heure où elle allume son poêle. J'imaginais déjà son accueil:
20   - Ciel, mon enfant, d'où arrives-tu?
Et je lui répondrais tout simplement:
    - Ben... je suis venu à vélo.

Toutes ces pensées étaient bien agréables, mais ne suffisaient pas à me décider. Hésitant encore, je suis sorti lentement de la ville
25 par la route principale que je connaissais bien car nous nous y promenions souvent le dimanche, et je suis passé devant le séminaire et les petites maisons avec leurs jardinets. Je n'étais toujours pas bien décidé à poursuivre ma route. Puis tout à coup il s'est passé quelque chose et la campagne m'a paru étrange, comme changée. Je suis descendu
30 de vélo et j'ai regardé autour de moi. La ville s'était enfoncée au milieu de ses collines noires et broussailleuses d'où n'émergeaient plus que la flèche de l'église et la tour en ruines de l'abbaye. C'était comme si elle m'avait accompagné un bout de chemin, puis m'avait quitté sans bruit et s'en était retournée. Je me trouvais maintenant dans une
35 région inconnue où se dessinait une petite ville qui s'étalait de part et d'autre d'une rivière au-delà de laquelle m'attendaient des collines plus élevées et plus verdoyantes, aux ondulations plus régulières. C'était une sensation bizarre, semblable à celle que l'on éprouve au moment où, ayant perdu pied, on est tiraillé entre deux désirs: soit de
40 retourner, pris de panique, là où l'eau est peu profonde, soit de se lancer courageusement vers l'autre rive.

COMMENTAIRE

Ce récit à la première personne, qui se présente sous la forme d'un souvenir d'enfance du narrateur, n'est pas strictement coupé de l'énonciateur, à la différence du passage de D. Hammett (T. 7). Au contraire, il y figure des « réflexions à voix haute », des retours en arrière, des commentaires (on peut noter en particulier la fréquence des adverbes de modalisation : *simply, just ...*). Le choix du passé composé est donc possible, venant alterner avec des formes d'imparfait.

PROCÉDÉS DE TRADUCTION

— **Transpositions :**

1/1	*cycled into*	: :	*débouchant à vélo*
13/15	*cycle on*	: :	*poursuivre ma route*
14/16	*cycle through*	: :	*traverser*
19/24	*cycled out*	: :	*sorti*

La première occurrence de *cycle* + préposition donne lieu à un chassé-croisé : le mode de transport doit être précisé au début (dans la mesure où il s'agit d'un extrait et où le contexte ne fournit encore aucune indication). Par contre, les trois autres occurrences sont rendues par des chassés-croisés incomplets, le verbe en français traduisant la valeur de la préposition ou de la particule adverbiale, le mode de transport restant implicite.

17/19	*how she would greet me* Syntagme verbal	: :	*son accueil* Syntagme nominal
20/25	*familiar* Adjectif intégré à la principale	: :	*que je connaissais bien* Schéma de subordination et ajout d'un syntagme verbal

— **Modulations :**

6/8	*outside the post office* Modulation spatiale	: :	*devant la poste*
14/17	*sleeping villages* Modulation aspectuelle (cf. 4.6.1.)	: :	*villages endormis*
11/13-14	*there was nothing ...* *frightening in the idea* Prédiction d'existence introduisant une cause inanimée.	: : : :	*l'idée d'y retourner ne me faisait pas peur* C_0 inanimé avec un verbe renvoyant à un procès qui suppose habituellement un agent animé.

AGENCEMENT SYNTAXIQUE

Une des des constantes de la traduction de ce texte est le passage de formes verbales repères en anglais à des formes repérées en français (cf. 6.3.2.2.).

EXEMPLES :

| 1/1 | *as I cycled* | : : | *en débouchant* |
| 12/14 | *when I got* | : : | *après avoir retiré* |

La configuration syntaxique de ce passage est dominée en anglais par la coordination et l'intégration ; les phrases sont bâties de façon linéaire, la relation entre les différents segments étant établie par des prépositions, notamment *with*.

24-25/31-31 *with little showing of it but the* : : *d'où n'émergeaiant plus que la spire...* *flèche...*

On notera à nouveau dans cet exemple le passage en français à un C_0 inanimé + verbe animé (cf. 6.2.1.).

28-29/35-37 ***with** a little, painted town sprawled across a river **and, beyond it,** bigger, smoother, greener hills.* : : ***où se dessinait** une petite ville qui s'étalait de part et d'autre d'une rivière **au-delà de laquelle m'attendaient** des collines plus élevées et plus verdoyantes, aux ondulations plus régulières.*

— La traduction des prépositions donne lieu à des subordonnées relatives en français. A l'inverse, dans le sens français → anglais, on sera souvent amené à remplacer une proposition relative (notamment introduite par *dont*) par une relation prépositionnelle.

Voir à ce sujet chapitre 6 (6.3.1.3.) :

un restaurant, dont le patron est espagnol : : *a restaurant with a Spanish owner*

— La succession d'adjectifs juxtaposés au comparatif se trouve interrompue en français par l'introduction d'un syntagme nominal.

— Association en français d'un C_0 inanimé avec un verbe « animé » *(collines, attendaient).*

Remarque sur la traduction de *painted town* : la traduction proposée *(se dessinaient)* interprète *painted* comme renvoyant à un tableau, en liaison avec la sensation d'irréalité éprouvée par le narrateur. Une seconde interprétation possible renverrait à la couleur, donnant lieu à la traduction suivante :

... une région inconnue où une petite ville aux couleurs vives s'étalait de part et d'autre...

On retrouve ailleurs des couples d'adjectifs ou d'adverbes non plus juxtaposés mais coordonnés, dont la traduction nécessite une transformation dans l'agencement syntaxique s'accompagnant souvent d'une transposition ainsi que du transfert d'une partie des notions véhiculées par ces termes d'un membre de la phrase à un autre.

EXEMPLES :

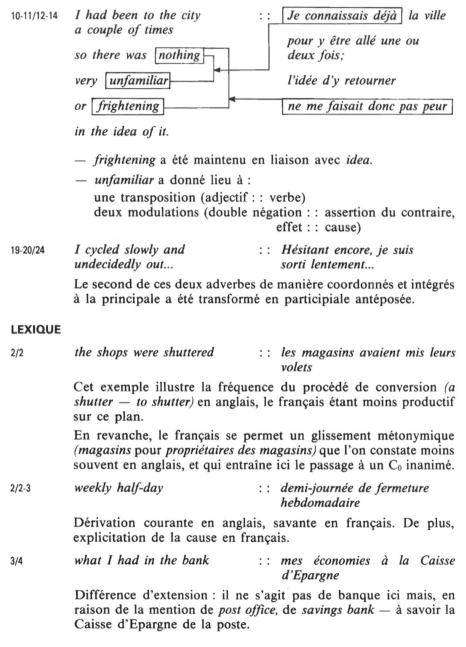

10-11/12-14   *I had been to the city a couple of times*   : :   Je connaissais déjà la ville

pour y être allé une ou deux fois;

so there was nothing

very unfamiliar   *l'idée d'y retourner*

or frightening   ne me faisait donc pas peur

in the idea of it.

— *frightening* a été maintenu en liaison avec *idea.*

— *unfamiliar* a donné lieu à :
une transposition (adjectif : : verbe)
deux modulations (double négation : : assertion du contraire, effet : : cause)

19-20/24   *I cycled slowly and undecidedly out...*   : :   *Hésitant encore, je suis sorti lentement...*

Le second de ces deux adverbes de manière coordonnés et intégrés à la principale a été transformé en participiale antéposée.

LEXIQUE

2/2   *the shops were shuttered*   : :   *les magasins avaient mis leurs volets*

Cet exemple illustre la fréquence du procédé de conversion *(a shutter — to shutter)* en anglais, le français étant moins productif sur ce plan.

En revanche, le français se permet un glissement métonymique *(magasins* pour *propriétaires des magasins)* que l'on constate moins souvent en anglais, et qui entraîne ici le passage à un C_0 inanimé.

2/2-3   *weekly half-day*   : :   *demi-journée de fermeture hebdomadaire*

Dérivation courante en anglais, savante en français. De plus, explicitation de la cause en français.

3/4   *what I had in the bank*   : :   *mes économies à la Caisse d'Epargne*

Différence d'extension : il ne s'agit pas de banque ici mais, en raison de la mention de *post office,* de *savings bank* — à savoir la Caisse d'Epargne de la poste.

21/27   *little suburban houses*   : :   *petites maisons avec leurs jardinets*

La traduction de *suburb* par *banlieue* n'est possible que lorsqu'il s'agit d'une grande ville, ce qui n'est manifestement pas le cas ici. De plus, *suburb* a une connotation sociale supplémentaire *(banlieue résidentielle)*. Ici la traduction passe par la description de la caractéristique commune à toutes ces maisons.

27/35   *in new country*   : :   *dans une région inconnue* (ou : *en terrain inconnu)*

La détermination joue ici un rôle important : l'article zéro indique que la notion est présentée d'un point de vue purement qualitatif et interdit la traduction par *campagne (in the country)* ou par *pays (in a new country)*, qui serait d'ailleurs totalement illogique. D'autre part, *new* est à comprendre dans son sens relatif, par rapport au narrateur *(new to me → unknown)* et non pas dans son sens courant de *not old*.

N or M ?

" They don't want me in any capacity. Army, Navy, Air Force, Foreign Office, one and all say the same thing - I'm too old. I *may* be required later."

Tuppence said:

5   "Well, it's the same thing for me. They don't want people of my age for nursing - no, thank you. Nor for anything else. They'd rather have a fluffy chit who's never seen a wound, or sterilised a dressing than they would have me who worked for three years, 1915 to 1918, in various capacities, nurse in the surgical ward and operating theatre, driver of

10 a trade delivery van and later of a General. This, that and the other - all, I assert firmly, with conspicuous success. And now I'm a poor, pushing, tiresome, middle-aged woman who won't sit at home quietly and knit as she ought to do."

Tommy said gloomily:

15   "This war is Hell."

"It's bad enough having a war," said Tuppence, "but not being allowed to do anything in it just puts the lid on."

Tommy said consolingly:

"Well, at anyrate Deborah has got a job."

20   Deborah's mother said:

"Oh, she's all right. I expect she's good at it, too. But I still think, Tommy, that I could hold my own with Deborah."

Tommy grinned.

"She wouldn't think so."

25   Tuppence said:

"Daughters can be very trying. Especially when they *will* be so kind to you."

Tommy murmured:

"The way young Derek makes allowances for me is sometimes rather

30 hard to bear. That 'poor old Dad' look in his eye."

"In fact," said Tuppence, "our children, although quite adorable, are also quite maddening."

But at the mention of the twins, Derek and Deborah, her eyes were very tender.

35   "I suppose," said Tommy thoughtfully, "that it's always hard for people themselves to realise that they're getting middle-aged and past doing things."

Agatha **CHRISTIE**, *N or M ?*, 1941,
Fontana Books, 1962, pp. 5-6.

Les agents *Y* et *Z*

- Ils ne veulent de moi nulle part. L'armée de terre, l'armée de
l'air, la marine, les Affaires étrangères, partout c'est la même
réponse : j'ai dépassé la limite d'âge : on fera - peut-être ! -
appel à moi plus tard ...

5 Tuppence reprit :

- Eh oui, c'est la même chose pour moi. Ce n'est pas la peine
d'insister, ils ne veulent pas de gens de mon âge dans le personnel
sanitaire. Ni pour cela ni pour autre chose, d'ailleurs. Ils préfèrent
prendre une gamine, jeune et jolie, qui n'a jamais vu une blessure ni
10 stérilisé un pansement plutôt que moi qui ai servi trois ans durant,
de 1915 à 18, à différents postes, comme infirmière en service chi-
rurgie et en salle d'opération, chauffeur de véhicule d'approvisionne-
ment puis, en dernier lieu, d'un général - missions dont je me suis
acquittée avec un succès que personne ne conteste, je tiens à le sou-
15 ligner. Et me voilà traitée comme une pauvre femme sur le retour, qui
assomme et fatigue tout le monde au lieu de s'occuper de sa maison et
de son tricot.

- Foutue guerre, fit Tommy, l'air sombre.

- Ce n'est déjà pas drôle d'être en guerre mais quand, en plus, on
20 ne vous laisse même pas vous rendre utile, c'est le comble !

Tommy essaya de la réconforter :

- Enfin, au moins Deborah a du travail à faire.

La mère de Déborah reprit :

- Oh, je ne m'inquiète pas pour elle. Et je suis sûre qu'elle le
25 fait très bien. Mais, Tommy, il n'empêche que je saurais tenir ma place
comme elle.

- Elle ne serait sans doute pas de cet avis, répliqua Tommy avec un
large sourire.

- C'est parfois fatigant d'avoir une fille, fit Tuppence, surtout
30 quand elle ne peut s'empêcher de vous materner.

- Et cette façon qu'a Derek d'être indulgent avec son père, murmura
Tommy, je trouve ça difficile à supporter. Cet air de commisération ...

- C'est vrai, dit Tuppence, nos enfants sont absolument adorables mais
ce qu'ils peuvent être agaçants ! Lorsqu'elle prononça le nom des
35 jumeaux, Derek et Deborah, son regard se mouilla.

- Eh oui, fit Tommy, pensif. C'est toujours dur de se rendre
compte qu'on n'est plus si jeune et qu'il y a des choses que l'on ne
peut plus faire.

COMMENTAIRE

Cet extrait d'A. Christie est un dialogue qui se caractérise à la fois par la familiarité et la recherche d'effets rhétoriques. La charge affective se traduit par un texte fortement modalisé sous différentes formes. Ces marques modales sont à l'origine d'une part importante des modulations et modifications de l'agencement syntaxique dans la version française que nous proposons.

Compte tenu de la diversité des points à aborder, ce commentaire est présenté de façon linéaire. Lorsque le même cas de figure revient plusieurs fois, les différents exemples sont généralement regroupés avec le premier d'entre eux.

1/1-2	*Army, Navy, Air Force*	: :	*L'armée de terre, l'armée de l'air, la marine*

L'inversion de l'ordre est une simple question de prosodie : le parallélisme entre les deux premiers termes est ainsi maintenu en français. On a, en outre, une illustration de l'emploi différent des majuscules : seules les *Affaires étrangères,* comme dénomination exacte du *(ministère des) affaires étrangères* appellent une majuscule, sur le premier terme (cf. Annexe 2).

2/2-3	*one and all say the same thing*	: :	*partout c'est la même réponse*

à rapprocher de :

10/13	*This, that and the other — all ...*	: :	*— missions dont ...*

Ces successions de pronoms, qui font partie ici du style légèrement déclamatoire mais correspondant par ailleurs à la tendance générale de l'anglais à multiplier les coordinations, sont étrangères au français. La première est transposée en adverbe et la seconde est traduite par une apposition.

2-3/3-4	*I MAY be required later*	: :	*on fera — peut-être ! — appel à moi plus tard*

à rapprocher de :

26/30	*when they WILL be kind to you*	: :	*quand elle ne peut s'empêcher de vous materner*

Le caractère polémique de l'assertion modalisée (cf. 5.3.1.) se traduit en anglais par la mise en relief de l'auxiliaire; en français par la mise en relief — marquée par la ponctuation — de l'adverbe modal ou, encore plus typiquement dans le second cas, sur le plan lexical. On observe dans les deux cas l'« extraction » de la modalité hors de la phrase simple (cf. 5.3.3.), qui commande dans le second exemple une subordination.

| 4/5 | *Tuppence said :* | : : | *Tuppence reprit :* |

La diversification nécessaire en français du verbe déclaratif est largement illustrée ici :

| 14/18 | *Tommy **said** gloomily* | : : | *... fit Tommy, l'air sombre* |

| 16/19-20 | *... **said** Tuppence* | : : | ∅ |

| 18/21 | *Tommy **said** consolingly* | : : | *Tommy essaya de la réconforter* |

| 20/23 | *Deborah's mother **said*** | : : | *La mère de Déborah **reprit*** |

| 31/33 | *"In fact," **said** Tuppence* | : : | *— C'est vrai, **dit** Tuppence* |

Voir à ce sujet le texte n° 2 *(The Church Mouse)* et la fin de son commentaire.

| 6/7-8 | *for nursing* | : : | *dans le personnel sanitaire* |

Modulation métonymique : processus nominalisé : : agent(s) du processus, qui conduit à l'emploi d'un terme plus technique, comme c'est le cas plus haut :

| 2/3 | *I'm too old* | : : | *j'ai dépassé la limite d'âge* |

| 6/6-7 | *— no, thank you* | : : | *ce n'est pas la peine d'insister* |

Cette intrusion du discours direct en anglais est assimilable au discours indirect libre, bien que le reste de l'énoncé soit du discours très indirectement rapporté, à la limite du commentaire. Elle est traduite (de façon libre) par le biais d'une modulation de type cause/conséquence.

| 6/8-9 | *they'd rather have* | : : | *ils préfèrent prendre* |

Sur le décalage entre les deux langues quant au seuil d'apparition du passé modal dans le contexte de la visée, voir 5.2.2.3.

| 7/9 | *a fluffy chit* | : : | *une gamine, jeune et jolie* |

Les deux termes anglais sont notamment associés aux expressions *a bit of fluff* (que le dictionnaire Robert & Collins étiquette comme argotique et traduit par : *une nénette*) et *she's a mere chit of a girl (ce n'est qu'une gamine).* Ils réunissent les traits sémantiques :

    1. très jeune

    2. séduisant

    3. inexpérimenté

et une connotation négative :

    4. péjoratif

que l'on retrouve, répartis différemment, dans les termes retenus en français.

11/14 *with conspicuous success* : : *avec un succès que personne ne conteste*

Success est ici traduisible littéralement *(s'acquitter d'une tâche avec succès)*. L'adjectif *conspicuous,* intégré à la principale en anglais, est traduit par une modulation de type cause/conséquence et transposé en subordonnée relative.

11-13/15-17 *a poor, pushing, tiresome, mid-dle-aged woman who won't sit at home quietly and knit as she ought to do.* : : *une pauvre femme sur le retour qui assomme et fatigue tout le monde au lieu de s'occuper de sa maison et de son tricot.*

La traduction de ce groupe nominal complexe implique une réorganisation déclenchée notamment par :

— la difficulté à traduire, *pushing, tiresome* sous forme adjectivale ou participiale;

— l'effet de sens volitif de *will* associé à la négation, souvent traduit par *refuser de* et, ici, dans le contexte du reproche, transposé en *au lieu de.*

Le réseau de correspondance résultant peut être ainsi schématisé :

pushing	, tiresome ,	middle-aged	... who	won't	sit ...	as she ought
sur le retour	qui	assomme	et fatigue tout le monde			au lieu de ...

Sur le retour correspondant évidemment à *middle-aged* mais aussi, secondairement, à *pushing* (cf. *pushing 40* : : *approchant la quaran-taine*).

On notera au point de vue de l'agencement syntaxique le passage d'une énumération en anglais à une coordination, ici, en français, et le déplacement de la modalité, non pas supprimée mais, une fois encore, extraite de la phrase simple pour déclencher une subordination.

14 :18 *gloomily* : : *l'air sombre*

Le suffixe adverbial *-ly* donne lieu à plusieurs transpositions : adjectif dans le cadre d'un syntagme adverbial dans le cas ci-dessus; syntagme verbal :

18/21 *consolingly* : : *essaya de la consoler*

et à nouveau adjectif :

35/36 *thoughtfully* : : *pensif*

290

17/20   *it just puts the lid on*   : :   *c'est le comble !*

Modulation : la métaphore est traduite par une expression dont l'origine, métaphorique elle aussi, s'est estompée en français contemporain.

21/24   *Oh, she's all right*   : :   *Oh, je ne m'inquiète pas pour elle.*

Inversion du point de vue par changement du terme de départ de l'énoncé.

26/29   *Daughters can be very trying*   : :   *C'est parfois fatigant d'avoir une fille*

Double modulation grammaticale : la modalité qui marque une propriété est traduite sur le plan de l'aspect; pour renvoyer à la généralité, le français recourt plus facilement que l'anglais à l'extraction d'un élément pris comme représentant de la classe, ou encore au fléchage de cet élément (cf. 3.2.1.).

26/30   *Especially when they WILL be*   : :   *surtout quand elle ne peut*
        so kind to you   *s'empêcher de vous materner*

Explicitation en français de l'effet de sens volitif de *will*, déclenché cette fois non par la négation mais par la mise en relief polémique (cf. 5.2.2.1. et 5.3.1.2.).

30/32   *That 'poor old Dad' look in his*   : :   *Cet air de commisération*
        eye

Cette modulation illustre deux points tout à fait différents : l'intrusion du discours direct, apparentée au style indirect libre comme on l'a vu plus haut *(no, thank you)*, facilitée par le registre familier; l'aptitude de l'anglais à former des composés par juxtaposition là où le français recourt à la dérivation par affixation, souvent sur un radical savant (cf. 8.2.2.).

31/33   *In fact, ...*   : :   *C'est vrai, ...*

In fact peut être restrictif comme le français *en fait (but in fact...)* mais aussi comme ici résumer et confirmer ce qui précède.

33/34-35   *at the mention of the twins*   : :   *lorsqu'elle prononça le nom des jumeaux*

Transposition contraignante nom : : syntagme verbal.

35-36/36-37   *it's hard for people to realize*   : :   *c'est dur de se rendre compte*
            they're getting middle-aged   *qu'on n'est plus si jeune*

Double illustration du problème de la traduction des pronoms dans un contexte générique (cf. 3.4.2.) et modulation par négation du contraire.

Some Suggestions about Science Teaching

Good habits. A few notes on practices which should be followed habitually are given below.

1. Always wear protective glasses when there is a danger of hot or caustic materials being splashed into the eyes.

2. Always read the label on reagent bottles *twice* and read it carefully. There is a very great difference between potassium chloride and potassium chlorate, between Mercury(I) chloride and Mercury(II) chloride, between manganese and magnesium.

3. Test tubes or any pieces of equipment which may expel a gas or liquid should be pointed away from all persons present.

4. Always check glassware for cracks prior to use.

5. Glassware of all types should be placed at the back of the laboratory bench to prevent unnecessary breakage. Glass storage bottles should be placed at or near floor level.

6. All injuries, regardless of how minor, should be given medical attention immediately.

7. When diluting acids, the acid should be added slowly to the water not vice versa.

8. Good housekeeping is imperative in the laboratory. Broken glass or scraps of metals and unused chemicals should be disposed of in appropriate containers. When chemicals are disposed of through the drain, always flush with plenty of water.

Extrait de *New UNESCO Source Book for Science Teaching*
© Unesco 1973.
Reproduit avec l'autorisation de l'Unesco.

Ressources, installations et techniques

Bonnes habitudes à prendre. Quelques mots maintenant de certaines manières d'opérer à respecter systématiquement.

1. Mettre toujours des lunettes de protection s'il y a un risque de projections de produits brûlants ou caustiques dans les yeux.

2. Toujours faire bien attention aux étiquettes des flacons de réactifs : les lire plutôt *deux fois* qu'une ; il y a une grande différence entre du chlorure de potassium et du chlorate de potassium, entre du chlorure mercureux et du chlorure mercurique, entre du manganèse et du magnésium.

3. Ne jamais diriger vers une personne présente un tube à essai ou un dispositif qui peut projeter un gaz ou un liquide.

4. Vérifier toujours, avant usage, que les verreries ne sont pas fêlées.

5. Tous les objets en verre, quels qu'ils soient, doivent être placés au fond de la table d'expériences pour éviter toute casse. Les bonbonnes ou réserves seront sur le sol ou près du sol.

6. Toute blessure, si légère soit-elle, doit faire l'objet de soins médicaux immédiats.

7. Pour diluer un acide, il faut toujours verser progressivement l'acide dans l'eau, jamais l'inverse.

8. Le laboratoire doit absolument être tenu propre et en ordre. On jettera les débris de verre ou de métal dans des récipients spéciaux et l'on fera couler de l'eau en abondance dans l'évier après y avoir évacué des produits chimiques.

*Nouveau Manuel de l'UNESCO pour
l'Enseignement des Sciences*
© Unesco 1974.
Reproduit avec l'autorisation de l'Unesco.

COMMENTAIRE

Cet extrait d'un manuel [1] dont une version existe dans chaque langue se caractérise d'abord par une grande concentration de modulations grammaticales. Le titre de cette partie de l'ouvrage a été adapté de façon très libre de part et d'autre. Le titre anglais actualise davantage (par le biais de la détermination : *some*) et modalise explicitement *(suggestions)* tandis que le titre français s'en tient à une énumération de notions.

STATUTS ASSERTIFS, MODALITÉS

On retrouve ici, comme dans les modes d'emploi et autres instructions, l'opposition impératif en anglais — infinitif en français :

§ 1   *Always wear glasses*   : :   *Mettre toujours des lunettes*

§ 4   *Always check glassware*   : :   *Vérifier toujours, avant usage...*

Le premier exemple comporte en outre un changement dans l'aspect lexical (*wear*, aspect duratif; *mettre*, aspect inchoatif) qui n'est d'ailleurs pas contraignant (on pourrait avoir : *Toujours porter des lunettes de protection).*

Toujours dans l'ordre des modalités pragmatiques, ce document présente en quelques lignes un remarquable éventail de cinq traductions différentes de *should*, sans compter *devrait* qui n'est pas représenté ici (cf. 5.1.2.).

	infinitif	(§ 3) *ne jamais diriger*
	doit	(§ 5) *doivent être placés*
		(§ 6) *doit faire l'objet de soins*
should	*il faut*	(§ 7) *il faut toujours verser*
	futur	(§ 5) *les bonbonnes seront sur le sol*
	préposition de visée : *à*	(§ 0) *à respecter systématiquement*

S'ajoutent encore deux modulations du même ordre, sans occurrence de *should :*

§ 8   *always flush with plenty of water*   : :   *on fera couler l'eau en abondance*

Good housekeeping is imperative in the laboratory   : :   *Le laboratoire doit absolument être tenu propre*

avec modulation sur le type de modalité dans le premier cas

---

(1) Notre attention a été attirée sur la richesse de ce corpus bilingue par notre collègue P. Clinquart.

(injonction sous forme d'impératif : : injonction sous forme de visée) et, dans le dernier cas, double transposition (prédicat nominalisé : : syntagme verbal; adjectif : : auxiliaire modal + adverbe).

DÉTERMINATION

Les nombreux passages du singulier au pluriel et vice-versa s'expliquent par le fonctionnement des noms en continu/discontinu et/ou par le jeu sur les opérations de détermination.

Ainsi, dans les cas ci-dessous, l'anglais renvoie directement à la classe (avec ou sans le quantifieur globalisant *all*) tandis que le français extrait un élément comme représentant de la classe (cf. 3.2.).

§ 3   *Test tubes or any pieces of* : : *un tube à essais ou un dispositif equipment*

§ 7   *When diluting acids...*   : : *Pour diluer un acide...*

On notera ici que l'effet de particularisation produit en français par la détermination se trouve compensé, sur le plan de l'aspect verbal, par un plus grand degré d'actualisation en anglais, souvent observé par ailleurs.

Illustration répétée de la différence de fonctionnement continu-discontinu (cf. 3.2.1.) :

§ 5   *glassware of all types*   : : *tous les objets en verre*

§ 6   *medical attention*   : : *soins médicaux*

§ 8   *broken glass*   : : *les débris de verre*

L'anglais ignore ici, par définition, l'opposition singulier-pluriel, sauf recours à un dénombreur :

§3   *any pieces of equipment*   : : *un dispositif*

En français, le fonctionnement en discontinu (« dénombrable ») donne typiquement lieu à un pluriel — sauf modulation par changement d'opération de détermination évoquée plus haut et illustrée au § 3, ou par changement lexical (type *his luggage* : : *son sac,* cf. chap. 3, tableau 2).

N.B. — L'emploi au § 4 de *verreries* au pluriel est rejeté par la plupart des francophones (alors que *les tuyauteries,* dérivé d'un discontinu, ne pose pas de problème). Le couple *verrerie/objets en verre* illustre bien, à l'intérieur du français, l'opposition continu/discontinu.

AUTRES MODULATIONS

— spatio-temporelle

§ 0   *A few notes are given below*   : : *Quelques mots maintenant*

— modulation métonymique

§ 8   *through the drain*   : : *dans l'évier*

— inversion du point de vue : négation du contraire

§ 3   *should be pointed away*   : : *ne jamais diriger vers*

§ 4   *Always check glassware for* : : *Vérifier que... ne sont pas fêlées*
             cracks

LEXIQUE

Illustration de l'agencement prédominant des composés dans chacune des deux langues : juxtaposition en anglais (type germanique); lien prépositionnel en français (type roman) (cf. 8.2.1.) :

> *test tubes*   : : *tubes à essais*
> *laboratory bench*   : : *table de laboratoire*
> *glassware*   : : *objets en verre*

> *glassware*, on l'a vu, donne aussi *verrerie* — ce qui illustre l'opposition de tendance : composition en anglais vs dérivation/ affixation en français, très généralement observée.

§ 5   *Bench* pose par ailleurs un problème d'extension puisqu'il peut correspondre en français à *banc*, à *table* ici ou à *établi* (T. 6).

Notes personnelles

Cycle Through Coronation Street

Cycling is one of the best and most enjoyable forms
of exercise there is. It does wonderful things for your
figure and it's a terrific aerobics exercise as well.
So your heart and lungs feel the benefit. Yet in these
5   days of the Juggernaut, cycling can be a hazardous
pursuit. If you'd like to get in trim, but are put off
by traffic fumes and fuming drivers, don't despair.
With this ingeniously designed foldaway Exercycle you
can get all the benefits of cycling with none of the
10   disadvantages. Sturdily constructed, yet conveniently
lightweight, the Exercycle can be set up and used
wherever and whenever you like. Using the accurate
easy-view meter on the handlebars, you can actually
measure the distance covered during your indoor journey
15   and the speeds you achieve. You can even use the Pedal
Tension Control to simulate hill climbs (we advise that
you work up to that, there's no sense overdoing it at
first). All this without moving further than your own
home. And it folds away for easy storage, to save space.
20   All at a fraction of the cost of ordinary cycles.

W.H. SMITH, Kaleidoscope Catalogue, 1982.

Entraînez-vous en regardant la télévision

La bicyclette est l'un des moyens les meilleurs et
les plus agréables de faire de l'exercice. Remarquable
pour la ligne, c'est aussi un fantastique exercice
d'aérobic, excellent pour le coeur et les poumons.
5 Mais de nos jours, des mastodontes sillonnent les
routes et le vélo n'est pas toujours sans danger.
Vous avez envie de retrouver la forme, mais les vapeurs
d'essence et la mauvaise humeur des automobilistes
vous font fuir : voici ce qu'il vous faut. Cet
10 ingénieux vélo d'appartement pliant permet de goûter
les bienfaits de la bicyclette sans en subir les désa-
gréments. Robuste mais léger et pratique, il peut être
installé n'importe où à tout moment de la journée.
Le guidon est équipé d'un compteur de précision, très
15 lisible, qui permet de connaître la distance parcourue,
comme sur la route, pendant votre entraînement à domicile, ainsi que les vitesses atteintes. La commande de
tension permet même de simuler l'ascension des côtes
(cet exercice nécessite de l'entraînement - il est
20 conseillé de ne pas forcer les premiers jours). Tout
cela sans sortir de chez vous. D'un faible encombrement
une fois replié, ce vélo d'intérieur nécessite peu de
place.

Pourquoi dépenser plus pour une bicyclette ordinaire ?

COMMENTAIRE

Afin d'aboutir à une formulation également convaincante dans la langue d'arrivée, la traduction de ce descriptif publicitaire, extrait d'un catalogue de vente par correspondance, implique de façon contraignante, puisque dans un style largement conventionnel, la mise en œuvre de nombreux procédés de traduction et réaménagements syntaxiques.

Titre *Through Coronation Street* : : *en regardant la télévision*

Adaptation : faute d'un équivalent aussi connu et éprouvé, on est contraint d'abandonner l'allusion culturelle au célèbre feuilleton britannique.

1/1 *cycling* : : *la bicyclette*

Modulation métonymique : processus : : instrument du processus, comparable à *windsurfing* : : *la planche à voile;* en français : *l'équitation/le cheval.*

2/2-3 *It does wonderful things* : : *Remarquable pour la ligne*
(...) *(...)*
feel the benefit *le cœur et les poumons*

Agencement syntaxique et transpositions. Face, en anglais, à trois propositions en deux phrases, respectant l'ordre canonique sujet-verbe conjugué et coordonnées *(and, So),* une seule phrase en français avec deux appositions autour de la proposition centrale où s'opère une transposition :

4/4 *feel the benefit* : : *excellent pour*

liée au choix du point de départ de l'énoncé centré sur un sujet animé en anglais *(your heart)* et inanimé en français *(exercice... excellent).*

4-5/5 *Yet in these days of the Jugger-* : : *Mais de nos jours des masto-*
naut *dontes sillonnent les routes*

Juggernaut : divinité hindoue dont les fidèles se sacrifiaient en se jetant sous les roues de son char. Sens figuré : force meurtrière aveugle, monstre, mastodonte, poids lourd. La traduction opère une explicitation qui nécessite une transposition.

5-6/6 *can be a hazardous pursuit* : : *n'est pas toujours sans danger*

Deux modulations grammaticales :
— sur le statut assertif : double négation;
— entre modalité *(can)* et aspect *(pas toujours).*

6/7   *If you'd like to get in trim but...* : : *Vous avez envie de retrouver la forme mais...*

Modulation sur le statut assertif : on passe d'une hypothèse explicite à une hypothèse sous forme assertive.

6/9   *are put off*   ; : *vous font fuir*

7/9   *don't despair*   : : *voici ce qu'il vous faut*

deux inversions du point de vue de type cause/conséquence, l'une par le biais de l'orientation de l'énoncé (passif : : actif) l'autre par celui du statut assertif (injonction négative : : assertion positive).

7/7-8 *traffic fumes and fuming drivers*   : : *les vapeurs d'essence et la mauvaise humeur des automobilistes*

Le jeu sur *fume* et la répétition du même radical ne peuvent être que très partiellement rendus par l'assonance *vapeurs/humeur*. La première modulation, sur *traffic fumes,* est totalement lexicalisée. La seconde, de type métonymique, peut être ainsi résumée :

                repère animé   : :   repère inanimé
                processus   : :   état
                conséquence   : :   cause

Une série de trois exemples illustre une différence régulière dans l'insertion syntaxique de la modalité (cf. 5.3.3.1.) :

8-9/10-11   *With this ... Exercycle you can get all the benefits...* : : *ce vélo ... permet de goûter les bienfaits...*

12-13/14-15 *Using the accurate easy-view meter ... you can measure...* : : *...équipé d'un compteur qui permet de connaître...*

15-16/17-18 *You can even use the Pedal Tension Control to simulate hill climbs* : : *La commande de tension permet même de simuler l'ascension des côtes*

On a dans chacun de ces cas :

en anglais :

un auxiliaire de modalité avec C_0 animé agent;

modalisation dans le cadre de la phrase simple

en français :

une périphrase modale avec C_0 inanimé; pas de sujet agent;

la modalisation entraîne une subordination, marquée ici par une préposition

Les deux syntagmes adjectivaux :

8/10 *ingeniously designed* : : *ingénieux*

10-11/12 *conveniently lightweight* : : *léger et pratique*
présentent le même schéma : adv. en *-ly* + adj. (lié au rendement élevé du suffixe *-ly*) dont le calque n'est guère possible ici. La difficulté est résolue dans un cas par la non traduction du participe, qui joue le rôle d'un simple support et, dans l'autre, par la coordination de deux noms.

12/13 *wherever and whenever you like* : : *n'importe où à tout moment*

Coordination de deux éléments grammaticalement et prosodiquement parallèles. Ce schéma est sensiblement plus fréquent en anglais qu'en français. Garder ce parallélisme en français appellerait une répétition du prédicat *(où vous voulez, quand vous voulez)* — formule qui peut avoir une connotation de désinvolture.

Modulations en chaîne dans l'avant dernière phrase :

19/21-22 *its folds away* ⟶ *D'un faible encombrement*
for easy storage ⟶ *une fois replié, il*
to save space *nécessite peu de place*

Le français, typiquement, opère une antéposition de l'élément initialement en seconde position. *It folds away* (forme verbale principale) se trouve traduit par *une fois replié* (forme verbale secondaire, cf. 6.3.2.2.), cependant que par deux fois la visée *(for, to)* est traduite sur le mode du constat.

20/24 La formule finale présente une classique modulation grammaticale sur l'opération de détermination (renvoi à la classe : : extraction d'un élément comme représentant de la classe) et, surtout, une double modulation qui associe changement de statut assertif (assertion : : interrogation) et inversion sémantique *(a fraction of the cost* : : *dépenser plus)*.

Notes personnelles

A Day in the Life of a Patriotic Shopper

Buying British isn't just difficult for the casual shopper, it's very nearly impossible.

First stop Selfridges in London's Oxford Street to try and kit myself out for the winter and price some early Christmas presents for
5 the children. The exercise was quite unscientific, pure impulse buying. After two-and-a-half hours, it seemed that just about the only thing you could be sure of buying British was a hat.

I needed an umbrella, preferably a collapsible one. The first one I laid my hands on was a Fulton Klik, priced at £6.95 (or £8.95 for the
10 larger version.) Examination of the sticker showed it was made in Taiwan. The nearest British equivalent was £11.45. Conventional walking stick umbrellas were British but cost upwards of £15.

The Taiwanese automatic was the fastest seller, said the sales assistant: "People do like to buy English, but they're a bit shocked
15 when they see the price."

Upstairs, the men's department was dominated by the sign "Saxone of Scotland", but with one exception every Saxone shoe in the place seemed to be foreign made. You could buy British - Barker, Church's, Grenson - but it wouldn't leave you much change out of £50 or £60.

20 Across the floor in men's casual wear you could buy almost anything except British - unless your idea of casual wear was a duffle coat. "There aren't many British companies making things people want these days," said the sales assistant.

It was the same in "trousers". Did Selfridges stock British
25 trousers ? "Very rarely to be honest," said the salesman. His colleague, rummaging among the cord trousers to confirm his suspicion that they were made in Germany, said he would love to sell a British pair but they were difficult to find.

The Sunday Times, 31 October 1982.

Les tribulations d'un consommateur patriote

Acheter anglais. A moins d'être un consommateur averti, c'est bien difficile, pour ne pas dire impossible.

Premier test : Selfridges, dans Oxford Street à Londres avec l'intention de m'équiper pour l'hiver et de commencer à regarder les prix
5   pour les cadeaux de Noël des enfants. L'opération n'avait rien de scientifique ; j'allais simplement faire ce que les spécialistes appellent des "achats d'impulsion". Au bout de deux heures et demie, je me rends compte que les seuls articles qui soient à coup sûr fabriqués en Angleterre sont les chapeaux.

10   Il me fallait un parapluie, de préférence un modèle pliant. Le premier sur lequel je tombe est un Fulton Klik vendu 6 livres 95 (ou 8 livres 95 pour le grand modèle). On s'aperçoit en examinant l'étiquette qu'il est fabriqué à Taiwan. Le plus proche équivalent de fabrication anglaise vaut 11 livres 45. Les parapluies-cannes classiques sont
15   anglais mais les moins chers sont à £ 15. Le vendeur m'assure que le modèle automatique importé de Taiwan est celui qui se vend le mieux. "C'est pas que les gens ne veuillent pas acheter anglais, mais c'est les prix qui les arrêtent."

A l'étage supérieur, le rayon Hommes est placé sous le signe de la
20   marque "Saxone of Scotland", mais à une exception près il semble bien que toutes les chaussures alignées là soient fabriquées à l'étranger. On trouve bien des marques anglaises : Baker, Church's, Grenson - mais il ne faut guère compter moins de 50 ou 60 livres.

A l'autre bout du rayon, les vêtements pour homme de style sport :
25   des articles de toutes les provenances possibles à l'exception de l'Angleterre - à moins de compter les duffle coats dans les vêtements sport. "Il n'y a pas beaucoup de fournisseurs anglais qui proposent des articles répondant à la demande actuelle, me déclare le vendeur."

Même chose au rayon des pantalons. Je demande s'ils ont des articles
30   fabriqués en Angleterre. "Non, franchement, nous en avons très rarement, me répond le vendeur." Son collègue fouille parmi les velours côtelé : c'est bien ce qu'il pensait, ils sont fabriqués en Allemagne. "J'aimerais bien pouvoir vous vendre un pantalon anglais, me confie-t-il. Mais c'est un article rare."

COMMENTAIRE

La traduction de cet article comporte de nombreuses inversions du point de vue et réorganisations syntaxiques appelées par des difficultés lexicales et grammaticales — parmi lesquelles le style indirect libre. Le texte présente en outre un échantillon de traduction possibles de *you* générique.

Titre   *A day in the life*   : : *Les tribulations*

Modulation métonymique qui fait passer d'une unité de temps à son contenu supposé. Le terme français, fixé dans un emploi humoristique, donne le ton de l'article.

1/1   *shopper*   : : *consommateur*

Légère modulation rendue nécessaire par la formation de *shopper* sur le verbe *shop,* lui-même obtenu par conversion du nom.

1/1   *for the casual shopper*   : : *à moins d'être un consommateur averti*

Inversion du point de vue appelée par la difficulté à traduire *casual,* ici comme dans de nombreux contextes. A partir du sens initial d'*accidentel/occasionnel (casualties, casual meeting* etc.) se sont développés des sens voisins définissables par négation du contraire. Le dictionnaire Longman (LDOCE) donne ainsi :

— not serious or throrough :
a casual newspaper reader wouldn't like articles on politics every day (: : superficiel)

— informal :
casual clothes (: : de détente; sport).

La traduction proposée explicite ce trait sémantique négatif.

5/5-6   *was quite unscientific*   : : *n'avait rien de scientifique*

Le préfixe négatif, très productif en anglais, appelle une transposition.

5/7   *impulse buying*   : : *ce que les spécialistes appellent des « achats d'impulsion »*

Expression technique traduisible soit par une périphrase, toujours maladroite, soit par un calque, qui doit être présenté comme tel.

6-7/8-9   *the only thing you could be sure*   : : *les seuls articles qui soient à of buying British*   *coup sûr fabriqués en Angleterre*

Le schéma syntaxique *buy British* est passé en français, dans sa construction intransitive uniquement. La construction transitive que l'on a ici *(what you can buy British)* est en revanche impossible.

D'où la modulation de *buy* (avec C_0 animé) à *être fabriqué* (C_0 inanimé).

8/10   *preferably*   : : *de préférence*

L'adverbe est transposé en nom dans le cadre de ce qui reste, globalement, un syntagme adverbial. La transposition est due à la différence de rendement entre le suffixe *-ly* et son homologue français *-ment*.

8-9/10-11   *the first one I laid my hands on*   : : *le premier sur lequel je tombe*

Légère modulation entre deux images-clichés lexicalisées. Surtout, on passe en français au présent de narration, déjà introduit plus haut *(it seemed* : : *je me rends compte),* contraignant ici en français parlé dès lors que commence une énumération de procès (cf. 4.4.1.). Le processus isolé :

> *The first one I laid my hands on was a Fulton Klick and I bought it.*

appellerait au contraire un passé.

10/13   *the larger version*   : : *le grand modèle*

Explicitation de la comparaison fréquente en anglais là où elle reste implicite en français :

cf. *the upper forms*   : : *les grandes classes*
    sooner or later   : : *tôt au tard*

12/15   *cost upwards of £ 15*   : : *les moins chers sont à £ 15*

Modulation : inversion de point de vue.

13/16   *the fastest seller*   : : *celui qui se vend le mieux*

Fastest seller est dérivé, au moyen du suffixe agentif en *-er*, de la construction intransitive *it sells fast,* sur le même modèle que *best seller* et *bad loser.*

was *the fastest seller*   : : **est** *celui qui se vend le mieux*

was est ici un indice de style indirect libre (cf. 4.4.3. et T 14 : *Prime Minister's Speech),* intermédiaire entre
    "it is the fastest seller", he said
et   *he said that it was the fastest seller.*

13-14/15   *sales assistant*   : : *vendeur*

Ne présente pas de difficulté mais illustre de façon typique l'opposition entre composition en anglais et dérivation par affixation en français.

14/17   *People do like to buy British* : : *C'est pas que les gens ne veuillent pas acheter anglais*

La traduction explicite le présupposé négatif dont *do* marque la reprise contradictoire (cf. 5.3.1.). La forme contractée en français s'impose dans le registre de la langue parlée.

16/19   *the men's department*   : : *le rayon Hommes*

Le français privilégie la relation d'identification (à la notion) par simple apposition alors que l'anglais privilégie la relation d'appartenance, soit par le cas possessif, comme ici, soit encore par extraction d'un élément d'une classe :

cf. *be a translator*   : : *être traducteur*

18/21-22 *... foreign made. You could buy* : : *... fabriquées à l'étranger. On*
          British but...   *trouve bien des marques an-*
                                                 glaises mais...

Selon le schéma habituel, la reprise contradictoire est marquée en anglais par la mise en relief de l'auxiliaire (même si celui-ci n'est pas souligné dans le texte) et en français par un adverbe.

You générique est cette fois traduit par *on* (cf. 3.4.2.). *Vous* n'est pas impossible ici, notamment si le français modalise aussi, avec le futur *(Vous trouverez bien des marques anglaises mais...)* qui contribue à créer le seuil d'actualisation nécessaire. On notera enfin que dans ce texte, *you(r)* générique n'est traduit qu'une fois sur cinq par *on* ou *vous* générique. Les quatre autres traductions impliquent la suppression du syntagme verbal transposé en locution adverbiale (l. 6-7/8), une tournure impersonnelle (l. 19/23), une phrase nominale (l. 20/25), la disparition du C_0 avec une construction infinitive (l. 21/26).

22/28   *making things people want* : : *qui proposent des articles ré-*
         these days   *pondant à la demande actuelle.*

Double transposition (vb : : nom; loc. adv. : : adj.) vers une formule consacrée en français.

24/29   *Did Selfridges stock British* : : *Je demande s'ils ont des articles*
         trousers ?   *fabriqués en Angleterre*

Deuxième exemple de style indirect libre qui tient à la fois du style indirect strict :

    I asked Selfridges whether they stocked British trousers

par le temps et le sujet de l'énoncé, et du style direct :

    Do you stock British trousers ?

par l'ordre syntaxique et l'élément principal de ponctuation. Le français doit choisir de façon plus stricte entre les deux modes de discours.

26/32 *... to confirm his suspicion that* :: *c'est bien ce qu'il pensait : ils*
they were made in Germany *sont fabriqués en Allemagne*

La traduction proposée est l'une des solutions possibles à un problème de construction. L'anglais construit de la même façon le verbe *suspect that* et le nom dérivé (cf. 7.1.1.). Il n'en va pas de même en français *(soupçonner/se douter que,* mais pas **ses soupçons/ses doutes que)*, d'où la transposition et la rupture syntaxique qu'elle entraîne.

A Vintage Cannes Festival
Edward BEHR, European Cultural Editor

The summer day unfolds, with a bourgeois ritual of
meals, siestas and quarrels. The painter, Monsieur Ladmiral
(Louis Ducreux), is trying to cope with a visit from his
vulgar son and his well-meaning but incessantly critical
5   daughter. He can't - and he knows it. French director
Bertrand Tavernier's film *A Sunday in the Country* is a tale
of one sad, revealing moment in the dwindling life of this
moderately successful and thoroughly unsatisfied artist.
Tavernier skillfully turns an outwardly banal day into a
10   moving examination of a man's search for his past. It's
hardly a new theme. Federico Fellini explored it in his
lavish   *8½*   and Alain Resnais anguished over it in
Providence .   Tavernier's version is done with an understated
emotion that never lapses into sentimentality. At the end of
15   the film, the painter, stung by his daughter's rebukes,
removes his mediocre half-finished canvas from the easel and
sets up a blank canvas in its place. He stares at it, and as
his tears come, we realize that he is not simply staring at
that blank canvas. He is staring into his wasted life and
20   thinking of the masterpieces he once dreamed of painting
but never did and now never will. When the screen went dark
last week, the often blasé Cannes audience rose up in a
five-minute standing ovation. It was well deserved.

Newsweek, May 28, 1984.

Festival de Cannes 84 : un grand cru

Une journée d'été. Dans une maison bourgeoise, le
rituel des repas, des siestes et des disputes. Le peintre,
Monsieur Ladmiral (Louis Ducreux) essaie de faire bonne
figure lors de la visite de son fils, un homme vulgaire,
5   et de sa fille, bien intentionnée mais qui critique tout.
C'est trop pour lui et il le sait. Le film du metteur
en scène français Bertrand Tavernier, *Un dimanche à la
campagne* est une histoire désabusée: un moment de vérité
dans la vie d'un homme sur le déclin, un peintre qui a
10   connu un succès modeste et reste totalement insatisfait.
Avec beaucoup de talent, Tavernier fait d'une journée en
apparence banale le tableau émouvant d'un homme en quête
de son passé.

Le thème n'est pas nouveau. Il a été exploré super-
15   bement par Fellini dans *8½* et de façon plus torturée par
A. Resnais dans *Providence*. Tavernier a filmé son sujet
avec une émotion retenue qui ne tombe jamais dans le
sentimentalisme. A la fin du film, le peintre, piqué au
vif par les remontrances de sa fille, enlève du chevalet
20   une toile médiocre, inachevée, pour la remplacer par une
toile blanche. Il la fixe des yeux et, tandis que les
larmes lui viennent, on comprend qu'au-delà de cette toile
blanche son regard plonge dans sa vie gâchée et qu'il
pense aux chefs-d'oeuvre qu'il avait rêvé de peindre,
25   qu'il n'a jamais peints et ne peindra jamais.

La semaine dernière, après la dernière image, le
public de Cannes, souvent blasé, s'est levé et, cinq
minutes durant, a fait au film une ovation bien méritée.

311

COMMENTAIRE

La traduction que nous proposons de cette critique de film se caractérise par une série de déplacements — déplacements sémantiques de nature métonymique et déplacements syntaxiques qui en découlent :

1/1	*a bourgeois ritual*	: :	*une maison bourgeoise*
6-7/8	*a tale of one sad, revealing moment*	: :	*une histoire désabusée : un moment de vérité*
7/9	*the dwindling life*	: :	*un homme sur le déclin*
10/12-13	*a man's search for his past*	: :	*un homme en quête de son passé*

Selon un schéma souvent observé par ailleurs, à l'intégration maximale au syntagme ou à la proposition en anglais correspondent en français antéposition et postposition (cf. 6.3.3.) :

1/1	*... with a bourgeois ritual*	: :	*Dans une maison bourgeoise,...*
9/11	*Tavernier skillfully turns a banal day into...*	: :	*Avec beaucoup de talent, Tavernier...*
4/4	*his vulgar son*	: :	*son fils, un homme vulgaire*
titre	*A Vintage Cannes Festival*	: :	*Festival de Cannes 84 : un grand cru*

Deux modulations par inversion du point de vue se trouvent aussi associées à une modification de l'agencement syntaxique :

18-19/22-23	*he is not simply staring at that blank canvas. He is staring into his wasted life*	: :	*on comprend qu'au-delà de cette toile blanche son regard plonge dans sa vie gâchée*

avec passage à un sujet d'énoncé inanimé en français.

21-22/26	*When the screen went dark last week*	: :	*La semaine dernière, après la dernière image, ...*

avec transposition en syntagme prépositionnel incis.

Plusieurs transpositions multiples sont liées à l'exploitation faite en anglais d'affixes dérivationnels particulièrement productifs (cf. 8.2.2. et 1.2.) :

4/5	*incessantly critical*	: :	*qui critique tout*
	adv. en -*ly* + adj. en -*al*	: :	verbe + pronom
	Modulation : aspect	: :	quantification

7/8	*revealing moment*	: :	*moment de vérité*
	adj. verbal en *-ing*	: :	nom
	Modulation : processus	: :	objet du processus
8/9-10	*moderately successful*	: :	*qui a connu un succès modeste*
	adv. en *-ly* + adj. en *-ful*	: :	nom + adj. dans une relative
			comme à la ligne 4/5

La traduction commence et se termine sur deux cas de suppression du syntagme verbal dont les effets sont opposés : au début du texte, deux phrases nominales caractéristiques du français (cf. 6.1.1.), particulièrement dans l'énumération descriptive; différenciation prosodique pour conclure : l'anglais ponctue la fin du texte par la concision d'une indépendante tandis que le français, en intégrant celle-ci à ce qui précède, évite au contraire la rupture et donne de l'ampleur à la période finale.

Prime Minister's Speech on the Falklands

Opening a debate in the House of Commons on 20 May, the Prime
Minister said that the Argentine response to Britain's proposals
for an interim settlement was in effect a total rejection and had
'retracted virtually all the movement that its representative had
shown during the Secretary-General's effort to find a negotiated
5   settlement'. The British proposals 'represented a truly responsible
effort to find a peaceful solution which both preserved the
fundamental principles of our position and offered the opportunity
to stop further loss of life in the South Atlantic'. To achieve
this, Britain had been prepared to make practical changes that were
10   reasonable. But it had not been prepared to compromise on principle.
Turning to Argentina's response, Mrs Thatcher said that its
demand that all forces should be withdrawn from the Islands, South
Georgia and the South Sandwich Islands and returned to their normal
bases and areas of operation was calculated to put Britain at an
15   enormous disadvantage. The Argentine requirement that the interim
administration should be the exclusive responsibility of the United
Nations 'rejected any role for the Islands' democratic institutions'.
That morning, Mrs Thatcher continued, the United Nations
Secretary-General had put to Britain and Argentina an *aide-mémoire*
20   describing those issues where, in his opinion, agreement seemed to
exist and those on which differences remained.
[...] Mrs Thatcher paid tribute to the efforts of the Secretary
General and said that he had a duty to continue to seek agreement.

Survey of Current Affairs, Volume 12, N° 6, June 1982.

Discours du Premier ministre sur le conflit des Malouines

Ouvrant le débat qui s'est tenu à la Chambre des Communes le 20 mai, le Premier ministre a déclaré que la réponse de l'Argentine aux propositions de la Grande-Bretagne en vue d'un règlement provisoire du conflit constituait en fait un rejet total de celles-ci et "un retour en arrière presque complet après les concessions faites par le représentant argentin lors de la mission de conciliation conduite par le Secrétaire général (des Nations Unies)." Selon le Premier ministre, les propositions britanniques "constituaient une tentative véritablement responsable de parvenir à un règlement pacifique préservant à la fois les principes fondamentaux auxquels la Grande-Bretagne est attachée et permettant de mettre fin à l'effusion de sang dans le Pacifique sud. Pour atteindre cet objectif, a-t-elle poursuivi, la Grande-Bretagne est prête à accepter des modifications pratiques dans des limites raisonnables mais elle n'est pas prête à transiger sur les principes."

Examinant ensuite la réponse de l'Argentine, Mme Thatcher a souligné que la revendication de celle-ci que toutes les forces en présence se retirent des îles Falkland, de Géorgie du sud et des îles Sandwich et soient renvoyées à leurs bases et théâtres d'opération habituels avait pour but de mettre la Grande-Bretagne en position d'infériorité manifeste. L'exigence argentine de voir l'administration provisoire placée sous la responsabilité exclusive des Nations Unies "enlèverait aux institutions démocratiques des Iles le rôle qui leur revient."

Mme Thatcher a ensuite déclaré que le Secrétaire général des Nations Unies avait remis le matin même à la Grande-Bretagne et à l'Argentine un mémorandum indiquant les points sur lesquels il lui semblait y avoir accord et ceux sur lesquels des divergences subsistaient.

(...) Mme Thatcher a rendu hommage aux efforts déployés par le Secrétaire général et a ajouté qu'il lui appartenait de continuer à rechercher un accord.

COMMENTAIRE

Ce document n'est pas un commentaire de politique étrangère mais le compte rendu officiel d'un discours dont les termes sont restitués tantôt au style direct tantôt au style indirect. Ce genre de texte présente une proportion importante d'énoncés rapportés au *style indirect libre* qui se caractérise alors surtout par l'ellipse du verbe introducteur ou, en tout cas, de toute marque de subordination. Ces deux cas de figure et les deux solutions disponibles en français (cf. 4.4.3.) se trouvent successivement illustrées ici.

DISCOURS RAPPORTÉ

8-9/12   *To achieve this, Britain had been prepared to make practical changes that were necessary*

résulte de l'effacement de

The Prime Minister said that...

version rapportée de l'énoncé initial :

Britain has been prepared to...

La traduction rétablit ici le discours direct :

12   *Pour atteindre cet objectif, a-t-elle poursuivi, la Grande-Bretagne est prête à accepter...*

Deuxième cas :

18-19/23-24   *That morning, Mrs Thatcher continued, the United Nations Secretary-General had put to Britain and Argentina an aide-mémoire...* qui rapporte l'énoncé initial :

This morning the United Nations Secretary-General has put to Britain...

Le passage de *this* à *that* est du même ordre que celui de *has put* à *had put* et renvoie à une source énonciative rapportée. La traduction rétablit cette fois l'imbrication syntaxique :

23   *Mme Thatcher a ensuite déclaré que le Secrétaire général avait remis le matin même à la Grande-Bretagne...*

LEXIQUE

Dans le domaine lexical, la traduction de ce type de document fait ressortir nettement, à registre égal, des différences localisées de niveau de langue. Si les noms et les adjectifs sont de niveau de langue comparable (le vocabulaire d'origine latine pouvant même être perçu comme relativement plus savant en anglais) en revanche, dans bon nombre de cas, les verbes (monosyllabes d'origine germanique) sont de niveau de langue plus recherché en français. Ceci est vrai non seulement des verbes déclaratifs, comme nous l'avons déjà observé dans d'autres textes (cf. T 2 et T 9) :

2/2   the Prime Minister **said** that the   : :   le Premier ministre a **déclaré**
         Argentine response...   que...

ces verbes pouvant donner lieu à de légères modulations dans le passage au discours rapporté avec introduction d'un élément de commentaire :

11/15   Turning to Argentina's res-   : :   Examinant ensuite la réponse
         ponse, Mrs Thatcher **said** that...   de l'Argentine, Mme Thatcher a
                                                souligné que...

C'est vrai, plus généralement, des termes mêmes de la prose diplomatique — qu'il s'agisse de discours indirect ou non :

3/4   the response... **was** in effect a   : :   la réponse... **constituait** en fait
         total rejection   un rejet total

6/9   a truly responsible effort to **find**   : :   une tentative véritablement res-
         a peaceful solution   ponsable de **parvenir** à un rè-
                                                         glement pacifique

8/11   the opportunity to **stop** further   : :   permettant de **mettre fin à** l'ef-
         loss of life   fusion de sang

19/24   the Secretary-General had **put**   : :   le Secrétaire général avait **re-**
         to Britain and Argentina an   **mis** le matin même à la
         aide-mémoire   Grande-Bretagne...

La prépondérance du vocabulaire d'origine latine donne lieu à une concentration de **faux-amis** (cf. 9-5) :

— interim (l. 3/3 an interim settlement : : un règlement provisoire; in the interim : : pendant l'intérim/dans l'intervalle; président par intérim : : acting president) est faux-ami partiel au point de vue sémantique — et syntaxique, en ce sens qu'il fonctionne surtout comme adjectif (interim period).

— response (l. 2/2), faux-ami partiel, correspond généralement à réaction; celle-ci est ici verbale, d'où la traduction par réponse.

— in effect (l. 3/4) signifie en fait, en réalité alors que le français en effet introduit une confirmation de ce qui précède — de même que, dans certains contextes, l'anglais in fact (cf. T. 9).

— *virtually*

3/5   *had retracted virtually all the* : : *un retour en arrière presque*
        movement   *complet*

La différence entre l'anglais virtual et le français *virtuel* est as-
pecto-modale :
angl. *virtual* = qui ne répond pas exactement à la définition;
fr. *virtuel* = qui ne répond pas encore tout à fait à la définition
               (implique une visée).

EXEMPLE :

*The king was so much under the influence of his wife that she was
the virtual ruler of the country* (Dictionnaire Longman)

*Ce club, à deux journées de la fin, est virtuellement vainqueur du
championnat.* (Dictionnaire Robert).

Ce dernier emploi appartient à la langue soignée. Il est concur-
rencé par *pour ainsi dire, pratiquement* en français courant et
traduisible par *is almost certain to,* où l'on retrouve la visée sous
la forme de la particule *to.*

— *achieve :* faux-ami complet.

8/12   *to achieve this*   : : *pour atteindre cet objectif*

(avec étoffement contraignant de *this*)

— *prepared*

9/13   *Britain had been prepared to* : : *la Grande-Bretagne est prête à*
        accept   *accepter...*

Si le verbe *prepare* dans ses emplois transitifs est souvent traduit
littéralement, ce n'est pratiquement jamais le cas du participe
passé associé à un sujet animé. On aura alors en français : *être prêt,
disposé à; s'attendre à* etc.

— *aide-mémoire* (l. 19) : emprunté au français, le terme anglais est
spécialisé dans le domaine diplomatique. *Memorandum* (l. 25) au
sens de *note diplomatique* existe dans les deux langues mais en
anglais le terme a, notamment dans sa forme abrégée *memo,* le
sens plus général de *note* (de service, laissée à quelqu'un, etc.).
D'où le recours à l'emprunt dans un contexte plus spécialisé.

— *issue*

20/25   *describing those issues where* : : *indiquant les points sur lesquels*
agreement seemed to exist   *il semblait y avoir accord*

issue est toujours faux-ami (si l'on exclut une acception devenue rare) tandis qu'inversement *difference* (l. 21/26) n'est que très marginalement faux-ami, là où la traduction appelle *divergence* ou *différend* en français.

Lord Carrington's Feat

For three months, Britain's Lord Carrington had
endured a variety of verbal abuse in the complex and
often strained Zimbabwe-Rhodesia peace talks.

The cool, no-nonsense British Foreign Secretary
5   shrugged off the insults and doggedly pursued his goal
of a peace agreement between the guerillas and the
Salisbury government of Bishop Abel Muzorewa. Last
week, Carrington's bullying and cajoling finally seemed
to be paying off.

10   Both sides agreed on the major outlines of a
cease-fire, and the tone of the rhetoric at the conference in London's Lancaster House changed dramatically.

Whether Carrington's efforts are ultimately
successful remains to be seen. After the tentative
15   accord, negotiators still had to determine the number
and location of assembly points for rival forces inside
Rhodesia as well as a date for the cease-fire.

'BREAKTHROUGH' : While most analysts expected
those details to be ironed out, there were larger
20   questions about the effectiveness of the cease-fire
- and the elections that will be supervised by a
British governor, Lord Soames, who arrives in Salisbury
this week. But Carrington was optimistic. "This is the
breakthrough for which we have been working," he told
25   the conference.

Last week's agreement was a personal triumph
for the sixth Baron Carrington, 60, who has emerged as
a master political negotiator - and the most respected
figure in Prime Minister Margaret Thatcher's Cabinet.

30   At Lancaster House, he met opponents with
lordly charm, self-deprecating humor or steely
toughness as the occasion demanded.

Newsweek, December 17, 1979.

L'exploit de Lord Carrington

Pendant trois mois, le Britannique Lord Carrington a subi
tous les écarts de langage au cours des négociations complexes
et souvent tendues sur la Rhodésie-Zimbabwe.

Avec calme et autorité, le ministre des Affaires étrangères
5 britannique a ignoré les affronts et poursuivi obstinément son
but: parvenir à un accord de paix entre les rebelles et le
gouvernement de Salisbury dirigé par l'évêque Abel Muzorewa.
La semaine dernière, l'alternance pratiquée pár Carrington de
la main tendue et du poing sur la table s'est finalement révélé
10 payante.

Les deux parties se sont mises d'accord sur les grandes
lignes d'un cessez-le-feu et le ton a changé de façon spectaculaire dans les discours tenus à la conférence de Londres à
Lancaster House.

15 Il est encore trop tôt pour dire si les efforts de Carrington
seront en définitive couronnés de succès. Après cet accord provisoire, il restait aux négociateurs à déterminer le nombre et
l'emplacement des points de ralliement des forces en présence
sur le territoire rhodésien, ainsi que la date du cessez-le-feu.

20 DEBLOQUER LA SITUATION : Si la plupart des observateurs
estimaient que ces difficultés de détail seraient aplanies, des
questions plus importantes demeuraient quant à l'application
effective du cessez-le-feu et aux élections qui auront lieu sous
le contrôle d'un gouverneur britannique, Lord Soames, qui doit
25 arriver cette semaine. Mais Carrington était optimiste. "La
situation est débloquée: c'est ce pour quoi nous avons travaillé,
déclara-t-il à la conférence."

L'accord survenu la semaine dernière fut un triomphe
personnel pour le sixième baron Carrington, 60 ans, qui
30 apparaît comme un négociateur de tout premier plan - et comme
la figure la plus respectée du gouvernement dirigé par Margaret
Thatcher. Face à ses interlocuteurs, à Lancaster House, il a su
faire preuve de hauteur et de persuasion, d'humour et de modestie
ou d'une fermeté inflexible selon que les circonstances
35 l'exigeaient.

COMMENTAIRE

Cet article a été retenu pour la concentration qu'il offre de deux problèmes lexicaux récurrents dans la prose journalistique : les « faux-amis » et les métaphores-clichés.

Nous ne ferons que mentionner pour commencer deux problèmes ponctuels extérieurs au lexique : l'un grammatical, l'autre concernant les procédés de traduction.

Le premier est le choix du repérage aspectuel par rapport au temps de l'énonciation en français *(pendant des mois ... il a subi)*. Un repérage, comme en anglais, par rapport au temps de l'énoncé *(depuis des mois ... il subissait)* serait possible si le processus qui réintroduit sur le plan du récit (l. 9 : *l'alternance s'est... révélé payante)* suivait immédiatement.

Au point de vue des procédés de traduction et de leurs répercussions sur l'agencement syntaxique, on remarquera plusieurs transpositions multiples :

4/4	*The cool, no-nonsense British Foreign Secretary*	: :	*Avec calme et autorité, le ministre des Affaires étrangères*
30-31/33-34	*... he met opponents with lordly charm, self-deprecating humor...*	: :	*il a su faire preuve de hauteur et de persuasion, d'humour et de modestie*

Le choix d'éléments nominaux entraîne ici dans chacun des cas une coordination en français.

FAUX-AMIS

On a dans ce texte un échantillon de la diversité, examinée au chapitre 9, que recouvre l'étiquette générale de faux-ami.

1. La plupart sont des FAUX-AMIS PARTIELS. La traduction par le terme français apparenté est

— le plus souvent exclue :

2/2	*abuse*	: :	*injures/écarts de langage*
11/13	*rhetoric*	: :	*discours*
12/12	*dramatically*	: :	*de façon spectaculaire*
32/34	*occasion*	: :	*circonstances*
32/35	*demanded*	: :	*exigeaient*

— exclue dans certains contextes :

16/18	*rival (forces)*	: :	*(forces) en présence*
31/33	*charm*	: :	*persuasion*

Ces derniers ne sont pas habituellement répertoriés dans les listes de faux-amis. Ils appellent une vigilance d'autant plus grande que le décalage est ténu et mouvant selon les contextes. La traduction par le terme apparenté reste possible dans certains cas. Ainsi, *effectiveness* (l. 20/23) est bien ici le caractère *effectif* plutôt que, comme souvent, *l'efficacité*, même si les deux notions sont proches. *Figure* (l. 29/31) au sens métaphorique de *personnage* donne sans hésitation en français aussi une *figure respectée* bien qu'au sens littéral de *silhouette, forme humaine*, il n'y ait pas correspondance.

Seul *location* : : *emplacement* (l. 16/18) est un faux ami total qui, à ce titre ne pose guère de problème. *Feat* : : *exploit* appartiendrait à la même catégorie si le point de contact historique entre les deux langues ne s'était fixé dans des expressions telles que *feat of arms* : : *fait d'armes*.

2. Outre ces problèmes d'extension, divers autres types de décalage sémantique et syntaxique font de termes apparentés des faux-amis.

— Emploi métaphorique ou non

Cajole (l. 8/9) n'est employé en anglais qu'au sens figuré d'*amadouer/persuader* et généralement dans la construction résultative *cajole so. into doing sth.* L'équivalent de cet emploi est désuet en français à côté de l'emploi littéral courant : *cajoler un enfant* etc. La traduction proposée ici est liée à l'appartenance de *cajoling* à une coordination de deux éléments prosodiquement parallèles et sémantiquement opposés *(cajoling and bullying)*. On passe à un autre couple de métaphores dont l'opposition est explicitée en français *(l'alternance... de la main tendue et du poing sur la table)*.

l. 27/30, le couple angl. *emerge*/fr. *émerger* pose le même genre de problème de façon plus complexe en ce sens que l'un et l'autre ont des emplois métaphoriques mais ceux-ci ne coïncident que très partiellement :

the truth eventually emerged	: :	*la vérité finissait par émerger* (dictionnaire Robert)
it emerges that...	: :	*il ressort/apparaît que...*
he has emerged as a master political negotiator	: :	*il apparaît comme un négociateur de tout premier plan*

— Décalage métonymique

Si *guérilla* désigne en français un processus, l'anglais *guerillas* (l. 6) désigne les agents du processus (: : *les rebelles*), le processus étant *guerilla warfare*. On a, de façon comparable :

angl.	*parking* (processus)	≠ fr. *parking* (lieu)
angl.	*cutthroat* (agent du processus, : : fr. *assassin)*	≠ fr. *coupe-gorge* (lieu)

— **Différence de statut syntaxique**

L'anglais *tentative* (l. 14 : *the tentative accord)* a exclusivement le statut d'adjectif. C'est donc un faux-ami morpho-syntaxique, de même que, par exemple, les adjectifs en *-ly* tels que *motherly* et *cowardly*.

MÉTAPHORES-CLICHÉS

Contrairement à d'autres textes où nous avons pu observer la tendance de l'anglais à être plus métaphorique, ou encore la contrainte au repli sur des métaphores moins marquées dans la langue d'arrivée, le relevé présenté ici sous forme de tableau fait apparaître un équilibre que nous ne cherchions pas à prouver. Il s'explique par le fait que ces métaphores sont des clichés tout aussi installés en français qu'en anglais.

Si la traduction de *shrug off* par *ignorer* est typique à plusieurs titres du passage de l'anglais au français *(phrasal verb,* chassé croisé incomplet, perte de la métaphore), toutes les autres métaphores sauf *emerge,* déjà évoqué, trouvent une contrepartie. Le français fournit même deux métaphores-clichés là où il n'y en avait pas en anglais :

14/16	*successful*	: :	*couronnés de succès*
28/30	*master (negotiator)*	: :	*de tout premier plan.*

ANGLAIS		FRANÇAIS	
MÉTAPHORE			
−	+	+	−
	shrugged off (l. 5)		*a ignoré* (l. 5)
	bullying & cajoling (l. 8)	*main tendue et poing sur la table* (l. 9)	
successful (l. 14)		*couronnés de succès* (l. 16)	
	ironed out (l. 19)	*aplanies* (l. 21)	
	breakthrough (l. 18, 24)	*débloquer* (l. 20,26)	
	emerged (l. 27)		*apparaît* (l. 30)
	steely toughness (l. 31-32)	*fermeté inflexible* (l. 34)	
master (l. 28)		*de tout premier plan* (l. 30)	

L'éducation féminine au XVIIIᵉ siècle

Mme du Châtelet bénéficia d'un environnement exceptionnel et d'une éducation tout à fait atypique pour l'époque. Ses parents avaient un vrai respect pour les choses de l'esprit et faisaient vivre leurs enfants dans une atmosphère qu'on qualifierait aujourd'hui d'intellectuelle. La

5 Marquise de Créqui s'étonnait de l'avidité de savoir qui était le propre des parents. Ils avaient même sacrifié trois pièces de la maison à l'établissement d'une bibliothèque bien remplie. Très jeunes, les enfants eurent le droit d'y prendre des livres avec une liberté fort rare en ce temps-là.

10 Dans ses souvenirs, Mme de Créqui, qui n'aimait pas Emilie, rapporte que sa jeune cousine avait même le droit d'avoir la Bible dans sa chambre. Curieuse de tout, la petite fille voulait tout comprendre. Elle ne manquait pas de demander des explications à sa mère quand les mystères du Livre saint s'avéraient trop épais.

15 [...] Impressionnés par l'austérité, la précocité et l'amour de l'étude de leur fille, ses parents voulurent encourager le développement de son intelligence. Forts de leur mépris des préjugés régnants, ils cherchèrent à lui donner la meilleure éducation, celle que l'on donnait aux fils de famille.

20 Aucune connaissance ne lui fut interdite, aucune contrainte ne pesa sur elle à cause de son sexe. En ce temps où l'éducation des filles était si négligée, et se limitait la plupart du temps à un peu d'écriture, de lecture, quelques bribes d'histoire et aux arts d'agrément, Emilie fit des études approfondies dont beaucoup d'hommes du monde ne pouvaient même pas

25 se targuer. Contrairement à ses contemporaines exilées pour de longues années dans un couvent, elle connut les douceurs de l'enseignement à domicile sous la haute surveillance de ses parents qui avaient pris personnellement la direction de ses études. Son père lui-même intervint pour donner à sa fille un savoir et une culture aussi diversifiés que

30 possible.

Elisabeth BADINTER,
Emilie, Emilie — l'ambition féminine au XVIIIᵉ siècle,
Flammarion, 1983, pp. 65, 67-68.

The Education of Women in the Eighteenth Century

Mme du Châtelet enjoyed the benefits of an exceptional background and of an education that was not at all typical of her time.
Her parents held matters of the mind in high regard and brought up
their children in an atmosphere that would nowadays be described as
5 intellectual. The Marquise de Créqui was surprised at their parents'
craving for learning. They had even set aside three rooms in their
house to build up a well-stocked library. From a very early age the
children were allowed to take books from it quite freely, which in
those days was very unusual.

10 Mme de Créqui - who did not like Emilie - recalls in her memoirs
that her young cousin was even allowed to keep a Bible in her room.
The little girl had an enquiring mind and wanted to understand everything. She never failed to ask her mother for explanations whenever
the mysteries of the Book proved too obscure.

15 [...] Impressed by their daughter's austerity and precociousness as
well as by her love of learning, her parents endeavoured to encourage
the development of her intelligence. Caring nothing about prevailing
prejudices, they tried to give her the best possible education, such
as was granted to the sons of the privileged classes.

20 She was denied no field of knowledge and was submitted to no
constraints on account of her sex. At a time when the education of
girls was so badly neglected - mostly restricted to a little reading
and writing, a few scraps of history and a few accomplishments,
Emilie went much further in her studies than most men of the world
25 could boast of doing. Unlike her contemporaries who spent endless
years locked away in a convent, she experienced the delights of
being educated at home under the watchful eyes of her parents who
had decided to supervise her studies themselves. Even her father
played his part in giving his daughter the widest possible range of
30 knowledge and culture.

COMMENTAIRE

Les trois grands domaines de l'étude des problèmes de traduction sont illustrés dans ce passage.

PROCÉDÉS DE TRADUCTION

2/2   *tout à fait atypique*   : :   *not at all typical*

Sur le plan syntaxique, modulation par négation du contraire, mais en fait négation affixée en français (préfixe *a-*), grammaticale en anglais *(not)*.

7/7   *à l'établissement*   : :   *to build up*

Transposition : Nom   : :   Verbe

8/8   *avec une liberté*   : :   *quite freely*

Transposition :
Syntagme nominal à valeur   : :   Adverbe en *-ly*
adverbiale

14/14   *s'avéraient trop épais*   : :   *proved too obscure*

Modulation par changement d'image

17/17   *forts de leur mépris*   : :   *caring nothing about*

Transposition :
Adjectif juxtaposé à complé-   : :   Forme verbale
ment nominal

+ Modulation aspectuelle et actualisation du procès en anglais

18/19   *aux fils de famille*   : :   *to the sons of the privileged classes*

Modulation par glissement métonymique (*de famille* = de bonne famille, donc appartenant aux classes privilégiées).

25/26   *exilées*   : :   *locked away*

Transposition partielle, dans la mesure où la notion d'éloignement est traduite par la particule adverbiale *away*.

+ Modulation par ajout de l'image *(locked)* en anglais.

AGENCEMENT SYNTAXIQUE ET GRAMMAIRE

• La fréquente juxtaposition (et/ou antéposition) d'expressions participiales, adjectivales ou circonstancielles en français donne lieu à des modifications syntaxiques en anglais (voir sur ce point le chapitre 6, en particulier 6.4.)

7/7   *Très jeunes, les enfants...*   : : *From a very early age the children...*

Passage d'une apposition à un complément prépositionnel mettant l'accent sur le parcours temporel.

8/8   *avec une liberté fort rare*   : : *quite freely, which was very unusual*

Relative en anglais, reprenant sous forme de commentaire l'ensemble de la proposition qui précède (à la différence du français qui qualifie uniquement le substantif *liberté*).

10/10   *Dans ses souvenirs, Mme de Créqui, qui n'aimait par Emilie, rapporte...*   : : *Mme de Créqui — who did not like Emilie — recalls in her memoirs...*

Complément circonstanciel postposé en anglais. Le C_0 animé devient le point de départ de l'énoncé et le caractère d'incise de la proposition relative descriptive est accentué par la ponctuation (tirets).

12/12   *Curieuse de tout, la petite fille voulait...*   : : *The little girl had an enquiring mind and wanted...*

L'apposition antéposée du français est traduite par une proposition indépendante, avec rétablissement de l'animé-agent comme terme de départ de l'énoncé et coordination du second procès.

• D'autres problèmes d'ordre grammatical se trouvent également illustrés.

18/19   *celle que l'on donnait*   : : *such as was granted*

Traduction de *on* par une forme passive.

20/20   *Aucune connaissance ne lui fut interdite, aucune contrainte ne pesa sur elle*   : : *She was denied no field of knowledge and was submitted to no constraints*

— Orientation passive de tout l'énoncé par rapport au C_0 animé.

— Sur le plan de la détermination : le fonctionnement continu de *knowledge* nécessite l'introduction d'un terme permettant le « découpage » de la notion, ce qui a pour conséquence une plus grande particularisation qu'en français.

(cf. aussi lignes 29/29 :

un savoir et une culture	: :	*range of knowledge and culture*)

23-25/24-25   *Emilie fit des études approfon-* : : *Emilie went much further in her*
dies dont beaucoup d'hommes   *studies than most men of the*
du monde ne pouvaient même   *world could boast of doing.*
pas se targuer.

Transformations « en chaîne » liées à la différence de construction entre *faire des études* (avec reprise possible du substantif sous forme de relative) et *to study* (verbe intransitif).
D'où :

— relative en   *dont* + degré : : relation de comparaison por-
   exprimé par *même*   tant sur le processus *(go far)*

— Modulation par changement d'image, tout en restant dans le domaine spatial (profondeur : : distance)

● Il faut noter enfin deux cas où la traduction du passé simple français passe nécessairement par un changement lexical en anglais (cf. 4.4.2.3.).

16/16   *ses parents voulurent encoura-* : : *her parents endeavoured to*
ger...   *encourage...*

26/26   *elle connut les douceurs*   : : *she experienced the delights*

La distinction imparfait — passé simple en français permet de faire la différence entre la translation dans le passé d'un procès de type état (aspect ouvert) et l'insertion dans un récit d'un procès en rupture avec le moment de l'énonciation (aspect ponctuel ou borné) (cf. 4.3. et 4.4.).

Le prétérit anglais gomme cette distinction. Avec certains verbes apparentés au domaine de la modalité *(vouloir, pouvoir,* mais aussi *connaître, savoir),* la différenciation aspectuelle passe en anglais par un changement lexical, le choix du verbe étant effectué en fonction du contexte (voir aussi T. 23).

LEXIQUE

Plusieurs exemples de faux-amis partiels nécessitent de la vigilance dans la traduction :

1/1   *bénéficia de*   : : *enjoyed the benefits of*

Le verbe *to benefit (from/by)* a le sens plus restreint de : tirer profit de.

6/6   *sacrifié trois pièces*   : :   *set aside three rooms*

Le verbe *sacrifice* en anglais met plus en relief que le français la valeur de renoncement, qui n'est pas essentielle ici.

10/10   *souvenirs*   : :   *memoirs*

Différence d'extension

                memories (ce dont on se souvient)

souvenirs ⟸ —— *souvenirs* (objets rapportés et conservés)

                memoirs (récit)

(voir aussi les textes T. 20 et T. 23)

15/16   *amour de l'étude*   : :   *love of learning*

Study, en anglais, suppose un objet d'étude spécifique (exemple : *She enjoyed the study of algebra*).

Ici, *l'étude* renvoie par nominalisation au processus lui-même, d'où le choix du gérondif en anglais.

Mai 68 sous le soleil polaire

Les fonctionnaires et employés municipaux islandais sont en grève illimitée depuis le 4 octobre. Aucune issue au conflit n'apparaît encore, mais les négociations entre le ministère des finances et les salariés du secteur public se poursuivent dans un pays paralysé par la grève et surpris
5 par les dimensions de l'affrontement.

Lorsque l'actuelle coalition de centre droit s'est formée, il y a un an et demi, l'inflation progressait à un rythme de 130% l'an et le pays s'endettait à tout va. Les économistes du gouvernement, voulant rompre avec plusieurs décennies de social-démocratie teintée de nationalisme agrarien,
10 appliquèrent à l'économie une médecine de cheval: blocage des salaires, liberté des prix, vaste programme de dénationalisation, retour à l'orthodoxie financière.

Le résultat est là: l'inflation est tombée à 16-18%, le cours de la monnaie reste stable, mais le pouvoir d'achat des salariés a baissé de 35%
15 en dix-huit mois. L'endettement (le plus fort du monde par habitant après Israël) n'a pas diminué. Il représente 64% du PNB. La situation de la pêche, confrontée à une baisse inquiétante des stocks de cabillaud, ne permet aucune fantaisie pour l'année prochaine, et le premier ministre, M. Strein-grimur Hermansson, prévoit une nouvelle baisse du niveau de vie de 5% l'année
20 prochaine. On est loin de la sortie du tunnel qui devait se produire dès que l'inflation reviendrait à des taux considérés comme supportables. Les fonctionnaires, catégorie sociale la plus touchée par la chute du pouvoir d'achat, ont donc décidé de cesser le travail.

On vit alors dans ce pays si respectueux des lois des choses étranges:
25 des autobus prendre la poudre d'escampette et oublier leur itinéraire pour visiter des banlieues lointaines, des chauffeurs de transports en commun accompagner des personnes âgées jusqu'au pas de leur porte à l'heure de pointe... On a vu des gardiens de la paix, seule force du maintien de l'ordre dans ce pays sans armée, défiler dans les rues en uniforme et pour certains
30 dans des véhicules de la police.

Tous les établissements scolaires sont fermés, des barrages de grévistes bloquent les issues de la base américaine de Keflavik, unique aéroport international du pays. Les douaniers ont cessé de traiter les biens importés. Plus de radio ni de télévision, plus de journaux à cause d'une grève des
35 ouvriers du Livre qui dure depuis quatre semaines.

La floraison des radios libres et des journaux clandestins, les mani-festations de rue inhabituelles dans un pays où l'automne a des températures hivernales, tout cela a un petit air de mai 68 sous le soleil polaire. L'impression d'assister à une grève rétro est renforcée par le fait que la
40 préoccupation majeure n'est ni le chômage (il est nul) ni la diminution du temps de travail, mais la revalorisation massive des salaires.

Un délit : travailler

Pourtant tout se fait ici au nom du respect des lois. L'affiliation à un syndicat est obligatoire, de même que la grève lorsqu'elle est décidée.
45 Le salarié en grève qui travaille commet un délit auquel les forces de l'ordre ont le devoir de mettre fin. Tous les incidents qui ont eu lieu depuis le début de la grève ont porté sur une divergence concernant l'interprétation des lois. Les heurts qui ont opposé étudiants de droite et de gauche devant l'université étant la conséquence de cette seule question: le concierge de
50 l'université, membre du syndicat des fonctionnaires, a-t-il le droit de laisser le recteur, qui possède ses propres clés, ouvrir l'établissement à sa place ? Faire le travail d'un salarié en grève est un délit.

[..] La situation ne peut se débloquer avant la réunion du Parlement, qui ouvre mercredi sa session d'automne. Certains parlent d'élections anticipées,
55 peu probables à l'entrée de l'hiver. Le gouvernement devra donc faire des concessions et accepter le retour d'une inflation honnie, mais qui, avec le temps, évoque aux salariés l'époque de la prospérité.

Le Monde, 10 octobre 1984.

May 68 under the Northern Lights

State employees and municipal workers in Iceland came out on
strike on October 4th for an indefinite period. So far there has been
no sign of a solution to the dispute, but talks are still going on
between the Finance Minister and the state-paid employees. Meanwhile,
5   Iceland has come to a standstill because of the strike, and the extent
of the confrontation has taken everyone by surprise.

When the present right-of-centre alliance was formed a year and
a half ago, inflation was soaring at a rate of 130 percent a year and
the country was sinking deeper and deeper into debt. The government's
10   economic advisers, who wished to break away from several decades of
social democracy combined with agrarian nationalism, advocated drastic
measures to cure the economy: wages were frozen, price-controls were
lifted, there was widespread denationalisation and a swing back to
financial orthodoxy.
15   There is no doubt about the results: inflation has fallen to 16-18
percent and the currency is stable, but the purchasing power of wage-
earners has dropped by 35 percent in eighteen months. The national debt
has not been reduced and remains the second highest in the world per
inhabitant, coming just behind Israel's. It accounts for 64 percent of
20   the GNP. The fishing industry is faced with a sharp reduction in the
supplies of cod, which leaves no room for extravagance next year, and
the Prime Minister, Mr Streingrimur Hermansson, has forecast a further
5 percent drop in the standard of living next year. There is still a long
way to go before reaching the end of the tunnel, which was supposed to be
25   reached as soon as inflation had been brought down to what could be
termed a reasonable rate. Consequently the state employees decided to
come out on strike, as they are the social group most affected by the
decline in purchasing power.

That was when one began to see strange happenings in this usually
30   law-abiding country: buses played truant, forgot their usual routes and
went off to distant suburbs; public transport drivers were seen taking
elderly people back to their doorsteps in the rush-hour. Policemen, who
are the only law-keeping force in this country which has no army,
demonstrated in the streets wearing their uniforms, some of them even in
35   police cars.

All the schools have been closed and the American base at Keflavik,
which is the only international airport in Iceland, has been cordoned off
by strikers. Customs officers are no longer processing imported goods.
Radio and television have fallen silent and there are no newspapers
40   because of the four-week-old printers' union strike.

The flourishing pirate radio stations and underground newspapers,
the unusual street demonstrations - autumn temperatures here are already
very wintry - all put one in mind of May 68 under the Northern Lights.
The fact that the main problem is neither unemployment (there isn't any)
45   nor shorter working hours, but a substantial rise in salaries makes the
strike seem all the more old-fashioned.

When working becomes an offence

But here everything is done in the name of the law. Union
affiliation is compulsory, and so is the strike once it has been
decided upon. If an employee goes to work while the strike is on, he
50   is committing an offence that is punishable by law. All the incidents
since the beginning of the strike have been due to conflicting inter-
pretations of the law. Thus the clashes between right-wing and leftwing students outside the University were simply caused by the following
question: is the University janitor - who belongs to the state employees'
55   union - allowed to let the Chancellor - who has his own keys - open the
building in his stead? It is an offence to do a striker's job.
[...] Things are at a standstill at least until Wednesday, when Parliament
meets to open its Autumn session. There is talk of an early election, but
that is hardly likely at the beginning of winter. The government will
60   therefore have to make some concessions and to accept a return to inflation
which, though hated, is looked back on by wage-earners as a sign of
prosperity.

COMMENTAIRE

Ce passage offre un large éventail des problèmes de traduction rencontrés dans les trois grands domaines de notre étude.

PROCÉDÉS DE TRADUCTION ET PROBLÈMES LEXICAUX

1/1   *fonctionnaires*   : :   *state employees*

Différence d'extension entre *fonctionnaire* (personne employée dans les cadres d'une administration publique) et *civil servant* (a member of a government department or international agency).
La traduction par *state* (ou *state-paid*) *employees* explicite le statut de *fonctionnaire* et permet de désigner les chauffeurs d'autobus et le concierge, qui ne sont pas des *civil servants*.

2/3   *aucune issue au conflit*   : :   *no... solution to the dispute*

— *issue* en anglais = 1. « publication » *(the June issue of the magazine)*

                   2. « question that arises for discussion »

                   3. « result, consequence ».

Bien que ce troisième sens soit aussi exprimé par *issue* en français, ce n'est pas de cela qu'il s'agit ici, mais de porte de sortie, de solution au problème.

— *dispute* est préférable à *conflict* dans le contexte syndical (cf. *industrial dispute* : : *conflit social*).

3/4   *ministère des finances*   : :   *Finance Minister*

Modulation métonymique, tout en gardant les termes utilisés en français, cet article ne renvoyant pas à un pays anglo-saxon. Dans un article traitant de la Grande Bretagne, on aurait en revanche pu traduire par *Chancellor of the Exchequer*.

7/8   *l'inflation progressait*   : :   *inflation was soaring*

Introduction d'une image en anglais (une traduction plus « neutre » serait *rising*) en accord avec le chiffre de 130 %.

8/9   *s'endettait à tout va*   : :   *was sinking deeper and deeper into debt*

Verbe dérivé en français donnant lieu à une transposition. L'aspect graduel du préfixe *en-* est renforcé en anglais par le recours au comparatif redoublé, lié à l'image introduite par *sink*.

10/11-12   *une médecine de cheval*   : :   *drastic measures*

Modulation par perte de l'image en anglais.

| 10-11/12-13 | *blocage des salaires, liberté des prix* | : : | *wages were frozen, price-controls were lifted* |

— Transposition des formes nominales en formes verbales, le renvoi au processus en anglais illustrant de façon logique la notion de « prendre des mesures actives ».

— Modulations : changement d'image *(bloquer* : : *freeze)* inversion du point de vue *(liberté* : : *controls were lifted)*

| 16/20 | *la pêche* | : : | *the fishing industry* |

Modulation métonymique :
tout (renvoi à la notion)   : : partie (particularisation)

| 25/30 | *prendre la poudre d'escampette* | : : | *played truant* |

Modulation par le choix d'une expression dont l'extension est plus limitée. L'image en anglais est empruntée au domaine scolaire *(to play truant* : : *faire l'école buissonnière).*

| 29/34 | *défiler* | : : | *demonstrated* |

La traduction habituelle de *défiler (to march)* ne peut convenir ici du fait de la référence aux véhicules. Le trait sémantique « à pied » de *march* lui conférant une extension moins grande que *défiler*, on est obligé d'avoir recours à un terme *(demonstrate)* dont l'extension est au contraire plus grande (= *manifester).*

| 31-32/36-38 | *des barrages de grévistes bloquent les issues de la base américaine* | : : | *the American base has been cordoned off by strikers* |

— Double transposition :
Nom *(barrages)*   : : Verbe *(cordoned* — par le procédé de conversion)

Syntagme verbal
(bloquent les issues)   : : Particule adverbiale
(off — marquant la séparation, la coupure de l'extérieur)

— Inversion de la relation pour éviter en anglais l'association C_0 inanimé + verbe « animé ».

| 35/40 | *ouvriers du Livre* | : : | *printers' union* |

Double modulation métonymique, contrainte par le lexique spécialisé du monde syndical dans les deux langues :
— référence au tout, à la   : : référence à la partie
  classe *(ouvriers)*   *(union)*
— renvoi au résultat *(livre)*   : : renvoi à l'agent *(printers)*

| 36/41 | *radios libres et journaux clandestins* | : : | *pirate radio stations and underground newspapers* |

Modulation par ajout d'image *(pirate, underground)* et particularisation *(radio stations)* en anglais.

335

40-41/45   *la diminution du temps de tra-*   : :   *shorter working hours*
vail

— Transposition :
Nom dérivé   : :   adjectif au comparatif

— Composition avec renvoi au processus en anglais *(working)*

— Modulation de type partie pour le tout *(temps* : : *hours)* avec particularisation en anglais.

48/52   *qui ont opposé*   : :   *between*

Transposition :
Syntagme verbal   : :   préposition
(procédé inverse de l'étoffement)

53-54/57-58   *La situation ne peut se déblo-*   : :   *Things are at a standstill until*
quer avant la réunion du Par-   *Wednesday, when Parliament*
lement...   *meets...*

— Modulation de type négation du contraire avec changement d'image.

— Transposition : nom : : verbe, fréquente dans les expressions temporelles, transformées en subordonnées en anglais.

56-57/60-62   *une inflation honnie,*   : :   *inflation which, though hated,*

mais qui, | *avec le temps ,* | ⟶ | *is looked back on*

(évoque) *aux salariés*   *by wage-earners*

| *l'époque* | *de la prospérité.* ⟶ *(as a sign)* *of prosperity.*

Imbrication de transpositions et de modulations prenant la forme d'une sorte de chassé-croisé à l'échelle de la phrase :

— *avec le temps, l'époque*   : :   *is looked back on*
Transposition :   complément
prépositionnel + nom   : :   Verbe + particule adverbiale
— *évoque*   : :   *as a sign*
Tranposition : verbe   : :   nom

— Modulation par inversion syntaxique afin d'éviter en anglais l'association C_0 inanimé *(inflation)* + verbe « animé » *(évoque).*

GRAMMAIRE ET AGENCEMENT SYNTAXIQUE

● Ce passage offre de nombreux exemples d'explicitation aspectuelle en anglais :

— Traduction d'un présent par un present perfect mettant en valeur le processus (cf. 4.2.3.2.) :

2/2   *n'apparaît encore*   : :   *so far there has been*

19/22	*prévoit*	: :	*has forecast*
31-32/36-37	*sont fermés, bloquent*	: :	*have been closed, has been cordoned off*

— Introduction d'un syntagme verbal en anglais mettant en valeur le processus et tendant vers une plus grande actualisation (cf. 4.6.2.) :

4/5	*dans un pays paralysé*	: :	*Iceland has come to a standstill*
34/39	*Plus de radio ni de télévision*	: :	*Radio and television have fallen silent*

● L'article illustre également les différentes transformations dans le domaine de l'agencement syntaxique étudiées au chapitre 6 :

4/5	*dans un pays paralysé... et surpris*	: :	*Iceland has come to a standstill and... has taken everyone by surprise*
	Formes participiales		Propositions indépendantes
8/10	*les économistes, voulant rompre*	: :	*the advisers, who wished to break away*
	Participiale juxtaposée		Proposition relative
16-17/20-21	*La situation de la pêche, confrontée à une baisse..., ne permet*	: :	*The fishing industry is faced with a reduction..., which leaves no room*
	Incise (rupture du schéma canonique C_0-V-C_1)		Proposition indépendante respectant le schéma canonique + proposition relative postposée
22/27	*les fonctionnaires, catégorie sociale la plus touchée*	: :	*... as they are the social group most affected*
	Juxtaposition (apposition)		Explicitation de la relation par une subordonnée causale
28/32-33	*des gardiens de la paix, seule force du maintien de l'ordre*	: :	*Policemen, who are the only law-keeping force*
	Juxtaposition		Proposition relative
	(voir aussi lignes 50/54 : *le concierge, membre...*	: :	*the janitor — who belongs...)*
34-35/40	*une grève qui dure depuis quatre semaines*	: :	*the four-week-old strike*
	Proposition relative		Intégration de la qualification à la principale

54-55/58-59   *Certains parlent d'élections* :: *There is talk of an early elec-*
             anticipées, peu probables...   *tion, but that is hardly likely*
             Juxtaposition   Explicitation de la relation de restriction par la coordination *(but)*

• Ce passage pose enfin des problèmes intéressants dans le domaine de la traduction des articles, notamment *les* et *des*. Un choix est nécessaire en fonction des opérations de détermination qui entrent en jeu.

Nous invitons le lecteur à effectuer lui-même l'analyse de la traduction des articles dans ce passage, en se reportant au chapitre 3, en particulier 3.2.2. et 3.2.3. Nous donnons ci-dessous, à titre indicatif, un exemple des différents cas de figure :

les renvoi qualitatif à la classe (1/1 : *les fonctionnaires* :: Ø *state employees*)

fléchage situationnel (29/34 : *dans les rues* :: *in the streets*)

fléchage contextuel (3/4 : *les salariés du secteur public* :: *the state-paid employees*)

des   Aucune des occurrences de *des* dans ce passage (lignes 25 à 28, 31) ne correspond à l'apport d'une détermination de type quantitatif, d'où la traduction par l'article zéro en anglais (lignes 31 à 34, 38); l'emploi de *some* est exclu ici.

Notes personnelles

Les Archives départementales

Aux Archives départementales de Montpellier où j'allais dorénavant travailler à maintes reprises, le décor avait gardé ses allures du XIXe siècle. L'entrée dans l'établissement, très ensoleillée, était toujours flanquée de quelques clochards du reste extrêmement courtois; ils

5 s'étaient liés d'une vague sympathie avec les chercheurs. L'un d'eux, à tendance intellectuelle, lisait en permanence un livre. Il passait, peut-être abusivement, pour ancien professeur de philosophie. Deux autres étaient de mœurs moins pures. On prétendait que la nuit venue, ils se livraient en commun à de modestes orgies. Dans la journée, ils

10 s'épouillaient ou lavaient ensemble leurs bouteillons à la fontaine la plus proche.

[...] Un laveur de voiture, grand maigre aux yeux bleus, toujours botté et coiffé d'une casquette, armé d'une éponge et d'un seau d'eau noirâtre dont les graviers rayaient les carrosseries, nettoyait de temps à autre les

15 automobiles des historiens les plus huppés, parquées dans les environs des Archives, cependant que leurs propriétaires déchiffraient un dossier dans la salle de lecture.

[...] Une fois franchie la porte cochère près de la salle de lecture, on pénétrait dans un grand jardin, plein d'amandiers, de cerisiers, d'abrico-

20 tiers, d'arbres de Judée dont les fleurs roses annonçaient précocement la fin de l'hiver. Chaque année les cheveux des chercheurs penchés sur d'interminables thèses blanchissaient un peu plus et contrastaient davantage avec cette moisson rose éternellement renouvelée, semblable à elle-même.

25 [...] A l'intérieur des Archives, la salle de lecture, chauffée par un poêle ventru, était meublée, entre quatre murs garnis de livres, par une immense table ovale. Les lecteurs y disposaient leurs notes et leurs dossiers. Un vieil employé s'asseyait lui aussi à cette table; il grattait du papier à longueur de jour avec un porte-plume qui semblait dater de la

30 Première Guerre Mondiale. De temps à autre, sa respiration devenait plus régulière et bruyante, la plume Sergent-Major gribouillait des pattes de mouche, enfin sa tête s'effondrait sur la tâche interrompue. Puis ses ronflements s'espaçaient, il se réveillait au bout d'une dizaine de minutes et recommençait à copier un bel inventaire.

Emmanuel LE ROY LADURIE.
Paris-Montpellier, P.C.-P.S.U., 1954-1963,
Gallimard, 1982, pp. 208-209.

The County Archives

The County Archives in Montpellier – where from now on I was
going to work quite frequently – had changed very little since the
nineteenth century. The entrance to the building, which was always
bathed in sunlight, was usually guarded by a few tramps who, I must
5 say, were extremely polite. They had struck up a kind of friendship
with the academics who worked there. One of them, of an intellectual
bent, was always reading a book. He was said – perhaps wrongly – to
have been a philosophy teacher. Two others were of a somewhat lower
moral calibre. It was claimed that when night fell they indulged in
10 small-scale orgies together. During the daytime they got rid of their
lice or washed their dixies together at the nearest fountain.
[...] A car washer – a tall, thin blue-eyed character, always wearing
boots and a cap, armed with a sponge and a bucket of blackish water
full of grit that scratched the paintwork – occasionally cleaned the
15 cars left parked near the Archives by the more affluent historians
while their owners were poring over documents in the reading room.
[...] After going through the archway near the reading room, you found
yourself in a large garden with almond, cherry and apricot trees, and
also Judas trees whose pink flowers were the first to herald the end
20 of winter. Every year brought a few more white hairs to the heads of
the professors bent over interminable theses, making an ever more
striking contrast with that eternally renewed and unchanging pink
blossom.
[...] Inside the Archives, the reading room, which was heated by a
25 pot-bellied stove, was furnished with a huge oval table surrounded by
four book-lined walls. That was where the readers set out their notes
and documents. An old clerk also sat at this table. He scribbled away
all day long with a pen that seemed to date back to the First World
War. From time to time his breathing would grow louder and more
30 regular, the old-fashioned pen would scrawl more and more illegibly,
and eventually his head would collapse onto the interrupted task. Then
his snores would become less frequent, he would wake up after about
ten minutes and continue copying his neat lists.

COMMENTAIRE

Les trois domaines de notre étude sont illustrés dans ce passage. Nous avons regroupé les commentaires en fonction des problèmes abordés, tout en ayant conscience du constant va-et-vient entre les différents procédés. On remarquera notamment ici les liens entre transpositions et phénomènes lexicaux, modulations et problèmes grammaticaux.

PROCÉDÉS DE TRADUCTION

1) Transpositions

7/7-8   *passait pour ancien professeur* :: *was said to have been a teacher*
Adjectif   :: Verbe

L'aspect lexical de l'adjectif en français est transposé en forme aspectuelle du verbe en anglais.

12/12   *grand maigre aux yeux bleus* :: *a tall, thin blue-eyed character*
Double transposition :
— syntagme prépositionnel :: adjectif composé
— adjectif nominalisé :: adjectif + substantif

20/19   *annonçaient précocement* :: *were the first to herald*
Adverbe intégré à la princi- :: Verbe d'état + adjectif et
pale   schéma de subordination

Cette transposition, qui va à l'encontre de la tendance généralement observée (cf. 6.3.3.) est liée à un problème lexical. En effet, *précoce* a une plus grande extension que *precocious,* réservé plutôt aux animés humains et à leurs attributs physiques ou intellectuels — voir texte T. 16 (1. 15/15). Pour les phénomènes naturels, *précoce* se traduirait par *early (an early spring)* mais il n'existe pas d'adverbe correspondant, d'où la nécessité de transposer.

2) Modulations

● Aspectuelles :

8/9   *la nuit venue*   :: *when night fell*

12-13/12-13   *botté et coiffé...*   :: *wearing boots and a cap*

18/17   *une fois franchie*   :: *after going through*
Aspect accompli   Aspect inaccompli
                                + actualisation

● Métonymiques :

14/14   *rayaient les carrosseries*   : : *scratched the paintwork*

— Modulation de type : tout   : : partie

— Différence d'extension :
carrosserie : l'ensemble de la structure : *bodywork*
            la surface : *paintwork*
La présence du verbe *rayer* fait choisir la seconde interprétation.

— Différence sur le plan de la détermination :
discontinu   : : continu

16/16   *déchiffraient un dossier*   : : *poring over documents*

Passage du tout à la partie, avec changement d'opération de détermination :
extraction d'un échantillon de   : : extraction multiple d'ordre
la classe   qualitatif

29/28   *avec un porte-plume*   : : *with a pen*

Passage de la partie au tout.

En français, *porte-plume* désigne l'ensemble : *porte-plume + plume,* alors qu'en anglais c'est l'ensemble *pen* qui se subdivise en *pen-holder* et *pen-nib,* ce dernier étant lui-même fréquemment réduit à *pen* pour désigner la plume seulement (cf. lignes 31/30), sauf dans les cas où il est nécessaire de dissocier les deux parties (par exemple : *My pen won't write any more, the nib is broken*).

● Changement ou perte d'image :

28/29   *grattait du papier*   : : *scribbled away*

31-32/30   *gribouillait des pattes de mou-*   : : *scrawled more and more illeg-*
            che   *ibly*

Perte de l'image dans le passage à l'anglais, mais mise en valeur du processus sur le plan de l'aspect et de la modalité appréciative (particule adverbiale *away,* double comparatif *more and more* + adverbe en *-ly*).

33/32   *ses ronflements s'espaçaient*   : : *his snores would become less*
                                                frequent

Image spatiale   : : Image temporelle

Certains verbes (dérivés de noms ou d'adjectifs) qui expriment le passage d'un état à un autre se traduisent souvent par *become, grow* ou *get* + adjectif, par exemple :

— *Le ciel s'assombrissait*   : : *The sky was growing darker*

— *Ma valise s'alourdit de jour*   : : *My suitcase is getting heavier*
    en jour !   *every day !*

● Modulation par négation du contraire :

2/2   *avait gardé ses allures*   : : *had changed very little*

LEXIQUE

5/5   *liés d'une vague sympathie*   : : *struck up a kind of friendship*

Sympathie et *sympathy* sont des faux-amis partiels.

Sympathy correspond à *sympathie* dans le sens de :

— compassion (cf. *to sympathize with someone*)

— affinité de sentiments (cf. *to be in sympathy with...*)

Mais *sympathie* dans le sens d'amitié est rendu par *friendship* (d'où *sympathique* : : *friendly*) tandis que *sympathy* a souvent le sens de *soutien, solidarité* (cf. *he is sympathetic to the new government, a sympathy strike*).

16/16   *déchiffraient un dossier*   : : *poring over documents*

Déchiffrer est employé ici au sens figuré : étudier avec attention quelque chose qui est ardu à lire.

cf. aussi : déchiffrer une écriture illisible : *to make out*
          déchiffrer un code secret : *to decipher*
          déchiffrer un morceau de musique : *to sight-read*
          déchiffrer une énigme : *to puzzle out*

19-20/18-19   *d'amandiers,   de   cerisiers,*   : : *with almond, cherry and apricot*
                d'abricotiers, d'arbres de Judée   *trees, and also Judas trees*
                Dérivation   : : Composition

Mise en facteur commun de l'élément repéré *trees* en anglais, mais le dernier doit être isolé afin de servir de repère à la proposition relative, qui ne reprend que : *arbres de Judée.*

23/23   *cette moisson rose*   : : *that pink blossom*

L'emploi figuré de *moisson* n'a pas été conservé en anglais; on reste avec *blossom* dans le domaine de la floraison.

28/27   *un vieil employé*   : : *an old clerk*

Le mot *clerk* explicite le type de travail accompli (travail de bureau, d'écritures) alors que *employee* renverrait au statut d'employé par rapport à un employeur (cf. aussi texte T. 21).

GRAMMAIRE ET AGENCEMENT SYNTAXIQUE

L'emploi en français d'adjectifs juxtaposés nécessite à plusieurs reprises l'ajout en anglais d'un syntagme verbal et la modification de l'agencement syntaxique par l'introduction d'une subordination :

3/3-4   *très ensoleillée*   : : *which was always bathed in sunlight*

25/24	*chauffée*	: :	*which was heated*
	Juxtaposition		Proposition relative

4/4-5	*quelques clochards du reste extrêmement courtois*	: :	*a few tramps who, I must say, were extremely polite*
	Juxtaposition		Proposition relative + transposition du syntagme adverbial en proposition incise comportant un auxiliaire modal

8/9	*la nuit venue*	: :	*when night fell*

18/17	*une fois franchie*	: :	*after going through*
	Juxtaposition		Subordonnée temporelle

D'autre part la longueur de certaines phrases et l'ordre d'insertion des différents éléments donnent lieu à des transformations afin de respecter les schémas syntaxiques dominants de l'anglais (cf. chapitre 6).

1-2/1-2	*Aux Archives..., le décor avait gardé*	: :	*The Archives... had changed very little*
	Antéposition d'un complément circonstanciel et d'une relative		Rétablissement du C_0 comme terme de départ de l'énoncé

13-14/13-14	*un seau d'eau noirâtre dont les graviers rayaient les carrosseries*	: :	*a bucket of blackish water full of grit that scratched the paintwork*

Explicitation de la relation exprimée par *dont* et choix d'un nouveau repère *(grit)* pour la subordonnée relative (cf. 3.3.3. et 6.3.1.3.).

15/15	*les automobiles des historiens les plus huppés, parquées...*	: :	*cars left parked by the more affluent historians*

Le français juxtapose un participe passé *(parquées)* dont le rapport avec *automobiles* est marqué par l'accord grammatical.

L'anglais doit expliciter cette relation *(left parked by)* et avoir recours à un rapprochement spatial afin d'éviter toute ambiguïté.

25-26/24-25	*la salle de lecture, chauffée..., était meublée, entre quatre murs..., par une table*	: :	*the reading room, which was heated..., was furnished with a table surrounded by four walls*

Disjonction en français, l'ordre canonique étant interrompu deux fois par des incises : *chauffée par..., entre quatre murs...*
Seule la première de ces incises est maintenue en anglais, sous forme de proposition relative descriptive, la seconde étant postposée afin de ne pas « faire éclater » la deuxième partie du bloc prédicatif.

Arrivée dans le hameau

Il pénétra dans le hameau par une petite ruelle mal pavée et où les voûtes donnaient encore un peu de leur fraîcheur de cave. C'était la même comédie que la veille: maisons sourdes et aveugles, silence complet. Enfin, comme il passait devant une écurie, il entendit derrière
5 la porte un sourd piétinement de sabots. A côté de l'écurie, il y avait une masure de laquelle arrivait par bouffées une odeur de bouillon de poireaux. Il frappa au volet. Il se fit dans la pièce un imperceptible remue-ménage, suivi d'un silence contracté de gens qui retiennent leur respiration. Il insista, plusieurs fois, et demanda de son timbre le plus
10 avenant: "Est-ce qu'il y a quelqu'un?" Au bout d'un moment, une voix d'homme, qui elle n'avait rien d'aimable, répondit: "Qu'est-ce que vous voulez?

- Je suis un voyageur qui arrive de Paris et qui a eu un accident. On m'a volé mon cheval et je suis légèrement blessé. Je ne sais même pas
15 où je suis ni ce qui se passe. Est-ce que la contagion est déjà par ici?"

Après un autre silence, la même voix répondit, d'un ton plus radouci: "Oui. Il y a déjà beaucoup de morts. On nous a dit de rester chez nous et de n'ouvrir à personne. Nous ne tenons pas à faire entrer la maladie.

- Et à Nîmes, est-ce que vous savez ce qui s'est passé? Les
20 journaux...

- Nous ne savons pas. Nous ne savons rien. Qu'on nous laisse tranquilles."

Il y eut un bruit de chaise, suivi d'une exclamation assourdie, comme si on semonçait un enfant.
25 "Mais où sont passés tous les gens? La plupart des villages que j'ai traversés depuis hier sont déserts. Vous êtes la première personne à laquelle je parle, ou presque.

- Il y en a beaucoup qui sont partis dans les bois. Les autres font comme nous. Maintenant, laissez-nous tranquilles."

Jean CARRIÈRE.
La Caverne des pestiférés,
Pauvert, 1978, pp. 45-46.

An Unwelcome Visitor

He entered the village via a narrow ill-paved street whose archways
were still providing a little of their cellar-like coolness. It was the
same old story as the day before: impenetrable houses with blank windows
standing in deathly silence. Eventually, as he was walking past a stable,
5   he heard a muffled stamping of hooves behind the door. Next to the stable
there was a hovel and he could smell whiffs of leek soup coming from it.
He knocked on the shutter. There was a slight commotion in the room, and
then a tense silence, as if people were holding their breath. He knocked
again several times, and trying to sound as pleasant as he could, he
10   asked: "Is there anyone at home?" After a while a man's voice, which was
anything but friendly, answered: "What do you want?"

     "I'm a traveller. I've just come from Paris and I've had an accident.
My horse has been stolen and I'm slightly hurt. I don't even know where
I am or what's going on. Has the epidemic spread this far already?"
15   There was silence again, and then the same voice answered in a less
hostile tone:

     "Yes, it has. A lot of people have died already. We've been told to
stay at home and not to open the door to anyone . We don't want to let
the illness in."
20   "What about Nîmes? Do you know what has happened there? The papers --
     "We don't know. We don't know anything. We just want to be left alone
     He heard the scraping of a chair, and then a stifled cry, as if a
child were being scolded.

     "But where have all the people gone? Most of the villages I've been
25   through since yesterday were deserted. You are practically the first
person I've spoken to."

     "Many have taken to the woods. The others are doing as we are. Now
leave us alone, will you."

COMMENTAIRE

Trois domaines retiendront principalement notre attention dans ce passage : les questions d'extension lexicale, les différences aspectuelles et le problème de la détermination du groupe nominal.

LEXIQUE

1/1   *hameau*   : : *village*

Différence d'extension entre les deux langues. Il n'y a pas d'équivalence stricte entre *hamlet* et *hameau* qui ont des connotations différentes. *Hamlet,* en anglais britannique, évoque un petit village coquet dont on a préservé l'aspect pittoresque du passé. En l'absence de toute indication dans le contexte permettant de pencher pour cette interprétation, on a choisi de traduire par *village,* terme non marqué.

3/3   *la même comédie*   : : *the same old story*

Comedy en anglais ne peut renvoyer qu'à l'aspect comique d'une situation. La connotation péjorative de l'emploi de *comédie* ici est reportée en anglais sur l'emploi modal de l'adjectif *old.*

3/3   *maisons sourdes et aveugles*   : : *impenetrable houses with blank windows*

La modulation à laquelle on a eu recours ici s'éloigne un peu du texte français. La question se pose de savoir si l'on peut garder l'image en anglais, étant donné que c'est un choix stylistique de l'auteur en français. Mais ce choix part d'une expression existante : *mur* ou *façade aveugle,* qui a pour équivalent en anglais *blank* (et non pas *blind*), ce qui semble bloquer l'association avec *deaf.* On a donc eu recours à une modulation de cause à effet, suivie du passage d'un adjectif de type « animé » à un syntagme prépositionnel descriptif.

9/8-9   *il insista*   : : *he knocked again*

Insister et *to insist* sont des faux-amis par le sens et par la construction (voir 7.2.2.). *To insist* a toujours la valeur de déclarer (formellement), demander avec insistance, soutenir une opinion — il y a toujours prise de position. *Insister,* par contre, peut prendre une valeur purement itérative (comme ici) de persévérance, d'où la transposition par l'adverbe *again.*

15/14   *la contagion*   : : *the epidemic*

Modulation de cause à effet, due à l'extension de *contagion* en français : à la fois le concept abstrait (le fait de se propager — d'où le choix du verbe *spread*) et le résultat (la maladie elle-même).

5/5	*sourd*	: :	*muffled*
23/22	*assourdie*	: :	*stifled*

La différence aspectuelle du français se traduit par une différence lexicale en anglais. En effet, *muffled* suppose l'existence d'un obstacle non animé au passage du son et est donc compatible avec un procès envisagé comme état. *Stifled,* en revanche, évoque l'effort d'un agent animé pour étouffer le bruit (cf. l'emploi transitif : *She stifled a sob*), donc marque le déroulement du procès et son état résultant (voir 4.6.1.).

TEMPS ET ASPECTS

13/12	*qui arrive*	: :	*I've just come*

La différence de repérage entre le français et l'anglais constitue un problème très important pour la traduction du présent français qui, renvoyant à la notion de procès et non marqué sur le plan aspectuel, est à la fois ambigu et susceptible de nombreuses traductions différentes (voir 4.2.). Ce sont les autres marqueurs du contexte qui vont l'orienter par rapport à la situation d'énonciation, soit vers le passé (procès = état résultant d'un processus), soit vers l'avenir (procès posé comme devant être actualisé ultérieurement). Cette différence aspectuelle sera portée par la forme verbale en anglais : present perfect s'il s'agit d'un état résultant (accompli, borné à droite), *be + -ing* s'il s'agit d'un renvoi à l'avenir (aspect ouvert).

Ainsi on aura, en situation :

Je viens de Paris	: :	*I've come from Paris*
Je viens (tout de suite)	: :	*I'm coming*

mais hors situation :

Je viens de Paris	: :	*I come from Paris* (propriété de type état)

13/12	*qui a eu un accident*	: :	*I've had an accident*
14/13	*On m'a volé mon cheval*	: :	*My horse has been stolen*

Le choix du present perfect en anglais implique un repérage par rapport à la situation d'énonciation : constat dans le présent d'un procès antérieur. L'emploi du prétérit serait justifiable aussi (et préféré par les Américains) si les procès sont envisagés par rapport au moment de leur occurrence, donc en rupture avec la situation d'énonciation.

Ces deux choix sont également possibles pour :

17/17 *On nous a dit*   : : *We have been told*

aucun renvoi implicite à l'agent, au moment où la recommandation a été faite

ou *We were told*

sous entendu : by the authorities, on some specific occasion

26/25 *sont déserts*   : : *were deserted*

Le problème est plus délicat ici en raison de l'ambiguité de *deserted :* à la fois adjectif (= *déserts*) et participe passé (= *abandonnés*). L'expression française est descriptive de l'état des villages tels que le voyageur les a vus.
L'anglais doit repérer cet état par rapport à chaque occurrence de traversée de village, d'où l'emploi du prétérit. L'emploi du perfect *(have been deserted)* entraînerait une interprétation non plus en tant qu'état décrit mais en tant que processus accompli par un agent.

26-27/25-26 *la première personne à laquelle* : : *the first person I've spoken to*
je parle

L'anglais marque explicitement la valeur aspectuelle, contrairement au français. Le perfect permet à la fois de marquer le passage entre deux états *(not speak/speak)* et le rapport entre cette frontière et le moment de l'énonciation (voir 4.2.3.).

15/14 *ce qui se passe*   : : *what's going on*

28/27 *Les autres font comme nous* : : *The others are doing as we are*

Dans ces deux exemples, le présent français marque l'identité entre le moment de l'énonciation et le moment du procès; il est donc traduit par *be + -ing*.

DÉTERMINATION

Ce passage offre un éventail intéressant des problèmes de traduction posés par les groupes nominaux composés. Les exemples qui suivent sont à étudier à la lumière de la présentation générale du problème (cf. 3.3.).

2/2 *leur fraîcheur de cave*   : : *their cellar-like coolness*

Mise en valeur en anglais de la relation de comparaison. L'élément repère *(cave/cellar)* est déterminé par un renvoi à la notion en français qui correspond en anglais à l'attribution d'une propriété qualificative.

5/5   *un sourd piétinement de sabots* :: *a muffled stamping of hooves*

Parallélisme du repérage en français et en anglais, et mise en valeur du processus en anglais grâce au gérondif.

6/6   *... par bouffées une odeur de* :: *whiffs of leek soup*
bouillon de poireaux

Whiffs recouvre à la fois *bouffées* et *odeur,* cette dernière notion étant déjà introduite par : *he could smell.*

Leek soup : nom composé où le repère *(leek)* est envisagé comme notion, sous l'aspect purement qualitatif, et est transformé en pseudo-adjectif pour fabriquer un nouvel élément lexical renvoyant à une sous-classe de *soup.*

8/8   *un silence contracté de gens qui* :: *a tense silence as if people were*
retiennent...   *holding...*

Silence, recatégorisé en discontinu avec le sens de : *a moment of silence.*

De gens qui : construction relative à valeur de comparaison; c'est cette relation qui est retenue par la traduction : *as if.*

17/17   *il y a déjà beaucoup de morts* :: *a lot of people have died already*

Les très fortes contraintes pesant sur l'emploi des adjectifs nominalisés (*the dead* — renvoi à la classe par fléchage, pas de quantification possible) nécessitent une transposition par un verbe, avec aspect d'état résultant du procès.

23/22   *un bruit de chaise* :: *the scraping of a chair*

— *de chaise* n'est pas une propriété permanente, donc pas de génitif générique en anglais (de type : *un couteau de boucher/a butcher's knife*).

— Il n'y a pas non plus une relation étroite de contenu à contenant ou de partie au tout (de type : *un pied de table/a table-leg*), et le repère *(chair)* ne peut pas être envisagé sous l'angle purement qualitatif (à la différence de *leek* dans *leek soup*) — l'emploi d'un nom composé est donc impossible. Il s'agit en fait d'une relation fortuite, ponctuelle, d'une association d'un déterminant *(de chaise)* à un substantif *(bruit).* Grâce à l'emploi générique de *de,* le français procède à l'extraction d'une sous-classe de bruits définie comme *bruit de chaise.*

En anglais, dans la mesure où l'emploi d'un nom composé est exclu ici, on ne peut pas créer une sous-classe qui fonctionnerait comme un nouveau substantif. Deux choix sont possibles, selon le degré de détermination, et aussi dans certains cas selon le contexte :

— soit *the scraping of a chair*
Point de départ : extraction de *a chair* déterminant *scraping* qui est alors soumis au fléchage contextuel
— soit *a scraping of chairs*
Point de départ : extraction d'un type de bruit *(a scraping)* avec adjonction d'une détermination par renvoi à la classe entière d'objets susceptibles de faire ce bruit *(chairs)*

On voit apparaître deux problèmes fondamentaux dans la traduction de ces groupes nominaux composés :

— le fonctionnement différent des opérations de détermination dans les deux langues;
— l'ambiguïté de certaines prépositions du français, notamment *de,* et la nécessité d'interpréter la relation qui sous-tend cette préposition afin d'aboutir à une traduction qui en tienne compte (voir 3.3.1. et 3.3.2.).

Nous terminerons ce commentaire par quelques brèves remarques sur les transformations syntaxiques effectuées dans la traduction de ce passage.

6/6   *de laquelle arrivait...*   : :   *and he could smell*

L'anglais adopte le point de vue du sujet percepteur animé et évite l'association C_0 inanimé — verbe « animé ».

13/12   *qui arrive..., qui a eu...*   : :   *I've just come..., I've had...*
          Subordination (relative)   Proposition indépendante

16/15   *Après un autre silence, la même* : : *There was silence again, and*
          voix répondit   *then the same voice answered*
          Subordination des procès (re-   Succession de deux procès
          lation temporelle)   indépendants + marque ad-
                                          verbiale de la chronologie

14/13, 17/17,
21/21, 24/23

Tous les emplois de *on* dans ce passage se prêtent sans problème à une traduction par la voix passive. En effet, il y a indétermination totale quant à l'agent des différents procès (voir 3.4.2.). Seul 21/21 :

Qu'on nous laisse tranquilles   : :   *We just want to be left alone*

pourrait à la rigueur s'interpréter comme une forme oblique de l'impératif, *on* renvoyant alors à tout importun, entre autres l'interlocuteur. On aurait dans ce cas : *Just leave us alone.*

Notes personnelles

Un message sauvé d'une Occupation

Par Bertrand POIROT-DELPECH

ON ne présente plus Signoret. On n'a jamais eu à la présenter. C'est bien ce que certains roquets du chenil littéraire n'ont pas supporté, quand elle y a fait son entrée, il y a huit ans, en force. Des dizaines de films, dont *Casque d'or*, une vie militante à hauteur d'histoire, Mᵐᵉ Montand, une présence écrasante : elle avait décidément trop d'atouts ! Pour comble, *la Nostalgie n'est plus ce qu'elle était* passionnait les foules, par les dessous politiques et le tempérament que le livre révélait. Il devenait plus qu'un *best-seller,* un repère d'époque. La preuve : depuis 1976 les journalistes en panne de titres ne cessent d'accommoder *la Nostalgie...* à toutes les sauces !

Le refus des aboiements ne condamne pas à la pâmoison. Contrairement au slogan de rigueur quand une vedette de la politique ou de l'écran prend la plume, je ne crois pas qu'avec Signoret « un grand écrivain nous soit né » ; du moins au sens d'orfèvre en mots chargeant sa prose de sens, de suggestion, de musique. Pour ses débuts dans la fiction, Simone Signoret se montre plutôt moins soucieuse de forme que dans ses *Mémoires ;* mais encore plus emportée, sous son aplomb.

Elle a mieux à faire qu'écrire joli : raconter des vies mouvementées qu'on dirait authentiques et comme si elle en avait été le témoin unique, donc chargé de mission, et que le temps pfesse. Au diable les nuances, les climats, les ornements de style, quand on sauve une mémoire en péril ! L'auteur semble poussée par la nécessité, l'urgence, et un devoir sacré envers les secrets mal partageables pour lesquels ses personnages communient et conjurent les menaces.

« Menaces » est peu dire. Les familles qu'*Adieu Volodia* acompagne des années 20 à la Libération sont juives d'Ukraine et de Pologne. Le hasard de la Diaspora les réunit sous un même toit du vingtième arrondissement et dans le commerce du vêtement.

Des siècles de persécution leur ont légué un fond de défiance, ravivé par les progromes récents et l'holocauste hitlérien qui se profile ; mais leur foi les retient de rendre les coups et de croire au pire. C'est même tout le sujet du livre : le rapport, à la fois lancinant et distrait, que les rescapés et les victimes potentielles des persécutions entretiennent avec le passé, la vengeance, le danger.

On n'en finirait pas de présenter tous les personnages. Ils foisonnent au point qu'on s'y perd d'abord un peu, comme dans les sagas russes. Outre les familles Guttman et Roginski, il y a la Hongroise Lowenthal, l'immanquable prince devenu chauffeur de taxi, l'inévitable antisémite qui n'a rien contre mais... Sans oublier les enfants, minorité vivace au sein de la tribu, liée elle aussi par ses secrets, ses mensonges, ses étonnements, ses revanches.

Le passé ne comporte pas que des horreurs répétées à demi-mots. La tradition familiale s'est enrichie d'inventions rigolotes, tel l'enlèvement d'un ancêtre par Lucien Guitry, en tournée à Pétersbourg. Le monde du spectacle aide à enjoliver la vie, et nos amis y sont bientôt plongés en devenant costumiers pour la scène et l'écran, à l'enseigne de « Masques et bergamasqueś ».

UN personnage pittoresque sert de lien ; une fille de prolos stéphanois promue maîtresse d'un bonnetier de Troyes. Le sort qu'elle se choisira, elle qui pouvait ne pas subir le pire, laissons les lecteurs le découvrir. Sachez qu'à sa suite nous visitons les coulisses des théâtres légers des années 30 et du cinéma. Nous croisons Prévert et toute la bande qui, avec *le Crime de M. Lange,* donnera aux protagonistes l'idée de se changer en coopérative, sur fond de Front populaire en liesse.

Car l'époque est là, avec ses premières publicités géantes, sa lessive Saponite, sa Boldoflorine, son Phoscao, ses Amer-Picon, les odeurs rustiques qui traînaient encore dans les rues de Paris, l'usure des choses d'avant le plastique, quand n'existait encore que le cassant mica. On se récite *la Condition humaine.* On découvre *la Nausée.* On campe dans les Alpes. On restaure un couvent, comme Giono et ses amis du Contadour. Jean-Pierre Aumont, Danielle Darrieux et Pierre Richard-Willm s'habillent chez Bergamasques...

[– – – – –]

Commencé avec l'arrivée des exilés dans les années 20, *Adieu Volodia* s'achève avec le retour des rares rescapés de 1945. La couverture du livre représente, au dos, la gare de l'Est dont les grandes verrières figuraient le salut ; mais avec la déformation du cliché, ce pourrait être le fronton des camps sur fond de neige...

Ce flou illustre tout le roman. Les personnages de Simone Signoret vivent en sursis. La mémoire est leur seule arme. Il leur faut trier sans cesse dans les souvenirs, en fouiller le sens, en déjouer les embûches, comme devant les tracts ambigus qui circulent dans leur quartier et dont seule une traduction minutieuse permet de deviner l'origine. Il y a ce qu'il faut cacher aux autres et ce qu'il faut se cacher à soi-même, ce qu'il ne faut jamais oublier dans sans trop le dire. *Adieu Volodia* ou les tris du passé quand il en va de la survie.

Vous connaissez ces sous-verres où les personnes déplacées — ou les vieilles gens, c'est pareil — réunissent les photos de leurs proches, dans les fouillis des affections et des destinées, ovales jaunis mêlés aux polaroïds, plages collées de « traviole » aux montagnes, bonheurs et malheurs se recouvrant ? Dans le livre, cela s'appelle « le cadre des nôtres », expression plus slave que yiddish pour désigner la famille élargie à ceux qu'englobe le même péril, si présent que jamais nommé.

Adieu Volodia laisse dans la mémoire la même image de patchwork tissé d'affections et de solidarités ineffables, au point que le livre aurait pu porter ce titre : « le Cadre des nôtres ». Plus encore, il laisse la sensation de clandestinité ardente d'une lettre de famille passée dans un ourlet à la barbe des soldats, d'un message sauvé d'une occupation.

Le Monde, 25 janvier 1985.

Simone Signoret's
Jewish family saga

SIMONE SIGNORET needs no introduction now. She has never needed one. This is precisely what some yapping dogs in the literary kennel could not take when she swept to the fore eight years ago. With scores of films including *Casque d'or*, to her credit, a militant life plunged deep in history, Mme Montand was a crushing presence: she had decidedly far too many advantages. And to cap it all, "Nostalgia Isn't What It Used To Be" got large numbers of people keenly interested because of the hidden side of politics and the temperament that the book revealed. The book became more than a bestseller, a benchmark for a period. Proof of this is that since 1976, journalists scratching around for titles have been putting "La Nostalgie.." to all kinds of uses.

The refusal to bay with the pack does not condemn one to swoon with enthusiasm. Contrary to the accepted formula that is used when a political or screen star takes up the pen, I don't think "a great writer has been born" with Signoret. At least, not in the sense of a wordsmith investing his prose with meaning, suggestion and music. For her beginnings in fiction, Simone Signoret shows herself to be rather less concerned with form than she was in her memoirs; but even more short-fused beneath the self-assurance.

She has something better to do than write prettily. She tells stories of turbulent lives that one would say had been really lived, as if she had been the sole witness of these lives, hence was their official representative, and time was running out. So hang the niceties, the moods, the stylistic curlicues when you are out saving an endangered memory. The writer seems impelled by necessity, urgency and a sacred duty to secrets that are so hard to share through which her characters partake of and ward off threats.

"Threats" is putting it mildly. The families that "Adieu Volodia" accompanies from the '20s to the Liberation are Jewish families from Ukraine and Poland. The luck of the Diaspora brings them together under the same roof and into the rag trade in Paris's 20th arrondissement.

Centuries of persecution have left them basically mistrustful, revived by the recent pogroms and the looming holocaust in Nazi Germany. But their faith prevents them from hitting back and believing the worst. It is in fact the entire subject of the book: the relationship, simultaneously haunting and absent-minded, that the survivors and the potential victims of persecutions have with the past, with vengeance and danger.

The characters are legion — so numerous that at first you lose track of them, as in the great Russian sagas. Apart from the Guttman and Roginski families, there is the Hungarian family of Lowenthal, the inevitable prince turned taxi driver, the inescapable anti-Semite who has nothing against the Jews, but . . . Not to mention the children, a hardy minority in the midst of the tribe, also held together by their secrets, lies, wonderment and vengeance.

The past is not all horrors barely hinted at. The family tradition has been enriched by amusing inventions, such as the kidnapping of an ancestor by Lucien Guitry while playing in St Petersburg. The show-business world helps to brighten up life, and our friends are soon plunged into it as they make stage and screen costumes at the Masques et Bergamasques shop.

One picturesque character provides the continuity — the daughter of a St Etienne working-class family who has risen to the mistress of a Troyes hosier. With her we go behind the curtains of the '30s variety theatre and the cinema. We bump into Prévert and the whole crowd who, with "*Le Crime de M Lange*," gave the protagonists the idea of forming a cooperative against the background of a jubilant Front Populaire.

For this was the period, with its first huge advertising hoardings, its Saponite washing soap, its Boldoflorine, Phoscao, its Amer-Picon, the country smells that still hung around the Paris streets, the wear and tear of things before the advent of plastic, when only brittle mica existed. People read "La Condition Humaine" aloud to one another. They discovered "La Nausée." They camped in the Alps, restored a convent, like Giono and his friends in the Contadour. Jean-Pierre Aumont, Danielle Darrieux and Pierre Richard-Willm bought their clothes at the Bergamasques.

[...] "Adieu Volodia" begins with the arrival of the exiles in the '20s and ends with the return of the odd survivors of 1945. The book's dustjacket shows, on the back, the Gare de l'Est whose huge glass front represented salvation: but with the deterioration that the print and the memory have undergone over the years, it might well be the entrance to a concentration camp against a snowy background.

The vagueness is typical of the whole book. Simone Signoret's characters live on borrowed time. Memory is their only weapon. They must constantly select souvenirs, rummage out their meaning, avoid the pitfalls, as with those ambiguous handbills circulating in their neighbourhood whose origin could only be guessed at by carefully translating them. There are things that must be hidden from others and things that must be hidden from oneself. "Adieu Volodia," or selections from the past when survival itself was on the line.

You know those *passe-partout* frames in which displaced people — or elderly, it is all the same — fondly preserve yellowing oval snaps of their nearest and dearest mixed up with Polaroid shots of beach scenes stuck upside down on mountains, moments of happiness and sorrow overlapping one another? In the book, this is called "the family frame", a phrase more Slav than Yiddish for denoting the family extended to include those coming under the same danger, so present that it is never named.

So strong is the picture that "Adieu Volodia" leaves in the memory of a patchwork of affections and ineffable solidarity that it could well have been called "The Family Frame". Even more, it leaves one with a sense of the burning secrecy of a family letter smuggled in a hem right under the noses of soldiers, the feeling of a message saved from an occupation.

Traduction du *Guardian Weekly*,
February 24, 1985.

COMMENTAIRE

Etant donné la richesse et la variété des choix de traduction offerts par ce passage, le commentaire — qui, pour des raisons de place, ne peut être exhaustif — est présenté de façon linéaire. Le style français, caractérisé par une certaine recherche, est souvent bien traduit, mais avec quelques faiblesses qui méritent commentaire (et aussi une ou deux omissions).

1/1   *On ne présente plus Signoret*   : : *Simone Signoret needs no introduction*

— Suppression du C_0 indéterminé et repérage de cette première phrase de l'article par rapport à l'animé humain qui en est le sujet.

— De façon tout à fait caractéristique, la valeur aspectuelle de *plus* se trouve rendue sur le plan modal en anglais.

cf. *Je ne retrouve plus mon stylo.*   : : *I can't find my pen.*

Je ne me rappelle plus où je l'ai mis   : : *I can't remember where I put it.*

8/6   *elle y a fait son entrée en force*   : : *she swept to the fore*

— Transposition sur le nom qui fait partie d'un syntagme verbal : *faire son entrée* et transposition syntagme adverbial : : verbe de processus, autrement dit chassé-croisé qui peut se représenter de la façon suivante :

fait son entrée en force   : : *swept to the fore*

— Modulation contrainte par l'élément lexical : *faire son (une) entrée :* changement d'image avec prise en compte du parcours spatial en anglais.

9/7   *dizaines*   : : *scores*

Modulation nécessaire, la quantification étant figurée et donnant lieu à une équivalence contraignante. Une autre traduction possible serait : *dozens.*

12/16   *les dessous politiques*   : : *the hidden side of politics*

Adjectif explicitant en anglais le sens du substantif français, issu d'une conversion préposition → nom.

15/21   *en panne de titres*   : : *scratching around for titles*
Modulation aspectuelle : état   : : processus + actualisation

N. B. *Title* s'applique généralement au titre d'un livre ou d'un chapitre, *headline* au titre d'un article de presse.

De plus, on notera dans tout ce premier paragraphe l'ajout de syntagmes verbaux en anglais *(Mme Montand was..., to cap it all, proof of this is that...).* aboutissant à un type d'énonciation moins fortement modalisé qu'en français.

17/25   *Le refus des aboiements ne*   : :   *The refusal to bay with the pack* \
        condamne pas à la pâmoison.   *does not condemn one to swoon* \
                                              with enthusiasm.

Le français, très elliptique, donne lieu à une explicitation en anglais :

— transposition : noms   : :   verbes

— repérage par rapport à un animé *(one)*

— précision apportée par le complément prépositionnel

21/33   *orfèvre en mots chargeant sa*   : :   *a wordsmith investing his prose* \
        prose de sens   *with meaning*

— *Orfèvre* est utilisé au sens figuré d'expert, et le domaine concerné doit être précisé par le syntagme prépositionnel qui suit. L'anglais a recours à la composition à partir de la racine isolable : *smith* (= fabricant) par analogie avec des composés existants : *goldsmith, locksmith.*

— La traduction de *sa prose* (le choix du possessif étant déterminé par le genre grammatical féminin de *prose*) par *his prose* (repéré par rapport au sexe, supposé par défaut masculin, de *wordsmith*) produit un effet curieux, s'agissant de Simone Signoret, et illustre les problèmes posés par le fonctionnement différent du genre dans les deux langues (cf. 3.4.1.).

25-26/42-44   *raconter des vies mouvementées*   : :   *She tells stories of turbulent* \
            qu'on dirait authentiques   *lives that one would say had* \
                                               really been lived

— Plus grande actualisation en anglais, avec le passage de l'infinitif à un agent animé + verbe au présent.

— Subordination simple   : :   Subordination double

authentiques : état repéré par rapport à l'antécédent, alors que *had really been lived :* processus doté d'un aspect grammatical introduit par *one would say,* lui-même repéré par rapport à l'antécédent.

Il s'agit d'un cas de figure où l'on rencontre souvent *dont* en français, lorsque l'on a un processus et non pas un état. Ainsi, si l'on partait de l'anglais, on pourrait obtenir :

des expériences dont on pourrait croire qu'elles ont été vécues par l'auteur.

35/62   *Le hasard de la Diaspora*   : :   *The luck of the Diaspora*

Erreur du traducteur portant sur les couples :

                     fr. *hasard*   : :   *chance*

                     fr. *chance*   : :   *luck*

Une traduction plus fidèle à l'original serait :
The Diaspora { brings them together by chance
{ happens to bring them together

36/64   du vingtième arrondissement   : :   in Paris's 20th arrondissement

La préposition *de* est traduite par une préposition de localisation, et l'anglais explicite le fléchage situationnel appartenant au contexte culturel français (*le 20e arrondissement,* ou même, pour un Parisien, *le 20e*) par l'introduction d'un repère dont le référent est précisé *(Paris).*

38-39/67-68   leur ont légué un fond de dé-   : :   have left them basically mis-
                fiance   trustful

— La transposition contraignante :
   un fond de   : :   *basically*
entraîne une seconde transposition :
   défiance : : *mistrustful*
et un changement dans la structure syntaxique.

— Mais le traducteur n'a pas tiré les conclusions de la transposition, au départ réussie, et la suite de la phrase est difficilement compréhensible en anglais :
   un fond de défiance, ravivé par   : :   *has left them... revived by the*
   les pogromes   *recent pogroms*

Le participe *ravivé/revived* se trouve juxtaposé à deux termes qui sont radicalement différents sur le plan sémantique. Il aurait été nécessaire de reprendre *mistrustful* sous forme nominale en ajoutant un syntagme verbal coordonné :
... and their fears have been revived by...

39-40/69   l'holocauste qui se profile   : :   the looming holocaust
            Qualification par proposition   Intégration de la qualification
            relative   à la principale

40/71   rendre les coups   : :   hitting back
         Chassé-croisé :   nom   : :   verbe
                                verbe : :   particule adverbiale

42/76   les rescapés   : :   the survivors

Modulation aspectuelle appartenant au domaine du lexique : affixe flexionnel d'aspect accompli : : suffixe agentif

45/80   On n'en finirait pas de présen-   : :   The characters are legion
         ter les personnages

L'anglais prend pour point de départ l'animé qui est le thème de l'énoncé.

46/81   *on s'y perd*   : : *you lose track of them*

Traduction de *on* par *you* de type générique (parcours des éventuels lecteurs du roman, pouvant inclure — ou non — le lecteur du présent article).

50/90   *Sans oublier les enfants*   : : *Not to mention the children*

Double négation   : : Négation fictive
(négation d'un verbe à séman-   (figure appelée prétérition,
tisme négatif)   ex. : *M. Dupont, pour ne pas le
nommer*)

Les deux procédés aboutissent à une interprétation positive. Equivalence à ne pas confondre avec une modulation par négation du contraire qui serait :

sans oublier les enfants   : : *including the children*

56/99   *en tournée à Pétersbourg*   : : *while playing in St Petersburg*

Syntagme prépositionnel à : : Subordonnée temporelle ellip-
fonction adverbiale dont le   tique renvoyant au processus,
noyau nominal renvoie à la   d'où une plus grande actuali-
notion   sation

64/111   *nous visitons les coulisses*   : : *we go behind the curtains*

Double modulation :

— spatiale : *visitons*   : : *go behind* (+ parcours spatial)

— métonymique : *coulisses*   : : *curtains* (contiguïté)

71/123   *odeurs rustiques*   : : *country smells*

nom + adjectif dérivé   : : composition de deux noms

Rustique est employé ici dans son sens premier de caractéristique de la campagne. *Rustic,* en anglais, ne peut s'appliquer qu'aux manières des gens de la campagne ou au style campagnard (meubles, etc.).

72/125   *l'usure des choses*   : : *the wear and tear of things*

Conversion : verbe → nom en anglais + image des deux processus coordonnés et ajout d'un effet prosodique par allitération.

On notera dans ce passage (lignes 73 à 77/127 à 135) la traduction de la série de *on* par *people,* qui est ensuite repris par *they.* Dans la traduction anglaise, ce paragraphe est en rupture avec le reste de l'article, car il décrit au prétérit une époque révolue, sans référence au roman qui constitue l'objet d'analyse de l'article. Les *on* sont traduits comme renvoyant à une classe d'éléments appartenant à cette situation passée.

78/136   *Commencé avec l'arrivée..., « Adieu Volodia » s'achève*   : :   *« Adieu Volodia » begins with... and ends with*

       Antéposition et aspect accompli   : :   Rétablissement du C_0 comme terme de départ et coordination de deux procès ayant le même degré d'actualisation

80/140   *la couverture*   : :   *the dustjacket*

Modulation métonymique faisant passer du tout à la partie (*dustjacket* étant la couverture en papier que l'on peut retirer, ne laissant que la couverture brochée ou reliée). Inversement, en l'absence de modulation, *dustjacket* donnerait *jaquette*.

85/151   *vivent en sursis*   : :   *live on borrowed time*

       Métaphore lexicalisée   : :   Explicitation de la relation

86/153   *trier dans les souvenirs*   : :   *select souvenirs*

Différence d'extension : le choix de *souvenirs* en anglais implique une interprétation de *souvenirs* (français) en tant qu'objets. L'anglais est obligé de choisir entre *souvenirs* et *memories* (cf. aussi textes T. 16 et T. 23).

87-89/156-9   *les tracts qui circulent... et dont seule une traduction permet de deviner l'origine*   : :   *handbills circulating... whose origin could only be guessed at by carefully translating them*

Le passage à la voix passive permet la traduction par une relative en *whose*. Alors que la proposition en *dont* introduit un nouveau repère *(une traduction)* servant de point de départ à toute la proposition, *whose* repère uniquement *origin* par rapport à *handbills,* d'où la nécessité de reprendre *handbills* par *them,* lorsque cet élément réapparaît dans une autre fonction que le génitif.

93/167   *sous-verres*   : :   *frames*

       Modulation : contenu   : :   contenant

95/170   *leurs proches*   : :   *their nearest and dearest*

Modulation + effet prosodique par allitération

96/169   *ovales jaunis*   : :   *yellowing oval snaps*

Double modulation :
— aspectuelle (accompli : : inaccompli)
— métonymique (forme : : objet)

106/190   *à la barbe des soldats*   : :   *under the noses of soldiers*

Deux expressions imagées, la française étant davantage lexicalisée.

Notes personnelles

Une si jolie petite France !

[Dans la première partie de son article, l'auteur a brossé de la France
un tableau élogieux, la décrivant comme un véritable paradis pour le
voyageur étranger...]

Le voyageur ne tarde pas, pourtant, à percevoir quelques ombres à
ce plaisant tableau. Il est certes loisible à chacun, en France, de
faire du lèche-vitrine et d'y trouver de délicates satisfactions esthé-
tiques. Mais, s'il veut se faire servir, il aura soin d'étudier soigneu-
5   sement les heures d'ouverture et de fermeture, d'ailleurs rarement
affichées, des magasins ou des bureaux où il aura à faire. La pause
déjeuner, qui dure parfois jusqu'à trois heures, ferme encore bien des
portes au public au milieu de la journée. Sans doute faut-il voir là une
saine manifestation d'humanisme, qui subordonne la tâche à remplir aux
10 besoins de l'individu, plutôt que le contraire. Il n'en reste pas moins
que, pour le voyageur venu de pays où règne la religion du travail et
des affaires, cela garde quelque chose d'assez surprenant, comme de
trouver dans certaines stations balnéaires, en plein mois d'août, des
boutiques d'alimentation, voire des restaurants, fermés pour cause de
15 départ en vacances des propriétaires!

On se demande également comment vivent et survivent ces innombrables
petits commerces de luxe et de demi-luxe dont l'installation représente
d'importants investissements. Pourtant ces commerces procurent des revenus
selon toute apparence confortables, à des gens dont le moins qu'on puisse
20 dire c'est que leur productivité ne paraît pas très élevée. Certes ils
assurent, quelques heures par jour, l'animation et la sécurité des rues.
Mais les services qu'ils rendent ne sont-ils pas finalement payés très
chers par leur clientèle et la collectivité? Les investissements immobilis
dans le petit commerce ne sont-ils pas, comme ceux qui sont engloutis dans
25 les résidences secondaires, autant de sommes soustraites à la modernisatic
de l'équipement, à la création d'emplois productifs?

Autant de questions que se pose le voyageur mélancolique et frustré
lorsqu'il fait la queue au guichet de quelque administration sous-équipée
où une employée harassée et surmenée lui dira, lorsque finalement son
30 tour arrive, que non, décidément ce n'est pas possible, que cela ne se
fait pas, qu'on ne le fait plus depuis la semaine dernière et que, de
toute façon la personne compétente est en congé et qu'il veuille bien
repasser après son retour.

P. AUBERY
Le Monde Dimanche, 23 octobre 1983.

France — Such a Lovely Little Country !

[...]Yet the traveller soon discovers a few flaws in this idyllic
picture. Of course everyone is free to go window-shopping in France,
which affords exquisite aesthetic pleasures. But if you want service,
you would be well advised to make careful note of the opening and closing
5   times of the shops or offices where you wish to do business - though these
times are seldom displayed. Many places are still closed to the public in
the middle of the day because of the lunch break, which sometimes lasts
until three o'clock. This should no doubt be considered evidence of a sound
belief in humanism, insofar as it subjects the task to the needs of the
10   individual, rather than the reverse. Nevertheless, it remains somewhat
surprising for travellers from countries that are ruled by the work and
business ethic, just as it comes as a shock, in some seaside resorts, to
find foodshops and even restaurants closed in the middle of August because
their owners have gone on holiday!

15   One also wonders about the existence and survival of all those small
fancy and luxury goods shops that need considerable capital to get started.
And yet these shops do provide an apparently comfortable living to people
whose productivity does not seem very high, to say the least. Admittedly
they do bring the streets to life and make them safe for a few hours every
20   day. But surely their customers and the general public pay very dearly for
the services they offer. One could argue that the capital tied up in the
small-scale retail trade - as well as that gobbled up by the 'weekend
cottage' market - is money that would be better spent on modernising the
country's industry and services and on creating productive jobs.

25   Such are the problems over which the melancholy and frustrated
traveller may ponder as he queues up at the counter of some understaffed
administration. When his turn comes at long last, an overworked and
exhausted clerk is likely to tell him that it is really impossible, that
they can't do it, that they stopped doing it last week, and that in any
30   case the person in charge is on holiday and would he please call again
when they get back.

COMMENTAIRE

Les problèmes de traduction présentés par ce texte sont d'ordres divers : lexical, syntaxique, stylistique. Mise à part la question de la traduction des pronoms indéfinis et génériques, il ne semble pas se dégager une dominante ; nous examinerons donc les procédés mis en œuvre au fur et à mesure de leur apparition.

1/1   *ne tarde pas à découvrir*   : :   *soon discovers*

Modulation par inversion du point de vue (avec négation du contraire) et passage d'un syntagme verbal à un adverbe.

2/2   *il est loisible à chacun*   : :   *everyone is free*

Passage d'une tournure impersonnelle à une tournure personnelle avec C_0 animé, procédé souvent observé par ailleurs.

4/3   *s'il veut*   : :   *if you want*

Problème de la reprise de *everyone* par rapport à *chacun*. *Il* (au même titre que *le voyageur*) est employé de façon générique. La reprise habituelle de *everyone* est *they,* mais ce pronom suppose un référent connu, du moins sous forme d'un ensemble déterminé. L'emploi de *he* est exclu car, ne pouvant reprendre *everyone,* il serait interprété comme une reprise de *the traveller* en tant qu'individu déterminé. D'où le choix de *you* dans son acception « impersonnelle », c'est-à-dire représentant d'une classe comprenant, entre autres, l'interlocuteur.

5/5   *d'ailleurs rarement affichées*   : :   *though these times are seldom displayed*

Transposition de l'incise elliptique marquant une relation restrictive en une subordonnée concessive postposée explicitant cette relation.

6-8/6-8   *la pause déjeuner, qui dure*   : :   *many places are still closed parfois..., ferme encore bien des*   *... because of the lunch break, portes...*   *which sometimes lasts...*

Transformation passive pour éviter l'association d'un C_0 inanimé avec un verbe « animé ».

11-12/10-11   *pour le voyageur..., cela garde...*   : :   *it remains somewhat surprising for travellers...*

— Agencement syntaxique :
antéposition du complé-   : :   postposition
ment circonstanciel

— Détermination :
fléchage d'un élément re-   : :   renvoi à la classe
présentant de la classe

11/11   *où règne la religion...*   : : *that are ruled by the ... ethic*

A nouveau passage de l'actif au passif pour éviter l'association C_0 inanimé — verbe « animé ».

12/12   *comme de trouver*   : : *just as it comes as a shock*

Ajout d'un syntagme verbal synonyme de *it remains surprising* rendu nécessaire par le changement dans l'ordre syntaxique effectué au début de la phrase.

13-14/12-13   *de trouver dans certains sta-* : : *in some seaside resorts, to find*
tions balnéaires, en plein mois   *foodshops closed in the middle*
d'août, des boutiques...   *of August*

Imbrication de deux complé-   Rétablissement de l'ordre ca-
ments circonstanciels entre le   nonique (V-C_1) par l'antéposi-
verbe et son complément d'ob-   tion de l'un des compléments
jet direct. Rupture de l'ordre   circonstanciels et la postposi-
canonique.   tion du second.

13/12   *(stations) balnéaires*   : : *seaside (resorts)*
Dérivation savante   : : Composition

14-15/13-14   *pour cause de départ en vacan-* : : *because their owners have gone*
ces des propriétaires   *on holiday*

Série de syntagmes nominaux en français transposée en une proposition à forme verbale active avec marque aspectuelle (voir 4.6.2. sur l'explicitation aspectuelle en anglais).

16/15   *on se demande*   : : *one also wonders*

Dans le premier paragraphe, *le voyageur/il* correspondant à *the traveller/you/travellers,* tout en étant générique, renvoyait à l'agent indéterminé d'un certain nombre de procès déterminés. Au début du second paragraphe, on passe à un degré de généralité et d'indétermination supérieur avec le verbe *se demander* : il s'agit d'énoncer une considération générale, d'où le passage à *one* dont l'emploi est quasiment restreint à ce type de contexte (voir 3.4.).

16/15   *comment vivent et survivent*   : : *about the existence and survival*

Transposition Verbe : : Nom rendue nécessaire par l'impossibilité syntaxique de ce type d'inversion en anglais, et la longueur du développement qualitatif du groupe nominal C_0 *(shops...)* qui bloque l'ordre canonique. La traduction entraîne la perte du parallélisme prosodique en français.

17/16   *dont l'installation représente* : : *that need considerable capital*
d'importants investissements   *to get started*

Transposition contraignante Nom : : Syntagme verbal et changement de fonction du relatif, essentiellement en raison de l'absence de substantif traduisant *installation* dans ce contexte.

18/17	*pourtant ces commerces procu-rent des revenus*	::	*yet these shops do provide*

20/19	*ils assurent*	::	*they do bring*

Deux exemples d'emploi de *do* pour effectuer une reprise contradictoire. Le premier *(they do provide)* est quasiment obligatoire, lié à l'opposition introduite par *yet*, et venant contredire la question posée dans la phrase précédente : *one wonders how...* Le second *(they do bring)* n'est pas contraignant, mais vient renforcer la valeur de *certes/assuredly* qui modalise l'assertion en impliquant une restriction ou une contradiction à venir. Le jeu modal sur l'assertion effectué par *do* est une forme de reprise contradictoire en quelque sorte inversée : on asserte avec insistance l'aspect positif pour anticiper la contradiction qui va suivre avec la présentation de l'aspect négatif.

22-26/20-24

Deux questions rhétoriques en français. Changement de statut assertif pour en faire des assertions modalisées en anglais. Le choix des expressions modales traduit une prise en charge indirecte de l'énoncé par le biais de la remise en question :

— *surely,* portant sur toute la proposition, exprime une certitude de l'énonciateur qui n'est pas nécessairement vérifiée dans les faits;

— *one could argue that* exprime un jugement en donnant explicitement la possibilité de le remettre en cause.

25/23	*autant de sommes soustraites*	::	*money that would be better spent*

Modulation par inversion du point de vue : présentation négative en français, positive en anglais.

29/28	*employée*	::	*clerk*

Alors qu'*employé(e)* fait référence ici au type de travail effectué (travail de bureau), le terme *employee* en anglais prend son sens par sa référence au rapport avec l'employeur (exemples : *State employee, the company's employees*). Le terme *clerk* traduit l'aspect qualitatif d'*employé (bank clerk, insurance clerk)*. Voir aussi T. 18 (1. 28/27).

30/29	*cela ne se fait pas*	::	*they can't do it*

La traduction de *faire* par *do* s'explique par le contexte, qui est celui d'une administration (ce qui explique également le choix du pronom *they* à valeur indéterminée — voir 3.4.2.). *Faire* renvoie à un procès indéterminé de type activité et est utilisé dans sa fonction de verbe substitut. S'il s'agissait d'un contexte commercial, où *cela ne se fait plus* signifierait qu'un produit n'est plus fabriqué ou n'est plus commercialisé, on traduirait respectivement par *make* ou par *stock*.

33/31   *après son retour*   :: *when they get back*

Transposition Nom :: Verbe, fréquente dans les expressions temporelles.

De plus, problème du genre en français : *son retour* laisse dans l'indétermination le sexe de la personne; l'anglais au singulier serait obligé de choisir entre *he* et *she* (ou *his/her return*). La traduction par *they* est ici un cas limite, mais est justifiable en vertu de l'emploi de *they* pour la reprise d'un indéfini de type *everyone* (voir plus haut le commentaire des lignes 4/3).

Grave échec de la gauche française aux élections européennes

Les résultats des élections européennes se traduisent
en France par une très forte poussée de l'extrême droite.
La liste du Front national, conduite par M. Jean-Marie Le Pen,
a recueilli en métropole 11,06% des suffrages exprimés. Elle
5　aura dix élus à l'Assemblée de Strasbourg, soit autant que la
liste du Parti communiste, qui, avec 11,19% des suffrages
exprimés, enregistre un nouveau recul. Par rapport à 1979
(20,6%), il perd la moitié de ses voix.
[...]Un scrutin révélateur impose la photographie aux couleurs
10　inattendues d'un paysage politique qui a beaucoup plus changé
qu'on ne le supposait.

Sur les marges, un extrême s'efface, un autre apparaît.
La chute du Parti communiste confirme avec cruauté une tendance
que la participation au gouvernement et une attitude ambiguë
15　n'ont pas enrayée.
[...] La nécessité de reconquérir le terrain perdu s'impose
encore plus à la gauche, qui, dans l'état actuel des choses,
ne dispose plus d'une assise majoritaire. Dur lendemain
d'élections pour un Parti socialiste qui progressait d'autant
20　mieux que le Parti communiste déclinait. Ce n'est plus le cas.
Le PS n'attrape plus tout et ne retient pas tous ceux qu'il
avait attirés à lui.

On invoquera l'usure du pouvoir, mais peut-être faudrait-
il s'interroger sur le décalage qu'il y a entre le – ou les –
25　discours des socialistes et la réalité de l'action gouverne-
mentale.

Le Monde, 19 juin 1984.

Setback for the French Left

The results of the elections (on June 17) for the
European Parliament revealed a strong upsurge of the extreme
right in France. Jean-Marie Le Pen's Front National slate
won 11.06 per cent of the votes cast. It will now send ten
5 members to Strasbourg, that is as many as the French Communist
Party (PCF) which, with 11.19 per cent of the vote, has
suffered another setback. Compared with the 1979 elections to
the European Parliament, when it collected 20.6 per cent of
the vote, its strength has been halved.
10 [...] A revealing election has come up with a photo of
unexpected colours of a political landscape which has changed
much more than we had supposed.

On the fringes, one extreme has disappeared and another
appears. The Communist Party's tumble comes as cruel confirmation
15 of a tendency that participation in the governement and an
ambivalent attitude have not halted.

[...] Reconquering lost ground is even more necessary for the
left which no longer has a majority base in the present situation:
a tough post-election prospect for a Socialist Party that was
20 benefiting from the Communist Party's decline. This is no longer
the case today. The Socialists are not picking up new supporters
and cannot hold on to those they already have.

Power, it will be said, erodes, but perhaps questions should
be asked about the gap between what the Socialists are saying
25 and the reality of what the government is doing.

Traduction du *Guardian Weekly*,
July 1, 1984.

COMMENTAIRE

Les deux versions de cet article offrent des différences frappantes sur le plan de l'utilisation des temps, avec en particulier le passage du présent en français (neutre du point de vue aspectuel, et pouvant être soit repéré par rapport au moment de l'énonciation, soit en rupture avec celui-ci) au present perfect en anglais (forme aspectuelle, repérée par rapport au moment de l'énonciation et mettant en valeur le processus). C'est donc essentiellement sur les contrastes temporels et aspectuels que portera notre commentaire (voir aussi chapitre 4, en particulier 4.2.).

TRADUCTIONS DU PRÉSENT

Ligne	Type de repérage	FRANÇAIS	ANGLAIS	Type de repérage
1/2	Repérage par rapport au moment de l'énonciation	*se traduisent*	*revealed*	Changement lexical + repérage par rapport au moment de l'énoncé *(June 17)*
7/7 8/9 9/10 12/13	Constatation des résultats; procès envisagés sous l'angle de l'état résultant	*enregistre perd impose s'efface*	*has suffered has been halved has come up has disappeared*	Mise en valeur par le present perfect du processus ayant abouti au résultat présent
12/14 13/14		*apparaît confirme*	*appears comes as...*	Renvoi à l'état présent sans marque aspectuelle
18/18 21/21 21/22	Repérage par rapport au moment de l'énonciation	*ne dispose plus n'attrape plus ne retient pas*	*no longer has are not picking up cannot hold on*	V. d'état Repérage par Processus rapport au Modalité moment de l'énonciation

TRADUCTIONS DU PASSÉ COMPOSÉ

On trouve ici des exemples des deux emplois du passé composé en français :

— comme aspect accompli;

— comme « temps » du passé renvoyant à une occurrence antérieure au moment de l'énonciation;

Dans le premier cas, il est traduit par un present perfect :

10/11	*a changé*	: :	*has changed*
15/16	*n'ont pas enrayée*	: :	*have not halted*

Dans le second cas, il est traduit par un prétérit :

4/4   *a recueilli*   : : *won*

PROCÉDÉS DE TRADUCTION ET LEXIQUE

3/3   *liste*   : : *slate*

Cet emploi figuré de slate (littéralement : *ardoise*) au sens de liste de candidats, en américain surtout, est un exemple de déplacement métonymique (cf. 9.2.2.). En anglais britannique et en français, le terme a un autre sens figuré aujourd'hui vieilli : celui de compte, dettes, etc. (fr. *avoir une ardoise chez un commerçant*; angl. *put it on the slate*) et éventuellement de torts dans l'expression *wipe the slate clean* : : *passer l'éponge.*

5/5   *dix élus*   : : *ten members*

La conversion du participe en nom (un des rares cas productifs de conversion en français) permet de prendre en compte le processus et son résultat, tandis que le substantif anglais renvoie uniquement au résultat. On peut noter que cet exemple va à contre-courant de la tendance de l'anglais à expliciter le processus sur le plan verbal.

13/14   *confirme avec cruauté*   : : *comes as cruel confirmation*

Deux transpositions locales (verbe : : verbe + nom et syntagme prépositionnel : : adjectif) mais équivalence globale entre deux syntagmes verbaux.

16/17   *La nécessité de reconquérir le* : : *Reconquering lost ground is terrain perdu s'impose encore* *even more necessary* *plus*

— Choix caractéristique du gérondif comme point de départ de la relation, lié à la transposition presque contraignante : nom *(la nécessité)* : : adjectif *(necessary)*

— Opérations de détermination différentes :

le terrain perdu (fléchage)   : : *lost ground* (renvoi qualitatif à la notion)

18/19   *Dur lendemain d'élection*   : : *a tough post-election prospect*

Renvoi à la notion lié à la ponctuation et à l'agencement syntaxique (juxtaposition d'une phrase nominale)   : : Extraction, d'où particularisation qui accompagne le lien explicatif des deux points

23/23   *On invoquera l'usure du pou-*   : :   *Power, it will be said, erodes,*
voir, mais peut-être faudrait-il   *but perhaps questions should be*
s'interroger   *asked*

— Traduction de *on* et d'une forme impersonnelle par des tournures passives en anglais.

— Transposition : nom *(usure)* : : verbe *(erodes)* liée à l'agencement syntaxique (proposition incise).

25/24-25   *le discours des socialistes et la*   : :   *what the Socialists are saying*
réalité de l'action gouvernemen-   *and the reality of what the*
tale   *government is doing*
Nominalisation du procès   : : Forme verbale dotée d'un aspect renvoyant au processus

Cette transposition s'accompagne d'un changement de niveau de langue, qui apparaît comme moins soutenu en anglais (voir aussi texte T. 30).

REMARQUE SUR L'ORTHOGRAPHE

Ce passage offre des exemples de l'utilisation différente des majuscules en français et en anglais (cf. Annexe 2) :

         Le Front national   : :   *Le Pen's Front National*
         le Parti communiste   : :   *the Communist Party*
         les socialistes   : :   *the Socialists*

Notes personnelles

La Neige brûle

Son chemin d'enfance et de jeunesse, elle le refaisait avec moi,
mais plus surprise encore que moi par la fraîcheur de ce qu'elle
revivait en racontant. "C'est la première fois, me disait-elle, sur
un ton de reproche: d'ordinaire, je déteste les souvenirs. Je n'ai pas
5   de passé, je n'en veux pas. J'ai rompu avec mon père, et c'est peut-
être aussi bien." Sur leur départ en Amérique, je n'obtins que des
bribes. Elle me laissa seulement deviner un mariage manqué avec un
ingénieur des mines allemand qu'elle avait connu en vacances à La Paz.
Il travaillait pour la Konnecot Company, et le jeune couple partit
10 s'installer au Chili, dans une mine de cuivre, ou plutôt dans les
quartiers réservés aux cadres américains et allemands: golf, tennis,
piscine, écoles spéciales pour les enfants. La sauvageonne de vingt-
quatre ans découvre d'un seul coup la vie civilisée: la ségrégation de
la peau, le mur de l'argent, la lutte des patrons, la résignation des
15 autres, les clivages de la naissance; et qu'il lui était plus facile
d'affronter le regard d'une bête aux abois que les yeux baissés des
hommes qu'on humiliait devant elle. Déjà, dans les marchés boliviens,
son jeune cadre de mari aimait à jeter des pièces de monnaie en l'air,
au milieu de la foule, pour le plaisir de voir les Indiens se précipiter
20 par terre en se battant à qui les retrouverait le premier dans la
poussière. Lui riait et prenait des photos, eux se cognaient pour de
bon, dents serrées, visage en sueur. Elle, détournait les yeux, mettant
ces mauvais moments sur le compte du tourisme et de ses ridicules. A la
mine d'El Teniente, elle voulut, pour passer le temps, donner des cours
25 aux enfants de mineurs. Son mari eut un haut-le-cœur et le lui interdit.
[...] Quelque temps plus tard, elle passait le voir à son bureau, après
un lock-out de "crise", lorsqu'il mit à la porte, en le giflant de toutes
ses forces, un vieux mineur chilien, un Indien boiteux qui venait lui
demander de l'embauche pour la cinquième fois. Par habitude, pour faire
30 le beau devant elle ou pour lui montrer comment il fallait s'y prendre
avec "ces gens-là"? Elle ne se posa pas la question. Elle eut honte,
refusa de baisser la tête et le plaqua deux jours après.

Régis DEBRAY, *La Neige brûle.*
Grasset. 1977. pp. 30-31.

The Snow Is Burning

She retraced with me the steps of her childhood and her youth,
even more surprised than I was at the vividness of what she brought
back to life as she told me about it. "It's the first time," she
said reproachfully. "Usually I hate memories. I have no past and I don't
5   want to have one. I have cut myself off from my father, which may be just
as well."

I managed to gather only a few scraps of information about their
departure to America. She simply hinted at an unhappy marriage to a
German mining engineer she had met on holiday in La Paz. He was working
10   for the Konnecot Company and the young people went to settle in Chile in
a coppermine - or rather in the quarters set aside for the German and
American managerial staff, with a golf course, tennis courts, a swimming-
pool and special schools for the children. At the age of twenty-four,
this untamed girl suddenly discovered civilised life: the segregation by
15   skin colour, the barrier of money, the fierce competition between the
bosses, the submission of the others and the differences of birth. She
also realised that she found it easier to face the look of an animal at
bay than the downcast eyes of the men who were humiliated in her presence.
Even before that, on the markets in Bolivia, that up-and-coming husband
20   of hers had enjoyed throwing coins in the air in the middle of the crowd
just for the fun of seeing the Indians pounce on the money,
fighting to be the first to pick it up in the dust. He would laugh and
take photographs while they fought in earnest, clenching their teeth,
with sweat pouring down their faces, whereas she would look away, trying
25   to blame these painful moments on the foolishness of sight-seeing.

At the El Teniente mine she expressed her wish to give lessons to
the miners' children in order to while away her spare time. Her husband
was disgusted and forbade her to do so. [...] Some time later, just as
she was calling in to see him at his office after an 'emergency' lockout,
30   she saw him throw out an old Chilean miner after hitting him as hard as
he could - a lame Indian who had come to beg him for a job for the fifth
time. Was it out of habit, or to show off in front of her, or to give
her a lesson in how to deal with 'those people'? She did not even ask
herself the question. She felt ashamed, refused to submit and walked out
35   on him two days later.

COMMENTAIRE

Ce passage illustre plus particulièrement les problèmes de traduction liés à l'agencement syntaxique et à l'emploi des formes temporelles dans les deux langues. Il comporte aussi quelques exemples intéressants de **problèmes lexicaux** que nous examinerons tout d'abord.

1/1   *son chemin*   : :   *the steps*

Modulation métonymique, le terme anglais mettant l'accent sur le procès du point de vue de l'agent.

2/2   *la fraîcheur*   : :   *the vividness*

Changement d'image pour traduire la notion de « récent », « comme si c'était hier ».

4/4   *souvenirs*   : :   *memories*

Différence d'extension. *Souvenirs* peut notamment se rendre en anglais par :
— *memories :* le contenu, ce dont on se souvient
— *greetings, wishes :* envoyer son bon souvenir
— *souvenirs* (emprunt) : les objets rapportés d'un voyage ou conservés
(voir aussi les textes T. 16 et T. 20)

11/12   *golf, tennis*   : :   *a golf course, tennis courts*
        Renvoi à la notion   : :   Particularisation : extraction
                                                d'un ou plusieurs échantillons
                                                de la classe

En français ces termes, qui sont des emprunts, sont utilisés de façon métonymique pour désigner aussi bien le sport que l'endroit où il se pratique; ils sont à comparer aux emprunts de type *parking, dancing,* où la forme d'origine renvoyant au processus est employée en français pour désigner le lieu.

En anglais, les termes d'origine *(golf, tennis)* renvoient au sport en tant que processus et entrent en composition avec d'autres termes pour désigner le lieu. Un emploi elliptique en anglais ne conserverait que le terme repéré ou déterminé *(course, courts),* à condition que le contexte permette de déduire le repère ou déterminant (voir 3.3.).

DOMAINE GRAMMATICAL

Le style du texte français rend nécessaire un certain nombre de modifications de l'agencement syntaxique et de la ponctuation lors du passage à l'anglais. Ce style est assez fortement marqué par :

— l'antéposition ou la mise en incise de syntagmes qualificatifs ou circonstanciels,

— les juxtapositions ;

— la non-explicitation des relations entraînant une forte densité de ponctuation, notamment de virgules.

Les modifications apportées en anglais ne doivent pas pour autant faire perdre la valeur de mise en relief qu'ont ces procédés en français.

— Antéposition

1/1 *Son chemin d'enfance..., elle le* : : *She retraced with me the steps*
refaisait avec moi *of her childhood*

Le français met en relief en posant comme repère constitutif de l'énoncé un terme *(son chemin)* qui n'est pas le point de départ de la relation prédicative *(elle refaisait),* et en effectuant sur ce terme une reprise *(le).* (cf. 6.2.1.). Cette forme de « focalisation » n'est pas possible en anglais, et il semble contraignant de rétablir l'ordre canonique.

On trouve un second cas de figure semblable un peu plus loin (6/7) :

sur leur départ..., je n'obtins... : : *I managed to gather... about*
their departure

— Incise

24/26-27 *elle voulut, pour passer le* : : *she expressed her wish to give*
temps, donner des cours *lessons... in order to while*
away...

L'incise devient postposée en anglais, place neutre pour une proposition apportant un complément d'information sur le procès principal de la phrase.

27/30 *il mit à la porte, en le giflant de* : : *she saw him throw out an old*
toutes ses forces, un vieux *Chilean miner after hitting*
mineur... *him...*

De la même façon, la proposition participiale qui s'insère en français entre le verbe et le C_1 pour qualifier le procès va être postposée en anglais, le bloc prédicatif souffrant mal la coupure. Ce déplacement s'accompagne d'une modulation portant sur la relation exprimée par la subordonnée : simple mise en parallèle en français, repérage dans une séquence chronologique en anglais.

— **Explicitation des relations en anglais**

4-5/4-5 *Je n'ai pas de passé, je n'en* :: *I have no past and I don't want*
veux pas *to have one*

Valeur cumulative de la vir- Coordination
gule

11/11-12 *les quartiers réservés... : golf,* :: *the quarters set aside..., with a*
tennis *golf course...*

Les deux-points servant en français à introduire l'énumération des
caractéristiques propres aux *quartiers réservés* sont explicités en
anglais grâce à la préposition *with* qui traduit la relation sous-
jacente.

15/16-17 *[elle] découvre la vie civilisée :* :: *[she] discovered civilised life :*
(...); et qu'il lui était plus fa- *(...). She also realised...*
cile...

Le verbe *découvre* gouverne en français un complément nominal,
puis une subordonnée, le décalage syntaxique étant marqué par un
point-virgule. Or en anglais le point-virgule a généralement pour
fonction de séparer deux phrases liées sémantiquement mais
indépendantes syntaxiquement. Pour maintenir la double complémentation en anglais, il faudrait avoir recours à une virgule, ce
qui rendrait la phrase très longue et donnerait lieu à une confusion
par rapport aux virgules séparant les éléments de l'énumération
qui précède. D'où le choix d'un second verbe introducteur pour la
complétive en *that*.

21-22/22-24 *Lui riait..., eux se cognaient...* :: *He would laugh... while they*
Elle, détournait les yeux *fought... , whereas she would*
look away

Le français marque le contraste entre les trois protagonistes par la
juxtaposition de trois propositions indépendantes avec mise en
relief des trois pronoms : *lui, eux, elle* (ce dernier étant séparé du
verbe par une virgule, car la distinction entre cas sujet et cas objet
n'apparaît par au féminin) qui sont posés comme repères, et dont
la reprise sous forme de sujet (que l'on aurait dans la langue
parlée : *lui, il...*) est sous-entendue.

En anglais le contraste passe par des marques de subordination :
while, whereas qui, en explicitant l'opposition, compensent dans
une certaine mesure l'absence de mise en relief.

dents serrées, visages en sueur :: *clenching their teeth, with sweat*
pouring down their faces

Dans ce même passage, les deux syntagmes nominaux descriptifs
du français, simplement juxtaposés à l'objet de cette description,
sont traduits en anglais par deux formes verbales actualisées
(clenching, pouring) associées à la préposition *with* et à l'adjectif

possessif *their* : il y a en anglais repérage explicite par rapport à l'animé humain objet de la description et actualisation des processus qui servent à le décrire.

29/32   *Par habitude... ?*   : : *Was it out of habit... ?*

Rétablissement en anglais de la forme verbale interrogative là où en français seule la ponctuation marque la succession de propositions elliptiques comme étant des interrogations.

QUELQUES REMARQUES SUR LA TRADUCTION DES TEMPS

La traduction de cet extrait nécessite une analyse attentive des emplois de l'imparfait et du passé simple en français et de leurs rapports avec le prétérit ou d'autres formes en anglais (voir 4.3. et 4.4.). On peut constater que le prétérit traduit à la fois les imparfaits itératifs et les passés simples de récit. Trois passages méritent une attention particulière.

13/14   *[elle] découvre*   : : *[she] discovered*

L'introduction de ce présent amène une rupture dans le récit et marque un changement temporaire du point de vue de l'énonciateur (voir l'analyse du présent dit historique en 4.2.4.). Cette rupture est impossible en anglais ici en raison des problèmes de subordination et d'agencement syntaxique commentés plus haut : le choix du prétérit est contraint par la nécessité de mettre sur le même plan les deux procès *discover* et *realise,* et de maintenir leur insertion dans la chronologie du récit. La seule marque possible ici du changement de point de vue énonciatif semble être l'introduction du déictique *this.*

21-22/22-24   *Lui riait...*   : : *He would laugh...*
         Elle, détournait les yeux   *She would look away*

On a ici un cas typique de traduction de l'imparfait par le *would* dit « fréquentatif ». Le contexte a fourni les marques de l'aspect itératif *(sur les marchés).* Les réactions caractéristiques (et ici explicitement opposées, on l'a vu) des sujets de l'énoncé constituent un scénario répété que l'anglais présente comme prévisible par le biais de la modalité.

24/26   *elle voulut*   : : *she expressed her wish to*

31/34   *elle eut honte*   : : *she felt ashamed*

L'aspect ponctuel exprimé par le passé simple se traduit en anglais par un changement lexical. Ce changement est optionnel pour la traduction de *eut,* mais nécessaire pour celle de *voulut (she wanted* traduirait l'imparfait : *elle voulait).* Voir les exemples proposés au Chapitre 4 (4.4.2.3.).

Le Petit Prince

J'ai ainsi vécu seul, sans personne avec qui parler véritablement, jusqu'à une panne dans le désert du Sahara, il y a six ans. Quelque chose s'était cassé dans mon moteur. Et comme je n'avais avec moi ni mécanicien, ni passagers, je me préparai à
5   essayer de réussir, tout seul, une réparation difficile. C'était pour moi une question de vie ou de mort. J'avais à peine de l'eau à boire pour huit jours.

Le premier soir je me suis donc endormi sur le sable à mille milles de toute terre habitée. J'étais bien plus isolé qu'un
10   naufragé sur un radeau au milieu de l'océan. Alors vous imaginez ma surprise, au lever du jour, quand une drôle de petite voix m'a réveillé. Elle disait :

— S'il vous plaît... dessine-moi un mouton !

— Hein !

15   — Dessine-moi un mouton...

J'ai sauté sur mes pieds comme si j'avais été frappé par la foudre. J'ai bien frotté mes yeux. J'ai bien regardé. Et j'ai vu un petit bonhomme tout à fait extraordinaire qui me considérait gravement.

Antoine DE SAINT-EXUPÉRY, *Le Petit Prince* (1943)
Gallimard, 1958, pp. 11-12

The Little Prince

So I lived my life alone, without anyone that I could
really talk to, until I had an accident with my plane in the
Desert of Sahara, six years ago. Something was broken in my
engine. And as I had with me neither a mechanic nor any
5   passengers, I set myself to attempt the difficult repairs
all alone. It was a question of life or death for me : I
had scarcely enough drinking water to last a week.

The first night, then, I went to sleep on the sand, a
thousand miles from any human habitation. I was more
10   isolated than a shipwrecked sailor on a raft in the middle
of the ocean. Thus you can imagine my amazement, at sunrise,
when I was awakened by an odd little voice. It said :

"If you please — draw me a sheep!"

"What!"

15   "Draw me a sheep!"

I jumped to my feet, completely thunderstruck. I blinked
my eyes hard. I looked carefully all around me. And I saw a
most extraordinary small person, who stood there examining
me with great seriousness.

Traduction de Katherine WOODS (1943)
Harbrace Paperbound Library, 1971, pp. 5-6

COMMENTAIRE

Cet extrait du *Petit Prince,* en dépit de son apparente simplicité, illustre certaines différences entre le français et l'anglais sur le plan du récit, notamment du récit pour enfants.

● Une première différence apparaît quant au mode d'énonciation. L'association du passé composé, forme aspectuelle d'accompli mais compatible avec des repères appartenant au révolu, et de la première personne relève d'un mode d'énonciation de type « discours », qui n'est pas coupé du moment de l'énonciation.

En anglais, au contraire, le prétérit, temps du récit, est en rupture avec le moment de l'énonciation et les procès sont repérés les uns par rapport aux autres de façon indépendante de l'énonciateur (cf. chapitre 4). Ce caractère plus « distant » se trouve compensé par la tendance de l'anglais à introduire des indices de type modal ou déictique (tendance fréquente dans le récit pour enfants), par exemple :

1/2	*avec qui parler véritablement*	: :	*that **I could** really talk to*
8/8	*Le premier soir je me suis endormi*	: :	*The first night, **then,** I went to sleep*
18/18	*qui me considérait*	: :	*who stood **there** examining me*

● D'autre part, par l'ajout de syntagmes verbaux, l'anglais repère tous les procès par rapport à l'agent animé humain présent dans l'énoncé et les particularise : l'exemple des lignes 1/2 déjà cité relève de ce procédé, ainsi que :

2/2	*jusqu'à une panne*	: :	*until **I had** an accident*
7/7	*de l'eau pour huit jours*	: :	*water to **last** a week*

où *last* est à la fois repéré par rapport à *water* et par rapport à *I* dans le sens de « tenir le coup ».

● Le repérage par rapport à l'animé se traduit aussi en anglais par l'ajout d'adverbes de localisation spatiale :

17/17	*J'ai bien regardé.*	: :	*I looked carefully **all around me.***
18/18	*qui me considérait*	: :	*who stood **there** examining me*

ainsi que par le passage d'un C_0 inanimé (par métonymie) + verbe « animé » à un C_0 animé + voix passive :

11-12/12	*une drôle de petite voix m'a réveillé*	: :	*I was awakened by an odd little voice*

● Le seul exemple de suppression du syntagme verbal dans la traduction anglaise est lié à la capacité de composition lexicale de l'anglais :

16/16   *comme si j'avais été frappé par* : : *completely thunderstruck*
          la foudre

La relation de comparaison subsiste dans l'emploi modal appréciatif de l'adverbe *completely*.

● Deux exemples intéressants de modulation méritent commentaire :

2/2   *une panne*   : : *an accident*

Modulation de cause à effet, évitant l'emploi de *breakdown* dont le sens pourrait être ambigu avec le sujet *I* (interprétable comme : *physical, mental or nervous collapse*).

9/9   *terre* ╷*habit*⟨*ée*⟩   : :   *hum*⟨*an*⟩ *habitation*

— *terre* : : *habitation*
Noyau du syntagme composé; relation de référence au lieu (+ particularisation en anglais).

— *habitée* : : *habitation*
Relation de contenu sémantique.

— *habitée* : : *human*
Relation de processus à agent du processus transposé en adjectif.

383

La deuxième mort de l'eurocommunisme

Il y avait quelque chose d'exceptionnel chez Enrico Berlinguer. Confusément, la plupart des Occidentaux — pas seulement les Italiens — le sentent. D'où ces hommages presque unanimes et sans doute beaucoup plus sincères que les phrases toutes faites qui saluent généralement la sortie de scène des « grands » de ce monde.

Mais qu'avait donc « en plus » des autres dirigeants communistes occidentaux cet étrange petit homme, frêle et résolu à la fois, amical et réservé, volontiers ironique et caustique ? Disons qu'il était sincère et qu'il intégrait toujours la réalité dans ses analyses comme dans l'action. Et c'est cette dernière qualité qui faisait de lui un homme moderne : il parlait du monde tel qu'il est. Les lendemains qu'il annonçait ne chantaient pas forcément : ils seraient seulement un peu moins injustes et chacun y aurait sa place.

Il n'est pas étonnant que cet Italien cultivé, tolérant, cet apôtre du compromis historique, ait joué un rôle capital dans l'aventure aujourd'hui bloquée de l'eurocommunisme. Le terme a peut-être été inventé par un Yougoslave, mais c'est Berlinguer — aidé notamment par l'un de ses proches collaborateurs, Sergio Segre — qui avait nourri ce concept, qui lui avait donné vie. Qu'entendait-il par là ? Essentiellement, une coopération des partis communistes occidentaux, indépendamment de Moscou, mais pas contre Moscou, pour définir et mettre en œuvre une société socialiste vraiment démocratique.

La grande heure de l'eurocommunisme sonne le 2 mars 1977, à Madrid, lorque Berlinguer rencontre MM. Carrillo et Marchais. Mais le projet avortera vite pour de nombreuses raisons. La première, c'est l'invasion de l'Afghanistan par l'URSS, opération que le Parti communiste français va approuver d'abord du bout des lèvres, puis avec enthousiasme, M. Marchais allant jusqu'à accuser, de Moscou, les adversaires de cette intervention de vouloir protéger le « droit de cuissage ». Depuis quelques mois, le secrétaire général du PCF a nettement modéré son jugement, mais le mal — ou le bien, tout dépendant de quel point de vue on se place — était fait.

Autre écueil sur lequel est venu s'échouer l'eurocommunisme : l'affaire polonaise, et plus précisément la proclamation de l'état de guerre, qui devait une nouvelle fois souligner les divergences entre communistes français et italiens. En même temps, l'un des piliers de la « troïka » donnait des signes de faiblesse : le Parti communiste espagnol, dont le score baissait à chaque élection, s'installait dans la crise, et M. Carrillo — vieux stalinien converti au socialisme démocratique — ne parvenait pas à maintenir son autorité. L'URSS n'allait pas tarder à en profiter pour susciter une scission, alors qu'elle n'a jamais réussi — mais ce n'est pas faute d'avoir essayé une telle manœuvre en Italie.

L'arrivée de la gauche au pouvoir en France ne s'est pas traduite, au contraire, par une relance du mouvement. Enrico Berlinguer, qui n'avait jamais caché le peu d'enthousiasme qu'il éprouvait pour les nationalisations et son absence d'atomes crochus avec M. Marchais, dut alors dresser le constat d'échec de sa théorie du « compromis historique ». Il y perdit une bonne part de sa crédibilité, et les relations entre les deux partis communistes s'espacèrent de plus en plus. C'est en octobre 1983 que M. Marchais fit pour la dernière fois le voyage de Rome — où il ne s'était pas rendu depuis près de cinq ans. Et, pour éviter les sujets épineux — Pologne, Afghanistan et euromissiles, car le PCI venait de reconnaître que l'URSS jouissait d'une certaine supériorité dans ce dernier domaine, — il fallut se rabattre sur le Liban et égrener quelques vœux pieux sur le désarmement...

La première mort de l'eurocommunisme n'a donc été qu'une longue agonie. La disparition d'Enrico Berlinguer constitue sa seconde mort. Mais l'idée ne disparaîtra pas pour autant. Elle renaîtra sans doute un jour de ses cendres, tant il est vrai, comme le disait Berlinguer, que « la veine créatrice de la révolution d'Octobre est désormais épuisée ».

Le Monde, 13 juin 1984.

Passing of a Great Italian

THERE was something exceptional about Enrico Berlinguer. Most people in the West, and not just the Italians, sensed this in a vague sort of way. Which accounts for the practically unanimous tributes paid to him — tributes which are presumably far more sincere than the clichés usually trotted out when one of the "Greats" quits this world.

But what did this odd little man, who was both frail and determined, friendly and reserved and apt to be ironical and abrasive, have that other Western Communist leaders did not? Let us say he was sincere and always included reality in his analyses as in his actions. It is this that made a modern man of him: he talked of the world such as it was. The prospects he announced were not necessarily brighter: they would be just a shade less unfair and everybody would have his place there.

It is not surprising that this cultured and tolerant Italian, champion of the historic compromise, should have played a major part in the now stalled adventure of Eurocommunism. The tag may have been coined by a Yugoslav, but it was Berlinguer—helped in particular by one of his closest aides, Sergio Segre — who breathed life and meaning into the concept. What he meant by it was, basically, cooperation between Western Communist parties independently of, but not against, Moscow, in defining and implementing a truly democratic socialist society.

Eurocommunism's big moment came on March 2, 1977 in Madrid when Berlinguer met Santiago Carrillo and Georges Marchais, secretaries-general, respectively, of the Spanish and French Communist parties. But the project quickly miscarried for several reasons, the first being the invasion of Afghanistan by the USSR, an operation which the French Communists backed grudgingly at first, but with enthusiasm later. Marchais went so far as to accuse, while on a visit to Moscow, the opponents of this intervention of wanting to preserve the *ius primae noctis*. The secretary-general of the French Communist party had for some months been clearly toning down his observation, but the harm had already been done.

Another stumbling block for Eurocommunism was the Polish affair, in particular the state of emergency. Once again it revealed the gulf separating French and Italian Communists. And at the same time, one of the pillars of the "troika" lost his credibility. The Spanish Communist Party, whose performances declined with every election, went into a state of permanent crisis and Carrillo — an ex-Stalinist converted to democratic socialism — failed to maintain his authority. The USSR lost no time in provoking a schism, something which it had never succeeded in bringing off in Italy, though not for want of trying.

The left's accession to office in France did not, however, breathe fresh life into the movement. Berlinguer, who had never concealed his lack of enthusiasm for nationalisation or the fact that he had little in common with Marchais, was forced to note that his "historic compromise" theory was in ruins. With it, he lost a good deal of his credibility and relations between the two Communist parties became intermittent. It was in October 1983 that Marchais went to Rome for the last time, his first visit there in almost five years. And in order to avoid prickly topics like Poland, Afghanistan and medium-range US missiles in Europe (for the Italian Communist Party had just acknowledged that the USSR had an edge in this sphere) they had to fall back on Lebanon and mouth a few pious wishes about disarmament.

Eurocommunism's first demise has thus been only a slow death. Berlinguer's death is a second death for it. But the idea has not disappeared for all that. It will doubtless rise again from its ashes one of these days, considering that — as Berlinguer noted — "the October Revolution's creative vein is now exhausted."

Traduction du *Guardian Weekly,*
June 24, 1984.

COMMENTAIRE

La traduction de cet éditorial du journal *Le Monde* offre une grande richesse d'exemples des différents problèmes abordés au cours de notre étude et fait ressortir clairement la différence entre les schémas syntaxiques dominants du français et de l'anglais.

PROBLÈMES TEMPORELS ET AGENCEMENT SYNTAXIQUE

On note une première différence globale entre les deux passages sur le plan de l'organisation temporelle.

Le français change à plusieurs reprises de point de repère et varie à l'extrême les temps utilisés. La carrière d'E. Berlinguer n'est pas présentée sous forme d'un récit linéaire, mais plutôt de commentaires, de retours en arrière, puis de regards prospectifs à partir de repères passés pris comme nouveaux points de départ.

La traduction en anglais a gommé cette diversité et propose (à l'exception du dernier paragraphe) un récit chronologique au prétérit, ne contenant que deux courts passages ayant pour repère autre chose que les étapes historiques :

— ligne 16 : *Let us say...*
— ligne 25 : *It is not surprising...*

Contrairement au français, le récit linéaire n'est interrompu que pour l'expression d'un constat ou d'un jugement de l'énonciateur.

Ce caractère plus homogène du texte anglais se retrouve dans :

— le changement de statut assertif avec passage de l'interrogation (de type rhétorique) à l'assertion :

| 38/35 | *Qu'entendait-il par là ?* | : : | *What he meant by it was...* |

— la coordination, la subordination et l'introduction de syntagmes verbaux en anglais face à la juxtaposition, à la disjonction et aux signes de ponctuation en français :

5/5	*D'où ces hommages*	: :	*Which accounts for...*
	Proposition nominale	: :	+ syntagme verbal
14/12	*frêle et résolu à la fois*	: :	*who was both frail and determined*
	Juxtaposition	: :	Proposition relative
56/53	*puis avec enthousiasme*	: :	*but with enthusiasm later*
	Juxtaposition	: :	Explicitation par coordination

66/63	*Autre écueil...*	: :	*Another stumbling block... was*
	Proposition nominale	: :	+ syntagme verbal
85/80	*mais ce n'est pas faute d'avoir essayé*	: :	*though not for want of trying*
	Incise	: :	Postposition
106/97	*les sujets épineux - Pologne,...*	: :	*prickly topics like Poland,...*
	Juxtaposition	: :	Explicitation de la relation

PROCÉDÉS DE TRADUCTION ET SYNTAXE

11/11-16   *Qu'avait-[il] donc « en plus »*   : :   *What did [he] have that other [...] leaders did not ?*

— Modulation : comparaison d'un point de vue positif en français, négatif en anglais.

— Transposition d'un syntagme adverbial en proposition relative avec reprise d'auxiliaire en anglais (cf. 5.3.1.).

22-23/21-22   *Les lendemains [...] ne chantaient pas forcément*   : :   *the prospects [...] were not necessarily brighter*

L'image-cliché disparaît en anglais. *Prospects* est en relation métonymique avec *lendemains*. Dans la phrase suivante (l. 25/23), l'anglais réintroduit une image (amenée par l'emploi de *brighter*) :
     un peu moins injustes   : :   *a shade less unfair*

36-38/34-35   *qui avait nourri ce concept, qui lui avait donné vie*   : :   *who breathed life and meaning into the concept*

— Transposition du verbe *nourrir* en second substantif complément de *breathed,* ce verbe ajoutant lui-même une image par rapport à *donner.*

— Juxtaposition des deux relatives en français, coordination des deux substantifs en anglais.

— Sur le plan de la détermination, *ce concept*, reprise de *le terme* est traduit par **the** *concept* : l'article *the,* opérateur de fléchage (contextuel ici) a un rôle prépondérant dans tous les phénomènes de reprise (cf. 3.2.2.).

41-42/38-39   *indépendamment de Moscow, mais pas contre Moscou*   : :   *independently of, but not against Moscow*

Economie de la répétition du substantif, liée à certaines caractéristiques de l'anglais :

— tendance à la coordination

— autonomie et souplesse d'emploi des prépositions

— possibilité de mettre un élément (nom ou verbe) en facteur commun par rapport à plusieurs prépositions.

Autres exemples :
— *He kept running in and out of the room.*
— *He whisked it out of the house and into the trash* (cf. T. 1)

58/55   *de Moscou*   : : *while on a visit to Moscow*

Modulation spatio-temporelle :
origine spatiale   : : simultanéité temporelle

et étoffement de la préposition *de* par un schéma de subordination (cf. 3.3.2. pour d'autres exemples d'explicitation de la préposition *de*).

66/63   *sur lequel est venu s'échouer*   : : *for*

Transposition : proposition relative : : préposition (procédé inverse de l'étoffement)
Sur le plan syntaxique :
subordination   : : intégration à la principale
Sur le plan stylistique : métaphore filée en français

76/71   *dont le score baissait*   : : *whose performances declined*

Modulation métonymique :
score : résultat, effet   : : *performances :* cause (processus)

Le mot *performance* a une plus grande extension en anglais qu'en français :

— en français, *performance* = résultat sportif, et par extension exploit, succès;

— en anglais, *performance* = résultat sportif, exploit mais aussi : façon d'effectuer une tâche, façon de se comporter, et les sens plus restreints de : représentation (théâtrale), interprétation (d'un rôle, d'un morceau de musique).

94/97   *son absence d'atomes crochus*   : : *he had little in common with*

Transposition du substantif à valeur négative *(absence)* en verbe *(have)* + quantifieur minoratif *(little),* et modulation par perte de l'image en anglais.

104/95 *où il ne s'était pas rendu depuis*   : : *his first visit there in almost five*
        près de cinq ans   *years*

Transposition d'une proposition relative en syntagme nominal juxtaposé et modulation par négation du contraire liée à l'inversion du point de vue aspectuel et au changement de repère.

106/97 *sujets épineux*   : : *prickly topics*

Cas relativement peu fréquent d'image identique en français et en anglais.

115/106   *longue agonie*   : : *slow death*

Modulation métonymique par contiguïté, à la fois :
processus *(agonie)*   : : aboutissement *(death)*
et effet *(longue)*   : : cause *(slow)*

La gauche française vue par ses sœurs d'Europe

La situation de la gauche française par rapport aux formations socialistes ou social-démocrates européennes est aujourd'hui marquée par un singulier paradoxe. Avant son arrivée au pouvoir, et même dans les tout premiers temps de l'"après-81", elle avait plutôt tendance à
5 inspirer, chez les partis frères de l'intérieur ou de l'extérieur de la Communauté, une critique "de droite". Des sociaux-démocrates ouest-allemands aux travaillistes britanniques, des socialistes belges aux suisses ou aux italiens, on avait du mal à admettre le tête-à-tête PC-PS, même s'il prenait bien souvent, dès cette époque, l'allure d'un face-à-face.
10 Beaucoup de points du programme commun, puis, à partir de 1977, des proposi-tions des socialistes paraissaient à la gauche européenne fort excessifs et encore marqués au coin de cet idéalisme révolutionnaire, un rien irréaliste que l'on prête volontiers hors de l'Hexagone aux Français en général et à ceux de gauche en particulier.
15 Bref, la gauche française était, dans bien des domaines essentiels, trop à gauche pour ne pas inquiéter vaguement ses amis européens, à de rares excep-tions près (les Grecs?). On redoutait à la fois l'influence des communistes sur la politique étrangère, l'effet d'un certain nationalisme socialiste (notamment au CERES) qui pourrait conduire Paris à prendre ses distances à
20 l'égard de la CEE ou du "serpent monétaire" et les résultats d'une politique économique dont la logique même, s'agissant en particulier des nationalisa-tions, n'était guère familière à la social-démocratie, voire au travaillisme.

En moins de deux ans, un gigantesque chassé-croisé s'est produit. Dans plusieurs domaines essentiels de son action, la gauche française, ou du moins
25 le Parti socialiste, donne aujourd'hui à ses partenaires européens l'impres-sion d'avoir par trop évolué *vers la droite*" et vers l'Ouest.
[...] A ces déçus (étrangers) du socialisme (français), on pourrait cependant faire observer que la gauche européenne a, elle aussi, assez spectaculaire-ment évolué en peu d'années, qu'il s'agisse des questions diplomatiques et
30 militaires ou de l'économie. L'Allemagne en fournit l'exemple le plus frappant. C'est un chancelier social-démocrate qui avait demandé et obtenu, en 1979, la fameuse "double-décision" de l'OTAN en faveur des euromissiles, que le SPD reproche aujourd'hui à M. Mitterrand de défendre. Et qui eût imaginé, il y a encore deux ou trois ans, la gauche syndicale allemande
35 prônant la grève pour obtenir la semaine de trente-cinq heures, ou les sociaux-démocrates s'alliant de plus en plus facilement aux adversaires irréductibles de leur politique en faveur du nucléaire civil ?

Il n'empêche: au moment où, un peu partout en Europe occidentale, une formidable campagne était lancée dans les milieux de gauche contre le
40 rééquilibrage nucléaire de l'OTAN face aux SS 20, la "défection" de la France socialiste a été ressentie comme un coup particulièrement dur. M. Mitterrand n'est-il pas allé jusqu'à apporter, le 20 janvier 1983, en plein Bundestag, son appui à la politique de l'alliance atlantique ?

Les travaillistes britanniques, les socialistes belges et néerlandais
45 (mais non, sur ce point, les italiens), sans parler des sociaux-démocrates allemands et scandinaves, en ont été doublement atteints. D'abord parce que le front européen de l'Internationale socialiste se trouvait, sur cette question essentielle, plus qu'ébréché. Ensuite parce que cette prise de position, venue d'un homme d'Etat qui s'était longtemps fait une spécialité
50 de la dénonciation du nucléaire militaire, accréditait l'idée qu'une fois au pouvoir les partis de gauche européens étaient bien obligés de tenir un langage "réaliste", c'est-à-dire assez différent de leur discours ordinaire.

B. BRIGOULEIX
Le Monde, **20-21 mai 1984.**

France's 'Lurch to the Right'
Worries European Left

The relationship between the French left and Western Europe's various
Socialist and Social-Democrat parties has undergone a profound and in some
ways paradoxical transformation since President François Mitterrand became
president in May 1981. Before that date, and even during the very first
5 heady days of France's first leftwing government for 23 years, sister
parties in Europe, both within and outside the EEC - the West German Social
Democrats (SPD), the British Labour Party, the Belgian, Swiss and Italian
Socialists, and so on - were none too keen on the marriage of convenience
between the French Socialist and Communist parties (the so-called "union of
10 the left"), though at that time it seemed constantly on the verge of divorce.
Many of the planks of their "Common Programme" and, from 1977 on,
certain policy proposals by French Socialists were perceived by the rest of
the European left as being over the top and typical of the revolutionary
and somewhat unrealistic idealism which the French in general, and the
15 French left in particular, are credited with abroad.

In short, then, the French left was far too leftwing on many key issues
not to cause misgivings among its European counterparts (with the possible
exception of the Greek party, PASOK). The latter apprehended the influence
of the Communists on French foreign policy, the nationalism of some of the
20 more leftwing sections of the party (which, it was feared, might result in
Paris keeping its distance from the EEC and the "monetary snake"), and the
consequences of an economic policy whose very principles, particularly as
regards nationalisation, were foreign to the Social Democrat family and
even to the Labour Party.

25 Within less than two years, an extraordinary reversal has taken place.
In many areas, the French left - or at least the Socialist Party - seems
to its European sister parties to have lurched to the right and into the
arms of the western alliance.

[...] It could be argued, in return, that the rest of the European left,
30 too, has considerably shifted its position within the last few years, on
both economic, military, and foreign policy fronts. Germany provides the
most striking example of this. It was a Social Democrat chancellor who
asked for and obtained, in 1979, Nato's celebrated "two-track decision"
to deploy nuclear missiles in Europe; yet when Mitterrand defends the
35 missiles today, he runs into flak from those same Social Democrats.

And who could possibly have imagined, only two or three years ago,
that German leftwing trade unions would now be pressing for a 35-hour week,
or that the Social Democrats would be allying themselves more and more
closely with the Green Party, which was fiercely opposed to their nuclear
40 energy policy when they were in power ?

The fact remains that, at the precise moment when a vast campaign was
being orchestrated by most of the European left to combat Nato's deployment
of Cruise and Pershing II missiles, the "defection" of the Socialist
government came as an especially hard blow. Mitterrand even went so far as
45 to spell out publicly his support for Nato policies when he spoke to the
Bundestag in January 1983.

The Labour Party, the Belgian and Dutch (though not the Italian)
Socialists, and the German and Scandinavian Social Democrats were doubly
shocked, first because it meant that on that vital issue there was a gaping
50 breach in the European ranks of the Socialist International, and secondly
because such a stand, coming from Mitterrand who had long been a relentless
opponent of nuclear weapons, tended to confirm the notion that, once in
government, leftwing European parties are forced to change their tune and
behave with "realism".

B. BRIGOULEIX
Traduction du *Guardian Weekly*, June 24, 1984.

COMMENTAIRE

La version anglaise de cet article est loin d'être un calque de l'article français, ainsi que le montre dès l'abord la différence du découpage en paragraphes. Il serait d'ailleurs extrêmement difficile de commenter en détail la traduction par une analyse phrase à phrase, car le contenu de l'article français a été remodelé pour aboutir à une équivalence satisfaisante pour des lecteurs anglophones. Le changement de point de vue et l'explicitation dans la traduction du titre sont à cet égard significatifs.

DOMAINE GRAMMATICAL ET SYNTAXIQUE

● Modalisation plus forte en anglais qu'en français, se traduisant par une certaine redondance des expressions modales :

19/20   *qui pourrait conduire*   : : *which, it was feared, might result*

33-34/36   *Qui eût imaginé*   : : *Who could possibly have imagined*

35-36/37-38   *prônant, [...] s'alliant*   : : *would be pressing [...] would be allying themselves*

● Changement de statut assertif : traduction des interrogations par des assertions modalisées :

17/17-18   *(les Grecs ?)*   : : *(with the possible exception of the Greek party, PASOK)*

41-42/44-45   *M. Mitterrand n'est-il pas allé jusqu'à apporter... ?*   : : *Mitterrand even went so far as to spell out...*

● Explicitation et précision de certains repères temporels et aspectuels en anglais (cf. 4.7.) :

2/2-4   *est aujourd'hui marquée*   : : *has undergone a [...] transformation since President François Mitterrand became president in May 1981*

En liaison avec la mise en valeur du processus, l'anglais introduit un repère de type parcours temporel pour des raisons qui sont au moins autant culturelles que linguistiques (les faits sont supposés moins connus du lecteur anglophone que du lecteur français).

10/11   *à partir de 1977*   : : *from 1977 on*

L'expression anglaise donne une image plus précise du parcours temporel, en associant la préposition *from* (renvoyant à l'origine) à la particule adverbiale *on* (déroulement, continuation).

23/25	*en moins de deux ans*	: : *within less than two years*
29/30	*en peu d'années*	: : *within the last few years*

La préposition *within* renvoie explicitement aux bornes de l'espace temporel, et dans le second exemple l'anglais précise par *last* le repérage par rapport au moment de l'énonciation.

42/45-46	*le 20 janvier 1983, en plein Bundestag*	: : *when he spoke to the Bundestag in January 1983*

Les localisations spatiale et temporelle sont juxtaposées en français alors qu'elles sont liées à l'intérieur d'un schéma de subordination en anglais et repérées par rapport à l'agent animé du procès principal repris par *he*.

MODULATIONS ET ÉQUIVALENCES LEXICALES

● Changements d'image :

5/5-6	*partis frères*	: : *sister parties*

L'image utilisée en anglais reprend celle qui figure dans le titre français, mais qui était difficilement réutilisable ici en français en raison du genre grammatical de *parti*

8-9/8-10	*le tête-à-tête PC-PS prenait souvent l'allure d'un face-à-face*	: : *the marriage of convenience [...] seemed constantly on the verge of divorce*

Il s'agit ici d'une équivalence qui vise non pas à traduire exactement l'image du français mais à rendre la relation de contraste entre les deux termes de la comparaison. En français, le procédé consiste à opposer deux états alors que l'anglais traduit le processus de passage d'un état à un autre qui lui est opposé *(on the verge of)*. Le caractère frappant de l'opposition est renforcé en français par le parallélisme prosodique, en anglais par la métaphore filée.

13/15	*hors de l'Hexagone*	: : *abroad*

Adaptation culturelle, l'image de l'Hexagone traversant moins les frontières que celle du Pentagone.

26/27	*d'avoir par trop évolué vers la droite*	: : *to have lurched to the right*

Le degré exprimé par *trop* est reporté sur un emploi figuré du verbe *lurch* en anglais.

● Inversion du point de vue et négation du contraire :

22/23	*la logique n'était guère familière...*	: : *the consequences were foreign to...*

PONCTUATION ET EMPLOI DES MAJUSCULES

6-8/6-8   Antéposition de la liste des différents partis en français, énumération sous forme d'incise entre tirets en anglais. On notera par
ailleurs l'emploi des majuscules en anglais (cf. Annexe 2) : *the
West German Social Democrats, the British Labour Party, the
Belgian, Swiss and Italian Socialists* (ainsi que de nombreux autres
exemples tout au long de l'article).

24-25/26   *la gauche française, ou du* : :   *the French left — or at least the
moins le Parti socialiste,...*   *Socialist Party — ...*

L'incise de type parenthèse est placée entre tirets en anglais.

Notes personnelles

Contradictions américaines

New-York. – Tout le monde semble, ces temps-ci, avoir chaussé les lunettes de M. Paul Volcker, président de la Réserve fédérale, qui voit
5 partout « *fleurir les crocus* » annonciateurs d'une reprise économique vigoureuse après la plus longue récession qu'ait connue le pays depuis la seconde guerre mondiale.
10 Tous les indices – sauf celui de l'emploi – deviennent franchement bons. Le P.N.B. a augmenté à un rythme annuel de 3,1 % au premier trimestre 1983 (à comparer avec
15 une baisse de 1,1 % pendant le dernier trimestre 1982). Et, surtout, cette donnée insaisissable que les hommes d'affaires appellent la confiance est apparemment revenue.
20 Il n'en faut pas plus pour que la société américaine, aussi prompte à s'admirer qu'à se flageller, éprouve soudainement le besoin de se voir renvoyer par les médias une image
25 favorable d'elle-même. Les trois réseaux nationaux de télévision, qui vivent en permanence, par l'intermédiaire des indices d'écoute, le doigt sur le pouls de l'opinion, ne s'y sont
30 pas trompés. Le virage a été pris brutalement dans les derniers jours de mars. D'un seul coup, les reportages, parfois larmoyants, consacrés aux files de chômeurs du Nord-Est
35 industriel ont fait place à des images plus souriantes. Les réflexions amères sur la baisse de la productivité américaine, la mauvaise qualité (d'ailleurs réelle) des objets « made
40 in U.S.A. » et les foudroyants succès japonais paraissent soudain relever d'un genre dépassé. Il est désormais quelque peu « vieux jeu », aux yeux des responsables des programmes
45 des chaînes, de trop parler des échecs américains. La « success story » traditionnelle est de nouveau à la mode.

L'histoire de l'usine Trim de
50 Detroit est un de ces récits édifiants. Celle-ci a été sauvée *in extremis* de la faillite par des méthodes radicales d'amélioration de la productivité décidées en commun par le patronat
55 et les syndicats. Le magazine *Fortune* y a consacré sa « une », et les télévisions ont suivi. Le plus étonnant peut-être, dans cette affaire qui illustre parfaitement l'esprit du
60 temps, est que la présentation qui en a été faite par les médias est rigoureusement exacte.

A la fin de 1981, l'usine Trim située dans la banlieue de Detroit,
65 une filiale de Chrysler qui emploie sept cent neuf personnes, est virtuellement condamnée à fermer ses portes. La maison mère est elle-même à cette époque au bord du
70 gouffre et ne survit que grâce à la garantie financière accordée au début de 1980, à titre tout à fait exceptionnel, par le gouvernement fédéral. L'usine fabrique la totalité
75 des sièges et des housses qui équipent les voitures produites par Chrysler.

Dans la panique générale, alors qu'il est fortement question de met-
80 tre en liquidation judiciaire le troisième constructeur automobile américain, les commissaires aux comptes nommés par le nouveau président de Chrysler, M. Lee
85 Iacocca, adoptent de nouvelles méthodes de calcul. Chaque usine du groupe est désormais tenue de comparer ses coûts annuels de production avec la somme que représen-
90 terait l'achat des mêmes produits à l'extérieur. Pour Trim, cet exercice se révèle désastreux. L'étude montre que Chrysler gagnerait 20 millions de dollars par an en fermant l'usine
95 et en achetant ses sièges et ses housses à un sous-traitant indépendant, de préférence à l'étranger. Le sort de Trim semble scellé. [-----]

Après d'innombrables péripéties
100 et des palabres interminables qui durent des mois au sein des groupes de travail créés par le syndicat et la direction, une solution est trouvée. Les salaires sont maintenus, mais,
105 pour redevenir compétitive, l'usine Trim doit réduire ses effectifs de 709 à 530 personnes. La plupart des emplois non directement liés à la production sont supprimés. De nou-
110 velles mesures de productivité individuelle sont fixées, supérieures en moyenne de 20 % aux précédentes. Il y aura désormais un contremaître pour trente ouvriers, au lieu d'un
115 pour vingt et un. En outre, les interdits jadis imposés par le syndicat, et qui figuraient dans l'ancienne convention collective, n'ont plus cours. N'importe qui peut désormais
120 débrancher une des machines à coudre, alors que jadis seul un électricien avait le droit de le faire, etc. De

nombreux postes d'électriciens, de gardiens, d'inspecteurs, sont éli-
125 minés. Ce « plan » est approuvé par 80 % du personnel en novembre 1982, quelques jours avant la date fixée par Chrysler pour la fermeture.

130 L'usine Trim a bénéficié depuis de la conjoncture plus favorable de l'industrie automobile. Le 1er mars, les normes de productivité exigées par Chrysler pour la poursuite de
135 l'expérience ont été atteintes. L'usine fabrique aujourd'hui davantage de sièges et de housses que précédemment (la demande ayant augmenté) avec un personnel qui a été
140 réduit de 25 %.

D. DHOMBRES
Le Monde, 11 mai 1983.

Chrysler Trim is Back in the Black :
Metaphor for Reagan's America

NEW YORK — Just now the whole
of America seems to be looking at
the world through the rose-tinted
spectacles of Paul Volcker,
5 president of the Federal Reserve
Bank, who claims to see "crocuses
blooming" everywhere, heralding a
durable economic recovery after the
longest recession the country has
10 known since the second world war.

All economic indicators — except
unemployment — are now firmly set
fair. Gross national product rose at
an annual rate of 3.1 per cent during
15 the first quarter of 1983, compared
with a 1.1 per cent drop during the
last three months of 1982. Above all,
that elusive quality known to the
business community as confidence
20 has apparently made a comeback.

American society, as narcissistic
as it is masochistic, has jumped at
this chance of showing itself in a
favourable light. The three
25 nationwide TV networks, which
constantly monitor public opinion
through their audience ratings,
have been quick to sense a turn in
the tide. At the end of March, the
30 familiar and often rather maudlin
documentary features on unemployment in the industrial North-east
were abruptly replaced by up-beat
programme material.
35 The usual grumbles about the
decline in American productivity,
the (genuinely) poor quality of US-
made articles, and the staggering
efficiency of the Japanese are now
40 old hat. The good old American
success story is back in fashion.

Take the case of the Detroit Trim
plant which was snatched from the
jaws of bankruptcy by a crash
45 programme of improved
productivity hammered out by
employers and trade unions. It
made the cover story of Fortune
magazine and was subsequently
50 given wide TV coverage. Perhaps
the most extraordinary thing about
the whole affair, which perfectly
reflects the mood of present-day
America, is that the media presenta-
55 tion of it was accurate on every
count.

Late in 1981, Detroit Trim,
a Chrysler subsidiary in a
Detroit suburb employing 709
60 workers, seemed almost certain to
close. At that time its parent
company was teetering on the brink
of disaster, and managed to survive
only when the Federal government
65 took the most unusual step of under-
writing the corporation in early
1980. Detroit Trim manufactures
seat covers for Chrysler cars.

In the general atmosphere of
70 panic caused by the prospect that
America's third-largest automobile
manufacturer was about to go bust,
the auditors appointed by
Chrysler's new president, Lee
75 Iacocca, proposed a new approach:
each factory in the group would
have to make annual production
costs match the sum that the same
products would cost if bought from a
80 third party.

This proved disastrous for Detroit
Trim. The auditor's report showed
that Chrysler would save $20
million a year by closing down the
85 plant and buying its seat covers
from independent subcontractors,
preferably abroad (where cheap,
exploited and non-union labour is
freely available). It seemed as
90 though the writing was on the wall
for Detroit Trim. [----]

After months of ups and downs,
and endless wrangling between
trade unions and management, a
95 solution was found — and approved
by 80 per cent of the staff in
November 1982 a few days before
Chrysler was due to close the plant.
Wages were maintained at their
100 existing level, but so that Detroit
Trim could become competitive
again the workforce had to be
reduced from 709 to 530. Most
employees whose jobs were not
105 directly connected with production
(such as electricians, guards,
inspectors and so on) were made
redundant. A new individual
productivity system was
110 introduced, with levels 20 per cent
higher than before. From then on,
there was one foreman for every 30
workers instead of for everyone 21
as before.

115 Moreover, handling restrictio s
previously imposed by the u .on
and set down in the labour
agreement were scrapped. Thus,
any employee could disconnect a
120 sewing machine, whereas before
only an electrician had the right to
do so.

Since then Detroit Trim has felt
the benefit of the upturn in the auto-
125 mobile industry. On March 1 this
year, it achieved the productivity
levels set by Chrysler as a pre-
condition for their continuing with
the venture. The plant now manu-
130 factures more seat covers than
before (demand has increased) with
a workforce 25 per cent smaller.

D. DHOMBRES
Traduction du *Guardian Weekly*, May 29, 1983.

COMMENTAIRE

La traduction, relativement libre, de cet article offre des exemples intéressants de l'utilisation différente de la métaphore dans la prose journalistique en français et en anglais, et témoigne d'un décalage assez régulier sur le plan du niveau de langue. Elle illustre également les contrastes caractéristiques entre les deux langues dans les domaines du repérage temporel et de l'agencement syntaxique. Ce passage nous a donc paru représentatif des problèmes de traduction étudiés dans le présent ouvrage, en dépit du fait que l'article anglais se présente par endroits plus comme une adaptation qu'une traduction exacte du texte français.

REPÉRAGE TEMPOREL ET AGENCEMENT SYNTAXIQUE

● Le récit des difficultés de l'usine Trim (lignes 63 à 129) est caractérisé par l'emploi du présent dit historique en français (cf. 4.2.4.) : une fois posé le repère passé *(A la fin de 1981),* les événements sont présentés sans référence à leur caractère révolu. L'anglais a recours au prétérit pour raconter les mêmes événements (lignes 57 à 122), les repérant les uns par rapport aux autres dans le cadre chronologique du révolu.

● On notera également des exemples des différentes transformations syntaxiques étudiées au chapitre 6 :

1. Subordination sous forme de proposition relative rendue par l'intégration à la principale en anglais :

17/18	*cette donnée [...] que les hommes d'affaires appellent la confiance*	: :	*that elusive quality known to the business community as confidence*
75/68	*des sièges et des housses qui équipent les voitures*	: :	*seat covers for Chrysler cars*
100/92	*des péripéties [...] qui durent des mois*	: :	*months of ups and downs*
117/117	*des interdits [...] qui figuraient*	: :	*restrictions [...] set down*
139/132	*un personnel qui a été réduit de 25 %*	: :	*a workforce 25 percent smaller*

2. Changement de statut assertif :

49/42	*L'histoire de l'usine Trim est un de ces récits*	: :	*Take the case of the Detroit Trim plant*
	Assertion	: :	Injonction

3. Choix d'un C₀ animé comme point de départ de l'énoncé en anglais :

107/104   *La plupart des emplois sont supprimés*   : : *Most employees were made redundant*

PROCÉDÉS DE TRADUCTION : TRANSPOSITIONS

5/7   *annonciateurs*   : : *heralding*

Nom dérivé à suffixe agentif   : : Forme verbale renvoyant au processus

63/57   *à la fin de 1981*   : : *late in 1981*

72/66   *au début de 1980*   : : *in early 1980*

Transposition contraignante :
Syntagme adverbial à noyau nominal   : : Adverbe ou adjectif

78/69   *Dans la panique générale*   : : *In the general atmosphere of panic*

Transposition par particularisation liée à la détermination : l'anglais est obligé de passer par une occurrence (de type « manifestation ») pour renvoyer à la notion, alors que le français utilise la notion pour renvoyer à l'occurrence.

128/97   *avant la date fixée par Chrysler pour la fermeture*   : : *before Chrysler was due to close the plant*

Transposition contraignante :
Syntagme nominal   : : Proposition subordonnée temporelle

ÉQUIVALENCES STYLISTIQUES ET NIVEAU DE LANGUE

Le texte anglais apparaît comme plus métaphorique que l'article français (voir le tableau récapitulatif en conclusion de ce commentaire). Ce choix stylistique est d'ailleurs mis en évidence par la traduction du titre même de l'article, avec son emploi de la métaphore « bancaire » :

     in the black   : : *à flot*
vs. *in the red*   : : *en déficit*

D'autre part, l'utilisation fréquente de *phrasal verbs* contribue à donner au texte anglais un niveau de langue moins soutenu que celui de l'article français.

21/21   *aussi prompte à s'admirer qu'à se flageller*   : : *as narcissistic as it is masochistic*

Outre la transposition par l'équivalence de contenu sémantique : verbes : : adjectifs, c'est surtout le procédé utilisé pour aboutir à une équivalence stylistique qui est intéressant ici : la perte d'image en anglais *(flageller* : : *masochistic)* est compensée, sur un autre plan, par le parallèlisme prosodique plus marqué grâce à la répétition du suffixe *-istic.*

28/26 *le doigt sur le pouls de l'opinion* : : *which constantly monitor public opinion*

Métaphore moins marquée en anglais qu'en français.

29-30/28 *ne s'y sont pas trompés. Le* : : *have been quick to sense a turn virage a été pris* *in the tide*

— Modulation par négation du contraire.

— L'opposition entre construction intransitive en français et construction transitive en anglais déclenche une transformation syntaxique et un changement dans la ponctuation.

— Image-cliché dans les deux langues (cf. commentaire du texte T. 15), ayant un noyau commun *(virage* : : *turn)* mais un domaine de référence différent.

51/43 *a été sauvée in extremis de la* : : *was snatched from the jaws of faillite* *bankruptcy*

Ajout d'une image en anglais : image dynamique du processus *(snatched)* + animation de l'inanimé *(jaws).*

52-54/45-47 *des méthodes radicales déci-* : : *a crash programme hammered dées en commun* *out*

Très nette différence sur le plan du niveau de langue, plus familier en anglais.

— Traduction intéressante sur le plan lexical :

crash entre en composition nominale en vertu de ses traits sémantiques : rapidité et brutalité.

Autres exemples :

a crash course : : *un cours/programme accéléré*

to go on a crash diet : : *suivre un régime draconien*

hammer, par le procédé de conversion : nom → verbe, permet l'emploi d'un *phrasal verb.*

— Ce choix lexical est lié à un double ajout d'image en anglais :

crash → + rapidité et brutalité (personne n'a été ménagé)

hammer→ + difficulté (mise en valeur du processus : âpreté des discussions pour arriver à la décision).

68/61 *maison mère* : : *parent company*

Il s'agit en fait ici de la même image lexicalisée, mais la notion d'être parent (père *ou* mère) peut s'exprimer en anglais au degré de généralité immédiatement supérieur à celui du français; ce décalage se traduit dans l'emploi figuré auquel on a affaire ici.

Il y a donc différence d'extension entre les deux langues :

parent (angl.)
→ *my parents* : : { *mon père et ma mère* / *mes parents*
→ *it's hard to be a parent* : : *c'est dur d'être père/mère* (renvoi à la notion)

parent (fr.)
→ *mes parents* : : { *my mother and father* / *my parents*
→ *un parent, des parents* : : *a relative/relatives* (*uncles, aunts,* etc.)

69/62   *au bord du gouffre*   : : *teetering on the brink of disaster*

Images proches dans les deux langues, mais réparties différemment sur les termes de l'énoncé : sur le substantif *gouffre* en français, sur le procès *teetering* en anglais.

80/72   *mettre en liquidation judiciaire* : : *the manufacturer was about to le constructeur*   *go bust*

Différence de niveau de langue :
vocabulaire juridique   : : expression familière fondée sur une image

98/90   *Le sort de Trim semble scellé* : : *the writing was on the wall for Detroit Trim*

Changement d'image, celle utilisée en anglais faisant référence à la Bible :

"the miraculous writing on a wall which foretold the downfall of King Belshazzar — Old Testament, Book of Daniel, 5; → an omen or sign of future ruin or misery"

(définition donnée par : *Longman Webster English College Dictionary*).

De plus, alors qu'il s'agit d'une métaphore morte en français, celle de l'anglais est au contraire fréquemment exploitée comme métaphore vive. Ainsi dans un article paru dans la revue *New Society* (13 September 1985) analysant les signes avant-coureurs des émeutes raciales à Birmingham en septembre 1985, on trouve le paragraphe suivant, où cette même métaphore est filée et rattachée aux réalités contemporaines :

None of the trends are new, of course. The writing on the wall of the inner cities was stencilled in the ghettoes of the United States before the first graffiti were daubed on the lift shaft of any British high-rise.

99/92   *péripéties et palabres*   : : *ups and downs and wrangling*

— Ajout d'image en anglais : conversion de deux prépositions en noms qui gardent l'image spatiale des prépositions.

— Parallélisme prosodique en français.

— Sur le plan des équivalences, *wrangling* correspond sémantiquement à *palabres,* mais le parallélisme prosodique des deux substantifs coordonnés se retrouve dans *ups and downs* qui, sur le plan sémantique, ne traduit que *péripéties.*

118/118   *les interdits* [...] *n'ont plus cours* : : *restrictions* [...] *were scrapped*

Ajout d'image et changement de niveau de langue en anglais.

131/124   *la conjoncture plus favorable*   : :   *the upturn*

Ajout d'image et changement de niveau de langue par conversion d'un *phrasal verb* en nom.

Tableau récapitulatif des contrastes sur le plan stylistique

	FRANÇAIS	ANGLAIS
28/26	+ métaphore *le doigt sur le pouls*	− métaphore *monitor*
21/21	+ métaphore *s'admirer, se flageller*	− métaphore/ + prosodie *narcissistic, masochistic*
29/28 68/61 69/62 98/90	+ métaphore *le virage* *maison mère* *au bord du gouffre* *le sort semble scellé*	+ métaphore *a turn in the tide* *parent company* *teetering on the brink* *the writing was on the wall*
99/92	− métaphore/ + prosodie *péripéties et palabres*	+ métaphore *ups and downs and wrangling*
51/43 52/45 80/72 118/118 131/124	− métaphore *sauvée in extremis* *méthodes radicales* *décidées en commun* *liquidation judiciaire* *n'ont plus cours* *conjoncture plus favorable*	+ métaphore *snatched from the jaws* *crash programme* *hammered out* *go bust* *were scrapped* *the upturn*

Une place à part dans l'histoire politique de trois républiques

Entamer à vingt-cinq ans, en 1932, une carrière politique que chacun juge bientôt foudroyante et prédit exceptionnellement brillante; et puis, huit ans plus tard, la briser sciemment pour choisir la voie difficile qui conduit à la prison, à la flétrissure; et, évadé, exilé, préférer mettre sa vie en jeu au combat, sous l'uniforme, plutôt que de s'abriter du danger dans quelque pays lointain ou quelque palais officiel, en jugeant qu'on en a assez fait, il faut pour cela du courage.

Occuper pendant huit mois, en 1944-45, un poste ministériel, donner sa démission parce qu'on n'a pas pu faire prévaloir ses vues; et puis demeurer huit ans un Cassandre incommode en attendant que des événements justifient vos diatribes et vos sombres prophéties, il faut pour cela de la patience.

Accéder enfin au pouvoir, en 1954, l'exercer avec éclat pendant moins de huit mois; et puis retourner bientôt, après divers mécomptes, à sa solitude hautaine et à ses réquisitoires, tenu à l'écart et s'y complaisant pendant plus de seize années, il faut pour cela de l'entêtement.

Adopter, en 1958, une attitude de ferme opposition au nouveau régime et à son chef, perdre de ce fait tous ses mandats électifs et manquer par deux fois à les reconquérir, disparaître de la scène au point de devoir attendre sept années avant d'être admis à la télévision; et pourtant conserver une présence, une audience, une importance même dans le débat politique telle que, après dix ans, ses propos et ses actes suscitent encore l'attention de la jeunesse, il faut pour cela de la rigueur.

La rigueur, l'entêtement, la patience, le courage, c'étaient bien les grandes qualités de Pierre Mendès France; des qualités qui n'allaient pas sans la contrepartie de quelques grands défauts, car toute médaille a son revers; mais des qualités qui ont suffi à faire de lui, avant Robert Schuman peut-être, après de Gaulle certainement, l'homme politique français de la Quatrième République, et même du dernier quart de siècle, qui a creusé la trace la plus profonde, marqué l'empreinte la plus forte, et qui laisse le souvenir le plus vivace, malgré ses erreurs d'appréciation et son relatif effacement des trois dernières années.

Pierre VIANSSON-PONTE (1979),
in : *Le Monde,* 19 octobre 1982.

COMMENTAIRE

Nous proposons deux traductions de ce passage [1], qui a été retenu pour son caractère très marqué sur le plan stylistique. Nous exposerons les problèmes d'ordre général posés par l'ensemble du texte et les démarches adoptées pour les résoudre, mais nous laissons au lecteur le soin d'étudier les détails des choix de traduction opérés.

Ce passage constitue l'introduction d'un long article sur la carrière et la personnalité de Pierre Mendès-France, écrit par Pierre Viansson-Ponté à la fin de sa vie et publié dans *Le Monde* à la mort de Mendès-France.

Cette introduction fait appel à un procédé de rhétorique qui vise à brosser un premier portrait elliptique, ne retenant que les faits essentiels, et maintient un caractère impersonnel, tenant le lecteur dans l'ignorance du sujet de ce portrait jusqu'au cinquième paragraphe. La forme utilisée à cet effet est une succession d'infinitifs retraçant une série d'événements sans repérage par rapport à la source des procès (emploi du pronom *on*), événements qui sont commentés à la fin de chaque paragraphe par un énoncé de forme impersonnelle au présent.

La difficulté du passage à l'anglais tient à plusieurs facteurs :
— apparemment on est dans le générique, l'a-temporel (infinitifs, association du présent et de la forme impersonnelle *il faut*, agent des procès non précisé);
— mais chaque paragraphe comporte une date, repère temporel normalement associé à un récit historique.

Cette ambiguïté est rendue possible par les caractéristiques de ces deux formes verbales du français :
— infinitif : renvoi à la notion du procès, neutre à la fois par rapport à l'aspect et par rapport à la visée;
— présent : valeur aoristique, en rupture avec la situation d'énonciation, interprétable selon le contexte soit comme générique (a-temporel) soit comme renvoi à la notion du procès (présent dit historique).

1. La première traduction, par son choix de l'infinitif en position initiale, reste fidèle au texte français aussi bien sur le plan stylistique que sur celui du mode de repérage.

L'infinitif, qui laisse en suspens la validation (ou non) du procès [2], est compatible avec le présent générique et avec la valeur de jugement général

---

(1) Nous remercions notre collègue Paul Wass de nous avoir proposé la première de ces traductions.
(2) Pour une analyse détaillée de la valeur de l'infinitif et de ses emplois en position initiale, voir J. Chuquet (1986), *TO et l'infinitif anglais,* Ophrys.

des quatre premiers paragraphes, sans référence à une occurrence particulière ou à un agent spécifique.

Ce choix présente néanmoins deux inconvénients :

— l'emploi systématique de *one, one's* afin de maintenir l'indétermination de l'agent crée une certaine lourdeur sur le plan stylistique;

— le caractère extrême de ce schéma syntaxique d'antéposition apparaît comme encore plus marqué qu'en français et va à l'encontre de la configuration syntaxique habituelle de l'anglais.

2. La seconde traduction proposée a rejeté l'emploi de l'infinitif et opté pour le prétérit, accompagné d'une mise en valeur des repères chronologiques, avec pour conséquence une plus grande homogénéité entre les quatre premiers paragraphes et le cinquième paragraphe récapitulatif.

Ce choix a pour avantage de mieux respecter les tendances dominantes de l'anglais : repérage des procès par rapport à l'animé humain qui en est l'origine, compatibilité du prétérit avec le récit d'événements révolus, respect du schéma syntaxique canonique à l'échelle du paragraphe.

Mais il aboutit incontestablement à une perte sur le plan stylistique : même si le pronom de troisième personne demeure sans référent spécifique jusqu'au cinquième paragraphe, on n'a plus la valeur de vérité générale, indépendante de toute validation, qui, en français, donne à cette présentation de la carrière d'un seul homme la force d'un modèle de portée universelle.

A Special Place in the Political History of Three Republics

To embark at the age of twenty-five (in 1932) on what was soon
to be judged by all a lightning political career whose outcome could
only be seen as brilliant at the time, then, eight years later, to
consciously destroy that career and take the hard road leading to
5   prison and being branded a criminal; then, after escaping and going
into exile, to prefer putting one's life at stake by donning a
uniform and going to war, rather than shelter from danger in some
far-off land or official palace considering one has made one's
contribution - that takes courage.

10   To hold a Cabinet post for eight months (1944-45), to resign
because one has not been able to get one's views across, then to play
the role of an annoying Cassandra for eight years, waiting for events
to bear out one's diatribes and gloomy prophecies - that takes patience.

To finally come to power in 1954, to wield that power brilliantly
15   for hardly eight months before returning, after various let-downs, to
a lofty solitude and renewed indictments, to be kept on the sidelines
and be satisfied with one's lot for more than sixteen years - that
takes stubbornness.

To adopt (in 1958) an attitude solidly opposed to the new regime
20   and to its leader, thereby forfeiting every post to which one has been
elected, to twice miss regaining them, to disappear from the scene so
completely as to have to wait seven years before being allowed to
appear on television and yet to maintain such a presence, such an
audience, even such a degree of importance in political debate that,
25   ten years later, one's words and deeds still attract the attention
of the youth of the country - that takes force of character.

Force of character, stubbornness, patience, courage - such were
the great qualities displayed by Pierre Mendès France, even if they
were counterbalanced by a certain number of major faults - every coin
30   has its other side; but qualities such as to make him, as Robert
Schuman probably was later and De Gaulle most certainly earlier,
the French politician of the Fourth Republic and even of this last
quarter of a century, a politician who has made the deepest impression,
who has left his indelible mark and who leaves us with the most vivid
35   memories despite his errors of judgement and the fact that he has kept
himself more or less out of the limelight over the last three years.

A Special Place in the Political History of Three Republics

In 1932, at the age of twenty-five, he started on a political
career that was soon deemed by everyone stunningly successful and
forecast as exceptionally brilliant; and then, eight years later, he
deliberately brought it to an end in order to choose the hard way that
5 led to prison and dishonour; and after escaping and going into exile,
he preferred to risk his life in battle as a soldier rather than
shelter from danger in some far-off country or some official palace,
considering that he had done enough - all that required courage.

He held Cabinet rank for eight months in 1944-45, and resigned
10 because he could not get his views accepted; and then for eight years
he played the part of a disturbing Cassandra, waiting for events to
prove right his bitter criticism and gloomy prophecies - all that
required patience.

He came to power at last in 1954, and wielded it brilliantly for
15 less than eight months; and then, after various setbacks, he soon
returned to his solitary heights, occasionally delivering damning
statements, content to stay on the sidelines for more than sixteen
years - all that required stubbornness.

In 1958 he took a firm stand against the new regime and its
20 leader, thus losing all his elective mandates and twice failing to
win them back, and he disappeared from the political scene to such
an extent that he had to wait seven years before gaining access to
television; and yet he remained in the public mind, and retained such
a following and even such an important influence in the midst of
25 political controversy that ten years later his words and deeds still
aroused the interest of young people - all that required great force
of character.

Force of character, stubbornness, patience and courage were
indeed the greatest qualities of Pierre Mendès France; of course
30 those qualities were counterbalanced by a few serious faults, since
every rose has its thorn. But those qualities were sufficient to
make him - possibly before Robert Schuman, certainly after De Gaulle -
the French politician of the Fourth Republic, perhaps even of the last
twenty-five years, who had the most lasting influence and left the
35 the deepest marks and most vivid memories, despite the fact that his
judgements were sometimes mistaken and that he had kept himself out of
the limelight in the last three years.

Le pousse-pousse

A ce moment passe sur la chaussée, le long du trottoir où
la jeune femme au chien s'éloigne d'un pas court et rapide,
dans le même sens qu'elle, un pousse-pousse traîné à vive
allure par un Chinois vêtu d'un bleu de mécanicien, mais
5 portant le chapeau traditionnel en cône évasé. Entre les
deux hautes roues, dont les rayons de bois sont peints en
rouge vif, la capote de toile noire qui surmonte en auvent
le siège unique masque complètement le client assis sur
celui-ci; à moins que ce siège, qui, de l'arrière, demeure
10 invisible lui-même à cause de la capote, ne soit vide,
occupé seulement par un vieux coussin aplati dont la
molesquine fendillée, usée par endroit jusqu'à la toile,
laisse échapper son kapok par une déchirure dans l'un des
angles; ainsi s'expliquerait l'étonnante vitesse à laquelle
15 ce petit homme d'apparence chétive peut courir, sur ses pieds
nus dont les plantes noircies apparaissent alternativement
de façon mécanique, entre les brancards rouges, sans jamais
ralentir pour reprendre haleine, si bien qu'il a tout de
suite disparu au bout de l'avenue, où commence l'ombre
20 dense des figuiers géants.

Alain **ROBBE**-GRILLET,
La Maison de rendez-vous,
Ed. de Minuit, 1965, pp. 16-17.

The Rickshaw

Just at that moment a rickshaw comes hurtling down the street
alongside the pavement where the young woman with the dog is
walking briskly away. The rickshaw is going the same way as
she is and is pulled by a Chinaman who, although dressed in
5   overalls, is wearing a traditional cone-shaped hat. Between
the two high wheels with their wooden spokes painted bright
red, the black canvas hood jutting out over the single seat
completely screens the passenger who is sitting there - unless
of course, since the seat itself cannot be seen from behind
10 because of the hood, it is in fact empty, with nothing there
but an old flattened cushion covered with cracked imitation
leather which has been worn down to the canvas in places,
so that the filling keeps dropping out through a tear in one
of the corners. That would explain the incredible speed at
15 which this apparently frail little man is able to run like
clockwork, his bare feet showing now one grimy sole and then
the other between the red shafts, without ever slowing down
to catch his breath, so that he vanishes in a flash into the
opaque shadow of the first giant fig trees at the end of the
20 avenue.

COMMENTAIRE

Ce court passage descriptif illustre bien les problèmes posés par l'agencement syntaxique dans le passage du français à l'anglais. Le style en français est délibérément marqué, et l'anglais doit conserver l'humour de cette description quasi maniaque, mais la structure des deux langues entraîne à effectuer des découpages différents.

Lignes 1 à 5 (→ *évasé*)

Une seule phrase en français — le découpage en deux phrases semble s'imposer en anglais. Mais on a fait passer à l'initiale la notion exprimée par le syntagme adverbial *à vive allure,* en effectuant un chassé-croisé → *hurtling down.*

— *s'éloigne d'un pas court et rapide* : : *is walking briskly away*
 - chassé croisé
 - intégration de l'adverbe dans la proposition
 - un seul terme recouvre l'aire sémantique de *court et rapide*

— *vêtu..., mais portant...* : : *who, although dressed..., is wearing...*
 Modulation par inversion de la relation d'opposition entre les deux segments de l'énoncé.
 Introduction d'un syntagme verbal en anglais là où le français a recours à une apposition d'adjectif verbal.

— *le chapeau traditionnel* : : *a traditional cone-shaped hat*
 Différence dans le choix des opérations de détermination : fléchage d'un élément pris comme représentant de la classe en français; simple extraction en anglais.

Quelques remarques sur le lexique :

— *chaussée* : : *street*
 Relation métonymique de la partie au tout.
 En anglais, un terme renvoyant strictement à la partie *chaussée* (britannique : *roadway,* américain : *pavement)* serait réservé à un emploi technique (code de la route, construction de route...). Noter qu'en américain, *trottoir* serait traduit par *sidewalk.*

— *pousse-pousse* : : *rickshaw*
 Le terme français est une création par conversion (et redoublement) du verbe renvoyant au procès, tandis que le terme anglais est un emprunt au japonais (pays d'origine de ce moyen de transport), transformé du point de vue orthographique et phonétique pour s'insérer dans le système anglais *(< jinrikisha).*

— *bleu de mécanicien* : : *overalls*

Conversion dans les deux langues, mais de type différent :

- adjectif → nom en français (procédé courant avec les adjectifs de couleur)
- particule adverbiale → nom en anglais

Lignes 5 à 9 *(→ celui-ci)*

Ce passage illustre la différence de fonctionnement des relatives dans les deux langues.

— Relative en *dont* → syntagme nominal introduit par une préposition *(with);* intégration à la principale en anglais.

— Relative en *qui* → participe actif en *-ing.*

— Participe passé → relative avec forme verbale en *-ing,* donc modulation aspectuelle.

Lignes 9 à 14 *(→ angles)*

On trouve ici des exemples caractéristiques de transformations syntaxiques.

— *ce siège qui demeure invisible* : : *since the seat cannot be seen*

Passage d'une relative à une subordonnée exprimant une relation causale, et orientation par rapport à la source de la perception avec l'ajout du modal *cannot.*

Il faut noter aussi le fléchage par le déictique *ce* en français, par l'article *the* en anglais.

— *occupé seulement par...* : : *with nothing there but...*
usée par endroit... : : *which has been worn down...*

Deux traductions des participes passés en apposition :

- syntagme prépositionnel
- relative descriptive avec mise en évidence du processus.

— *la molesquine... laisse échapper* : : *so that the filling keeps dropping out*

Exemple fréquent en français de pseudo-animation d'un C_0 inanimé, qui donne souvent lieu en anglais à une inversion du point de vue, visant à rétablir la correspondance entre C_0 inanimé et verbe « inanimé » (ou « moins animé »).

Une autre solution assez fréquente consiste à utiliser en anglais la structure de prédication d'existence, par exemple :

La fenêtre laissait passer un : : *There was a fierce draught coming in*
furieux courant d'air. *through the window.*

Lignes 14 à 20

— *ce petit homme d'apparence chétive* : : *this apparently frail little man*

Transposition Nom : : Adverbe avec inversion de la relation de qualification, permettant en anglais l'intégration de toute l'expression qualificative à l'intérieur du syntagme nominal.

— *ses pieds nus dont les plantes noir-* : : *his feet showing now one grimy*
cies apparaissent... *sole...*

Transformation à nouveau de la relative en *dont* avec changement de fonction du syntagme nominal.

— *noircies* : : *grimy*

Participe passé d'un verbe de : : Adjectif dérivé d'un substantif
processus (*grime* = suie) explicitant
l'agent du processus.

— *de façon mécanique* : : *like clockwork*

Modulation par ajout d'image en anglais.

— *où commence l'ombre des figuiers* : : *into the shadow of the first*
géants *giant fig trees*

Le lien relatif du français est transposé en un lien prépositionnel,et une seconde transposition est opérée de verbe *(commence)* à adjectif ordinal *(first)*. En effet, *commencer* renvoie ici à une notion spatiale et désigne un procès de type état, alors qu'en anglais, *begin* (ou *start*) relève plutôt du domaine temporel, et marque l'initiale d'un processus ou procès-événement.

Notes personnelles

L'Illusion lyrique

Un chahut de camions chargés de fusils couvrait Madrid tendue dans la nuit d'été. Depuis plusieurs jours les organisations ouvrières annonçaient l'imminence du soulèvement fasciste, le noyautage des casernes, le transport des muni-
5   tions. Maintenant le Maroc était occupé. A une heure du matin, le gouvernement avait enfin décidé de distribuer les armes au peuple ; à trois heures, la carte syndicale donnait droit aux armes. Il était temps : les coups de téléphone des provinces, optimistes de minuit à deux heures,
10   commençaient à ne plus l'être.

Le central téléphonique de la gare du Nord appelait les gares les unes après les autres. Le secrétaire du syndicat des cheminots, Ramos, et Manuel, désigné pour l'assister cette nuit, dirigeaient. Sauf la Navarre, coupée, la
15   réponse avait été ou bien : le Gouvernement est maître de la situation, ou bien : les organisations ouvrières contrôlent la ville en attendant les instructions du gouvernement. Mais le dialogue venait de changer :

— Allô, Huesca ?
20   — Qui parle ?

— Le Comité ouvrier de Madrid.

— Plus longtemps, tas d'ordures! Arriba España!

Au mur, fixée par des punaises, l'édition spéciale (7 heures du soir) de *Claridad* : sur six colonnes "Aux
25   armes, camarades".

— Allô, Avila ? Comment ça va chez vous ? Ici la gare.

— Va te faire voir, salaud. Vive le Christ-Roi!

— A bientôt! Salud!

André MALRAUX,
L'Espoir (1937)
Gallimard-La Pléiade, 1970, p. 435.

Careless Rapture

All Madrid was astir in the warm summer night loud with
the rumble of lorries stacked with rifles. For some days the
Workers' Organizations had been announcing that a fascist
rising might take place at any momont, that thc ooldicro in
5   the barracks had been 'got at', and that munitions were
pouring in. At 1 a.m. the Governement had decided to arm the
people, and from 3 a.m. the production of a union-card entitled
every member to be issued with a rifle. It was high time, for
the reports telephoned in from the provinces, which had sounded
10   hopeful between midnight and 2 a.m., were beginning to strike a
different note.

The Central Exchange at the Northern Railway Terminus rang
up the various stations along the line. Ramos, the Secretary of
the Railway Workers' Union, and Manuel were in charge. With the
15   exception of Navarre — the line from which had been cut — the
replies had been uniform. Either the Government had the situation
well in hand, or a Workers' Committee had taken charge of the
city, pending instructions from the central authority. But now
a change was coming over the dialogues.

20   'Is that Huesca?'

'Who's speaking?'

'The Workers' Committee, Madrid.'

'Not for long, you swine! *Arriba España!*'

Fixed to the wall by drawing-pins, the special late edition
25   of the *Claridad* flaunted a caption six columns wide : *Comrades
To Arms!*

'Hullo, Avila? How's things at your end? Madrid North
speaking.'

'The hell it is, you bastards! *Viva El Cristo Rey!*
30   'See you soon. *Salud!*'

Traduction de Stuart GILBERT &
Alasdair MACDONALD (1938)
Penguin Modern Classics, 1982, p. 11.

COMMENTAIRE

Le style concis, caractérisé par une grande économie, de ce début de roman, pose des problèmes de traduction qui ont souvent été résolus par une explicitation de relations qui demeurent implicites dans le texte français. On peut constater une perte de tension dans le style de la traduction en anglais, difficilement évitable à cause de la différence entre les deux langues, tant sur le plan syntaxique que sur le plan du niveau de langue.

1/1

un [chahut] de camions : : (all) Madrid (was) ₗastir

→(couvrait) Madrid ₗtendue ₗ   with the [rumble] of lorries

— Le C_0, inanimé dans les deux langues, est associé à un verbe « animé » en français, « inanimé » en anglais.

— *couvrait* est traduit à la fois par *was* sur le plan syntaxique (verbe de processus : : verbe d'état) et par *all* sur le plan sémantique.

— La traduction de *chahut* par *rumble* relève de la particularisation sur le plan lexical (bruit spécifique des camions).

3-5/3-5 *annonçaient l'imminence..., le* : : *announcing that a fascist rising*
noyautage..., le transport   *might take place..., had been 'got at'..., were pouring in.*

Traduction de la série de syntagmes nominaux par une série de propositions complétives renvoyant aux différents procès par des verbes, ayant pour résultat une plus grande actualisation en anglais ainsi qu'un changement dans le niveau de langue. (Voir aussi la fin du texte T. 22).

5-7/6-7 *A une heure...; à trois heures...* : : *At 1 a.m. ..., and from 3 a.m...*

La juxtaposition avec point-virgule est remplacée par une coordination mettant en relation les deux points de repère fournis dans le parcours temporel.

8-9/8-9 *Il était temps : les coups de* : : *It was high time, for the reports*
téléphone des provinces...   *telephoned in from the provinces*

— Explicitation en anglais de la relation causale sous-entendue par les deux-points.

— Explicitation de la relation spatiale en anglais (cf. 3.3.2., les traductions de la préposition *de*).

9/9-10	*optimistes de minuit à deux heures*	: : *which had sounded optimistic between midnight and 2 a.m.*

Passage d'un qualificatif en apposition à une relative descriptive avec marque aspectuelle sur la forme verbale. Voir aussi 14/15 :

	la Navarre, coupée...	: : *Navarre — the line from which had been cut*

10/10-11	*commençaient à ne plus l'être*	: : *were beginning to strike a different note*

Modulation par changement de point de vue : reprise du prédicat *être optimiste* avec négation et borne aspectuelle en français; introduction d'un nouveau procès en anglais. Cette modulation sur l'orientation aspectuelle se retrouve aux lignes 18/19 :

	le dialogue venait de changer	: : *a change was coming over the dialogues*

12/13	*les unes après les autres*	: : *along the line*

Modulation spatio-temporelle.

15-16/16-17	*la réponse avait été ou bien : le Gouvernement est maître..., ou bien : les organisations contrôlent...*	: : *the replies had been uniform. Either the Government had the situation in hand, or a Workers' Committee had taken charge...*

En français, discours direct (temps présent) avec verbe introducteur *(la réponse avait été)* et signe de ponctuation (:), mais sans guillemets.

En anglais, discours indirect libre : pas de relation directe entre l'assertion : *the replies had been uniform* et le contenu de ces réponses. D'où une plus grande ambiguïté qu'en français, les formes de prétérit ou de pluperfect du discours indirect libre ne se distinguant pas à première vue de celles du récit (cf. 4.4.3.).

23-25/24-26	*Au mur, fixée par des punaises, l'édition spéciale (7 heures du soir) de Claridad : sur six colonnes "Aux armes, camarades".*	: : *Fixed to the wall by drawing-pins, the special late edition of the Claridad flaunted a caption six columns wide : 'Comrades To Arms !'*

Disjonction maximale en français, intégration en anglais (cf. 6.4.), se traduisant par :

— liaison des deux syntagmes antéposés,
— intégration de la parenthèse sous forme d'adjectif épithète,
— explicitation des deux-points par le verbe *flaunted*,
— ajout d'un substantif *(caption)* servant de contexte introducteur à la citation du gros titre,
— moindre densité de la ponctuation.

Annexes

Annexe 1

LA PONCTUATION

L'anglais et le français présentent un certain nombre de différences sur le plan de la ponctuation. Les règles de la ponctuation pour chacune des langues figurent dans certains dictionnaires et manuels de « bon usage », notamment :

- pour l'anglais :

  A.S. Hornby *Oxford Advanced Learner's Dictionary of Current English,* Oxford University Press, 1974, pp. 1033 à 1036.

  Longman-Webster English College Dictionary, Longman, 1984, pp. 1775 à 1778.

- pour le français :

  M. Grévisse, *Le bon usage,* Paris-Gembloux, Duculot, 1964, pp. 1110 à 1121.

  A. Doppagne, *La bonne ponctuation,* Paris-Gembloux, Duculot, 1984.

Par ailleurs, l'ouvrage de M. Charlot *et al., Pratique du thème anglais* (Colin, 1982) présente dans son introduction une brève analyse comparée des systèmes de ponctuation de l'anglais et du français.

Nous rappelons ici brièvement les principaux points de divergence qu'il est essentiel de connaître lorsque l'on pratique la traduction.

418

Ponctuation du dialogue

ANGLAIS

— Toutes les paroles rapportées en discours direct sont entre guillemets : en général guillemets doubles ("...") en anglais américain, souvent guillemets simples(' ... ') en anglais britannique.

— Les verbes introducteurs ne sont pas inclus dans les guillemets, qu'ils soient ou non en incise.

— L'hésitation ou les phrases incomplètes sont en général marquées par un tiret.

FRANÇAIS

— Le dialogue, commencé par un guillemet ouvrant, se poursuit par des tirets et se termine par un guillemet fermant. Il est fréquent que les guillemets soient omis complètement.

— Les incises ne s'isolent pas des parties entre guillemets et restent incluses dans la citation.

— Emploi des points de suspension pour marquer l'hésitation ou les phrases inachevées.

EXEMPLE

'This has been a wonderful day!' said he, as the Rat shoved off and took to the sculls again. 'Do you know, I've never been in a boat before in all my life.'

'What?' cried the Rat, open-mouthed. 'Never been in a — you never — well, I — what have you been doing, then?'

'Is it so nice as all that?' asked the Mole shyly, though he was quite prepared to believe it was [...]

Kenneth Grahame, *The Wind in the Willows,* 1908 (Methuen, 1955, p. 5).

« Quelle merveilleuse journée, dit-il, tandis que Rat s'écartait de la rive et prenait ses avirons. Vous savez, c'est la première fois que je vais en bateau.

— Quoi? s'écria Rat, bouche bée. Jamais été... vous n'avez jamais... mais alors... qu'est-ce que vous avez fait jusqu'ici?

— C'est si agréable que cela? » demanda timidement Taupe, tout disposé à le croire; [...]

Traduction de J. Parsons, Gallimard, 1967, p. 16.

Emploi et densité des virgules

On constate une plus grande densité des virgules en français, qui est liée à la tendance du français à juxtaposer et à pratiquer l'antéposition et l'incise, alors que l'anglais a plutôt recours à l'intégration et à la coordination.

La virgule française pourra correspondre à :
— un point virgule ou un point en anglais si la virgule sépare deux propositions indépendantes;
— des parenthèses ou des tirets si les virgules encadrent une incise;

— l'absence de marque de ponctuation dans le cas d'une virgule devant un complément circonstanciel ;
— la conjonction de coordination *and* lorsque la virgule sépare les deux derniers adjectifs d'une séquence qualifiant un substantif, ou les deux derniers termes d'une énumération.

En règle générale, il est conseillé de ne pas abuser de virgules en anglais, règle énoncée sur le mode humoristique par l'écrivain et journaliste Keith Waterhouse :

> "Commas are not condiments. Do not pepper sentences with them unnecessarily".
>
> (*Daily Mirror Style*, Mirror Books, 1981, p. 22).

Les deux-points

Les deux-points ont en français des fonctions variées : ils « annoncent le discours direct, introduisent une citation, annoncent une énumération, une explication, une conclusion, expriment une conséquence, une synthèse, et préparent la chute de la phrase ». (M. Charlot *et al.*, *Pratique du thème anglais*, pp. 8-9).

Ils sont beaucoup moins fréquemment utilisés en anglais. S'ils peuvent (en concurrence avec la virgule) séparer un verbe introducteur d'une citation en discours direct, les deux emplois retenus par le dictionnaire *Advanced Learner's Dictionary* (p. 1034) sont les suivants :

> " 1. (formal) Used after a main clause when the following statement illustrates or explains the content of that clause."

(ils proposent comme autre solution le point ou le point-virgule).

> " 2. Used before a long list, and often introduced by phrases such as : *such as, for example* [...] *as follows."*

Les deux-points français donnent par conséquent lieu en anglais à différents équivalents : point-virgule ou point, tiret, mais aussi explicitation par l'ajout d'un syntagme prépositionnel ou d'un syntagme verbal.

Le tiret en anglais

Très utilisé en anglais, parfois jusqu'à l'excès dans la langue écrite familière (lettres, par exemple), le tiret correspond à différents signes de ponctuation en français selon les cas :
— des virgules ou des parenthèses lorsqu'il s'agit d'une incise, une virgule ou un point-virgule lorsqu'il s'agit d'un élément postposé, comme dans :
Schooldays are the happiest days of our lives — or so we are told.
(*Advanced Learner's Dictionary*, p. 1034).
— des points de suspension lorsqu'il s'agit d'une phrase laissée en suspens, de la transcription d'une hésitation ou d'un ajout à la phrase « après-

coup ». Rappelons que le rôle des points de suspension en anglais se limite en général à signaler une omission.

— deux-points lorsqu'il s'agit d'introduire un énoncé qui vient conclure ou résumer ce qui précède, comme par exemple :

Coal, iron and steel — these are the backbone of industrialisation.

(Longman-Webster English College Dictionary, p. 1776).

Signalons enfin l'ouvrage très riche de C. Demanuelli : *Points de repère. Approche interlinguistique de la ponctuation français-anglais* (St-Etienne, 1987) qui étudie de façon approfondie les différences de ponctuation entre le français et l'anglais et en explore les implications à la fois syntaxiques et stylistiques.

L'EMPLOI DES MAJUSCULES EN ANGLAIS ET EN FRANÇAIS

Les différences d'emploi des majuscules en anglais et en français sont source de nombreuses erreurs. En règle générale, l'anglais fait un usage beaucoup plus étendu des majuscules que le français. Nous présentons ici quelques illustrations des principales règles à retenir.

Nationalités

— Les noms renvoyant aux nationaux prennent une majuscule dans les deux langues :

les Anglais et les Français	*the English and the French*
un Anglais et un Polonais	*an Englishman and a Pole*

— Les adjectifs de nationalité (y compris dans leur emploi substantivé renvoyant à la langue) prennent une minuscule en français, une majuscule en anglais :

l'anglais et le français	*English and French*
en anglais ou en russe	*in English or Russian*
une université américaine	*an American university*
dans la littérature anglaise	*in English literature*

Désignations géographiques, historiques et politiques

— Les noms composés désignant un tout ou une unité administrative prennent des majuscules dans les deux langues, le français ajoutant un trait d'union :

les Etats-Unis	*the United States*
le Royaume-Uni	*the United Kingdom*
rue du Général-Leclerc	*Oxford Street*

(noter que *rue* prend une minuscule, *Street* une majuscule).

— Dans tous les autres cas, l'adjectif prend une minuscule en français, une majuscule en anglais :

à l'époque victorienne	*in the Victorian period*
des communautés chrétiennes	*Christian communities*
un philosophe marxiste	*a Marxist philosopher*
les Jeux olympiques	*the Olympic Games*
le Marché commun	*the Common Market*
l'Union soviétique	*the Soviet Union*

Jours de la semaine et noms de mois

Minuscules en français, majuscules en anglais :

c'est fermé le dimanche	*it's closed on Sundays*
le dernier lundi de février	*the last Monday in February*
jeudi 1er mai	*Thursday May 1st*

Titres professionnels, honorifiques et politiques

Ces titres prennent une minuscule en français, une majuscule en anglais :

le docteur Dupont	*Doctor Smith*
le général de Gaulle	*General Haig*
la reine Elisabeth	*Queen Elisabeth*
le président a déclaré...	*the President said...*
le ministre britannique des affaires étrangères	*the British Foreign Secretary*
le ministre des Affaires étrangères	*the Foreign Secretary*
un député	*a Member of Parliament*

Titres d'ouvrages

En anglais, tous les mots du titre prennent une majuscule, à l'exception des conjonctions, prépositions et articles ne se trouvant pas en première position.

En français, seul le premier élément (qui peut être l'article) prend une majuscule. Lorsqu'il s'agit d'une œuvre littéraire, le nom qui suit l'article prendra généralement une majuscule [1].

L'Education sentimentale	*Sentimental Education*
Le Médecin malgré lui	*Doctor in Spite of Himself*
La Neige brûle	*The Snow Is Burning*
Comme il vous plaira	*As You Like It*
Autant en emporte le vent	*Gone with the Wind*

---

(1) Pour une présentation plus détaillée de la question en français, voir A. Doppagne, *Majuscules, abréviations, symboles et sigles*, Paris-Gembloux, Duculot, 1984.

Introduction à la linguistique théorique

Dictionnaire des difficultés de la langue française

L'enseignement de l'arabe dans les pays anglophones

An Introduction to Theoretical Linguistics

Dictionary of English Phrasal Verbs and their Idioms

The Teaching of Arabic in English-Speaking Countries

QUELQUES DIFFÉRENCES ORTHOGRAPHIQUES ENTRE LE FRANÇAIS ET L'ANGLAIS

Nous rappelons ici quelques variations orthographiques qui sont souvent source d'erreur dans le passage d'une langue à l'autre. Nous nous fondons pour la comparaison sur l'orthographe de l'anglais britannique, tout en signalant les divergences entre anglais britannique (G.B.) et anglais américain (U.S.) lorsqu'elles sont pertinentes à la comparaison entre l'anglais et le français.

Les couples de mots ci-dessous, s'ils sont proches par la graphie, divergent le plus souvent par le sens : différence d'extension dans la plupart des cas, faux-amis partiels (marqués*) et faux-amis complets (marqués**) — voir chapitre 9. Les mots français figurent toujours dans la colonne de gauche.

Nous incluons dans notre liste quelques noms propres présentant des variations orthographiques et phonétiques qu'il est important de connaître pour la pratique du thème journalistique écrit et oral. Il ne s'agit bien sûr que d'un échantillon que nous encourageons le lecteur étudiant à compléter.

A) REDOUBLEMENT DE CONSONNE

1. Cas liés à l'affixation

Redoublement en anglais		Redoublement en français	
Préfixes			
abréviation	***abbreviation***	*appartement*	***apartment***
****acompte*	***account***		
adresse	***address***	*ressembler*	***resemble***
agression	***aggression***	*ressources*	***resources***
symétrique	***symmetric***		

Suffixes lexicaux

-alement	**-ally**	*-nn-*	**-n-**
initialement	**initially**	*prisonnier*	**prisoner**
marginale-			
ment	**marginally**	*raisonnable*	**reasonable**
principalement	**principally**		
		-onnaire	**-onaire/-onary**
		dictionnaire	**dictionary**
		millionnaire	**millionaire**
		questionnaire	**questionaire**
		-onnel	**-onal**
		exceptionnel	**exceptional**
		intentionnel	**intentional**
		personnel	**personal**
		professionnel	**professional**

Suffixes grammaticaux

contrôlé	**controlled**	**abandonné*	**abandoned**
équipé	**equipped**	**développé*	**developed**
		mentionnant	**mentioning**
		questionnait	**questioned**

2. Autres cas

Redoublement en anglais		Redoublement en français	
*bagage	**baggage**	**canne*	**cane**
canon	**cannon**	*carrière*	**career**
carotte	**carrot**	**courrier*	**courier**
coton	**cotton**	**dommage*	**damage**[1]
dîner	**dinner**	*ennemi*	**enemy**
exagérer	**exaggerate**	*enveloppe*	**envelope**
galop	**gallop**	*hommage*	**homage**
girafe	**giraffe**	**honnête*	**honest**
*mariage	**marriage**	*honneur*	**honour**
*trafic	**traffic**	*littéralement*	**literally**
		littérature	**literature**

---

(1) Statut de faux-ami lié au fonctionnement différent sur le plan de la détermination : voir chapitre 3, 3.1.2.

B) VARIATION VOCALIQUE

1. Variation /a/ :: /e/

/e/ en français		/e/ en anglais	
*exemple	**example**	correspondant	**correspondent**
*marmelade	**marmalade**	délinquant	**delinquent**
		(ın)dépendance	**(in)dependence**
		recommander	**recommend**

2. Dans les affixes

— Les suffixes -ible et -able se correspondent souvent d'une langue à l'autre, mais on trouve des divergences, en particulier :

    responsable   :: **responsible**

— Le préfixe négatif français in- donnera lieu soit à in- soit à un- en anglais, ce dernier étant plus fréquent :

indirect	**indirect**	inacceptable	**unacceptable**
inhumain	**inhuman**	incertain	**uncertain**
		*indû	**undue**
		inhabité	**uninhabited**
		inintéressant	**uninteresting**

C. VARIATION CONSONANTIQUE

— /n/ :: /m/

confort	**comfort**

— /s/ :: /c/

as	**ace**
danser	**dance**
défense	**defence (GB)**
	defense (US)
*offense	**offence (GB)**
	offense (US)

— /c/ :: /s/

exercice	**exercise**

— /c/ :: /t/

négocier	**negotiate**

— /s/ :: /z/

Elisabeth	**Elizabeth**
*hasard	**hazard**

— /z/ :: /s/

le gaz	**gas**

— suffixe verbal -iser :: -ise / -ize

Exemple : organiser :: **organise (GB)** / **organize (US)**

Une liste finie de verbes ne possède que la forme *-ise,* notamment :

  advertise, advise, despise, devise, disguise, exercise,
  improvise, revise, supervise, surprise, televise

(Pour la liste complète, voir *Longman-Webster English College Dictionary,*
p. 784).

Tous les autres admettent l'alternance : la forme *-ize* est pratiquement
toujours utilisée en anglais américain et a tendance à se généraliser an anglais
britannique.

D. VARIATIONS DIVERSES

1. Noms communs

*asile	**asylum**	maire	**mayor**
cacao	**cocoa**	otage	**hostage**
caporal	**corporal**	réflexion	**reflection**
*caractère	**character**	rhum	**rum**
faisan	**pheasant**	rime	**rhyme**
**glu	**glue**	rythme	**rhythm**
héros	**hero**	synecdoque	**synecdoche**
langage	**language**		

2. Noms propres

Les noms propres font souvent l'objet de variations vocaliques et
consonantiques, d'un point de vue à la fois phonétique et graphique.

— Figures de l'Antiquité :

Aristote	**Aristotle**	[ˈærɪstɒl]
Hercule	**Hercules**	[ˈhɜːkjuliːz]
Platon	**Plato**	[ˈpleɪtəu]
Socrate	**Socrates**	[ˈsɒkrətiːz]
etc.		

— Villes :

Alger	**Algiers**	[ælˈdʒɪəz]
Anvers	**Antwerp**	[ˈæntwɜːp]
Bruxelles	**Brussels**	[ˈbrʌsIz]
Cantorbéry	**Canterbury**	[ˈkæntəbərɪ]
Edimbourg	**Edinburgh**	[ˈedɪnbərə]
La Haye	**The Hague**	[ðəˈheɪg]
Le Caire	**Cairo**	[ˈkaɪərəu]
Marseille	**Marseilles**	[maːˈseɪlz]
Moscou	**Moscow**	[ˈmɒskəv]
Reims	**Rheims**	[riːmz]
Varsovie	**Warsaw**	[ˈwɔːsɔː]
etc.		

— *Pays et régions :*

Brésil	**Brazil**	[brə'zıl]
Bretagne	**Brittany**	['brıtənı]
Chili	**Chile**	['tʃılı]
Cornouaille	**Cornwall**	['kɔːnwəl]
Groënland	**Greenland**	['griːnlənd]
Japon	**Japan**	[dʒə'pæn]
Liban	**Lebanon**	['lebənən]
Maroc	**Morocco**	[mə'rɒkəu]
etc.		

— Des îles (*islands* ['aıləndz]) à ne pas confondre :

Les îles Britanniques	**The British Isles**	[aılz]
L'Irlande	**Ireland**	['aıələnd]
L'Islande	**Iceland**	['aıslənd]

LISTE DES TABLEAUX SYNOPTIQUES

SOURCES DES EXEMPLES

Les exemples cités dans la Première partie sont tirés à la fois des textes 1 à 30 de la Deuxième partie, de certains ouvrages figurant dans la bibliographie (grammaires, ouvrages sur la traduction et le lexique, recueils de textes traduits et/ou à traduire) et des sources suivantes :

Romans et nouvelles

ATWOOD Margaret (1969). — *The Edible Woman*, Virago Press, 1980.

BRINK André (1978). — *Rumours of Rain*, W.H. Allen Star Book, 1979 (traduction de R.F. Duparc, Stock).
(1979). — *A Dry White Season*, W.H. Allen Star Book, 1980.

BRUNNER John (1965). — *The Squares of the City*, Fontana Books, 1977.

CHRISTIE Agatha (1941). — *Curtain*, Fontana Books, 1962.

GERBER Alain (1979). — *Le faubourg des Coups-de-Trique*, Robert Laffont.
(1980). — *Une sorte de bleu*, Robert Laffont.

GREENE Graham (1940). — *The Power and the Glory*, Penguin Books, 1962 (traduction de M. Sibon, Robert Laffont).

HALTER Marek (1979). — *La vie incertaine de Marco Mahler*, Albin Michel.

HAMMETT Dashiell (1923). — *The Continental Op*, introduction by S. Marcus, 1975, Picador, 1984.

LE CLEZIO J.M.G. (1965). — *La Fièvre*, Gallimard.
(1978). — *Mondo et autres histoires*, Gallimard
(1982). — *La Ronde et autres faits divers*, Gallimard.

LESSING Doris (1950). — *The Grass is Singing*, Penguin Books, 1961.

MASPERO François (1984). — *Le Sourire du Chat*, Seuil.

MODIANO Patrick (1978). — *Rue des boutiques obscures*, Gallimard.

MORRISON Toni (1981). — *Tar Baby*, A. Knopf.

MUKHERJEE Bharati (1985). — *Darkness*, Penguin Short Fiction.

NEWMAN Andrea (1966). — *The Cage*, Penguin Books, 1978.

OATES Joyce Carol (1976). — *"The Assailant"*, in : *The Wheel of Love (Three Short Stories)*, édition bilingue Aubier-Flammarion (traduction de Céline Zins).

ORWELL George (1937). — *The Road to Wigan Pier*, Penguin Books, 1962.

PINNEY Lucy (1985). — *"Snakes and Lovers"*, in : *The Fiction Magazine*, Vol. 4, N° 4, August-September 1985.

POIROT-DELPECH Bertrand (1984). — *L'été 36*, Gallimard.

PRIESTLEY J.B. (1930). — *Angel Pavement*, Dent-Everyman, 1937.

QUENEAU Raymond (1947). — *Exercices de style*, Gallimard, (traduction de B. Wright, 1958, New Directions Books).

ROBBE-GRILLET Alain (1965). — *La Maison de rendez-vous*, éditions de Minuit.

SWIFT Graham (1984). — *Waterland*, Heinemann.

THEROUX Paul (1983). — *The Kingdom by the Sea*, Penguin Books, 1984.

WILSON Angus (1949). — *"Realpolitik"*, in : *The Wrong Set and Other Stories*, Penguin Books, 1976.

WOOLF Virginia (1944). — *"The Searchlight"*, in : *A. Haunted House and Other Stories*, Penguin Books, 1973.

WRIGHT Richard (1957). — *"Big Black Good Man"*, Esquire Magazine, in : HAMA-LIAN, L. & KARL, F.R., *The Shape of Fiction*, McGraw-Hill, 1967, 2nd edition, 1978.

Journaux et revues

Le Monde

Le Nouvel Observateur

La Lettre de l'Education

Télérama

The Guardian

New Society

Newsweek

Mother Jones

The Christian Science Monitor

The Musical Quarterly

BIBLIOGRAPHIE

Cette bibliographie ne récapitule pas tous les titres mentionnés dans le corps de l'ouvrage, en fin de chapitre ou en note (voir index des auteurs cités). Elle inclut en revanche des outils de travail et des ouvrages généraux marqués ici pour référence.

A. Usuels
1. Dictionnaires
2. Grammaires
3. Manuels de vocabulaire
4. Manuels et recueils de traduction anglais ↔ français

B. Ouvrages théoriques

A) USUELS

1. Dictionnaires

● Bilingue :

Le Robert et Collins, Dictionnaire français-anglais, anglais-français, Paris, Société du Nouveau Littré, 1978, nouvelle édition, 1987.

● Anglais :

Longman Dictionary of Contemporary English, London, Longman, 1978, nouvelle édition, 1987.

Longman-Webster English College Dictionary, London, Longman, 1984, nouvelle édition : *Longman Dictionary of the English Language,* 1985.

Oxford Advanced Learner's Dictionary (A.S. HORNBY), 3rd edition, Oxford University Press, 1974.

Webster's Ninth New Collegiate Dictionary, New York, Merriam-Webster Inc, 1983.

Longman Synonym Dictionary, London, Longman, 1986.

Longman Lexicon of Contemporary English, London, Longman, 1981.

Roget's Thesaurus of English Words and Phrases, London, Longman, 1962.

Dictionary of English Phrasal Verbs and their Idioms, London & Glasgow, Collins, 1974.

Longman Dictionary of Phrasal Verbs, London, Longman, 1983.

Oxford Dictionary of Current Idiomatic English, Oxford University Press, Volumes I (1975 & II (1983).

● Français :

Le Petit Robert 1, Dictionnaire alphabétique et analogique de la langue française, Paris, Société du Nouveau Littré, 1967, nouvelle édition, 1982.

Dictionnaire Bordas des synonymes, analogies, antonymes (R. BOUSSINOT), Paris, Bordas, 1981.

Dictionnaire des difficultés de la langue française (A. THOMAS), Paris, Larousse, 1968.

Dictionnaire des expressions et locutions (A. REY et S. CHANTREAU), Paris, Dictionnaires Le Robert, 1985.

2. Grammaires

● De l'anglais :

ADAMCZEWSKI H. et DELMAS C. (1982). — *Grammaire linguistique de l'anglais*, Paris, Armand Colin.

BERLAND-DELEPINE S. (1971). — *La grammaire anglaise de l'étudiant*, Gap, Ophrys.

CLOSE R.A. (1975). — *A Reference Grammar for Students of English*, London, Longman.

GROUSSIER M.L. et G. et CHANTEFORT P. (1973). — *Grammaire anglaise : thèmes construits*, Paris, Hachette, Collection Hachette Université.

QUIRK R., GREENBAUM S., LEECH G. et SVARTVIK J. (1985). — *A Comprehensive Grammar of the English Language*, London, Longman.

THOMSON A.J. et MARTINET A.V. (1980). — *A Practical English Grammar*, 3rd edition, Oxford University Press.

● Du français :

ARRIVÉ M., BLANCHE-BENVENISTE C., CHEVALIER J.C. et PEYTARD J. (1964). — *Grammaire Larousse du français contemporain*, Paris, Larousse.

ARRIVÉ M., GADET F. et GALMICHE M. (1986). — *La grammaire d'aujourd'hui : guide alphabétique de linguistique française*, Paris, Flammarion.

WAGNER R.L. et PINCHON J. (1962). — *Grammaire du français classique et moderne*, Paris, Hachette (collection Hachette Université, 1986).

3. Manuels de vocabulaire

BOUSCAREN C. (1966). — *Choisir et construire*, Gap, Ophrys.

BOUSCAREN C. et DAVOUST A. (1984). — *Les mots anglais qu'on croit connaître 2. Les mots-sosies*, Paris, Hachette, collection « Faire le point ».

BOUSCAREN C., DAVOUST A. et RIVIERE C. (1981). — *Testez votre compréhension de l'anglais et de l'américain*, Gap, Ophrys.

KIRK-GREENE C.W.E. (1981). — *French False Friends*, London, Routledge and Kegan Paul.

KOESSLER M. (1975). — *Les faux-amis des vocabulaires anglais et américain*, Paris, Vuibert.

MOSSY A. (1984). — *Vocabulaire anglais-français*, Paris, Hachette, collection « Faire le point ».

RAFROIDI P. (1986). — *Le Nouveau Manuel de l'angliciste*, Gap, Ophrys.

REY J., BOUSCAREN C. et MOUNOULOU A. (1982). — *Le mot et l'idée 2. Anglais*, Gap, Ophrys, nouvelle édition.

THORIN A. (1984). — *Vrais et faux amis du vocabulaire anglais*, Paris, Nathan.

4. Manuels et recueils de traduction anglais ↔ français

ASTINGTON E. (1983). — *Equivalences. Translation difficulties and devices, French-English, English-French*, Cambridge University Press.

BALLARD M. (1980). — *La traduction de l'anglais. Théorie et pratique. Exercices de morphosyntaxe*, Presses Universitaires de Lille.

(1987). — *La traduction : de l'anglais au français*, Paris, Nathan.

et al. (1988). — *Manuel de version anglaise*, Paris, Nathan.

BAQUET P. et KEEN D. (1975). — *Initiation au thème anglais*, Paris, Armand Colin.

BONNEROT L. *et al. (1968)*. — *Chemins de la traduction*, Paris, Didier.

BRUNETEAU C. et LUCCIONI J.M. (1972). — *Nouveau guide de la version anglaise*, Paris, Armand Colin.

CASTAGNA A. *et al.* (1971). — *Versions anglaises*, Paris, Hachette, Collection Hachette Université.

CHARLOT M. *et al.* (1982). — *Pratique du thème anglais*, Paris, Armand Colin.

GRELLET F. (1985). — *"The Word against the Word". Initiation à la version anglaise*, Paris, Hachette.

HILY G. *et al.* (1970). — *Anglais : thèmes d'auteurs*, Paris, Hachette, Collection Hachette Université.

B) OUVRAGES THÉORIQUES

ADAM J.M. (1976). — « Langue et texte : imparfait et passé simple », in *Pratiques*, n° 10, juin 1976, pp. 49 à 68.

ADAMS V. (1973). — *An Introduction to Modern English Word-Formation*, London, Longman.

BALLARD M., ed. (1986). — *La traduction : de la théorie à la didactique*, Presses Universitaires de Lille.

BENVENISTE E. (1966, 1974). — *Problèmes de linguistique générale*, Volumes 1 et 2, Paris, Gallimard.

BOUSCAREN J. *et al.* (1982, 1984). — *Cahiers de recherche en grammaire anglaise*, Tomes 1 et 2, Gap, Ophrys.

BOUSCAREN J. et CHUQUET J. (1987). — *Grammaire et textes anglais : guide pour l'analyse linguistique*, Gap, Ophrys.

CARY E. (1956). — *La traduction dans le monde moderne*, Genève, Georg.

(1958). — *Comment faut-il traduire ?*, Cours polycopié, Paris, Presses Universitaires de Lille, 1986.

CATFORD J.C. (1965). — *A Linguistic Theory of Translation*, Oxford University Press.

CHERCHI L. (1978). — *L'anglais à l'Université. Etude théorique des stratégies d'acquisition*, Paris, Champion.

(1982). — « *Lest, That, Should* et les autres : un exemple d'observation des données grammaticales », in *Les Langues Modernes* n° 2, pp. 201 à 208.

CHUQUET J. (1986). — *TO et l'infinitif anglais*, Gap, Ophrys.

COATES J. (1983). — *The Semantics of the Modal Auxiliaries*, London, Croom Helm, revised edition 1985.

COTTE P. (1984). — « Esquisse d'une grammaire comparée de *dont* et de *whose* », in *Contrastivité en linguistique anglaise*, CIEREC, Travaux XLIII, St-Etienne, pp. 69 à 83.

CULIOLI A. (1973). — « Sur quelques contradictions en linguistique », in *Communications* n° 20, Paris, Editions du Seuil, pp. 83 à 91.

(1978 a). — « Valeurs aspectuelles et opérations énonciatives : l'aoristique », in FISCHER S. et FRANCKEL J.J., eds. (1983) *Linguistique, énonciation. Aspects et détermination*, Paris, Editions de l'EHESS, pp. 99 à 113.

(1978 b). — « Valeurs modales et opérations énonciatives », in *Modèles linguistiques*, 1979, I, 2, Presses Universitaires de Lille, pp. 39 à 59.

(1982). — « Rôle des représentations métalinguistiques en syntaxe », *Communication présentée au XIIIe Congrès international des Linguistes, Tokyo*, Paris VII, Département de Recherches Linguistiques, pp. 1 à 30.

(1985). — *Notes du séminaire de DEA 1983-84*, Paris VII, Département de Recherches Linguistiques et Université de Poitiers.

CULIOLI A., FUCHS C. et PECHEUX M. (1970). — *Considérations théoriques à propos du traitement formel du langage*, Document de linguistique quantitative n° 7, Paris, Editions Dunod.

DANON-BOILEAU L. (1982). — *Produire le fictif*, Paris, Klincksieck.

DEMANUELLI C. (1987). — *Points de repère. Approche interlinguistique de la ponctuation français-anglais*, CIEREC, Travaux LVIII, St-Etienne.

DUBOIS J. *et al.* (1970). — *Rhétorique générale*, Paris, Larousse.

DUBOIS J. (1973). — *Dictionnaire de linguistique*, Paris, Larousse.

DUCROT O. et TODOROV T. (1972). — *Dictionnaire encyclopédique des sciences du langage*, Paris, Editions du Seuil.

FISCHER S. et FRANCKEL J.J. eds. (1983). — *Linguistique, énonciation. Aspects et détermination*, Paris, Editions de l'Ecole des Hautes Etudes en Sciences Sociales.

FROMKIN V. et RODMAN R. (1978). — *An Introduction to Language*, New York, Holt, Rinehart and Winston.

FUCHS C. et LE GOFFIC P. (1975). — *Initiation aux problèmes des linguistiques contemporaines*, Paris, Hachette, Collection Hachette Université.

FUCHS C. et LEONARD A.M. (1979). — *Vers une théorie des aspects. Les systèmes du français et de l'anglais*, Paris, Mouton.
(1980). — « Eléments pour une étude comparée du déterminant zéro en anglais et en français », in *Opérations de détermination : théorie et description*, Vol. 1, Paris VII, Département de Recherches Linguistiques, pp. 1 à 48.

GARNIER G. (1985). — *Linguistique et traduction : éléments de systématique verbale comparée du français et de l'anglais*, Caen, Paradigme.

GAUTHIER A. (1981). — *Opérations énonciatives et apprentissage d'une langue étrangère en milieu scolaire. L'anglais à des francophones*, Les Langues Modernes, Numéro spécial.

GILBERT E. (1987). — *May, Must, Can : une nouvelle approche*, in *Cahiers de recherche en grammaire et linguistique anglaise*, Tome III, Gap, Ophrys.

GRESILLON A. et LEBRAVE J.L., eds. (1984). — *La langue au ras du texte*, Presses Universitaires de Lille.

GUILLEMIN-FLESCHER J. (1981). — *Syntaxe comparée du français et de l'anglais. Problèmes de traduction*, Gap, Ophrys.

GUILLEMIN-FLESCHER J. *et al.* (1984). — *Linguistique et traduction : le statut modal de l'énoncé*, Paris VII, *Cahiers Charles V*, n° 6.

GUIRAUD P. (1972). — *La sémantique*, Paris, Presses Universitaires de France, « Que sais-je ? » n° 655.

HAGEGE C. (1982). — *La structure des langues*, Paris, Presses Universitaires de France, « Que sais-je ? » n° 2006.

HAWKINS J. (1985). — *A Comparative Typology of English and German*, London, Croom Helm.

HUART R. (1984). — *La composition nominale en anglais. Opérations de repérage et accentuation*, Thèse, Paris VII, Département de Recherches Linguistiques.

JAKOBSON R. (1963). — *Essais de linguistique générale*, Paris, Editions de Minuit.

LADMIRAL J.R. (1979). — *Traduire : théorèmes pour la traduction*, Paris, Payot.

LARREYA P. (1984). — *Le possible et le nécessaire. Modalités et auxiliaires modaux en anglais britannique*, Paris, Nathan.

LEECH G.N. (1969). — *A Linguistic Guide to English Poetry*, London, Longman. (1971). — *Meaning and the English Verb*, London, Longman.

LEECH G.N. et SHORT M.H. (1981). — *Style in Fiction. A Linguistic Introduction to English Fictional Prose*, London, Longman.

LEONARD A.M. (1980). — « A propos de quelques indéfinis en anglais », in *Opérations de détermination : théorie et description*, Vol. 1, Paris VII, Département de Recherches Linguistiques, pp. 99 à 154.

LYONS J. (1968). — *Introduction to Theoretical Linguistics*, Cambridge University Press.

MALBLANC A. (1944). — *Stylistique comparée du français et de l'allemand*, Paris, Didier, nouvelle édition 1968.

MOUNIN G. (1963). — *Les problèmes théoriques de la traduction*, Paris, Gallimard (1976). — *Linguistique et traduction*, Bruxelles, Dessart et Mardaga.

NEWMARK P. (1981). — *Approaches to Translation*, Oxford, Pergamon Press. (1988). — *A Textbook of Translation*, Prentice Hall International (UK) Ltd.

NIDA E.A. (1964). — *Towards a Science of Translating*, Leiden, Brill.

PALMER F. (1979). — *Modality and the English Modals*, London, Longman.

PERGNIER M. (1980). — *Les fondements sociolinguistiques de la traduction*, Paris, Champion.

PICOCHE J. (1977). — *Précis de lexicologie française*, Paris, Nathan.

POTTIER B. (1984). — « La syntaxe interne du mot », in Actes du Colloque du CNRS *Emile Benveniste aujourd'hui*, Paris, Bibliothèque de l'Information grammaticale, pp. 157 à 166.

SCAVÉE P. et INTRAVAIA P. (1984). — *Traité de stylistique comparée. Analyse comparative de l'italien et du français*, Bruxelles, Didier-Mons, Centre international de Phonétique Appliquée.

SIMONIN-GRUMBACH J. (1975). — « Pour une typologie des discours », in KRISTEVA J., MILNER J.C. et RUWET N. (eds.) *Langue, discours, société. Pour Emile Benveniste*, Paris, Editions du Seuil, pp. 85 à 121.

STEINER G. (1975). — *After. Babel Aspects of Language and Translation*, Oxford University Press.

TESNIERE L. (1959). — *Eléments de syntaxe structurale,* Paris, Klincksieck, 2e édition, 1966.

TOURNIER J. (1985). — *Introduction descriptive à la lexicogénétique de l'anglais contemporain,* Paris, Champion-Slatkine.

(1988). — *Précis de lexicologie anglaise,* Paris, Nathan.

ULLMANN S. (1957). — *The Principles of Semantics,* Oxford, B. Blackwell.

VINAY J.P. et DARBELNET J. (1958). — *Stylistique comparée du français et de l'anglais,* Paris, Didier, nouvelle édition, 1977.

INDEX DES AUTEURS

Les numéros de pages en **caractères gras** renvoient aux références bibliographiques figurant à la fin des chapitres.

INDEX TERMINOLOGIQUE ET LEXICAL

ENTRÉES TERMINOLOGIQUES

Les numéros de pages en **caractères gras** renvoient à une définition et/ou à une présentation générale à consulter en priorité.

ENTRÉES LEXICALES (en *italiques*)

La sélection retenue inclut trois types d'éléments :
— opérateurs grammaticaux;
— exemples-type illustrant un problème lexicologique;
— mots d'usage courant dont la traduction fait régulièrement difficulté.
Les entrées lexicales pouvant être source d'ambiguïté sont suivies de l'abréviation *angl.* ou *fr.* selon qu'il s'agit de l'anglais ou du français.

441

Table des matières

B. DOMAINE GRAMMATICAL

DEUXIÈME PARTIE
Textes traduits et commentés

Achevé d'imprimer en Tchéquie
sur les presses de PBtisk, mai 2017